미국의 인종과 민족 : 갈등과 변화

김 정 규 지음

본 연구는 2012년도 계명대학교 비사연구기금으로 이루어졌음

에듀컨텐츠·휴피아
CH Educontents·Huepia

머리말 Preface

　미국인 하면 우리에게 떠오르는 이미지는 피부가 희고 코가 높으며 눈이 파란 백인의 모습이다. 길거리나 지하철에서 서양인을 만나면 우리 자신도 모르게 그냥 미국사람으로 간주하고 만다. 미국사람에 대한 우리의 인식체계에는 백인이라는 것이 강하게 자리 잡고 있다는 사실을 부정하기는 어렵다. 그런데 어떻게 보면 그건 당연하다. 미국인들 중 가장 높은 비율을 차지하고 있는 것도 백인이고, 미국을 건국하고 발전시켜 온 주체도 백인이고, 미국식 관습과 문화도 대부분 백인의 것이 녹아들어가 있기 때문이다. 그러나 미국은 세계에서 가장 다양한 인종과 민족이 함께 어울려 살고 있는 나라이면서 그것이 국가 정체성의 중요한 부분이 되어있는 나라이기도 하다. 또 한편 미국은 인종에 따라 특정집단이 불평등한 보상과 권력을 유지할 수 있도록 지켜 온 역사적인 배경이 있고, 그 영향은 오늘날까지 이어지고 있다. 사실 미국이 도전받고 있는 문제들 중 인종과 민족의 문제와 얽히지 않는 것이 거의 없다. 그것은 정치, 경제, 사회, 문화 모든 영역을 포함한다. 인종과 민족의 문제는 미국인들의 정체성에서부터 시작해서 일상생활의 보이지 않은 깊은 부분까지 연결되어 되어 있어 바로 삶 자체의 문제이다. 그러므로 미국인들은 인종문제에 가장 민감하게 반응한다.

　그러나 한편으로 인종과 민족의 문제는 고정되어 있는 것이 아니라 시간을 두고 새롭게 형성되고 금지되고 변형되며 사라지기도 한다. 게다가 인종과 인종, 인종과 민족의 관계가 단순하게만 얽혀있지도 않다. 미국인은 더 이상 특정인종이나 민족 출신으로 상징화되어 나타나지 않는다. 그렇다고 수많은 인종과 민족들을 병렬적으로 나열해 놓은 것을 말하는 것도 아니다. 모든 사람들이 서로 어울려 함께 살고 있는 것처럼 보이지만 나누어져 있고, 나누어져 있는 것 같은데도 통합되어 있는 것처럼 보이는 사회가 바로 미국이다. 이 책은 바로 이러한 미국과 미국인에 관한 것이다. 어떤 사회든 그것을 제대로 살펴보려면 개념적인 이해와 분석적인 틀이 필요하다. 그리고 주된 주제가 무엇인지에 대한 바른 이해와 그것을 바라보는 다양한 시각, 더불어 그것을 거시적으로 또 미시적으로도 볼 수 있는 능력이 있어야 한다. 이 책은 이러한 점에 중점을 두고 미국의 인종과 민족의 문제를 살펴보려고 노력하였다.

 이 책은 크게 3개의 부로 나누어져 있다. 1부에서는 미국의 인종과 민족에 관한 전반적인 내용을 다루었다. 2부에서는 편견과 차별의 이해에 대해서 본격적으로 다루었는데, 편견과 차별을 따로 나누어 살펴보았다. 3부에서는 인종과 민족에 따른 차별이 미국사회에서 중점적으로 나타나는 영역을 분석하였고 그것을 극복하기 위한 노력들도 함께 다루었다.

 좀 더 세부적으로 내용을 살펴보면 1부 미국의 인종과 민족에서는 인종과 민족의 개념, 소수자와 다수자의 관계, 미국의 인종과 민족이 어떻게 형성되어 왔는지, 그리고 인종과 민족문제를 바라보는 여러 이론적 시각과 개념적 틀에 관해서 설명하였다. 2부의 편견에 관한 장에서는 편견과 차별이 어떻게 다른지, 이론들은 편견을 어떻게 설명하는지를 살펴보았다. 그리고 편견의 실행으로 미국 사회에서 나타나는 현상들을 분석하였으며, 편견을 줄일 수 있는 시도들과 편견에 바탕을 둔 오늘날의 새로운 인종주의는 어떠한 모습을 띠고 있는지 분석해 보았다. 차별에 관한 장에서는 미국에서의 인종차별의 시작은 어디서부터 시작하는지, 차별의 주체와 대상이 누구인지, 차별의 형태는 어떠한지에 대해 다루었다. 더 나아가 차별에 관한 이론들 그리고 차별이 역사적으로 적용되어 온 방식에 대해서도 설명하였다. 마지막으로 3부에서는 미국 사회에서 역사적으로 차별이 가장 직접적으로 행사되어 왔고 미국인들의 삶에 현재도 뚜렷하게 영향을 미치고 있는 이민,

교육 그리고 경제 세 영역을 중심으로 차별과 그것으로 인한 불평등 현상이 어떻게 만들어 지고 있는지 구체적인 분석을 하였다. 그리고 차별과 인종주의 극복을 위한 노력의 시도와 그 결과에 대해서 살펴보았다.

이 책을 통하여 미국 사회에서 일어나는 인종, 민족과 관련한 모든 문제에 대해서 다루려고 하지는 않았다. 그리고 관련된 모든 이론적 시각과 개념적 틀을 분석하려고 하지도 않았다. 그것보다는 미국인이 누구인지, 미국 사회는 인종과 민족을 중심으로 어떻게 구성되어 있는지, 그리고 편견과 차별의 과정 안에 내재하고 있는 권력 관계의 실체는 무엇인지를 파악하려고 하였다. 그리고 문제를 분석하고 해결의 실마리를 찾기 위한 지적인 질문을 할 수 있도록 노력하였다. 인종과 민족의 문제는 미국만이 가지고 있는 문제는 아니다. 세계 도처에서 일어나고 있는 모든 사건들의 중심에 인종과 민족의 문제가 함께 깔려 있다. 다인종 다민족 사회를 접하기 시작한 한국도 예외는 아니다. 글로벌화가 거스를 수 없는 역사적 방향이라고 한다면 인종과 민족의 문제는 항상 그것과 함께 한다. 그러므로 이것은 우리 현재의 삶뿐만 아니라 미래의 삶의 문제이다.

이 책의 많은 부분은 미국 UC Irvine(University of California, Irvine)에서 방문학자로 있는 동안 씌어졌다. 미국에서 가장 다양한 인종과 민족이 함께 어울려 살고 있는 남 캘리포니아에서 머물 수 있었던 것은 책을 쓰는 동안 큰 도움이 되었다. 미국 사회에서 일어나는 많은 모습을 가까이서 보고 듣고 경험할 수 있었고, 관련된 자료를 보다 쉽게 구할 수 있었다. UC Irvine 사회학과에 방문학자로 초청해준 Jennifer Lee 교수와 학과장 Matt Huffman 교수께 감사의 말을 전한다. 또한 이 책의 출간을 위해 도움을 준 에듀긴덴츠휴피아 임직원 여러분께도 고마움을 전한다. 끝으로 이 책을 쓰는 동안 함께 인내하고 배려해 준 사랑하는 아내에게 감사하다.

차 례 Tabel of Contents

제1부 미국의 인종과 민족 ▸1

1. 국가와 국민: 인종과 민족의 다양성 ▫ 1
2. 다수집단과 소수집단 그리고 불평등 ▫ 5
3. 소수자, 마이너리티 집단 ▫ 7
4. 인종과 민족의 구분기준 ▫ 9
5. 인종과 민족의 개념적 차이 ▫ 11
6. 인종과 민족의 생물학적 의미 ▫ 14
7. 사회적 구성물로서의 인종과 민족 ▫ 17
8. 미국의 인종과 민족의 형성 ▫ 19
9. 미국의 인종과 민족의 구성과 변화 ▫ 25
10. 소수인종과 민족의 지역적 인구 분포 ▫ 32
11. 미국의 인종별 지역분포 ▫ 35
12. 인종과 민족 문제를 바라보는 이론적 시각 ▫ 42
    1) 기능주의이론 ▫ 43
    2) 갈등주의이론 ▫ 46
    3) 상징적 상호작용이론 ▫ 49
    4) 낙인이론적 접근: 갈등이론과 상징적 상호작용이론의 연결 ▫ 51
13. 지배집단과 소수자집단의 관계 ▫ 57
    1) 말살(extermination) ▫ 57
    2) 추방(expulsion) ▫ 58
    3) 분리 독립(secession) ▫ 59
    4) 분리(segregation) ▫ 61

5) 융합(fusion)　□ **65**

　　6) 동화(assimilation)　□ **69**

　　7) 다문화주의(Mutliculturalism)와 다원주의(Pluralism)　□ **77**

제2부 편견과 차별의 이해 ▸ 89

　2-1 편견　□ **90**

　1. 편견과 차별과의 관계-머튼(Merton)의 유형 분류　□ **90**
　2. 편견을 설명하는 이론들　□ **93**
　　　1) 희생양 이론(Scapegoating Theory)　□ **94**
　　　2) 권위적 성격 이론(The Theory of the Authoritarian Personality)　□ **95**
　　　3) 착취이론(Exploitation Theory)　□ **97**
　　　4) 노동시장분리 이론(Split Labor Market Theory)　□ **98**
　　　5) 편견과 사회경제적 지위　□ **99**
　　　6) 경쟁과 편견-로버스 케이브(Robbers Cave) 실험　□ **101**
　　　7) 규범적 접근(Normative Approach)　□ **103**
　　　8) 사회학습이론(Social Learning Theory)　□ **104**
　　　9) 고정관념(Stereotype)　□ **106**
　3. 편견의 실행—인종 프로파일링(Racial Profiling)　□ **108**
　4. 컬러블라인드 인종주의(Color-Blind Racism)　□ **111**
　5. 증오범죄(Hate Crime)　□ **113**
　6. 다른 인종끼리는 서로를 어떻게 보고 있는가?　□ **116**
　7. 인종적 편견은 줄어들고 있는가?　□ **119**

8. 교육으로 편견을 감소시킬 수 있는가? □ **121**

9. 자주 만나면 편견은 감소하는가?-접촉가설 □ **123**

10. 현대 인종주의(Modern Racism)의 등장 □ **127**

2-2 차별 □ **135**

1. 차별은 어디에서부터 시작되는가? 백인 특권의 이해 □ **131**

2. 능력주의(Meritocracy) 사회와 백인 특권주의의 영속성 □ **133**

3. 백인 특권주의에 대한 반론 □ **121**

4. 내재화된 억압(Internalized Oppression)과 문화적 인종주의 □ **140**
   (Cultural Racism)

5. 백인 정체성(Whiteness)과 백인 우월주의(White Supremacy) □ **144**

6. 차별의 형태 □ **151**

   1) 상대적 박탈감과 절대적 박탈감 □ **151**

   2) 총체적 차별(Total Discrimination) □ **156**

   3) 제도적 차별(Institutional Discrimination) □ **159**

7. 차별은 어떻게 발생하는가? □ **164**

   1) 노엘(Noel)의 가설 □ **164**

   2) 블라우너(Blauner)의 가설 □ **167**

8. 합법적 분리(De Jure Segregation) □ **170**

   1) 짐 크로우 법(Jim Crow □ **170**

   2) 짐 크로우 시스템과 흑인의 삶 □ **174**

제3부 차별의 실제와 극복 노력 ▶ 179

1. 이민과 차별 □ **179**
   1) 최초의 미국인과 시민권 차별 □ **179**
   2) 이민의 시기: 1820-1880년대 □ **183**
   3) 이민의 시기: 1880-1920년대 □ **189**
   4) 이민제한 정책: 1920-1960년대 (The National Origin System) □ **190**
   5) 새로운 이민법과 이민자의 구성변화: 1960-2000년대 □ **192**
2. 이민으로 인한 이슈와 영향 □ **198**
   1) 이민자 개인적 차원의 이슈 □ **198**
   2) 이민자와 미국 인구 □ **202**
   3) 이민자와 경제적 영향 □ **203**
   4) 불법 이민자(Undocumented Immigrant) □ **207**
   5) 미국 시민권의 획득 □ **214**
   6) 이민과 범죄의 관계 □ **219**
   7) 이민과 범죄: 미국의 특수성 □ **223**
3. 교육과 차별 □ **228**
   1) 교육에서의 제도적 차별 □ **228**
   2) 학교의 인종적 분리 □ **230**
   3) 대학교육과 인종적 불평등 □ **235**
   4) 흑인과 라티노의 대학졸업자의 비율: 계급이냐 인종이냐 □ **241**
   5) 대학교육에서의 아시아계 차별 □ **244**
4. 인종과 경제적 불평등 □ **247**
   1) 재산(wealth)과 수입(income)의 인종 간 불평등 □ **247**
   2) 교육수준, 경제적 불평등 그리고 인종별 차이 □ **253**

3) 아시아계는 모범적 소수자(model minority)인가? □ **259**

4) 주택구입과 주거지 분리 □ **264**

5. 인종차별 그만하기와 인종주의 극복 노력 □ **269**

1) 흑인민권운동(Civil Rights Movement) □ **269**

2) 시민권리법(Civil Rights Act of 1964) □ **275**

3) 소수자 우대정책 (Affirmative Action) □ **277**

4) 역차별과 백인들의 도전 □ **280**

5) 인종주의 극복 노력 □ **287**

6) 새로운 인종으로서의 미국인 □ **290**

저자 소개 : 김 정 규

연세대학교 사회학과를 졸업하고 같은 학교 대학원 사회학과에서 석사를 마쳤다. 미국 버펄로 소재 뉴욕주립대학교(University at Buffalo, State University of New York)에서 사회학 박사학위를 받았다. 현재 계명대학교 국제지역학부 미국학전공 교수로 재직하고 있다.

미국의 인종과 민족 : 갈등과 변화

김 정 규 지음

에듀컨텐츠·휴피아
CH Educontents·Huepia

제1부 미국의 인종과 민족

1. 국가와 국민: 인종과 민족의 다양성

지구상에 존재하는 수많은 나라들을 구성하고 있는 인종과 민족은 참으로 다양하다. 우리는 하나의 인종, 혹은 하나의 민족이 하나의 나라를 이룬다는 것을 아주 당연하고 자연스럽게 받아들이는 경향이 있다. 그러나 이와는 달리 실제로 단일민족으로 구성된 나라는 그리 많지 않다. 민족을 혈통을 기준으로 평가한다면 지구상에 완전한 단일민족 국가는 존재하지 않는다고 할 수 있다. 그렇지만 그 나라의 구성원들이 자신들이 하나의 혈통으로 이루어져 있다고 믿는 순혈주의를 주장하고 있는 나라들은 존재한다. 대표적으로 한국, 북한, 덴마크, 아일랜드, 아이슬란드 그리고 태평양의 작은 섬나라들 정도가 여기에 해당된다. 그 범위를 조금 더 넓혀서 민족의 개념을 문화와 전통, 그리고 사회적 관습과 규범을 공유하는 상상의 공동체라고 규정한다고 하더라도 하나의 민족으로 구성되어 있는 나라의 수는 손에 꼽을 정도이다. 굳이 예를 들자면, 일본, 그리스, 독일, 노르웨이, 핀란드, 폴란드, 포르투갈, 알바니아 등과 같은 나라들이 여기에 속한다. 이러한 나라들은 비록 두 개 이상의 민족이나 인종으로 실제 그 나라가 구성되어 있지만, 소수의 민족 집단이 가장 큰 민족 집단 속으로 거의 통합되거나 문화적으로 동질화되어 현재는 하나의 민족으로 여겨지는 경우이다.

이와는 달리 혈통과는 상관없이 다양한 민족으로 이루어져 있지만 국가가 표방하는 기치에 따라 하나의 민족으로 대내외적으로 과시되는 경우도 있다. 중국이 대표적이다. 중국은 한족을 비롯하여 수십 개의 크고 작은 민족이 있고, 또 민족에 따라 자치구를 형성하여 각 민족의 전통과 특성이 그대로 유지되고 있다. 그러나 민족 집단의 소속과는 상관없이 모두가 중국인이라는 중화주의를 앞세워 중국의 통합을 강화하고 중국민족의 우수성을 내세우고 있다.

종교가 민족 구분의 기준처럼 되어 있는 나라도 있다. 이스라엘의 유태인이 그러하다. 유태인에게는 유태교를 믿느냐 하는 것이 혈통적으로 어디에 속해 있는가 하는 것 보다 더 중요하다. 따라서 흑인 유태인도, 중국계 유태인도, 미국계 유태인도 가능하다. 아랍의 여러 나라들도 이와 유사해서 혈통적 민족보다 종교적인 민족의식이 더 강하다. 대부분 아랍국들의 경우 이슬람교를 믿고 있지만, 이슬람교 안에서도 수니파 혹은 시아파와 같은 종파가 소속집단의 소속감과 유대감을 더 높이기도 하고, 서로 다른 종파 끼리 갈등하기도 한다.

이렇듯 인종이나 민족의 문제는 단순하게 생각할 수 있는 것이 아니다. 인종과 민족의 문제가 중요한 것은 한 나라 안에서 인종과 민족의 차이가 많은 갈등의 원인이 되고, 차별과 억압, 경제적 성공, 삶과 죽음과도 같은 인권의 문제와 밀접하게 연관이 되어 있기 때문이다. 인종과 민족의 문제는 한 나라 안에서만 일어나는 것이 아니라, 나라와 나라사이의 갈등으로까지 번져 마지막에는 전쟁으로 까지 치닫는 경우가 인류 역사를 통해서도, 그리고 오늘날 우리가 살아가는 지구상에서도 드물지 않게 일어나고 있다.

2. 다수집단과 소수집단 그리고 불평등

인종과 민족의 문제가 심각한 사회문제로 등장하는 가장 중요한 이유는 자신과는 다른 인종이나 민족 집단에 속한 사람들에 대한 편견과 차별이 구조적인 불평등의 문제로 나타나기 때문이다. 불평등의 문제는 사회의 다양한 영역에서 다양한 원인에 의해 일어난다. 가치 있는 상품과 서비스의 불평등한 분배로 나타나는 층화(stratification)는 모든 사회에 존재한다. 어느 정도의 차이는 있다고 할지라도 사회의 가치 있는 자원들이 분배되면서 어떤 사람 혹은 어떤 집단들은 많이 갖게 되고, 또 다른 사람 혹은 집단들은 적게 갖게 되는 것은 모든 사회에서 마찬가지이다. 이같이 자원의 분배에 따라 사회가 횡적으로 나누어지게 된 것을 사회계급(social class)이라고 한다.

어떤 사람이 어느 계급에 속하느냐 하는 것은 교육수준, 성별, 나이, 경제적 능력 등을 포함한 다양한 사회적 자원을 얼마나 많이 소유했느냐와 같은 기준에 의해 결정된다. 반면에 사회계급은 그 사람이 소유할 수 있는 사회적 자원에 접근할 수 있는 기회를 결정한다. 따라서 일단 높은 사회계급에 위치하게 되면 그 계급을 지속적으로 유지하게 될 확률은 그 만큼 커지지만, 사회적으로 낮은 계급에 속한 사람이 높은 계급에 올라가기는 그 만큼 더 힘들어진다.

그러므로 사회적 자원이 누구에게, 어떤 집단에게 어떠한 방식으로 분배되느냐 하는 것은 사회계급의 결정 요소 중 가장 중요하다. 자원의 분배가 모든 사람에게 고르게 필요한 만큼 분배된다면 문제가 없을 것이다. 그러나 사회적 자원은 제한되어 있으므로 특정 개인이나 집단이 많이 소유하게 되면 또 다른 개인이나 집단은 그만큼 적게 소유할 수밖에 없다. 이러한 상황에서 나타나는 것이 사회적 불평등이다.

불평등이라는 것은 사회적 자원이 모든 사람에게 동일하게 분배되지 않은 상황만을 말하는 것이 아니다. 개인이나 집단이 당연히 자신이 받아야할 자원을 그 만큼 받고 있지 않다고 여길 때 더욱 두드러지게 나타난다. 그래서 불평등은 객관적인 불평등과 주관적인 불평등으로 나누어 볼 수 있다. 객관적인 불평등이라고 함은 수치적으로 명확하게 특정 개인이나 집단이 당연히 받아야할 자원을 받지 못한 것이 드러나는 것을 말한다. 예를 들어 최저임금이 그 사회 전체 직업의 평균 수입정도에 비해 상대적으로 낮게 책정되어 최저임금 생활자인 가난한 사람들이 더 가난하게 될 수밖에 없는 구조로 되어 있을 때 객관적인 불평등이 존재한다고 할 수 있다. 또한 다른 모든 조건이 거의 동일한데도 불구하고, 성별, 인종, 종교, 출신 지역 등에 따라 학교의 입학률, 회사의 입사비율, 의회나 정계에 참여 비율, 실업률 등에서 현격한 차이가 나는 경우도 해당될 것이다. 한편 주관적인 불평등은 특정 개인이나 집단이 자신에게 배분된 자원의 절대적인 양과는 상관없이 자신의 능력에 비해, 혹은 자신이 당연히 받아야 된다고 생각하고 있는 자원의 양보다 적게 받고 있다고 다른 사람이나 집단과 상대적으로 비교하여 느끼는 것을 말한다. 그러므로 사회적 불평등 현상은 수치상의 객관적인 사실과 사회구성원들의 주관적인 판단에 의해 나타난다.

이러한 사회적 불평등의 개념에 기초하여 자원과 권력을 상대적으로 적게 가지고 있는 집단은 소수자집단 혹은 마이너리티(minority) 집단이라고 규정되고, 공동체에서 종속집단의 지위를 갖는다. 그 반대에 위치하고 있는 집단이 다수자집단 또는 머조리티(majority)집단이라고 하고, 그 사회에서 주집단(dominant), 지배집단의 지위를 차지한다. 그런데 소수자 혹은 마이러니티 집단은 그 구성원의 수가 산술적으로 적다는 것을 의미하지는 않는다. 물론 대부분의 소수자, 마이너리티 집단은 그 집단이 속한 공동체에서 수적 열세에 처해 있는 경우가 많다. 그러나 그것보다는 소수집단 집단은 차별적

인 권력에 의해 상대적으로 자원을 적게 갖고 있는 집단이라고 할 수 있다. 예컨대 남아프리카공화국의 경우 오랜 기간 동안 백인집단이 흑인집단을 경제적, 정치적으로 지배해 왔다. 그 나라의 소수자, 마이너리티는 당연히 흑인이다. 그러나 2011년 인구센서스에 따르면 흑인은 전체 인구에서 79.2%나 차지하고 있다. 반면, 지배계급을 차지하고 있는 백인은 전체 인구에서 8.9%에 불과하다. 또 한편, 가부장적 전통이 있는 대부분의 사회에서 여성이 마이너리티라고 인정되지만 남성과 여성의 숫자적 비율은 거의 비슷하다. 따라서 소수자, 마이너리티라는 말은 숫자상의 문제로만 규정되는 것이 아니다.

3. 소수자, 마이너리티 집단

그럼 어떤 특성을 갖는 개인 혹은 집단이 사회적 소수자 혹은 마이너리티 집단이라고 규정되는가? 마이너리티 집단은 웨그리(Wagley)와 해리스(Harris)에 따르면, 5가지 특성을 갖는다고 한다(Wagley and Harris, 1958).

첫째, 집단의 구성원들이 집단적이고 지속적으로 불이익이나 불평등의 경험을 공유하고 있다. 마이너리티 집단의 구성원들이 다수집단 혹은 지배집단에 비해 불평등하게 처우되거나 권력을 상대적으로 더 적게 가짐으로써 편견과 차별에 처하게 되는 경우가 여기에 해당한다. 가장 심한 것이 소수 인종이나 민족을 학살하거나 노예로 삼거나 착취하는 것이다. 그러나 마이너리티 집단이 겪는 불이익이나 불평등은 아주 심각한 것부터 아주 사소하다고 생각하는 것 까지 다양한 형태를 가진다. 일상생활 속에서 보면, 계단식 강의실 의자에 붙은 받침대가 모두 오른 쪽에 달려 있어서 왼손잡이 학생이 불편한 것, 남자 화장실의 변기 수 보다 여자 화장실의 변기 수가 턱

없이 부족해 여성들은 늘 화장실 줄을 길게 서야하는 것, 건물에 엘리베이터가 없어서 장애자가 2층 이상으로 올라가지 못하는 것과 같은 것들은 어떻게 보면 사소하지만 왼손잡이, 여성, 장애자 집단이 이 사회에서 마이너리티 집단이기 때문에 나타나는 현상이다. 그런데 문제의 핵심은 사회의 여러 분야에 걸쳐서 불이익의 패턴이 마이너리티 집단에게 지속적이고 다발적으로 나타난다는 것에 있다.

둘째, 마이너리티 집단의 구성원들이 지닌 생물학적, 문화적 특징이 그 사회의 지배집단과 그들을 구분하는 기준이 된다. 마이너리티 집단의 인종과 민족의 특성에 따른 생김새와 사용하는 언어, 종교적 생활 등의 차이는 가장 두드러지게 구별되는 것들이다. 어떤 사회에서든지 그 사회에서의 가치판단의 기준은 지배집단이 가진 특성에 기초한다. 그러므로 생김새, 언어, 생활습관, 종교, 음식 등의 생물학적, 문화적 특징은 지배집단에 의해 판단되어진다. 대부분 지배집단은 자기 자신의 생물학적, 문화적 특징을 가장 우월하다고 임의적으로 생각하고 있으므로, 마이너리티 집단의 것이 자신의 것과 차이가 많이 나면날수록 편견과 차별의 대상으로 삼는다.

셋째, 마이너리티 집단 또는 지배집단의 구성원이 되는 것은 자발적인 선택에 의해 되는 것이 아니라, 대부분 태어나면서부터 주어진다. 나의 의지대로 백인이나 흑인, 또는 황인종이 될 수 있는 것이 아니다. 남자와 여자도, 왼손잡이도, 장애자도 모두 스스로 선택 한 것이 아니라 나의 의지와는 상관없이 주어진 것이 대부분이다.

넷째, 마이너리티 집단은 강한 집단적 결속력을 가지고 있다. 마이너리티 집단의 구성원은 자신이 지배집단과 구별된다는 것을 인식하고 있으며, 함께 받는 불이익에 대해 공동의식을 갖고 있다. 특히 마이너리티 집단이 오랜 기간 동안 편견과 차별을 받아왔다면 자신을 차별해 온 지배집단에 대항하기 위해 다른 집단과 자신들을 구분하는 내부적인 결속력은 더 강해진

다.

다섯째, 마이너리티 집단의 구성원은 일반적으로 자기 집단내의 구성원과 결혼하는 경향이 강하다. 그것은 지배집단의 구성원들이 마이너리티 집단의 구성원과는 이성적으로 친근한 관계를 맺기 꺼려하는 것이 하나의 이유이다. 결혼은 당사자의 문제만이 아니라 주변의 가족, 친구, 당사자와 관계 맺고 있는 많은 사람들이 함께 관련되는 일이기 때문이다. 또 다른 이유는 마이너리티 집단은 자신들끼리 강한 결속력과 동질성을 가지고 있으므로 자연스럽게 집단 내 구성원들과의 결혼을 장려하는 반면 집단 외의 결혼은 탐탁지 않게 생각한다. 마이너리티 구성원의 집단 내 결혼은 지배집단과 마이너리티 집단이 오랜 시간이 지남에도 서로 섞이지 않고 영속적으로 분리되어 존재하는 주요 원인을 제공한다.

4. 인종과 민족의 구분기준

우리 주변을 둘러보면 나와 똑같이 생긴 사람이 하나도 없다. 나와 똑같이 생긴 사람들이 또는 나와 생김새가 닮은 사람들이 주변에 가득 있으면 그것이 오히려 이상하고 당황스러울 것이다. 그럼 나와 어느 정도 닮은, 혹은 다르게 생긴 사람들이 있어야 내가 당황하지 않고 편안하게 생활 할 수 있을 것인가? 나와 생김새가 비슷해서 신체적 겉모습의 차이로 인해 내가 불편하게 여기지 않을 정도의 사람들을 우리는 흔히 같은 인종이라고 부른다.

얼굴의 생김새, 겉모습의 차이와 같은 신체적 구분은 무엇을 기준으로 하는가? 가장 뚜렷하게 구분하는 기준은 아마 피부색일 것이다. 우리는 이 지구위에 사는 모든 사람들을 백인종, 흑인종, 황인종 이 세 가지 틀 속에 넣

미국의 인종과 민족 : 갈등과 변화

어 분류한다. 그럼에도 각 인종을 구분하는 정확한 기준은 존재하지 않는다. 피부만 희면 모두 백인종에 들어갈 수 있는가? 한국인들 중에도 백인종인 독일 사람들 보다 피부가 더 희고 밝은 사람들이 있다. 그러나 우리는 그들을 백인종이라고 부르지 않는다. 반대로 독일 사람들 중 피부가 좀 어두운 사람들도 황인종이나 흑인종이라고 부르지도 않는다. 그렇다면 피부색만으로는 인종을 구분하지 않는다고 할 수 있다. 그럼 머리카락 색깔인가? 금발이나 갈색머리는 백인종, 검은머리는 황인종, 그리고 곱슬머리는 흑인종으로 분류되는가? 아니면 파랗거나 갈색 혹은 검은 눈동자의 색깔로 구분하는 것인가? 그것도 아니라면 코 높이와 눈이 움푹 들어간 얼굴 생김새로 구분하는가? 인종은 어떻게 구분되는가?

한편 민족이라고 하면 우리는 인종보다는 좀 더 세밀한 구분 개념으로 이해하는 경향이 있다. 우리가 흔히 민족이라고 생각하는 바를 간략하게 정의 내려 보면, 같은 나라, 같은 인종 또는 같은 부족에 속하면서 동일한 문화적 전통과 사회적 특성을 공유하는 집단이라고 할 수 있다. 물론 같은 나라에 살고 있다고 다 같은 민족은 아니다. 예를 들어 미국이나 캐나다와 같은 나라는 하나의 민족으로 이루어져 있다고 말할 수 없다. 같은 민족이라도 두 개 이상의 나라에 살 수도 있다. 한국과 북한이 대표적이다. 또 미국, 일본 등지에 이민 가서 살아가고 있는 사람들을 우리는 동포라고 하고 그들을 한국에 사는 우리와 같은 민족으로 여긴다.

그럼 모든 민족은 동일한 인종인가? 민족의 구분에 있어서 민족이 같은 인종이어야 한다는 사실이 같은 나라여야 한다는 것보다는 더 명확한 것 같다. 그러나 유태인의 경우 인종보다는 유대교적 전통과 문화가 유태인과 그렇지 않은 사람들을 구분하는 더 중요한 기준으로 작용하기도 한다. 예컨대, 흑인이면서도 유태인이 있을 수 있다. 그럼 동일한 사회문화적 전통 아래 있으면 같은 민족인가? 꼭 그렇지만은 않다. 미국에서 태어나서 한국말

도 못하고, 한국음식도 잘 못 먹고, 한국사회와 문화에 대해서 전혀 알지 못해도 그 부모가 한국인이면 우린 그들을 같은 민족이라고 말한다. 반면에 한국에서 태어나서 한국말에 유창하고, 한국 문화 속에서 살아가고 있는 동남아 출신 이민자의 아이들을 우리는 같은 민족이라고 쉽사리 이야기 하지는 않는다. 그럼 같은 민족은 같은 혈통을 지녔는가? 같은 혈통이라는 것이야말로 신화라고 할 수 있다. 예를 들어, 나의 누나가 흑인 남성과 결혼해서 아이를 낳았다고 하자. 그 아이는 누나보다 아버지를 더 닮아서 피부가 검고, 머리가 곱실해서 겉으로 보면 흑인의 외모와 더 가깝다. 이러한 혼혈아이와 미국에서 한국인 부모아래 태어난 이름도 얼굴도 모르는 이민 2세의 아이와 누가 나와 혈통적으로 더 가까운가? 당연히 누나가 낳은 흑인 혼혈 조카가 나와 혈통적으로 더 가깝다. 그러나 우리는 한국말도, 한국문화도 모르는 한 번도 만난 적도 없는 이민 2세의 아이는 같은 민족임을 의심하지 않지만 내 조카 혼혈 아이는 선뜻 나와 같은 민족으로 받아들이지는 않는다. 이같이 인종과 마찬가지로 민족 또한 그것을 명확히 구분하는 기준은 모호하다.

5. 인종과 민족의 개념적 차이

인종과 민족의 개념은 유사한 점이 많아서 어떤 경우에는 같은 의미로 쓰여 지기도 한다. 예를 들어 같은 민족 집단에 속한 사람들은 같은 인종에 속하는 경우가 많고 유사한 신체적 특징을 갖는다. 그러나 외모적인 특성만으로 민족적 집단의 구분을 하지는 않는다. 일본인과 중국인 그리고 한국인은 유사한 외모적 특징을 가지고 있지만 같은 민족 집단에 속하지 않는다. 발칸반도와 중동지역도 신체적 특징과는 상관없이 문화적 전통과 더불어 종교적 차이가 민족 갈등의 주요 원인이 되고 있다. 다양한 인종과 민족이 모여 사는 미국의 경우 백인들은 자신이 속하는 민족 집단을 임의적으로 필요에 따라 선택하기도 한다. 이러한 것을 상징적 민족성(symbolic ethnicity)이라고 한다. 예를 들어 유럽출신 백인의 경우 자신의 혈통에 아일랜드 조상이 있다고 한다면, 세인트 패트릭 데이(St Patrick's Day)와 같은 아일랜드인 축제에 참여하는 등 아일랜드 사람으로서의 정체성을 규정하고, 이들의 공동체와 연결 끈을 갖고 살아 갈 수 있다. 그러다가 이러한 것이 자신에게 맞지 않거나 불편해지면 쉽게 자신의 민족성을 버리고 만다. 말하자면 미국 백인들에게 민족성이라는 것은 하나의 상징에 불과하지 실제로 그것이 일상생활에 미치는 영향은 아주 제한적이기 때문에 쉽게 취사선택할 수 있는 것이다.

그럼 인종과 민족은 어떠한 점에서 차이가 나는 것인가? 앞서 살펴보았듯이 민족이라는 것은 각 지역과 문화, 역사적 전통에 따라 다르게 규정된다. 인종과 같은 의미로 사용하기도 하고 전혀 다르게 사용하기도 한다. 인종과 민족이 여러 공통점을 가지고 있음에도 불구하고 뚜렷한 차이가 나타나는 점 또한 분명히 있다. 미국과도 같은 다민족으로 구성된 사회에서 흔히 받아들여지는 개념적 차이를 살펴보자(Scott, 2012).

첫째, 인종은 사회집단 또는 타자들에 의해 개인에게 부과되어지고 개인에 의해 바뀌어 질수 없는 것이다. 개인이 자신의 인종을 백인 또는 흑인이라고 규정해도 그것이 사회구성원들에 의해 받아들여져야만 비로소 인종적 정체성이 규정된다. 만약 사회구성원들의 인종적 정의와 내가 스스로 내리는 인종적 정의가 다를 경우 사회구성원들이 내린 인종적 정의로 개인의 인종적 정체성이 규정되고 개인은 이것을 쉽게 바꿀 수 없다. 반면, 민족은 사회집단의 구성원들에 의해 민족적 개념이 규정되지만 그러한 규정을 받아들이는 것은 개인의 자발적 선택에 의해서이다. 미국에 살고 있는 이탈리

아인 이민자 2세가 자신을 이탈리아인이라고 규정할 수도 있고, 그것과는 전혀 상관없는 그냥 백인 미국인으로 자신을 규정해도 큰 문제가 없다. 게다가 이탈리안 공동체나 다른 사람들이 그에게 이탈리아인이라고 규정할 필요도 없으며 그것을 강제할 수도 없다.

둘째, 인종은 신체적 특징의 차이에 구분의 기준을 둔다. 피부색, 얼굴 생김새, 머리카락 모양이나 색깔 등 다양한 신체기준은 인종을 구분하기 위한 필수적 요소이다. 그러나 민족은 사회적 문화적 동질성에 바탕을 둔다. 같은 민족에 속하는 사람들은 물론 동일한 신체적 특징을 공유하지만, 그것 외에도 언어, 종교, 관습, 조상 등 다양한 사회문화적 요소가 민족 구분의 기준이 된다. 중국인과 일본인 그리고 한국인은 신체적 특징은 유사해도 이들을 같은 민족이라고 부르지는 않는다.

셋째, 인종적 구분은 계급적 위계질서와 밀접하게 관계가 있다. 인종에 대한 구분을 뚜렷하게 하는 사회일수록 한 인종이 다른 인종들보다 더 뛰어나다는 위계질서가 사회구조적으로 혹은 개인의 잠재적 의식 속에 존재한다. 그러나 상대적으로 민족은 특정 민족이 더 뛰어나다는 위계적 질서가 없거나 있다고 하더라도 크지 않다. 미국과 캐나다 그리고 호주 등 다양한 민족이 모여 사는 국가들에서 독일계 미국인이 이탈리아계 미국인보다 더 낫다고 주장하는 경우도 없고 그러한 위계질서도 없다. 미국에 사는 흑인들도 출신 부족에 따라 흑인 사회에서의 위계질서가 존재하지 않는다. 아시아계 이민자들도 출신 국가 민족별로 뚜렷한 위계질서는 없다.

넷째, 개인은 하나의 특정인종에 속해야 함을 사회적으로 강요받는다. 특히 미국사회에서는 백인, 흑인, 라티노, 아시아계, 그리고 원주민 등과 같은 인종적 카테고리 중 하나에 자신의 인종적 정체성을 두어야 한다. 비록 혈통이 다른 여러 인종과 섞여 있다고 할지라도 인종적 카테고리 중 어느 하나로 개인의 인종을 규정한다. 그러나 민족의 경우 꼭 하나의 민족공동체에 속할 필요는 없다. 출신 국가에 따라 폴란드계 공동체 속에서 활동하면서도 자신을 유태인으로 규정하여 유태인 공동체 속에서 동시에 살아갈 수 있다.

다섯째, 인종적 위계질서는 불평등한 경제적, 사회적, 정치적 권력을 만들어 낸다. 그리고 이러한 위계질서에 기반 한 권력의 불평등으로 말미암아 인종적 위계질서는 더욱 강화된다. 반면에 민족성은 일반적으로 경제적, 사회적, 정치적 권력을 만들어내는 기반으로 사용되지는 않는다. 예를 들어 독일계, 폴란드계, 영국계 등과 같은 민족적 배경에 따라 특정 출신 민족이 우월함을 성취하기 위해 불평등한 권력을 만들어 내지는 않는다.

마지막으로 인종은 집단적 정체성의 중요한 원천이다. 예컨대 미국에서 흑인이나 아시아계, 라티노 등은 자신의 인종에 대한 차별과 불공정한 사회제도에 대해 집단적으로 단합하여 저항하고 대처해 나간다. 이때 흑인이라는 것이 어느 민족, 어느 국가 출신의 문제는 아니다. 아시아계라는 인종적 특징이 단합의 중요한 원천이 되지만 그때 출신국가나 민족이 문제가 되는 것은 아니다. 한편, 민족은 인종과도 같이 집단적 정체성의 중요한 원천이 될 수 있다. 한국계 미국인이 자신의 민족공동체의 이익을 위해 집단적 정체성으로 뭉칠 수 있다. 그러나 동시에 민족은 인종과는 달리 피상적인 민족적 정체성을 가짐으로 개인이 쉽게 포기하거나 바꿀 수 있다. 따라서 상징적 정체성으로만 머물기도 한다.

6. 인종과 민족의 생물학적 의미

인간은 생물학적으로 그리고 과학적으로 다른 인종으로 구분될 수 있고, 또 구분되어 왔다고 믿는 경향이 있다. 그러나 결론적으로 말하면 인종이라는 용어에는 어떠한 과학적 의미도 포함되어 있지 않다. 어떤 과학적인 기

준이 있어 그것을 기준으로 인종을 구분하는 방법은 존재하지 않는다는 말이다. 인종을 과학적으로 구분하기 위해서는 각 인종별로 순수한 인종적 타입이 명시되어야 한다. 예를 들어 순수한 백인은 어떤 특징을 지녔는지, 황인종은, 또는 흑인종의 기준이 되는 인종적 형태는 무엇인지 생물학적 기준이 있어야 인류의 인구를 인종적으로 구분해 낼 수 있다. 그러나 인류의 역사를 통하여 볼 때 이주, 교류, 정복, 전쟁, 착취 등 다양한 이유들로 인해 여러 집단들은 서로 접촉하게 되었고, 유전적으로 순수한 형태의 인종이 아주 옛날에는 있었다 하더라도 더 이상 존재하지 않는다. 말하자면 상호배타적인 인종적 특징은 존재하지 않는다는 것이다. 예컨대 백인의 경우를 들어보자. 같은 백인이라도 피부색, 머리카락과 눈동자, 얼굴의 골격, 몸의 크기 등 너무나 다양하고 그 스펙트럼은 아주 넓게 퍼져있다. 황인종도 마찬가지다. 같은 황인종이라도 동북아시아 지역에 살고 있는 한국, 중국, 일본 사람들과, 동남아지역에 사는 사람들, 인도와 파키스탄 등 서남아시아지역에 살고 있는 사람들의 생김새는 확연하게 다르다. 흑인의 경우도 피부색이 밝은 갈색부터 아주 진한 검은색까지 다양하고, 머리카락과 눈동자의 색도 다양하다.

인종의 생물학적 특징에 따른 보다 과학적이라고 생각되는 예를 들어보자. 과학자들의 연구에 따르면 말라리아에 유전적인 저항력을 가지고 있는 집단들을 분류해 보면 노르웨이 사람들과 아프리카에 사는 사람들이 아주 유사한 유전적 특징을 공유하고 있다고 한다. 이 두 집단의 지문의 형태도 아주 유사한 패턴을 지니고 있다고 하니 노르웨이 사람들과 아프리카에 사는 사람들은 유전적으로 유사한 동일 인종의 특징을 띠고 있다고 할 수 있다. 또 한편, 소화기관의 기능적 특징의 유사성을 살펴보니, 일부 아프리카 사람들과 아시아, 그리고 남유럽사람들이 한 집단에 들어가고 또 다른 집단에는 서부 아프리카 사람과 북유럽에 사는 사람들이 유사한 특성을 지니고 있다고 한다(Leehotz, 1995; Shaffer, 2013).

이러한 생물학적 특징에 따른 구분과 지금 우리가 알고 있는 인종적 분류는 전혀 다르다는 것을 알 수 있다. 생물학적으로는 순수한 인종이란 존재하지 않는다. 말하자면 순수한 백인, 황인, 흑인의 전형적인 형태가 과학적으로 없다는 것이다. 피 검사로 인종적 특징을 정확하게 구분해서 집단을 나눌 수도 없다. 인종과 인종 간에 혈액을 비롯하여 모든 장기들이 완전히 호환된다. 오늘날 과학의 발달로 인간의 DNA 구조까지 분석해 낼 수 있는 단계에 이르렀다. 이러한 분석에 따르면 인간의 DNA 중 우리가 흔히 인종을 구분하는 기준으로 사용하고 있는 피부색, 머리카락, 코의 모양등과 같은 얼굴 생김새, 눈동자의 색깔 등과 관련한 DNA는 전체 중 6~9% 정도에 지나지 않는다고 한다.

그럼 이 정도의 차이라도 나니 인종을 구분할 수 있는 것은 아닌가하고 생각할 수도 있겠다. 그런데 여기서 우리가 주의해야 할 것은 인종간의 이러한 차이보다 같은 인종내에서의 사람들 간의 차이가 더 크다는 것이다. 예컨대 백인종과 황인종의 집단별 차이보다 황인종 내에서 사람들의 생김새나 여러 가지 신체적 특징들에 대한 DNA차이가 더 크다는 것이다(Lewontin 2005). 더 나아가 사람의 DNA지도를 구성한 인간게놈 프로젝트(the Human Genome Project)에서 밝힌 바도 흑인들의 집단내의 유전적 다양성이 흑인과 유럽 사람들의 집단 간의 차이보다 더 다양하다는 것을 밝혀내기도 하였다(Bamshad & Olson, 2003).

결국 생물학적 연구들은 백인종, 황인종, 흑인종과 같은 인종의 분류는 생물학적으로 볼 때 크게 의미가 없다는 것을 보여주고 있다. 이렇게 인종적 차이도 생물학적인 구분이 불명확한데, 생물학적으로 민족을 구분한다는 것은 더욱 불가능하다. 한국인의 DNA와 일본인의 DNA, 그리고 중국인의 DNA를 생물학적으로 구별할 수 있다는 연구는 하나도 없다. 그러므로 인종

과 민족은 과학적, 생물학적으로 그 고유의 특징을 밝혀서 명확히 구분해 낼 수 있는 성질의 것은 아니다.

7. 사회적 구성물로서의 인종과 민족

 인종과 민족이 생물학적인 측면에서 크게 다르지 않다면, 인종과 민족을 구분하는 것이 무슨 의미가 있는 것인가? 왜 우리는 인종과 민족의 차이로 나와 다른 종족을 구분하려고 시도하는 것인가?

 사람들은 인종 혹은 민족이라는 것에 특별한 사회적 의미를 부여한다. 앞서 보았듯이 인종과 민족은 생물학적으로는 명확하게 구분되지 않기 때문에 과학적 사실이라기보다는 하나의 신화라고 할 수 있다. 그런데 신화에도 사회적 의미가 부여되면 막강한 힘을 갖고 사람들에게 영향을 미친다. 예를 들어, 한국 사람들은 단군신화를 가지고 있다. 단군의 탄생과 나라를 일으키게 된 배경을 알려주는 신화는 한민족의 시초를 알리는 것이다. 그러나 역사적으로 혹은 과학적으로 검증된 사실이 아니기 때문에 그것을 신화라고 부른다. 곰과 호랑이가 서로 경쟁하다 곰이 이겨서 여자로 변해 하늘에서 내려온 환웅과 결혼하여 낳은 자식이 한민족의 시조인 단군이다. 그런데 오늘을 사는 한국인 중에 실제로 이것을 사실이라고 믿고 있는 사람이 과연 몇 명이나 될 것인가? 그러나 신화의 사실의 여부와는 상관없이 단군신화는 한민족의 정서에 자리 잡아 왔고 그 신화 아래 있는 사람들과 그렇지 않은 사람들로 "우리"와 "남"을 구별해 왔다. 바로 "우리"라는 공동체는 나와 남을 구분해야만 생기는 것이다. 신화는 이러한 역할을 해 왔다. 나와 남을 구분하여 우리라는 공동체를 형성하는 동시에, 남보다 우리의 존재가 훨씬 우월함을 강조한다. 그럼으로써 사회적 통합력을 높이고 집단의 생존을 가능하게 한 상징적인 역할을 해 온 것이다.

이러한 민족적 신화는 특정 집단의 지도자들에 의해서 정치적 도구로 자주 이용되어 왔다. 예를 들어, 독일의 히틀러는 제2차 세계대전 중 유태인에 대한 증오심을 유발하여 게르만 민족의 통합을 시도하였다. 그리고 자신의 정치적 야망을 펼치기 위한 유태인 탄압 정책은 결국 홀로코스트로 대변되는 유태인 학살로까지 이어져 인류사에 씻을 수 없는 오점을 남겼다. 같은 시기에 영국 수상 처칠은 독일의 침공에 대항하기 위해 자국민들을 "대영제국인(British race)"이라는 하나의 민족적 틀을 만들어 영국인의 자긍심과 민족적 통합력을 높임으로써 독일의 침략에 대응할 수 있도록 하였다. 그러나 실제 영국 사람들은 켈트, 로마, 앵글로 색슨, 노르만 등 다양한 출신으로 오래전에 구성되었기 때문에 영국인종, 영국민족이라는 것은 예전에도 오늘날에도 존재하지 않는다. 비록 그 동기와 방향은 다르지만 히틀러와 처칠은 인종과 민족을 자신들의 정치적 도구로 만들어 이용한 셈이다.

무엇보다 인종과 민족을 구분하려는 중요한 이유는 그것을 구분함으로써 나타나는 이익이 있기 때문이다. 특히 이러한 이익은 사회의 지배계급에 집중적으로 돌아간다. 한 집단이 다른 집단을 억압하는 것은 억압함으로써 자신에게 오는 다양한 이익이 있기 때문이다. 인종과 민족의 문제도 마찬가지이다. 지배인종, 지배민족이 소수인종이나 소수민족을 억압한다는 것은 소수인종이나 소수민족이 당연히 받아야 하는 권리를 제한한다는 것이다. 그리고 그 제한된 권리를 억압하는 인종이나 민족이 차지하게 된다. 이러한 측면에서 "인종"과 "민족"이라는 개념은 지배인종이나 민족이 자신들의 이익을 극대화시키기 위해 만들어낸 사회적 구성물이라고 할 수 있다.

사람들은 육체와 생김새가 다르고, 성격과 능력도 제 각각이다. 그런데 인종과 민족으로 인류를 구별해 내고자 하는 노력은 육체적인 생김새의 차

이가 개인의 성격, 감정 그리고 능력의 차이와 밀접하게 연관되어 있다는 믿음에 바탕을 두고 있다. 그러나 과학적으로 생물학적으로 우리는 이미 그렇지 않다는 것을 앞서 살펴보았다. 그럼에도 불구하고 육체의 생김새와 문화적 특징으로 말미암아 사람들의 행동의 패턴은 유전되어 형성되고, 그러한 유전적인 차이가 육체적 생김새와 문화적 특징에 따라 차별적으로 나타난다는 믿음은 오늘날에도 여전히 여러 사회에서 당연한 듯 받아들여지고 있다. 특히 이러한 차이가 어떤 집단은 태생적으로 우월하고 어떤 집단은 태생적으로 열등하기 때문에 나타난다고 믿을 때 그것을 "인종주의(Racism)"라고 부른다. 한마디로 인종주의란 하나의 인종이 태생적으로 다른 인종보다 더 우월하다고 믿는 신조라고 할 수 있다(Schaffer, 2013).

8. 미국의 인종과 민족의 형성

인종적 집단은 명백한 신체적 생김새의 차이로 구별하여 만들어진 집단을 일컫는다. 사람은 제 각기 모두 다른 육체적 생김새를 지니고 있는데, 그럼 무엇을 기준으로 명백한 신체적 생김새를 구별하여 동일한 집단과 그렇지 않은 집단으로 나누는 것인가? 신체적 생김새에 따라 집단을 나누는 것은 나라마다 그리고 문화마다 다르다. 그러나 인종이 구분의 기준이 될 때는 다른 어떤 특징보다 피부색이 중요한 구분의 기준이 된다. 인종적으로 동일한 한국의 경우에는 키 큰 사람과 작은 사람, 쌍꺼풀 있는 사람과 없는 사람, 머리가 큰 사람과 작은 사람 등 아마 이런 것들이 육체적 생김새 구분의 특징이 될지도 모르겠다. 그러나 인종적으로 다양한 구성원으로 이루어진 미국의 경우 피부색이 다른 어떤 신체적 특징보다 두드러진 구분의 기준이 된다.

미국에서는 역사적으로 어떤 사람이 흑인에 속하느냐 백인에 속하느냐 하는 것이 모든 일에서 중요한 기준이 되었고, 그 사람이 어느 집단에 속하느냐에 따라 인생 전체가 완전히 달라졌다. 자신이 두 집단 중 어디에 속하는지 스스로 규정하였고, 개인이 자신의 인종적 정체성에 대한 결정을 내리기를 사회가 강요해 왔다. 물론 미국 건국의 초기 역사에서 인디언이라고 불리는 원주민들이 있었지만, 이들은 독자적인 부족을 유지하며 자신들의 영토에서 거주하였기 때문에 실제로 미국 사회에서 백인들과 함께 살지는 않았다. 그래서 일상 속에서 부딪히거나 문제가 되는 것은 백인과 흑인의 구분이 될 수밖에 없었다.

백인과 흑인의 이중적인 인종적 구분은 미국의 이민의 역사가 진전되면서 남미와 아시아 국가들에서 이민자들이 대거 유입하기 시작하자 달라졌다. 백인과 흑인 외에도 다양한 피부색을 가진 사람들이 함께 살게 되자 인종적 구분의 기준도 그 만큼 다양해 진 것이다. 오늘날 미국인들이 인종을 구분하는 전형적인 방식은 백인, 흑인, 라티노, 아시아계 미국인 그리고 미국 인디언으로 대변되는 원주민(Native American)으로 인종적 카테고리를 만드는 것이다. 그리고 각 인종적 카테고리에 상징적인 색깔이 부여된다. 백인은 흰색, 흑인은 검은색, 라티노는 갈색, 아시아계는 노란색 그리고 원주민은 붉은색으로 피부색을 암시하는 색깔로 인종적 구분을 상징화한다. 그런데 이러한 구분은 인종적으로 서로 다른 집단이 함께 공존하고 있다는 것을 의미하는 것을 넘어 사회적 환경 속에서 개인들의 삶에 결정적인 영향을 미치기 때문에 문제가 된다. 다시 말해서 미국 사회에서 인종에 관련한 문제가 더욱 크게 거론되는 것은 미국의 역사 속에서 그리고 오늘날의 미국인들의 삶속에서 미국인 자신들이 "인종"에 아주 중요한 의미를 스스로 부여해 왔기 때문이다. 따라서 어떠한 문제보다 인종에 관련한 문제에 미국인들은 민감하게 반응한다.

　오미(Omi)와 위넌트(Winant)는 미국에서의 인종은 자연스럽게 피부색에 따라 저절로 생기는 것이 아니라 사회역사적인 과정을 통해 만들어지는 것으로써 "인종형성(racial formation)"이라는 개념으로 설명한다(Omi & Winant, 1994). 그들에 따르면 인종적 카테고리는 고정불변의 것이 아니라 새로 만들어지고, 변형되고, 금지되기도 하고, 사라지기도 한다. 인종 카테고리의 형성 여부는 무엇보다도 그 사회 혹은 국가 내에서 가장 권력이 강한 집단이 인종주의적 태도를 가지고 있다면 그 권력행사 여부에 따라 영향을 받게 된다. 미국에서 1800년대 원주민들에게 행한 원주민 격리 시스템(the reservation system for Native Americans)을 만든 것을 하나의 예로 들 수 있다. 원주민들을 격리시키기 위한 미국연방 아메리칸 인디언 정책은 이전에 존재하던 수많은 원주민 부족들을 아메리칸 인디언이라는 하나의 집단으로 모두 통합하는 것이었다. 수많은 인디언 부족들 중에 이 정책에 예외 되는 부족들은 하나도 없었다. 생김새도 문화도 전통도 언어도 모두 다른 드넓은 아메리카 대륙에서 흩어져 제 나름의 삶을 살아가던 원주민 부족들이 아메리칸 인디언이라는 단일한 인종으로 새롭게 만들어진 것이다.

　한편 미국 남부에서 주로 넓게 퍼져있던 "피한방울 법칙(one-drop rule)"은 인종이 사회적으로 구성되었다는 또 다른 예를 보여 준다. 이 법칙에 따르면 "흑인의 피"가 단 한 방울이라도 섞여 있다면 그 사람을 흑인으로 간주하고 흑인으로 대우한다는 것이다. 피한방울 법칙은 19세기 중후반에 일어난 남북전쟁 시기까지만 해도 흑인노예제도에 찬성하고 있는 남부지역에서도 법으로 정식으로 채택되지는 않았었다. 피한방울 법칙이 정식으로 주의 법으로 채택된 것은 1910년 테네시 주가 처음이고 1924년 버지니아 주에서 인종적 순수성 법안(the Racial Integrity Act)이 통과 되어 미국의 인종은 백인과 백인이 아닌 유색인(colored people) 두 가지 종류의 인종으로 본격적으로 구분되기 시작했다. 이후 피한방울 법칙은 점차 남부의 주들로 퍼져나가게 되었다.

　사실 이보다 훨씬 이전 미국의 개척시기에는 오히려 백인들과 원주민 그리고 흑인들과의 사이에 태어난 혼혈들이 많았고, 이들은 신체적 특징이 백인에 가까우면 백인으로 받아들여져서 백인 사회 속에서 살아갈 수 있었다(Rothman, 2003: 68). 이 시기는 공식적인 가계를 알 수 있는 문서도 명확하지 않은 시기여서 비록 혼혈이라고 할지라도 주로 신체적 특징이 백인과 가깝고 그 사람이 속한 공동체가 그를 백인으로 받아들이면 백인의 삶을 살 수 있었다. 그러나 남북전쟁 후 전쟁에서 패한 남부 지역에서 백인 지배계층에 의해 백인의 우월성과 백인 순수혈통이 강조되기 시작하면서 피한 방울 법칙이 본격적으로 공식적인 법으로 남부의 주들에서 채택되기 시작한 것이다. 이 법에 따르면 신체적 특징과는 상관없이 어떤 사람의 가계에서 백인이 아닌 사람의 피가 한 방울이라도 섞여 있다고 밝혀진다면 그 사람을 백인이 아닌 사람으로 규정하는 것이다. 예를 들어 백인과 흑인의 아이는 흑인으로, 백인과 원주민의 아이는 원주민, 백인과 중국인의 아이는 중국인으로 간주 되었다. 이것은 결국 미국의 인종을 순수혈통 백인과 그렇지 않은 유색인종으로 이분법적으로 구분하게 만들었다.

　피한방울 법칙이 오늘날 폐지되어 어떠한 미국의 주에서도 공식적인 법으로 채택되어 있지 않지만 이러한 인종구분의 전통은 미국 사회 곳곳에 여전히 가득 배여 있다. 미국 최초의 흑인 대통령인 오바마의 경우에도 그의 아버지는 아프리카 출신 흑인이지만, 그의 어머니는 백인이다. 말하자면 오바마는 백인과 흑인의 혼혈, 말하자면 다인종(multi race)이다. 그럼에도 불구하고 오바마는 흑인으로 규정되고 미국 사회는 그의 인종적 정체성을 자연스럽게 받아들인다. 아무도 그가 미국 최초의 "흑인" 대통령임을 부정하는 사람은 없다.

 오늘날 미국사회는 예전보다 더 다양한 지역에서 더 다양한 인종적 특징을 지닌 사람들의 이민이 활발해지고 있다. 따라서 자신이 혼혈 또는 다인종적 가계를 가지고 있다고 정체성을 규정하는 사람들도 더 늘어가고 있다. 게다가 자신이 완전히 백인이라고 생각하는 사람들조차 실제로 흑인 혈통이 섞인 경우가 상당하고, 또 스스로 흑인이라고 생각하는 경우도 백인의 혈통이 섞여있는 경우가 드물지 않은 것 또한 사실이다(Hawks, 2008; Gates, 2009).

 인종은 만들어졌다고 말하는 "인종형성"의 개념의 또 다른 예는 미국의 인구센서스를 통해서도 잘 나타난다(Scott, 2012: 11). 미국헌법이 1789년 발효된 후 1790년 처음으로 시행한 센서스에는 단 세 종류 집단의 사람만 존재했다. 자유인 백인(free white persons), 다른 자유인(other free persons), 그리고 노예(slaves)이다. 이러한 인구조사가 진행 된 주요 이유 중의 하나는 인구 비례에 따른 각 주의 하원의원 수를 결정하기 위한 것이었다. 이때 자유인들은 한 사람으로 계산했지만 노예들은 자유인의 5분의 3으로 결정하였다. 말하자면 자유인 3명은 노예 5명과 같은 정도로 계산된 것이었다. 이때 인디언이라고 불리는 원주민들은 아예 제외되었다. 인구센서스는 1850년부터 표준적인 양식을 이용하기 시작했는데 이때 세 가지 선택 범주는 백인, 흑인 그리고 물라토(mulatto)였다. 물라토는 백인과 흑인의 혼혈인 사람들을 규정하는 용어이다. 세 가지 인종적 범주는 1870년에 이르러 중국인과 인디언 범주가 추가되면서 바뀌었다. 그리고 1890년에는 일본인이 추가되었으며, 피의 혈통이 유색인의 피가 4분의 1이 섞였는지 8분의 1이 섞였는지 등과 같은 혼혈의 정도를 정의한 센서스도 이때 행한 것이다. 백인 센서스 조사자는 1910년에는 흑인들에 대해서 완전한 흑인인지 아니면 어느 정도 흑인의 피가 섞여있는지 구별하는 것을 교육받아 인종 조사를 실시하였다. 그런데 1930년 센서스에 와서는 혼혈에 대한 비율 등을 조사하던 것을 없앴는데, 그것은 흑인과 조금이라도 피가 섞인 사람은 모두 흑인으로 간주했기 때문이다.

현재에 이르러 히스패닉 출신들은 인종의 범주에 넣지 않고 민족의 범주에 넣고 있다. 그것은 히스패닉을 인종적 범주에 넣을 경우 백인부터 라틴 아메리카 출신 원주민까지 모두 포괄하게 됨으로써 인종적 스펙트럼이 너무 넓어져서 인종적 구분이 부정확하게 되기 때문이다. 이렇듯 미국의 인구조사의 인종의 범주는 지속적으로 변해왔는데 이것은 인종의 구분에 대한 과학적 연구에 바탕을 두거나 아니면 정치적, 사회적 동의에 의해 이루어진 것이 아님을 알 수 있다. 단지 인종적으로 지배집단이라고 할 수 있는 백인 집단에 의해 인종에 대한 정의가 만들어지고 또 바뀌어져 온 것이며, 여전히 이것은 현재 진행형이다. 최근 다양한 지역에서 다양한 인종적 민족적 배경을 가진 사람들이 미국에 이민을 오게 되면서 2010년 센서스에는 인종 구분을 할 수 있는 선택지를 15개를 제공하고 있다. 따라서 이러한 센서스의 인종에 대한 규정의 변화는 미국에서의 인종이 역사의 진행 과정 속에서 사회적으로 형성된 것이지 처음부터 구별되어 인종적 카테고리가 만들어져 내려온 것이 아니라는 것을 여실히 보여준다.

〈그림1〉 미국 인구센서스 2010 인종 조사항목

→ NOTE: Please answer BOTH Question 8 about Hispanic origin and Question 9 about race. For this census, Hispanic origins are not races.

8. Is Person 1 of Hispanic, Latino, or Spanish origin?
   ☐ **No**, not of Hispanic, Latino, or Spanish origin
   ☐ Yes, Mexican, Mexican Am., Chicano
   ☐ Yes, Puerto Rican
   ☐ Yes, Cuban
   ☐ Yes, another Hispanic, Latino, or Spanish origin — *Print origin, for example, Argentinean, Colombian, Dominican, Nicaraguan, Salvadoran, Spaniard, and so on.*

9. What is Person 1's race? *Mark ✗ one or more boxes.*
   ☐ White
   ☐ Black, African Am., or Negro
   ☐ American Indian or Alaska Native — *Print name of enrolled or principal tribe.*

   ☐ Asian Indian   ☐ Japanese   ☐ Native Hawaiian
   ☐ Chinese   ☐ Korean   ☐ Guamanian or Chamorro
   ☐ Filipino   ☐ Vietnamese   ☐ Samoan
   ☐ Other Asian — *Print race, for example, Hmong, Laotian, Thai, Pakistani, Cambodian, and so on.*   ☐ Other Pacific Islander — *Print race, for example, Fijian, Tongan, and so on.*

   ☐ Some other race — *Print race.*

출처:http://www.pewresearch.org/fact-tank/2014/03/14/u-s-census-looking-at-big-changes-in-how-it-asks-about-race-and-ethnicity/인구센서스 자료

9. 미국의 인종과 민족의 구성과 변화

미국의 2014년 현재 기준 추정 인구는 316,167,900명이다. 2050년이 되면 438,000,000명으로 늘어날 것으로 예상된다. 미국이 세계에서 가장 다양한 인종과 민족이 모여 살아가는 나라라는 것은 두말할 것도 없지만, 동시에 미국인으로 대표되는 인종은 백인이고 백인 문화라는 것도 엄연한 사실이

다. 지금까지 미국은 건국 이래로 백인들이 절대 다수를 차지하고 있었기 때문에 백인은 미국 사회의 인종적 지배집단으로서 정치, 경제, 사회 각 영역에서 최상위 층을 차지해 왔다. 그러나 오랜 이민의 역사 속에서 백인 이외의 다양한 인종 민족 집단이 미국으로 이주해 와서 미국 사회에서 중요한 구성원으로 자리 잡게 되었다. 실제로 미국이 선진국들 중 거의 유일하게 인구가 지속적으로 유의미하게 증가하고 있는 나라인 이유는 바로 외부로부터 이민에 의한 인구 증가 때문이라고 할 수 있다. 이러한 이민자들의 유입은 미국의 인구 구조와 인종 구성에 뚜렷한 변화를 가져왔을 뿐만 아니라 앞으로도 그 변화의 정도는 더 커지리라 예상할 수 있다.

미국의 인종구성의 변화는 2014년 미국의 인종비율과 2050년 인종비율의 추정치를 보면 보다 자세하게 알 수 있다. 〈그림 2〉에서 보듯이 2014년 현재 백인 인구는 전체 인구의 62%를 차지하고 있다. 백인 인구는 중남미 출신인 히스패닉(Hispanic)/라티노(Latino) 중의 백인을 포함하지 않은 백인을 말하는 것으로 대부분 유럽계 백인의 비율을 말한다. 히스패닉을 포함한 백인들의 비율은 2010년 인구센서스 조사에 기초하면 72%에 이른다. 이러한 백인 인구는 지금 현재 추세로 인구의 변동이 일어난다고 가정한다면, 2050년에는 전체 인구 중 차지하는 비율이 47%로 떨어지게 된다. 미국 전체 인구 중 소수인종이 다수인종인 백인보다 더 많아지게 된다는 것이다.

이러한 이유는 백인 여성들의 출산율[1]이 다른 인종들에 비해 상대적으로 가장 낮다는 것, 그리고 유럽으로부터의 백인 이민자들의 수가 중남미나 아시아에서 오는 이민자들의 수보다 훨씬 적을 뿐만 아니라 이민자의 수도 정체되어 있거나 줄어들고 있기 때문이다. 1960년대 백인의 인구가 전체에서 차지하는 비율이 85%에 이르렀던 것에 비교하면[2], 다수를 점하던 백인

---

[1] 나이 15-44세의 가임기 여성 1,000명당 출산한 신생아 수
[2] Pew Research Center, 2008

에 의한 백인 문화가 지배하던 미국이 30-40년 후에는 다양한 인종과 민족의 영향력을 무시할 수 없는 인종적으로 전혀 다른 나라가 될 수 있다는 것을 충분히 예상할 수 있다.

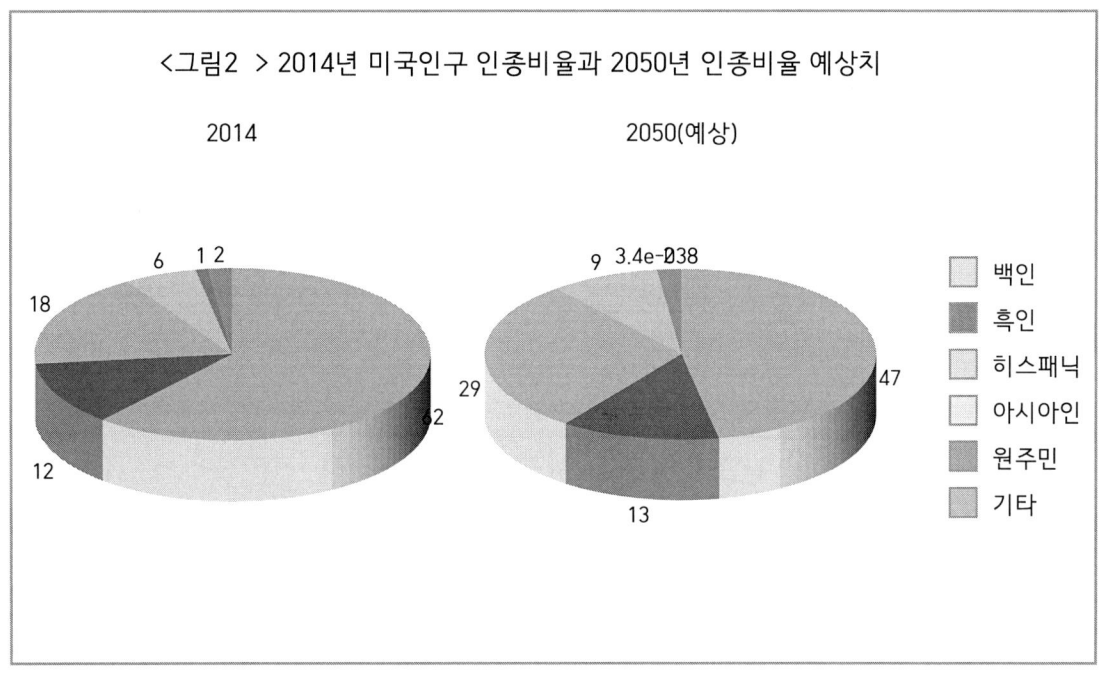

<그림2> 2014년 미국인구 인종비율과 2050년 인종비율 예상치

백인 다음으로 높은 비율을 차지하는 것은 히스패닉으로서 전체 중 18%를 이루고 있다. 그러므로 히스패닉은 미국에서 가장 큰 소수자집단이라고 할 수 있다. 여기서 우리가 주의해야 할 것은 앞서 살펴보았듯이 히스패닉(Hispanic) 또는 라티노(Latino)가 인종을 지칭하는 말이 아니라 중남미 지역에서 미국으로 이민 온 사람들을 뜻하는 것으로 두 용어를 혼용하여 쓰고 있다는 것이다.[3] 히스패닉/라티노와 관련한 인종 조사를 살펴보면, 2010년

---

[3] 이 책에서는 조사 자료에 명시된 것에 따라 히스패닉 또는 라티노라는 용어를 함께 사용하고, 그 외 일반적으로 중남미 출신 미국 이민자들을 통칭하는 용어로는 '라티노'를 사용할 것이다. 히스패닉은 스페인어를 사용하는 사람을 뜻하고, 라티노는 라틴 아메리카에서 온 사람들을 통

인구센서스에서 자신을 히스패닉 혹은 라티노라고 대답한 사람 중 53%가 자신이 백인이라고 대답했다. 그리고 흑인이라고 응답한 사람이 2.5%, 원주민이 1.4%, 아시아인 0.4%, 하와이 원주민 또는 기타 태평양 섬주민이 0.1%, 두 가지 이상의 혼혈 6.0%, 그리고 그 외의 다른 인종이라고 대답한 사람이 대한 36.7%에 이른다. 따라서 히스패닉/라티노 중의 과반수이상이 자신을 백인이라고 여기고 있는 반면, 백인이 아닌 자신을 '라티노', '멕시칸', '푸에르토리칸' 등으로 중남미 지역의 다양한 국가의 민족으로 규정하는 사람들이 응답할 수 있는 정확한 범주의 센서스 문항은 없었다.

라티노의 인구는 2000년 인구센서스에서 전체 인구 중 12.5%를 차지함으로써 흑인 12.3%를 약간 앞서기 시작한 후 그 다음 센서스인 2010년에는 16.3%로 증가하여서 12.2%의 흑인 인구비율과의 격차가 더 크게 벌어지게 되었다. 라티노는 다른 인종에 비해 상대적으로 이민자의 수가 가장 많고, 출산율도 가장 높은 것이 라티노가 미국 전체 인구에서 차지하는 비율이 높아지게 된 중요한 원인이다. 2050년이 되면 미국의 이민법이 개정된 시기인 1960년대 3.5%에 불과하던 라티노의 인구는 미국 전체 인구의 29%를 차지해서 거의 3분의 1 수준 가까이 도달하게 된다. 이때 백인의 추정인구비율이 50%도 되지 않기 때문에 미국이 라티노의 나라로 바뀌어 가고 있다는 말이 현실감 있게 들린다.

칭하여 부르는 용어이다. 미국에서는 두 용어를 서로 혼용해서 사용한다.

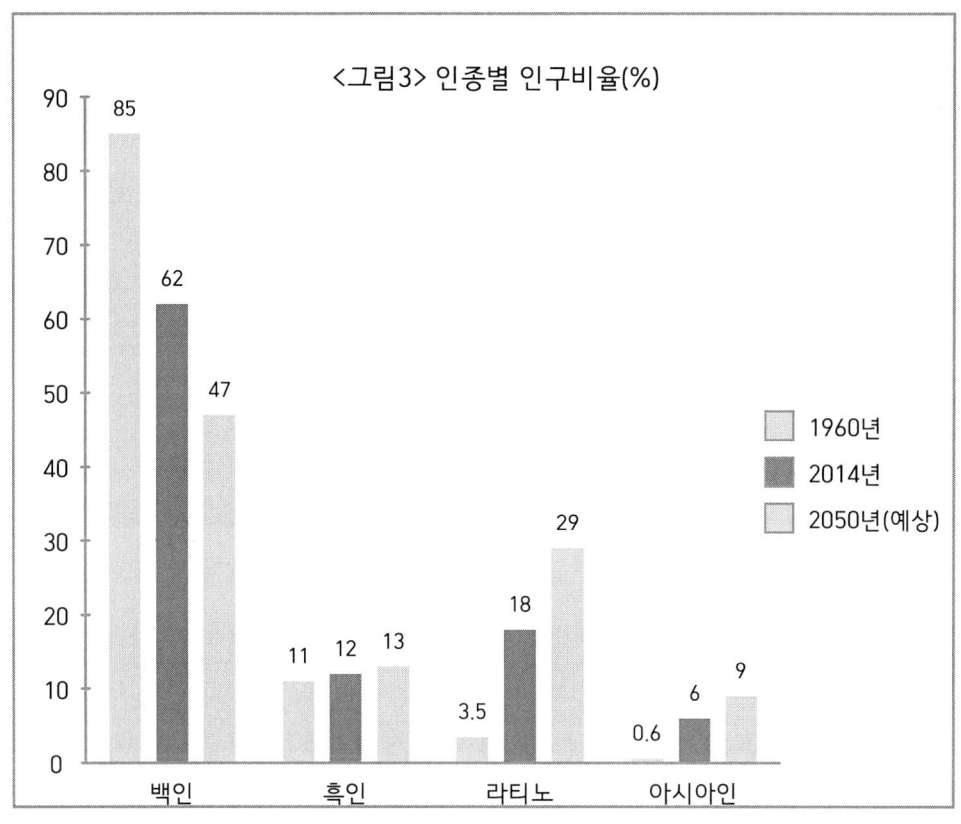

<그림3> 인종별 인구비율(%)

미국에서 세 번째로 큰 인구비율을 차지하는 인종은 흑인이다. 흑인은 라티노의 인구가 1990년대 이후 급증하기 전까지는 인구비율로 두 번째로 큰 집단이자 가장 큰 소수집단이었다. 그러나 역사적으로 인종 간 결혼 금지와도 같은 흑인에 대한 차별로 인해 흑인 인구의 증가는 제한적이었다. 흑인의 미국 이주는 백인의 이주와 거의 역사를 같이 할 정도로 오래되었다. 그러나 20세기 이후 흑인 이민자의 수는 정체되어 왔기 때문에 라티노와는 달리 이민자에 의한 흑인 인구의 증가도 크지 않았다. 그래서 출산율이 흑인의 인구증가에 가장 중요하게 영향을 미치는 요인이 될 수밖에 없다. 흑인의 출산율은 2013년 65로 백인의 59보다는 높지만 라티노의 73보다는 더 낮다. 특히 라티노와의 출산율의 차이는 라티노의 인구증가가 최고였을 때와 비교하면 30정도 더 낮았었다. 또한 흑인의 가임여성 일인당 출산율이 2008년까지는 인구대체수준(population replacement level)4)보다 높았으나 2013년에는 1.88명으로 선진국의 인구대체수준인 2.1보다 더 아래로 떨어졌다. 따라서 흑인인구의 인구증가 요인은 그리 크지 않다. 실제로 1960년대 전체 인구에서 흑인이 차지하는 인구비율이 11%였다. 그러므로 2050년의 인구비율을 추정할 경우에도 흑인의 인구 비율은 2014년과 큰 차이가 없을 것으로 예상된다.

아시아인 인구는 2000년 인구센서스에서는 전체 인구 중 3.6%이었으나, 2010년 인구센서스에서는 4.7%로 증가했다. 그래프에서 나타나듯 2014년 현재 아시아인의 비율은 6% 정도로 추정된다. 인구센서스 조사에서 아시아인이라고 함은 보통 한국, 일본, 중국을 포함한 극동지역, 캄보디아, 말레이시아, 필리핀, 태국, 베트남 등이 속한 동남아, 그리고 인도와 파키스탄 등이 포함 된 서남아시아 지역을 말한다. 이와 더불어 자신을 아시아인이라고 여기는 사람들을 모두 함께 아시아인 범주로 넣는다. 아시아인의 인구는 지속적으로 성장해서 2050년에는 전체 인구의 약 9%가 될 전망이다.

아시아인의 인구는 1960년대에는 0.6% 밖에 안 되었던 것에 비교하면 2014년 현재까지 50여 년 동안 전체 인구에서 차지하는 비율이 10배 증가하였다. 라티노 인구의 비율이 1960년대 3.5%에서 2014년 18%로 5배 정도 증가한 것과 비교하면 아시아인의 인구 증가 속도는 가장 빠르게 진행되고 있다. 2010년 인구센서스와 2000년 인구센서스에 나타난 아시아인의 인구를 비교해 보면 10년 동안 아시아인의 인구는 2000년 10,242,998명에서 2010년 14,674,252명으로 늘어나서 절대증가 인구수가 4,431,254명으로 라티

---

4) 인구대체수준(population replacement level): 인구를 현상 유지하는 데 필요한 출산율의 수준으로 인구가 늘어나거나 줄어들지 않기 위해서는 가임 여성 1인당 선진국은 2.1명, 개발도상국은 3명 전후의 자녀는 낳아야 한다는 것.

노의 인구증가수인 15,171,776명 다음을 차지하고 있다. 이것은 흑인의 증가수 4,271,129명이나 백인 2,264,778명보다 더 많은 수이다. 아시아인 출신국가 별로는 중국이 352만 명으로 가장 많고 인도가 290만 명으로 뒤를 따른다. 그 다음이 필리핀, 베트남, 한국, 일본 순이다. 그러나 2000년과 2010년 두 인구센서스를 비교해보면 10년 동안 아시아인들 중 인도인의 증가수가 123만 명으로 중국인 109만 명을 넘어 가장 많다.

마지막으로 원주민들의 인구비율은 2010 인구센서스에 따르면 총인구가 308만 명 정도로 미국 전체인구의 1% 수준에 머무르고 있다. 이 통계치는 자신을 하나의 인종으로서 아메리칸 인디언 또는 알래스카 원주민이라고 대답한 사람들의 통계이다. 원주민들은 미국의 역사 속에서 거의 사라져가는 사람들이라고 할 수 있다. 많은 부족들이 미국역사 초기에 백인들과의 전쟁과 갈등으로 인해 사라지거나 격리되고 아니면 다른 인종 또는 민족 집단의 문화 속으로 흡수되었다. 따라서 지금의 원주민들은 자신을 하나의 인종으로 규정하기 보다는 두 가지 이상의 다인종으로 규정하는 경우가 많다. The U.S. Census Bureau의 2014년 보고에 의하면, 자신을 다인종이라고 규정하는 사람들 중에 아메리칸 인디언이나 알래스카 원주민의 혈통이 있는 사람들을 모두 포함하면 총 540만 명으로 전체 인구의 2% 정도가 된다. 말하자면 이들 중 약 48%는 자신을 원주민이라는 단일 인종으로 규정하고 있지만 과반이 넘는 52%의 원주민들은 자신을 둘 이상의 인종적 혈통을 지닌 사람으로 규정하고 있다. 2015년 현재 하와이지역 원주민을 제외하고 아메리칸 인디언들은 326곳의 합법적 자치구역에서 살고 있으며, 알래스카 원주민까지 합하면 모두 566개의 부족이 680곳의 합법적 원주민 자치구역에서 살고 있다.

10. 소수인종과 민족의 지역적 인구 분포

미국은 다양한 인종과 민족이 더불어 살아가고 있으며 소수인종이 지속적으로 늘어가고 있지만, 모든 지역에서 인종적으로 비슷한 비율을 이루면서 거주하는 것은 아니다. 미국에서 백인이 아닌 인종적 소수자들의 지역분포를 카운티(county)를 기준으로 나타내고 있는 〈그림 4〉의 지도를 보면 미국 전체 소수자인구의 평균보다 높은 지역과 낮은 지역이 뚜렷하게 구분됨을 볼 수 있다.

미국의 2010년 인구센서스에서 미국 전체의 평균적인 인종적 소수자 비율은 36.3%이다. 지도에서 나타난 바와 같이 소수자의 비율이 평균을 훨씬 넘는 50%이상인 카운티가 밀집되어 있는 지역은 미국 서부지역의 캘리포니아(California) 주, 그리고 남서부지역의 애리조나(Arizona), 네바다(Nevada), 뉴멕시코(New Mexico), 텍사스(Texas) 주, 남부지역의 루이지애나(Louisiana), 미시시피(Mississippi), 조지아(Georgia), 플로리다(Florida) 주, 동남부지역의 사우스캐롤라이나(South Carolina), 노스캐롤라이나(North Carolina), 버지니아(Virginia), 메릴랜드(Maryland) 주와 수도인 워싱턴 디시(Washington D. C.) 동부지역의 델라웨어(Delaware), 뉴저지(New Jersey), 뉴욕(New York) 주, 그리고 하와이(Hawaii)와 알래스카(Alaska) 주 등이다. 이들은 소수인종의 비율이 미국 전체 평균 또는 그 이상이 되는 대표적인 주들이라고 할 수 있다. 반면, 중서부지역과 중부내륙지역, 그리고 북동부 지역은 소수자인구 비율이 가장 낮은 것으로 나타난다.

이렇게 지역별로 뚜렷한 차이가 나타나는 소수인종의 분포는 역사적, 지역적, 문화적 요인에 의해 복합적인 영향을 받은 결과이다. 예컨대, 남부와 동남부지역의 가장 큰 소수인종 집단은 흑인이다. 흑인이 이 지역에 모여 살게 된 것은 노예제도에 의해 흑인들이 미국으로 잡혀 와서 주로 이 지역

의 농업을 위한 노동력으로 이용되었다는 역사적인 이유가 있다. 한편 라티노들이 캘리포니아 남부와 남서부 지역에 집중해서 살고 있는 것은 이 지역이 미국의 땅으로 속하기 전에는 멕시코의 땅이었고5), 미국과 멕시코와의 전쟁6)에 의해 새로운 땅들이 미국 땅으로 편입되었다는 역사적인 이유가 있다. 그리고 지역적으로도 멕시코와 국경을 하고 있는 곳이기 때문에 많은 멕시코 출신 라티노들이 이 지역에 정착해서 살아가고 있다. 이렇게 역사적, 지리적 요인들에 의해 모여 살게 되면 나름의 지역 문화가 만들어지고 새로 오는 이민자들은 다른 지역보다 자신에게 익숙한 문화가 있는 곳에 또 다시 정착하게 된다. 이러한 것이 반복적으로 일어나게 되면 특정 지역의 소수인종 집단의 비율은 커질 수밖에 없다.

소수인종 거주인구 분포에 대한 또 다른 요인은 도시지역이라는 지역성이다. 흑인들과 최근에 이민 온 사람들일수록 도시가 제공하는 많은 일자리 때문에 도시 지역에 자리 잡는다. 카운티를 기준으로 조사한 지도를 보면 주로 소수자 비율이 높은 카운티는 대도시가 포함된 도시지역이다. 예를 들어 동부지역에서 소수자 비율이 43%가 되어 미국 평균을 훌쩍 넘는 뉴욕주에 속한 대부분 카운티는 미국 전체의 평균을 밑돌고 있다. 그럼에도 불구하고 뉴욕 주의 소수자 비율이 높은 것은 미국에서 가장 인구가 많은 도시인 뉴욕시(New York City) 때문이다. 뉴욕시의 백인 인구 비율은 39%에 불과하다. 소수인종의 비율이 대부분 미국 전체 평균보다 낮은 중서부 지역에서도 소수인종의 비율이 평균보다 높은 카운티들이 있는데 일리노이(Illinois)

---

5) 원래 텍사스는 멕시코령이었으나 많은 미국인들이 들어와 살면서 멕시코의 지배를 거부했다. 이에 안토니오 로페즈(Antonio Lopez)가 이끄는 토벌대와 텍사스 민병대와의 전투가 일어났고, 샘 휴스턴(Sam Houston) 휘하의 민병대가 승리하여 1836년 텍사스는 독립을 선언하고 텍사스 공화국을 세우게 된다. 이후 텍사스는 1845년 미국 연방에 편입됨으로써 미국의 정식 영토가 되었다.
6) 미국과 멕시코의 전쟁 (1846~1847)에서 미국은 멕시코시티를 1847년 함락시키고 캘리포니아와 뉴멕시코를 할양받아 미국 영토로 편입하게 됨으로써 미국은 대서양 연안에서 태평양 연안까지 그 영토를 넓히게 되어 거대 국가로 등장하게 된다.

주의 시카고(Chicago)와 미시건(Michigan) 주의 디트로이트(Detroit)와 같이 도시를 포함한 지역이다.

〈그림 4〉 미국 소수자 인구비율 지역별 분포

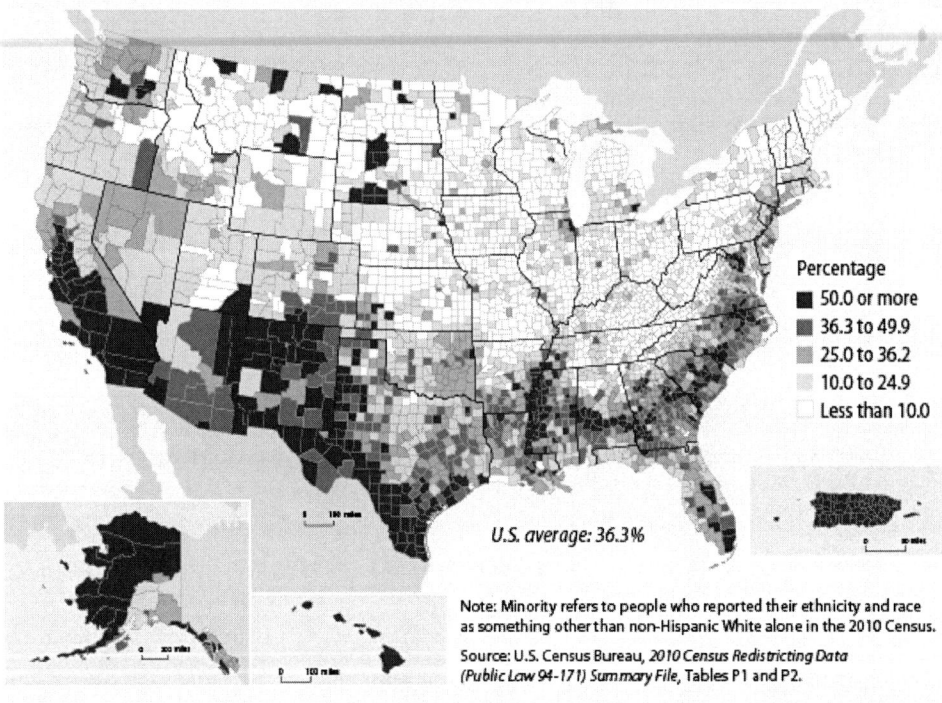

출처: Ajinkya(2011) What Diversity Teaches Us: The Importance of America's Endangered Diversity Education Program, Center for American Progress.
https://www.americanprogress.org/issues/race/news/2011/07/27/9939/what-diversity-teaches-us/

11. 미국의 인종별 지역분포

좀 더 구체적으로 인종별 지역분포를 살펴보자. 백인은 미국 인구에서 차지하는 비율이 가장 높기 때문에 미국 전역에서 대부분 가장 높은 비율을 차지하고 있다. 그러나 특히 미국의 북동부 뉴잉글랜드(New England) 지역에서의 비율이 가장 높다. 이 지역은 백인이 처음으로 유럽에서부터 이주해 온 지역이다. 날씨가 겨울에 특히 춥고, 산악지역이 많으면서, 대도시가 크게 없다. 게다가 북쪽으로 캐나다와 국경을 접하고 있으나, 캐나다로부터 유입되는 이민자들은 거의 백인들이었다. 따라서 소수인종들이 쉽게 자리를 잡을 수 있는 여건이 되지 않았다. 가장 백인비율이 높은 주는 버몬트(Vermont) 주로서 백인 인구 비율이 94%에 이르고 그 다음으로 메인(Maine) 주와 뉴햄프셔(New Hampshire) 주로 92%의 주민이 백인이다. 그 다음으로 중서부지역과 중부내륙지역이 백인 인구 비율이 상대적으로 높다. 이 지역은 대부분 농업이 발달한 시골지역으로 몇몇 대도시를 제외하고는 백인 비율이 아주 높다. 웨스트버지니아(West Virginia)와 몬태나(Montana) 주는 백인 비율이 90%가 넘고 아이오와(Iowa), 노스다코타(North Dakota), 와이오밍(Wyoming) 주 등과 같이 이 지역에 속한 대부분의 주는 백인 비율이 80%를 넘는다.

흑인은 노예라는 역사적인 이유로 말미암아 주로 남부지역에 많이 거주하고 있다. 흑인은 노예 신분으로 부터 해방되고 나서 미국의 산업화 과정에서 도시로 일자리를 찾아 이동하여 동부의 대도시 지역에 정착하기 시작했다. 그리고 중서부지역이지만 시카고나 디트로이트와 같이 산업화가 일찍 시작된 대도시 지역에도 많은 흑인들이 몰려들었다. 흑인들의 비율이 가장 높은 지역은 미국의 수도인 워싱턴 디시이다. 인구 전체의 47%가 흑인이다. 워싱턴 디시는 미국의 주에 속한 도시가 아니기 때문에 주를 기준으로 하면, 남부지역의 미시시피 주가 37%로 흑인 비율이 가장 높다. 그 다음으로 같은 남부지역인 조지아와 루이지애나 주가 30%이상을 차지하고 있다. 그 외에 흑인의 비율이 높은 주들은 대부분 남부지역과 동남부 지역에 속하는 주들이다.

<표 1> 인종별 인구비율 주 순위				
백인	흑인	히스패닉	아시아인	원주민
1. Vermont 94%	1. Washington DC 47%	1. New Mexico 43%	1. Hawaii 53%	1. Alaska 16%
2. Maine 92%	2. Mississippi 37%	2. Arizona 39%	2. California 15%	2. New Mexico 12%
2. New Hampshire 92%	3. Georgia 31%	3. California 38%	3. Alaska 10%	3. Oklahoma 8%
2. West Virginia 92%	3. Louisiana 31%	3. Texas 38%	3. New York 10%	3. South Dakota 8%
5. Montana 90%	5. Maryland 29%	5. Nevada 28%	5. Nevada 9%	5. North Dakota 4%
6. Iowa 88%	6. Alabama 27%	6. Florida 25%	5. New Jersey 9%	6. Arizona 3%
6. North Dakota 88%	6. South Carolina 27%	7. Colorado 21%	7. Massachusetts 8%	6. Montana 3%
8. Wyoming 86%	8. North Carolina 21%	8. New Jersey 19%	7. Washington 8%	8. Washington 2%
9. South Dakota 85%	9. Delaware 20%	9. New York 18%	9. Virginia 7%	9. Arkansas California Wyoming 1%
10. Kentucky 84%	10. Virginia 19%	10. Illinois 16%	10. Connecticut Illinois Maryland 6%	

출처: Kaiser Family Foundation: Census Bureau's Marc2015 Current Population Survey(CPS: Annual Social and Economic Supplement) 재구성
   http://kff.org/other/state-indicator/distribution-by-raceethnicity/

<그림 5> 백인 인구 주별 분포 비율

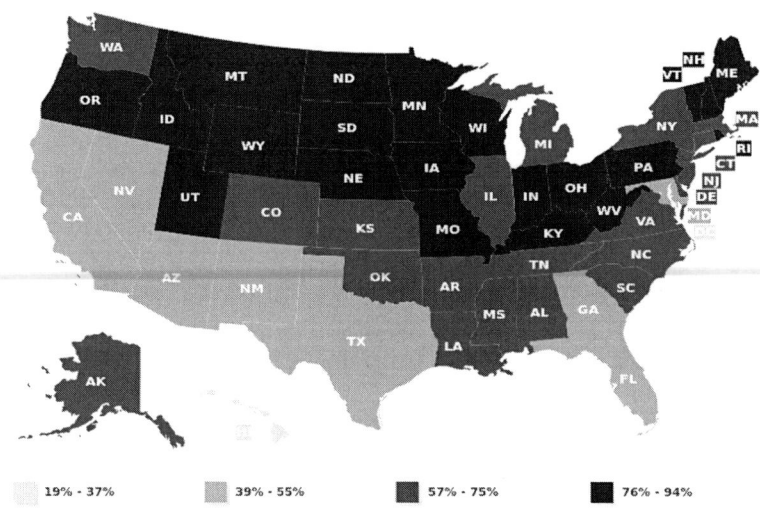

출처: http://kff.org/other/state-indicator/distribution-by-raceethnicity/#map

<그림 6> 흑인 인구 주별 분포 비율

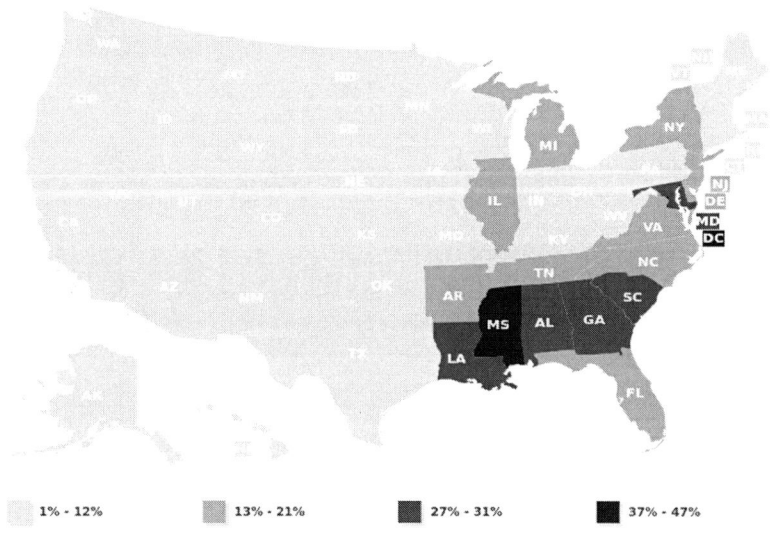

출처: http://kff.org/other/state-indicator/distribution-by-raceethnicity/#map

<그림 7> 히스패닉 인구 주별 분포 비율

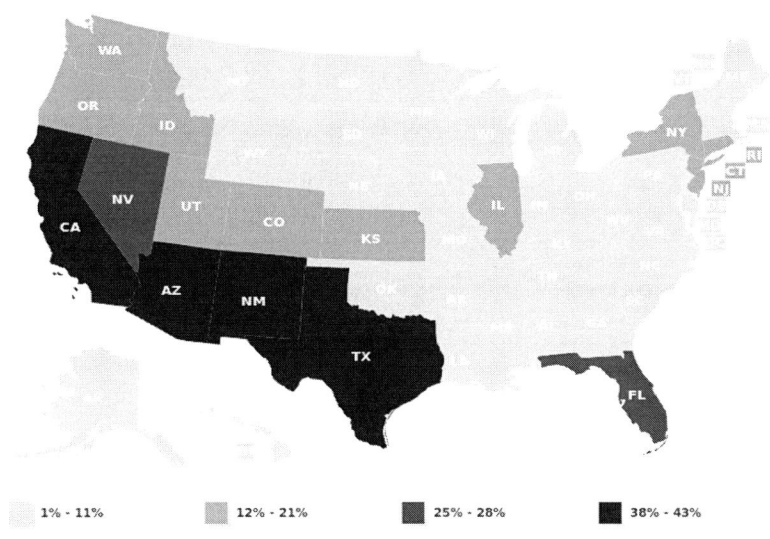

출처: http://kff.org/other/state-indicator/distribution-by-raceethnicity/#map

<그림 8> 아시아인 인구 주별 분포비율

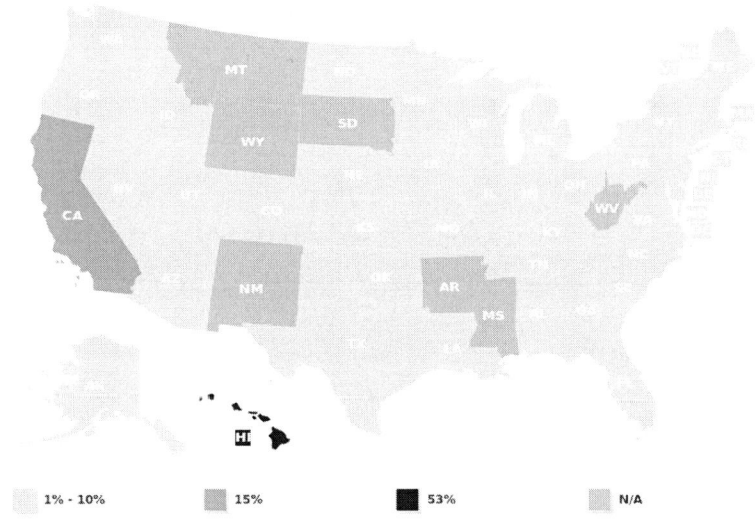

출처: http://kff.org/other/state-indicator/distribution-by-raceethnicity/#map

히스패닉/라티노는 주로 캘리포니아 주를 포함하여 남서부 지역, 뉴욕 시를 중심으로 하는 동부 대도시 지역, 남부의 플로리다 주와 중서부지역의 일리노이 주에 높은 거주 비율을 보이고 있다. 가장 히스패닉/라티노의 비율이 높은 주는 뉴멕시코 주로써 전체 주민의 43%가 히스패닉이다. 그 다음이 애리조나, 캘리포니아, 텍사스 주가 30%를 넘는다. 뒤 이은 네바다와 콜로라도(Colorado) 주를 포함하면 모두 멕시코와 국경을 가까이 접하고 있거나, 예전에 멕시코의 영토였던 주들이다. 미국 전체 히스패닉 중 멕시코 출신 히스패닉이 64%를 차지하고 있다. 따라서 미국과 멕시코의 역사적 관계, 그리고 지리적 근접성이 이 지역의 히스패닉 인구 비율이 높은 이유라고 할 수 있다.

한편, 남부지역의 플로리다 주는 히스패닉/라티노의 인구 비율이 25%로써 6번째로 많다. 이 지역에서도 멕시코 출신 히스패닉이 많긴 하지만 그 비율은 15%에 불과하고 나머지는 가장 높은 비율을 차지하는 쿠바를 비롯하여 푸에르토리코, 도미니카 공화국, 콜롬비아, 베네수엘라 등 카리브 해 국가들과 다양한 중남미 국가 출신으로 이들이 주로 거주하고 있다.

그 다음이 뉴저지(New Jersey)와 뉴욕 주 등 동부 대도시 지역의 히스패닉/라티노의 비율이 높다. 특이할 만한 사실은 일리노이 주의 히스패닉 비율이 높다는 것이다. 그것은 미국에서 세 번째로 큰 도시인 시카고 주변에 살고 있는 히스패닉 인구 때문이다. 이 지역의 히스패닉은 주로 멕시코 출신으로 1960년대부터 급격하게 모여들기 시작했다. 이들은 시카고를 중심으로 1960년대 말에서 1970년대 초까지 멕시코 출신 히스패닉들의 권리 신장을 위한 '치카노[7] 운동(The Chicano Movement or Chicano Civil Rights Movement)'

---

[7] 치카노 (Chicano) : 멕시코계 미국인(Mexican American)을 일컫는 말로 처음에는 멕시코계 미국인을 낮추어 부르는 말이었으나 치카노 운동이후 멕시코계 미국인을 말하는 일반적인 말로 통용되고 있다. 그러나 일부 보수적인 멕시코계 미국인은 여전히 부정적인 의미로 받아들이는 경우도 있으므로 직접적으로 상대방에게 Chicano라고 말할 때는 주의해야 한다.

을 활발히 벌이기도 했다.

아시아계 미국인의 지역 분포의 특징은 지리적으로 아시아와 가까운 태평양을 낀 지역이거나 아니면 대도시 지역이다. 먼저 태평양을 낀 하와이, 캘리포니아, 알래스카, 워싱턴 주 등이 아시아계 비율이 높다. 특히 하와이는 아시아계 미국인이 비율적으로 가장 많이 거주하는 주로써 전체 인구 중 53%가 아시아계로 이루어져 있다. 하와이 주는 미국의 50개의 주 중 백인의 인구가 다수를 차지하지 않는 유일한 주이다. 최대 다수인종은 아시아계로 국가별로는 필리핀 출신이 가장 많고 그 다음이 일본, 그리고 중국, 한국 순이다.

그 다음이 캘리포니아 주로써 전체 주민 중 15%가 아시아계이다. 그렇지만 2010년 센서스에 따르면 절대적 수로는 미국 전체 아시아계 인구의 31%인 5,556,592명이 캘리포니아 주에 거주하고 있어 미국 내 가장 많은 아시아계가 거주하는 주이다. 캘리포니아 주는 지역적으로 아시아와 가까울 뿐만 아니라 로스앤젤레스(Los Angeles), 샌프란시스코(San Francisco), 샌디에이고(San Diego) 등과 같은 대도시들이 밀집해 있어 이민의 역사가 짧은 아시아인 이민자들이 집중적으로 이주하였다. 2010년 인구센서스 자료에 따르면 캘리포니아 주의 아시아계의 출신국가별로는 필리핀 출신이 가장 많고, 근소한 차이로 중국이, 그리고 그 다음으로 베트남, 인도, 한국, 일본 순이다. 한편 그 외에 뉴욕, 네바다, 뉴저지, 매사추세츠(Massachusetts), 버지니아, 메릴랜드, 코네티컷(Connecticut), 일리노이 주 등이 상대적으로 아시아계의 인구비율이 높은데, 미국을 대표하는 대도시가 있거나 대도시 주변을 포함하고 있는 수늘이라고 알 수 있다.

미국 전체에서 차지하는 원주민 인구는 거의 1% 수준에 머무르고 있지만, 알래스카 주는 주민의 16%가 원주민이고, 뉴멕시코 주는 12%가 원주민으로 구성되어 있어 원주민의 비율이 모두 10%가 넘는 주라고 할 수 있다.

원주민들이 현재 주로 많이 거주하는 주는 역사적으로 원주민 부족이 그 지역에 많이 살고 있었던 이유도 있다. 그러나 인디언과 백인들의 갈등 시기에 백인들의 주된 개척지와 멀리 떨어져 있고, 척박한 땅과 기후 조건이 좋지 않은 곳에 거주하였던 원주민 부족들은 좋은 환경에 거주했던 원주민 부족들보다 백인들의 침략을 덜 받게 되어 상대적으로 명맥을 유지할 수 있었던 이유도 있다. 당연히 백인들이 초기에 점령했던 지역의 많은 원주민 부족들은 백인들에 의해 지금은 그 명맥도 찾아 볼 수 없을 정도로 사라지게 되었다. 게다가 강제적인 원주민 격리정책에 의해서 특정지역으로 강제적인 이주를 당한 경우도 많기 때문에 원주민들의 지역적 분포는 복합적인 이유에 의해서 현재의 모습을 띠고 있다고 볼 수 있다.

12. 인종과 민족 문제를 바라보는 이론적 시각

우리가 사회 안에서 함께 살아가고 있지만 모두 같은 시각으로 사회를 바라보는 것은 아니다. 어떤 사람은 사회를 안정적이고 지속적인 실체로 바라본다. 오늘 우리 집 앞에서 일어나는 일은 어제와 별반 다르지 않고, 사람과 사람사이의 역할과 관계도 크게 달라진 것이 없으며, 그리고 주어진 틀 안에서 역할을 잘 수행하게 된다면 크게 벗어남 없이 내일을 맞이할 것이다. 그러나 또 다른 사람들은 사회 안에서 많은 사람들이 제한된 자원을 차지하기 위해 경쟁하고 서로 갈등하고 있는 것으로 바라본다. 그리고 사회 안에서 자신이 속한 집단적인 이익을 성취하기 위해 특정집단의 이익을 불공정하게 차지하고, 다른 집단을 비난하고 낙인찍어 자신의 이익을 극대화하고 있는 모습을 부각시켜 바라보기도 한다. 이와 같이 같은 사회를 살아가면서도 그것을 바라보는 시각은 제각각이다. 인종과 민족에 관한 문제도

이와 다르지 않다. 따라서 인종과 민족에 대한 연구들에서 널리 사용되는 이론들의 각각의 시각에 대해서 살펴보도록 하자.

1) 기능주의이론

기능주의자들은 사회를 하나의 살아있는 유기체와 같다고 본다. 하나의 사회는 수많은 부분들이 서로 엮어져서 구성되어 있고 그 부분들은 각각의 기능을 가지고 있으며 그 기능은 사회 전체의 생존을 위해 기여한다. 기능주의자들은 하나의 사회가 안정성을 유지하기 위해 그 부분들이 어떻게 조직화되어 기능하고 있는지에 관심을 갖는다. 예컨대 학교, 가족, 정부, 회사 등과 같은 여러 가지 조직들이 모여 하나의 사회를 유지한다. 그리고 학교는 학교로서의 기능, 가족은 가족으로서, 정부는 정부로서 주어진 기능이 있다. 그런데 사회가 안정적으로 잘 돌아가려면, 사회를 구성하고 있는 학교, 가족, 정부, 회사 등에 부여된 기능이 제대로 잘 수행되어야 한다. 만약 특정 부분의 기능이 제대로 역할을 하지 못하면 사회의 안정성은 떨어지게 되고, 그 사회는 세대를 거듭하여 살아남지 못한다.

그런데 현실에서는 사회의 모든 부분들이 전적으로 사회체계의 안정성을 유지하기 위해 기능하고 있는 것만은 아니다. 그렇기 때문에 기능주의자들은 순기능(positive function)과 역기능(dysfunction)을 구분하여 설명한다. 순기능이 사회체계의 안정성을 증가시키는 기능이라면, 역기능은 그 반대로 사회체계의 안정성을 해치는 기능이라고 할 수 있다. 주의할 점은 어떤 부분은 항상 순기능의 역할만을 하고, 또 다른 부분은 항상 역기능의 역할만을 하는 것은 아니라는 것이다. 그 기능은 사회 구성원들의 사회경제적 지위, 정치적 시각, 가치관 등의 차이에 따라 달라질 수 있다. 예를 들어 범죄의 기능을 살펴보자. 범죄의 기능은 우리가 모두 알다시피 사회의 안정성을 해치는 것이라고 할 수 있다. 그러나 좀 더 자세히 관찰해 보면 범죄가 일어남으로 인해서 경찰력이 증가되어 많은 사람을 경찰로 고용할 수 있게 하고, 이웃 간에 범죄예방을 위해 단합하게도 하며, 범죄자를 나쁜 사람으로 낙인찍음으로써 나머지 구성원들을 착한사람으로 구별하여 법과 질서를 확보하게도 한다. 동일한 범죄현상이지만 어떤 부분에서는 순기능의 역할도 하는 것이다. 따라서 기능주의자들은 어떤 부분의 기능이 옳다 또는 그르다와 같이 기능에 가치를 부여하기 보다는 기능 그 자체의 역할을 분석하는 것에 관심을 가진다.

기능주의시각은 인종과 민족에 관련된 이슈들에 대해서도 그 기능에 초점을 맞춘다. 특히 인종주의가 사회의 각 부분에 어떠한 기능을 하며 영향을 미치는지를 설명하는데 있어서 적합한 이론적 바탕을 제공한다. 기능주의적 시각에 따르면 인종주의는 다른 인종에 대한 적대감의 표출이므로 사회 전체의 안정성을 해치는 기능을 한다. 보다 구체적으로 인종주의의 역기능을 살펴보면 다음과 같다(Schaefer, 2013).

첫째, 인종주의가 팽만한 사회는 인종차별에 의해 사회구성원 모든 사람의 인적자원을 최대한으로 활용할 수 없다. 비록 능력이 있고 리더십이 있는 사람이라고 할지라도 차별받는 인종에 속하게 되면 그 사회는 그 사람의 능력을 무시함으로써 사회의 중요한 자원을 활용하지 못하게 된다.

둘째, 인종차별은 가난과 범죄와도 같은 문제를 더 악화시킨다. 인종차별을 받는 집단은 자신의 능력이 있음에도 사회적으로 성공의 기회가 박탈되고 이로 인해 그들은 가난을 벗어나지 못하게 된다. 합법적으로 성공의 기회가 차단된 이들은 불법적인 방법을 추구할 수밖에 없게 되고 따라서 범죄도 증가하게 된다. 그런데 늘어난 가난과 범죄의 증가로 악화된 사회문제를 해결하기 위해서는 결국 인종차별을 한 지배계급에게 재정적 부담이 돌아갈 수밖에 없다.

　셋째, 인종차별사회에서는 모든 구성원들의 자유로운 참여를 인종차별이라는 제도와 장벽으로 막아야하기 때문에 이를 시행하고 통제하며 관리하기 위한 시간과 노력 그리고 재정이 필요하게 된다.

　넷째, 인종차별국가는 국가들 사이에 존재하는 국제친선과 우방관계를 해칠 수 있다. 예컨대 미국에서 멕시코 이민자들을 차별하면 곧 멕시코와 미국 사이의 국가적 관계가 나빠지게 된다.

　다섯째, 인종차별사회에서는 긍정적인 사회변화라도 그것이 크게 일어나지 않는다. 아무리 바람직한 사회변화라도 인종적으로 차별받는 집단에게 유리하게 작용할 수도 있기 때문이다.

　마지막으로 인종차별은 그 사회에서 행하는 법집행에 대한 권위를 약화시키고 논쟁이나 분쟁의 평화로운 합의도 어렵게 한다. 인종차별을 당하는 집단은 그 사회의 제도나 법에 대해서 언제나 불만과 불신을 가지고 있기 때문이다.

　인종주의가 항상 사회적 역기능만 있다면 시간이 지나면서 자연스럽게 사라져야 할 것이다. 그러나 그것이 세대와 세대를 지나오면서 지속적으로 유지되는 것은 또 다른 집단에게는 순기능적인 역할을 하고 있기 때문인데, 대부분 그러한 집단은 그 사회의 지배집단이다. 인종주의가 지배집단에 작용하는 순기능적인 역할을 살펴보면 다음과 같다.

　첫째, 인종주의 이념은 인종적 소수자 집단이 지속적으로 인권과 특권이 박탈되고 있는 상황에 대해서 도덕적 정당화를 제공한다. 인종적 소수자는 능력이 없고, 무식하며, 게으르고 열등한 문화를 가지고 있기 때문에 그들이 가난하고 사회적 지위가 낮은 것은 당연하다고 여김으로써 현재의 인종적 위계질서를 합리화 한다.

　둘째, 인종주의 신념은 인종적 소수자 집단이 그들의 낮은 사회적 지위에 대한 문제제기를 하지 못하도록 한다. 인종주의 신념을 퍼뜨림으로써 소수자 집단이 자신의 위치가 낮을 수밖에 없는 것은 당연하다고 여기게 하여 현재의 낮은 사회적 지위를 그대로 받아들이게 한다.

셋째, 인종주의 신화는 현재의 인종차별적인 사회질서와 제도를 지지하게 만들뿐 아니라, 나치(Nazi)와 KKK(Ku Klux Klan)와 같은 인종차별집단을 만듦으로써 인종주의자들의 단결을 가져오게 한다.

마지막으로 인종주의 신념은 경제적인 어려움에 처해 있고 교육의 기회를 박탈당한 인종적 소수자에 대해서 부유한 지배집단이 가져야하는 사회적 책임을 감소시키는 기능을 한다.

이와 같이 기능주의는 인종주의가 사회전체에 혹은 사회를 구성하는 특정집단에 대해서 어떻게 기능하고 있는지에 관심을 가진다. 그 기능은 구성원들의 경제사회적인 지위, 정치적 성향, 도덕과 신념 등에 따라 순기능으로 작용하는 것처럼 보이기도 하고 아니면 역기능으로 작용하는 것처럼 보이기도 한다. 그러나 궁극적으로 보면 인종주의는 인종적으로 지배하는 집단과 종속집단 모두에게 막대한 경제적, 사회적 비용을 부과하는 기능을 하고 있음은 명백하다.

2) 갈등주의이론

기능주의자들이 사회의 안정성을 강조하고, 그것을 유지하기 위한 기능에 강조점을 두고 있는 반면, 갈등주의자들은 우리가 살아가고 있는 사회는 불안정하고 인류의 역사는 경제적, 사회적, 정치적 권력을 서로 쟁취하기 위한 지속적인 투쟁의 역사라고 주장한다. 따라서 갈등주의 시각은 사회구조의 이해를 위해서 경쟁 집단들 사이에 존재하는 긴장과 갈등의 이해에 초점을 두고 있다. 갈등주의자들은 사회적 자원은 제한적이고 제한된 자원을 누군가 많이 가지고 가면 누군가는 적게 가질 수밖에 없기 때문에 갈등과

긴장이 발생한다고 가정한다. 이와 같은 갈등의 결과 개인들 사이에, 또 집단들 사이에 사회적, 경제적, 정치적 자원의 차이가 나타나고 더 나아가 구조적인 불평등이 사회에 고착화된다.

사회는 특권을 가진 지배집단과 자신에게 마땅히 돌아와야 할 자원을 착취당한 종속집단으로 나누어져서 집단 간의 갈등과 긴장이 지속된다. 개인은 자신이 차지하는 지위에 따라 위계적으로 구조화된 집단속에 속하게 되는데 이 집단을 사회계급이라고 한다. 사회계급에 속한 사람들은 자신이 속한 계급에 따른 집단적 정체성을 내재화하는데 이것을 계급의식이라고 하고 개인의 사고와 행위에 중요한 영향을 미친다. 갈등주의자들은 집단의 갈등에 초점을 맞추면서 지배집단이 자신이 가진 권력과 지위를 유지하기 위해 어떻게 지속적인 사회적 행위를 하고 있는지에 관심을 가진다. 갈등은 물리적 폭력의 형태로만 나타나는 것이 아니라 법, 규칙, 정책 등과 같은 사회제도 속에 잠재해 있으며, 교묘하게 다양한 방식으로 드러나기도 한다.

지배집단과 종속집단 사이의 불평등에 기초한 계급 간의 갈등뿐만 아니라 사회 속에 존재하는 모든 집단 사이에는 제한된 자원을 놓고 벌이는 경쟁에 따른 갈등이 나타난다. 따라서 이러한 집단 간의 갈등은 노동시장, 교육, 보건과 의료, 거주지 등과 같은 사회구조를 이루는 모든 부분에 미치게 된다. 이처럼 사회를 제대로 이해하려면 개인과 개인, 집단과 집단 사이에 일어나는 갈등구조를 명확하게 바라볼 수 있어야 한다는 것이 갈등주의 시각에서 강조하는 점이다.

갈등주의 이론은 인종과 민족의 문제를 살펴볼 때 아주 유용하다. 왜냐하면 인송 혹은 민족별로 집단을 형성하고 있고 그 집단들 사이에는 긴장과 갈등의 문제가 항상 도사리고 있기 때문이다. 인종과 민족 집단들은 제한된 사회적 자원을 놓고 지속적으로 경쟁하고 있다. 특히 경제적인 자원과 정치적인 권력의 불평등한 분배는 인종과 민족 집단들 사이에 일어나는 갈등의 가장 핵심적인 것이라고 할 수 있다. 특히 그 사회에서 소수자에 해당하는 인종/민족 집단은 다수자들의 집단에 의해 착취당하거나 무시되고 있는 경우가 대부분이다. 기능주의자들은 현재의 인종과 민족 집단 사이에 나타나는 불평등에 관한 문제를 당연하다고 여기고 있지는 않지만, 현재의 질서가 어떻게 유지되고 있는지를 밝히는 것에 강조점을 두고 있다. 그러나 갈등주의자들은 기능주의자들에 비해 훨씬 더 행동추구적이며 급진적인 성향을 보인다. 그래서 현재의 인종과 민족 집단 사이의 불평등한 지위의 변화, 불평등한 자원의 재분배 등을 통해 사회의 질서를 바꾸어 보려는 노력에 보다 관심을 기울인다.

특히 갈등주의자들은 인종적 소수자 집단의 상대적으로 낮은 사회경제적 지위가 지배집단의 책임이 아니라 소수자 집단으로 돌아가는 것을 비판한다. 어떤 사회에서 인종적 소수자 집단이 가난하고 못사는 것은 소수인종의 무능력, 게으름, 낮은 교육, 현실안주의 문화 등 그들의 개인적 능력과 문화의 탓이라는 논리에 갈등주의자들은 이의를 제기한다. 갈등론자들에 따르면 소수자 집단의 사회경제적 지위가 낮은 것은 오히려 다수자 집단의 책임이고 그들이 속해서 살아가고 있는 지배집단 위주의 사회구조가 소수자들의 상황을 어렵게 만들었다는 것이다.

예컨대 소수자 집단은 위계적인 계급적 사회구조에 의해 희생된 사회적인 피해자이지만 그들이 열악한 환경에 처한 책임이 소수자들에게 있다고 사회적인 비난을 받는 일이 많다. 말하자면 피해자에게 그 피해의 책임을 묻는 피해자 비난(blaming the victim)의 경우가 반복적으로 일어난다(Ryan, 1976). 이민자 집단이 잘 살지 못하는 것은 그들의 교육수준이 낮고, 개인적 능력도 없고, 문화적으로도 열등하기 때문에 당연하다고 보는 이러한 시각에 갈등주의자들은 반대한다. 그들은 이민자 집단이 잘 살지 못하는 것은 제대로 교육받을 수 있는 기회가 차단되었고, 개인적 능력을 키울만한 충분

한 경제력도 없었기 때문이라고 주장한다. 그리고 지배집단과의 문화적 갈등으로 말미암아 기존 사회에 문화적으로 적응을 제대로 할 수 없었기 때문에 그러한 것임을 밝힌다. 따라서 인종과 관련된 사회문제에 대해서 소수자들의 책임보다는 사회구조와 그 사회구조를 만들어나가고 통제하는 지배집단에 더 큰 책임이 있다는 점을 갈등주의자들은 강조한다.

3) 상징적 상호작용이론

상징적 상호작용주의자들은 집단보다는 개인들의 관계에 초점을 맞춘다. 개인이 사회적 환경에 반응하는 방식과 자신을 어떻게 구성해 나가는지에 보다 더 집중한다. 상징적 상호작용이론에 따르면 사회는 개인과 개인, 개인과 집단사이의 관계를 통해 이루어져 있다. 따라서 사회를 이해하기 위해서 상징적 상호작용주의자들은 일상생활의 관계 속에서 일어나는 사회적 상호작용의 다양한 형식들을 발견하고 이것을 일반화해 나간다.

상징적 상호작용주의 이론은 사람들을 의미를 가진 수많은 사물(objects)들의 세계 속에서 살아가는 존재로 파악한다. 여기서 사물들이란 다양한 물질(material things), 행위, 사람, 관계 등을 모두 포함한다. 이러한 사물들은 나름의 상징적인 의미를 내포하고 있고, 사람들은 그 상징의 의미를 서로 파악하며 상호작용한다. 같은 손동작이지만 경례는 존경을 뜻하고, 주먹을 굳게 쥐어 보임은 도전을 의미 한다. 그런데 사물에 부여된 상징의 의미는 항상 동일한 것이 아니라 개인이 속한 집단과 문화의 특성에 따라 다르게 이해된다. 예컨대 자살을 상징하는 동작으로 미국은 손 모양으로 총을 만들어 머리에 겨누는 시늉을 하고, 일본은 칼로 배를 가르는 동작을 하는 반면, 파푸아뉴기니는 양손으로 목을 움켜잡는다고 한다. 자살을 나타내는 동작의 상징적인 의미가 바로 그 나라의 문화적 특성과 밀접한 관계가 있음을 보여주는 것이다.

　사람과 사람사이의 관계 속에 나타나는 아주 작은 형태의 의사소통 방법이라도 상징적 상호작용주의자들의 관찰의 대상이 된다. 미소, 얼굴의 인상, 고개를 끄덕이는 것 등과 같은 미묘한 의사소통 도구는 그 나름의 상징적인 의미를 지니고 있으며, 더 나아가 다양한 사물들에 부여된 상징들이 개인에게, 또 특정 문화 속에서 어떻게 이해되는지, 그리고 집단이나 더 큰 사회적 맥락과 구조에 의해 어떻게 영향을 받는지에 대해서 상징적 상호작용주의자들은 관심을 가진다.

　인종과 민족의 문제와 관련하여 상징적 상호작용주의자들은 인종과 민족에 관련된 다양한 사물들이 사회 안에서 어떻게 상징화되어 있으며 사람들에게 어떠한 의미로 이해되는지에 초점을 맞춘다. 예를 들어 사람들이 인종적 분리를 강조하고 그것을 한층 더 강력하게 만들어 나가는 것은 바로 인종적 위계질서가 뚜렷하게 존재한다고 믿고 있기 때문이다. 인종적 위계질서란 특정 인종은 태생적으로 더 우월하고 또 다른 인종은 열등해서 그 우열에 따른 수직적인 지위구조가 형성되어 있는 것을 말한다. 말하자면 백인은 우월한 인종, 흑인은 열등한 인종으로 상징화된 것을 사회 구성원들이 받아들인다는 것이다.

　인종과 민족에 따라 우열이 상징화된 것은 인종과 민족에 따라 인성과 기질이 차이가 난다고 믿는 것에 기인한다. 백인은 백인의 독특한 인성과 기질이 있고, 흑인은 흑인 나름의 인성과 기질이 있다고 여긴다. 한국 사람은 한국 사람으로서 부여된 독특한 인성과 기질이 있고 일본 사람은 그들에게 부여된 또 다른 인성과 기질이 있다고 믿는다. 그런데 이러한 인종적, 민족적 차이에 가치를 부여해서 어떤 인종의 특징은 우수하고 좋은 것으로, 또 다른 인종이나 민족의 특징은 열등하고 바람직하지 않은 것으로 사회적으로 인정하고 여기게 될 때 인종과 민족에 따른 상징적 서열이 나타난다.

그리고 이렇게 상징화된 믿음에 근거하여 사람들의 우열을 판단하고 평가하며 사회적 관계를 맺는다.

중요한 점은 인종과 민족에 부여된 상징이 개인의 일상생활의 관계 속에서 막대한 영향을 끼친다는 것이다. 직장에서, 신입사원의 채용에서, 집을 세놓거나 구입할 때도, 은행에서 대출을 할 때도, 결혼 할 배우자의 선정에서도, 더 나아가 범죄의 용의자를 추적할 때도 인종과 민족의 분리에 따른 상징이 영향을 미친다. 그러므로 상징적 상호주의자들은 개인이 상징들을 어떻게 해석하느냐에 따라서 인종과 민족에 부여된 의미들을 재창조하기도 하고 집단들 사이의 불평등의 패턴을 만들어 나가기도 한다고 주장한다.

4) 낙인이론적 접근: 갈등이론과 상징적 상호작용이론의 연결

낙인이론은 갈등주의이론과 상징적 상호작용주의이론이 접목되어 나타난 이론이라고 할 수 있다. 지배집단이 소수자집단에 대해 비난을 한다는 것과 낙인이 권력에 따라 차별적으로 부여된다는 측면에서는 갈등주의이론을, 사람들의 상호작용 관계에서 부여된 낙인의 상징성이 사람들의 관계에 영향을 미친다는 측면에서는 상징적 상호작용주의이론의 틀을 사용하고 있다. 낙인이론은 같은 행위를 저질렀음에도 어떤 사람에게는 일탈자의 낙인이 찍히지만 또 다른 사람들에게는 전혀 그렇지 않은 사실에 대해서 주목한다.

예를 들어 두 청소년이 식당에서 술을 먹고 싸움을 해서 경찰에 붙잡혀 왔다고 하자. 그 중 한명은 아주 가난한 결손가정 출신이고, 또 다른 청소년은 부잣집 회사 사장님 아들이다. 부잣집 부모가 찾아오자 경찰은 훈방으로 이 청소년을 풀어주었다. 초범이고 청소년인데다가 부모가 자식 교육을 책임지고 잘 시키겠다고 다짐한 덕이다. 그렇지만 결손가정 출신 청소년 부모는 연락조차 되지 않았다. 결국 경찰은 이 청소년을 가정으로 돌려보내는 대신 소년원과도 같은 보호시설에 보냈다. 언뜻 보면 불공정하게 보이는 경찰의 판단은 사실 크게 잘못되었다고 볼 수는 없다. 왜냐하면 경찰은 청소년을 가장 잘 돌보고 교육시킬 수 있다고 생각되는 곳에 보낸 것뿐이다. 그러나 같은 일탈행위를 저질렀지만 여기서부터 두 청소년들의 운명은 달라지기 시작한다. 가정으로 돌아간 부잣집 청소년은 아무 일 없듯이 평소와도 같은 생활을 이어나간다. 그러나 결손가정 출신 청소년은 교화시설에 처해져 일상생활을 할 수 없을 뿐 아니라 나중에 출소해서도 시설 처우에 대한 기록이 지울 수 없는 낙인이 되어 장래에 큰 영향을 미칠 가능성이 크다.

낙인이론은 두 청소년들처럼 사람이면 누구나 다 잘못을 저지르거나 일탈행위를 할 수 있다고 가정한다. 그러나 그러한 행위의 결과가 어떤 사람에게는 큰 영향을 미치지 못하는 반면, 또 다른 사람들에게는 사회적 비난을 받는 낙인으로 작용한다고 주장한다. 한번 낙인이 찍힌 사람은 그 사람의 행위보다 낙인으로 인해 그 사람의 행위가 결정된다. 예컨대 한 번의 실수로 전과자로 낙인이 찍히면, 사회는 그 사람에 대해 반감을 가지게 되고, 아무리 개인적인 노력을 하더라도 그를 바라보는 시각은 냉담하다. 전과자라는 낙인으로 인해 적절한 일자리를 얻을 수 없게 된 사람이 할 수 있는 것은 또 다른 범죄를 저지르는 것뿐이다. 그러므로 사회적 지위와 권력 그리고 계급에 의해 차별적으로 부과된 낙인이 그 사람을 범죄자로 이끈다는 것이 낙인이론의 가장 기본적인 가정이다.

이러한 낙인이론적 시각은 인종과 민족의 문제에서 부정적인 고정관념(stereotype)이 어떻게 작용하는지를 잘 보여준다. 고정관념이란 특정한 형태의 사물이나 사람에 대해서 사회구성원들에게 당연하게 받아들여지는 것으로서 단순화되거나 표준화된 이미지 또는 개념이라고 할 수 있다. 고정관념은 집단의 구성원 각각의 특징적인 차이를 제대로 담아내지 못함으로써 그 집단이나 구성원들에 대해서 일반화의 오류를 만들어 낸다. 예를 들어 '남

자들은 섬세하지 못하다'라든지 '여자들은 리더십이 없다'는 것은 성별과 관련된 하나의 고정관념이라고 할 수 있다. 물론 섬세하지 못한 남자들도 있고 리더십이 없는 여자들이 있을 수 있다. 그렇지만 그건 성의 차이에 기인한 것보다는 개인적인 특성이 더 크게 작용하는 문제일 것이다. 그런데 이러한 고정관념은 자주 거론되고 사용될수록 더 강화된다. 미국 인디언들에 대한 부정적인 고정관념은 호전적이고 폭력적이라는 것이다. 이러한 고정관념은 미국의 서부영화에서, TV 드라마에서, 그리고 소설과 애니메이션 등 다양한 엔터테인먼트 매체에서 반복적으로 인디언들의 폭력적인 모습이 그려진 것에 적지 않은 영향을 받았다. 반복적인 노출은 인디언들 전체를 호전적이고 폭력적인 집단이라고 사람들이 인식하게 만든 것이다. 특정 인종 혹은 민족 집단에 대한 편견은 바로 이러한 부정적 고정관념으로부터 나타난다.

지배집단과 종속집단의 가장 중요한 차이점은 지배집단이 사회 가치를 규정할 수 있는 특권이 있다는 것이다. 어떤 특정상황에서 소수자집단의 일부가 가진 신체적, 문화적 특징을 부정적인 사회 가치로 지배집단이 규정하면, 소수자집단 전체에 부정적인 고정관념으로 부여될 가능성이 크다. 낙인 이론적 접근은 권력을 가진 지배집단에 의해 소수자집단에게 부여된 고정관념으로 말미암아 소수자 집단에 속한 개인들이 자신의 정체성을 잘못 인지하게 될 수 있다고 주장한다. 그리고 고정관념에 의해 잘못 형성된 정체성은 소수자들의 삶에 부정적인 결과를 가져오게 할 수 있다는 것을 지적한다. 소수자들에게 부여된 고정관념이 애초에 잘못된 것이라고 할지라도 하나의 낙인처럼 작용해서 결과적으로 고정관념이 사실이 되고 만다는 것이다. 바로 자기실현적예언(self-fulfilling prophecy)이 작동한 탓이다. 자기실현적예언이란 자기 스스로 그렇게 되리라고 여기게 되면 실제로 일어나지 않을 수도 있던 현상이 그대로 일어나게 되는 것을 말한다.

자기실현적예언이 미국에서 오랫동안 인종차별의 대상이 되었던 흑인들에게 어떻게 작용하는지 예를 들어보자. 먼저 흑인은 능력이 떨어지고 노력하지 않으며 문화적으로 열등하다는 고정관념이다. 사회적으로 오랜 차별에 의해 흑인은 경제적인 어려움에 처해있다. 그러므로 그들이 사는 동네는 열악한 환경이고 그 동네 학교도 재정적으로 궁핍하다. 부모들 또한 자녀를 돌보는데 많은 시간을 할애하지도 못할뿐더러 그럴만한 경제력도 부족하다. 자연히 흑인아이들은 학교를 그만두든지, 아니면 학교에서 성적도 신통치 않다. 학교 졸업 후 가질 수 있는 직업도 따라서 제한적일 수밖에 없고, 직업을 가진다해도 받을 수 있는 임금도 적다. 따라서 좋은 물건, 먹거리를 살수도 없으며, 좋지 않은 동네와 초라한 집에서 살게 되고, 건강도 나빠지며, 범죄의 피해자가 되기도 쉬운 환경에 놓이게 된다. 이러한 형편에 처한 흑인을 사회는 부정적으로 바라볼 뿐만 아니라, 흑인 자신도 현재의 자신의 모습에 실망하여 자신의 능력을 의심하게 되고 스스로를 미워하게 된다. 이러한 흑인의 개인적 또는 집단적 문화는 사회적 성공과는 거리가 먼 열등한 문화로 낙인찍히게 됨과 동시에 흑인 자신도 그러한 것이 당연하다고 여기게 된다. 한편, 사회경제적 지위가 낮은 흑인의 환경을 개선할 수 있는 여력이 있는 백인 납세자들은 그러한 흑인들에게 재정을 쓰는 것은 낭비라고 생각하게 되고, 흑인들의 삶을 향상시키기 위한 재정적인 노력을 하지 않게 된다. 흑인들의 삶은 더욱 피폐하게 되고, 나쁜 환경을 벗어날 수 없으며, 그 자녀들은 다시 좋지 못한 교육을 받게 되는 이러한 악순환이 계속된다. 따라서 흑인은 오랫동안의 교육과 훈련이 필요한 과학자, 기업간부, 의사, 변호사 등과 같은 전문직으로의 진출이 힘들게 되고 낮은 사회경제적 지위를 벗어나지 못하게 되는 것이다.

한편, 학력이 뛰어나야 진출할 수 있는 전문직으로의 진로가 막힌 흑인이 진출할 수 있는 무대는 스포츠와 연예계 등과 같이 학력과는 상관없이 개

인의 뛰어난 능력을 바탕으로 하는 제한적인 영역에 국한된다. 특히 스포츠 분야는 흑인의 진출이 상대적으로 많아서 두각을 나타내는 흑인 스포츠 스타들이 꽤 있다. 그래서 흑인은 스포츠에 뛰어나고 흑인이 성공하려면 열심히 노력해서 스포츠 스타가 되어야 한다는 고정관념이 생겨난다. 백인들도 흑인들이 운동에 뛰어나다는 것을 당연하게 생각하게 되고, 흑인 자신들도 그렇게 생각하게 된다. 마이클 조단(Michael Jordan)이나 제임스 르브론(LeBron James)과 같은 스타 농구선수들의 성공담은 흑인의 꿈이 된다.

이제 흑인들이 어려운 환경에서 할 수 있는 것은 모두들 농구장으로 나와 열심히 농구연습을 하는 것뿐이다. 하고 또 하고 꿈을 이루기 위해서 끊임없이 노력한다. 흑인들이 농구에 이렇게 열심인 것은 다른 인종들이 볼 때도 당연한 것이고, 흑인 자신들도 당연하다고 믿는다. 물론 이렇게 열심히 노력하니 다른 인종보다 잘 할 수밖에 없다. 그런데 문제는 스포츠 시장은 프로선수로서 입문하게 되는 성공적인 몇 명을 제외하고는 모두 실패하고 마는 실패의 시장이라는 것이다. 말하자면 경쟁이 너무나 치열하고 또 흑인들끼리 경쟁하며, 극소수만이 성공을 쟁취하는 시장이다. 다른 말로하면 죽도록 열심히 노력했지만 대부분의 흑인들은 실패를 맛볼 수밖에 없다. 더욱이 이러한 시장에서 성공하지 못한 대부분의 흑인들이 할 수 있는 일은 별로 없다. 따라서 열심히 노력한 대가로 흑인에게 오는 것은 또 다른 가난이고, 이러한 가난의 굴레를 흑인은 벗어날 수 없게 된다.

흑인들에게 부과된 고정관념이 낙인처럼 작용하고 있는 이러한 악순환의 연결고리는 현재 미국사회에 정착한지 가장 오래된 소수인종인 흑인들이 왜 낮은 사회경세적 위시에 지속적으로 머무를 수밖에 없었는지를 의미 있게 설명해 준다.

반면, 소수인종에 대한 고정관념이 선순환의 연결고리의 도구가 되기도 한다. 대표적인 것이 아시아 이민자들이다. 이들은 미국의 다른 소수인종보다 상대적으로 이민의 역사가 짧지만 경제적인 위치는 백인과 동등하거나 그 이상 될 정도이다. 아시아인 이민자들의 사회적 성공은 이민자들의 높은 학력, 부모의 교육열, 성공하고자 하는 의지 등 여러 가지가 중요한 요인들로 거론되고 있지만 그중에서 아시아인에 대한 고정관념이 자기실현적예언의 긍정적인 결과를 이끌어 냈다는 주장은 귀기울일만하다(Lee & Zhou, 2015).

간략히 말하면, 아시아인들은 부지런하고, 공부를 잘하며, 특히 수학을 잘하고, 똑똑하다는 고정관념이 부여되었다. 물론 모든 아시아인 이민자들이 다 그러한 것은 아니다. 그렇지만 아시아인들에게 부여된 그러한 고정관념으로 인해 아시아인 학생들은 자신이 스스로 그렇다고 믿게 되고, 따라서 더 열심히 공부한다. 특히 수학은 잘해야 한다는 주위의 믿음을 충족시키기 위해 수학 공부에 더 많은 시간을 투자하고, 자연스럽게 좋은 대학에 진학하게 됨으로써 졸업 후 전문직에 종사하는 비율이 높아졌다.

이러한 결과는 아시아인은 똑똑하다는 고정관념을 자연스럽게 강화하고 따라서 아시아인들 스스로도 그렇다고 여기게 된다. 그들이 다시 같은 노력을 하게 됨은 말할 것도 없다. 따라서 아시아인에 대한 고정관념의 선순환 구조가 바로 아시아인들의 경제적 성공의 주요한 원인이 되었다는 것이다. 낙인이론적 접근은 이같이 고정관념이 낙인으로 작용하여 특정 인종이나 민족 집단에게 부과되는 방식과 그것이 사회적 상호작용 속에서 어떻게 상징적인 의미로 이해되며 그 효과가 인종과 민족의 문제에 어떠한 형태로 나타나는지에 대해 시각을 맞추고 있다.

13. 지배집단과 소수자집단의 관계

 한 사회에서 인종-민족적 지배집단과 소수자집단인 종속집단은 지배집단이 소수자집단을 어떻게 바라보고 다루느냐에 따라 다양한 형태의 관계를 이루고 있다. 그 관계는 소수자집단의 존재를 물리적으로 사라지게 만들어 없애는 것에서부터 지배집단에 완전히 통합시키거나 아니면 서로의 존재를 그대로 인정하고 공존하는 것까지 다양한 단계적 특성을 띠고 있다. 지배집단과 소수자집단의 관계는 말살(extermination), 추방(expulsion), 분리독립(secession), 분리(segregation), 융합(fusion), 동화(assimilation), 다원주의(pluralism) 등의 6가지의 특징을 지닌 단계로 나누어 볼 수 있다(Schaefer, 2013). 이러한 단계는 한 사회에서 지배집단과 소수집단의 관계를 명확하게 설명하기도 하지만 실제 사회에서는 단계적 특성이 서로 중첩되어 나타나는 것이 일반적이다.

1) 말살(extermination)

 말살은 말 그대로 인종/민족적 지배집단이 소수자집단을 그 사회에서 완전히 없애는 것을 말한다. 따라서 지배집단과 소수자집단의 가장 극단적인 관계를 나타낸다. 흔히 종족학살(genocide) 또는 인종청소(ethnic cleansing)라고 부르기도 하는데, 한 국가 혹은 사회에서 소수자집단을 체계적으로 완전히 사라지게 하는 정책을 말한다. 제2차 세계대전 중 나치가 유럽에 살고 있는 1,200만 명의 유태인을 학살한 것이 대표적인 예이다. 그 이후 1992년 보스니아 내전에서 세르비아계가 보스니아인 무슬림을 대량 학살한 인종청소, 그리고 르완다에서 후투(Hutu)족과 투치(Tutsi)족 사이에 일어난 종족 간 대량학살 전쟁은 한 인종/민족이 다른 인종/민족을 완전히 없애겠다는 체계적인 폭력이다.

이러한 인종청소는 미국에서도 19세기까지 백인들이 원주민인 아메리칸 인디언들에게 행한 정책에서도 이루어졌다. 아메리칸 인디언들의 인구가 1800년까지는 60만 명 정도로 추정되었는데, 그것이 1850년에는 25만 명으로 줄어들었다. 그 이유는 바로 백인과의 전쟁을 통해서, 그리고 백인에 의해 강제적으로 이주된 지역의 열악한 환경 아래 굶주림과 질병 때문이었다. 오늘날 인종과 민족의 말살정책은 흔하게 일어나지는 않는다. 만약 일어날 경우 세계적인 비판에 직면하게 되지만, 인종/민족의 갈등을 서로 품고 있는 국가들에서는 언제든 일어날 수 있는 가능성은 여전히 다분하다.

2) 추방(expulsion)

지배집단은 소수자집단이 그들이 사는 지역이나 국가를 떠나도록 강제하기도 하는데, 이것을 추방이라고 한다. 소수자집단이 살고 있던 지역에서 추방을 당하게 되면 삶의 터전을 모두 잃게 되는 것이므로 추방은 그들에게 심각한 결과를 가져온다. 미국역사에서 영국의 식민지였을 때를 포함하여 미국 정부는 원주민들을 그들이 정착하고 살아왔던 부족의 땅에서 추방하여 낯선 땅으로 이주시켰다.

베트남에서는 공산화이후 중국과 오랜 국경분쟁으로 갈등을 빚고 있던 차에 1978년 중국계 주민 백만 명을 추방하였다. 그리고 중국과 베트남이 1979년에 서로 전쟁까지 하게 되자 이 과정에서 추방당한 베트남의 중국계 화교들은 "보트 피플(boat people)"이 되어 망망대해에 떠돌다 미국을 비롯하여 캐나다, 프랑스, 호주 등 여러 나라로 흩어지게 되었다.

이렇게 추방된 사람들이야 말로 살고 있던 지역에서의 삶이 뿌리 채 뽑혔을 뿐만 아니라 새롭게 정착한 나라에서도 최하위층으로 전락하게 된다.

따라서 소수인종이나 민족에 대한 추방은 그들을 삶의 터전에서 쫓아내 다른 지역이나 국가에서 또 다시 소수자로 살 수밖에 없는 운명으로 내모는 것이다.

3) 분리 독립(secession)

한 국가 또는 사회에서 인종/민족적으로 소수자집단으로 지내던 사람들이 자신들만의 영토나 지역을 확보하여 독자적인 삶을 영위해 나가게 되는 경우가 있다. 이것을 기존의 국가나 사회에서 탈퇴하여 분리한 것이라고 한다. 예를 들어 팔레스타인 지역에서 영국이 철수한 후, 세계 곳곳에서 소수자집단으로 냉대 받던 유태인들이 자신이 살던 지역에서 분리하여 팔레스타인 지역으로 몰려오게 되었다. 이 지역에서 다수집단의 지위를 획득하게 된 유태인들은 1948년 비로소 이스라엘이라는 하나의 독립 국가를 세우게 되었다.

또 한편, 파키스탄은 1947년 인도가 분할될 때 인도의 북쪽 무슬림지역에 몰려 살던 사람들이 인도에서 분리 독립하여 자신들의 나라를 만든 것이다. 힌두교도와 무슬림이 나누어져 살던 인도는 파키스탄의 분리 독립으로 힌두교가 대다수인 국가로 남게 되었다. 보다 최근에는 소비에트 연방이 1991년 무너진 후, 민족적 문화적 배경이 다르지만 연방을 이루던 많은 지역들이 소비에트 연방에서 탈퇴하여 에스토니아(Estonia), 라트비아(Latvia), 리투아니아(Lithuania), 우크라이나(Ukraine) 등을 비롯하여 국가로 분리 독립하였다. 소비에드 연빙이었을 때 이 민족들은 소수자의 위치에 있었지만 소비에트 연방으로부터 탈퇴하여 독립 국가를 세웠을 때는 그 국가의 다수집단으로 지위가 바뀌게 되었다.

분리 독립의 특징적인 면을 좀 더 구체적으로 살펴보자. 먼저 소수집단의 자발적 분리 의지이다. 추방은 소수집단의 의지와는 전혀 상관없이 다수집단에 의해 강제적으로 소수집단이 지역을 옮기게 되는 것을 말한다. 그러나 분리 독립은 소수집단의 자발적 의지로 다수집단으로부터 분리되어 나오는 것이다. 따라서 분리 독립의 경우 소수집단 구성원들의 의견 통일이 상당히 중요하다. 소수집단의 내부적 단합이 확고할 때는 큰 문제가 없지만 소수집단 안에서의 의견이 일치하지 않을 때는 소수집단 안에서의 갈등이 발생한다.

둘째, 지배집단과 소수자집단 사이의 관계이다. 소수자집단의 분리가 지배집단의 이익에 크게 손해를 끼치는 경우, 소수집단의 분리 독립은 지배집단의 권력행사로 인해 용이하지 않게 된다. 그러나 소수자집단의 분리 독립이 지배집단의 이익에 큰 영향이 없든지, 아니면 분리 독립을 막음으로써 생기는 여러 가지 사회문제가 그것을 허용할 때 보다 더 크다고 여겨지는 경우, 지배집단은 소수자집단의 분리 독립을 용인할 확률이 높다. 셋째, 지배집단의 국가 전체의 통제력의 크기는 소수자집단의 분리 독립에 중요한 영향을 미친다. 지배집단의 장악력이 크면 클수록 소수자집단의 분리 독립 가능성은 떨어진다. 예를 들어 소비에트 연방에서 많은 소수자집단들이 분리하여 독립적인 나라를 만들 수 있었던 것도 소비에트 연방의 막강했던 국력이 쇠퇴하여 소수자 집단을 연방의 일원으로 모두 통제할 수 없었기 때문이다. 반면, 중국의 티베트(Tibet)와 같이 소수자집단은 분리 독립을 원해도 중국의 국가 통제력이 막강하기 때문에 티베트의 중국으로부터의 분리 독립은 쉽지 않다.

마지막으로 소수자집단의 지위 변화이다. 추방의 경우 소수자집단이 새롭게 이주한 터전에서 여전히 소수자집단으로 남아 가장 낮은 사회적 지위를 점하게 된다. 그러나 분리 독립의 시도가 국가 성립과 같이 성공적이 되었을 때 그 결과는 분리된 소수자집단의 지위가 그 지역에서 다수자/지배집단

으로 바뀌게 된다. 소수자집단의 이러한 지위의 변화야 말로 소수자집단이 분리 독립하고자 하는 가장 중요한 이유라고 할 수 있다.

현재에도 캐나다의 퀘벡(Quebec) 주나 영국의 스코틀랜드(Scotland) 그리고 스페인의 카탈루냐(Catalonia/Catalunya)와 같이 인종/민족적으로 소수자의 지위에 있는 집단들이 연방이나 국가에서 분리 독립하려는 시도는 계속되고 있다. 그러나 소수자집단 내의 갈등, 소수자집단과 지배집단 사이의 갈등의 문제를 힘겹게 안고 있는 것이 현실이다.

4) 분리(segregation)

분리(segregation)는 두 집단 이상이 거주지, 일터, 그리고 사회적으로 다양한 기능수행에 있어서 물리적으로 나누어져 있는 것을 말한다. 분리는 자연적으로 이루어지는 경우도 없지 않으나 지배집단이 소수자집단을 대상으로 계획적으로 그리고 체계적으로 만든 것이 대부분이기 때문에 차별이 항상 함께 존재한다. 집단 간 분리가 아주 심하더라도 집단 간의 접촉이 물리적으로 금지된 경우는 거의 없다. 그러나 분리의 정도가 심할수록 집단 간의 접촉과 관계의 정도는 당연히 떨어질 수밖에 없다.

인종분리(racial segregation)의 대표적인 예는 남아프리카공화국의 인종차별정책(apartheid)으로 인한 흑인과 백인의 분리라고 할 수 있다. 남아프리카공화국은 소수의 백인들이 지배집단으로서의 기득권을 유지하기 위해 참정권, 혼인, 거주지 등을 포함한 사회의 각 영역에서 흑인에 대한 차별 정책을 수행하였다. 1991년 처벌법이 폐지되기 전까지 지속적인 분리정책으로 백인과 흑인은 거주지를 포함한 모든 영역에서 명확하게 분리되었다.

미국은 1964년 시민권리법(the Civil Rights Act)으로 인해 소수인종들에 대한 차별이 공식적으로 폐지되었지만 축적된 차별의 역사로 인해 미국의 공동체는 남아프리카공화국의 분리 상태와 거의 유사한 형태로 심각하게 남아 있다. 학자들은 이러한 분리현상을 빗대어 아메리칸 아파테이트(American Apartheid)라고 지칭하기도 한다(Massey & Denton, 1993). 실제로 미국의 센서스 자료를 분석한 것에 따르면 특히 주거지를 중심으로 공공정책, 주택대출 차별과 특정경계지역지정(redlining) 등에 의해서 백인은 백인 동네에 흑인은 흑인 동네에 사는 분리 정도는 지속적으로 유지되고 있다.

〈표 2〉 미국의 인종 간 분리지표

백인-흑인	백인-라티노	백인-아시아	흑인-라티노	흑인-아시아	라티노-아시아
64.9	52.7	39.9	53.3	62.8	49.5

분리 지표 값은 최소 0에서 최대 100까지로 나타낸 것으로 0은 완전히 함께 섞여서 살아가는 것이고 100은 완전히 분리되어 살아가고 있는 것을 말한다. 일반적으로 지표 값이 55를 넘을 경우 상당한 정도로 분리되어있다는 것을 의미하고 40에서 55 정도의 값은 중간 정도의 분리를 나타낸다.
출처: People & Politics in American Big Cities (Logan & Mollenkopf, 2001), the Lewis Mumford Center (2000년 미국 센서스 분석).

〈표 2〉에 나타난 미국의 인종 간 분리지표를 살펴보면, 백인과 흑인이 서로 분리되어 살아가는 정도가 64.9로써 가장 높다. 지표 값이 55를 넘을 경우 분리되어 살아가는 정도가 상당히 높은 정도를 나타낸다고 한다면, 백인과 흑인의 지표 값은 이것을 훨씬 상회하고 있다는 것을 볼 수 있다. 따라서 백인과 흑인의 분리가 미국에서 상당히 심하다는 것을 알 수 있다. 그 다음이 흑인과 아시아계로서 62.8의 수치는 백인과 흑인의 분리지표보다는 약간 낮지만 그에 못지않다. 한편, 백인과 아시아계의 분리 지표 값은 39.9로써 인종 간 분리 비율이 가장 낮아서 인종 간의 갈등이 가장 적은 것으로 추정할 수 있다. 라티노는 백인, 흑인, 아시아인에 대해서 50 내외의 지표 값을 보여서 인종에 따라 눈에 띄는 큰 차이를 보이지는 않지만, 지표

값의 크기로 보아 타 인종과의 분리정도가 그렇게 낮은 것은 아니다. 한편, 흑인은 백인과 아시아인에 이어 라티노와도 53.3의 지표 값을 가지는데, 이것은 흑인은 다른 어떤 인종보다 타 인종과 분리되어 살아가고 있는 정도가 높다는 것을 의미 한다. 다시 말하면, 흑인은 흑인들끼리 모여 사는 비율이 가장 높다.

〈그림 9〉는 미국의 도시 지역에서 같은 인종별로 이웃을 구성하고 있는 비율을 나타내고 있는 것으로써 1980년과 2010년 현재를 비교하고 있다. 먼저 백인을 살펴보면, 1980년 평범한 백인이 사는 동네는 80%가 백인으로 이루어져 있었다. 다시 말하면, 백인이 사는 동네에 백인이 아닌 소수인종이 20%밖에 없었다는 것이다. 이것이 2010년에는 75%로 약간 떨어졌다. 미국 전체 백인 인구가 60%를 약간 넘는다고 할 때 백인들끼리 사는 이 비율은 여전히 꽤 높다. 특히 이 통계가 백인의 인구 비율이 상대적으로 낮은 대도시지역에 관한 것이므로 백인들이 백인들끼리 살고자 하는 의지는 상당히 높다고 할 수 있다.

흑인이 흑인 이웃들과 함께 살고 있는 비율은 1980년은 51%였다. 흑인 둘 중의 하나는 이웃이 흑인이라는 것이다. 이 비율은 2010년에 45%로 감소했지만, 미국 전체 인구비율에서 흑인이 차지하는 비율이 12%내외라는 것을 생각하면 여전히 흑인들은 흑인들과 함께 사는 비율이 높다. 그 다음이 백인 이웃과 사는 경우로써 35%를 차지한다.

라티노의 경우에는 1980년과 2010년 모두 라티노끼리 이웃으로 살아가는 비율이 46%로 동일한 비율을 나타내고 있다. 따라서 라티노 공동체의 변화는 거의 없다. 그러나 라티노늘끼리 살아가는 비율은 여전히 높다. 그 다음이 백인들과 이웃이 되어 살아가는 것으로써 35%를 차지하고 있다.

아시아인은 1980년에는 아시안 이웃과 함께 사는 비율이 18%였는데 2010년에는 22%로 약간 상승하였다. 인종별 이웃 구성 비율에서 유일하게 아시아인의 비율만 증가하였다. 이것은 아시아 이민자가 늘어났고, 아시아인들은 자신들의 출신별 공동체에서 함께 살아가는 비율이 높으며, 그 공동체의 크기도 성장해 나가고 있다는 것을 보여준다. 아시아인이 전체 인구비율에서 차지하는 것이 5%내외 인 것을 염두에 둔다면, 인구비율에 비해 아시아인이 같은 인종과 사는 비율은 상당히 높다. 아시아인이 함께 사는 비율이 가장 높은 타 인종은 백인으로써 49%의 아시아인들이 백인과 이웃하고 있다. 이 비율은 소수인종들 중 가장 높은 비율로써 소수인종들 중 아시아인들의 경제적 수준이 가장 높다는 사실과 관련이 있다.

미국의 인종별 이웃구성 비율을 살펴보았을 때, 소수인종들은 인구에서 가장 큰 비율을 차지하는 백인들을 제외한다면 자신과 동일한 인종과 이웃을 함께 하며 살아가는 비율이 가장 높았다. 이러한 사실은 미국 사회가 인종별로 분리되어 살아가는 비율이 상당히 높다는 것을 그대로 보여준다.

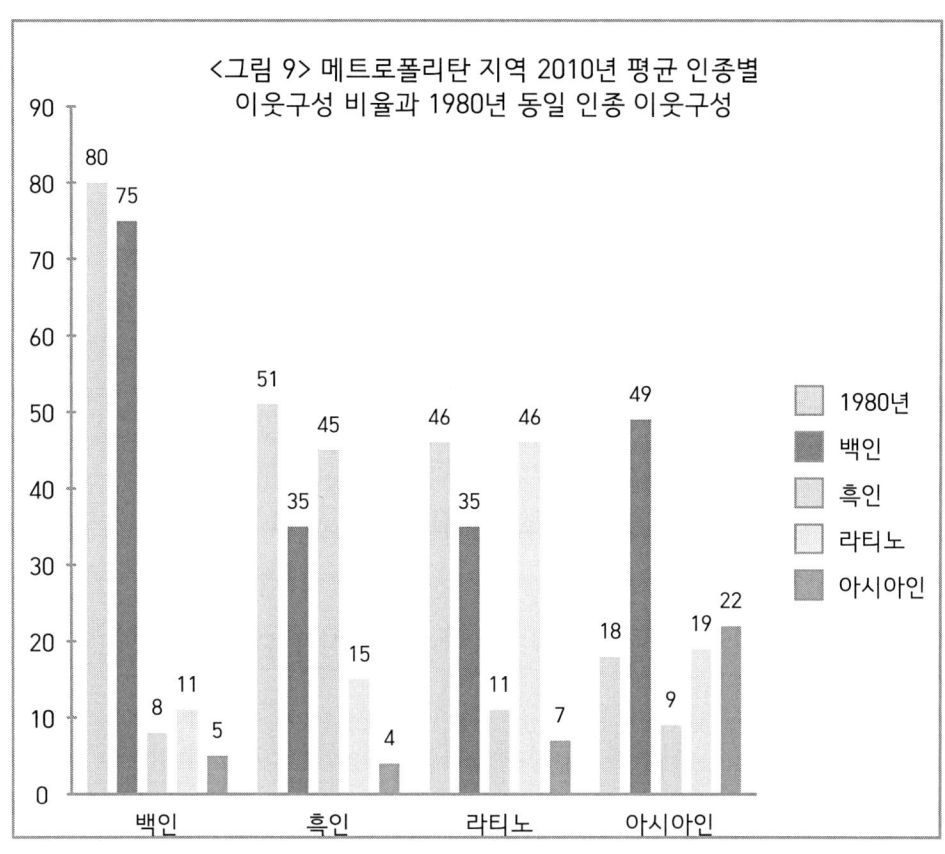

5) 융합(fusion)

　융합은 소수자집단과 다수집단이 연합하여 새로운 형태의 또 다른 집단으로 만들어지는 것을 말한다. 두 집단 혹은 그 이상 집단의 구성원들이 서로 만나 갈등하기 보다는 각 집단의 독특성과 문화적 특질을 함께 녹여 내여 단순하게 서로 합쳐진 것과는 다른 새로운 성격을 가진 집단으로 재구성되는 것이다. 이를 테면 각 알파벳이 집단이라고 가정할 때 A+B+C -> D 와 같이 만들어 내는 것이다(Schaefer, 2013). 합쳐진 결과물 D는 A, B, C 어떤 집단과도 다르며 단순히 집단들을 합쳐놓은 것과도 다르다.

융합 현상은 하나의 단일한 국가 안에서 다양한 인종과 민족이 함께 존재할 경우에 많이 나타난다. 대표적으로 이민으로 이루어진 중남미국가들에서 융합의 현상을 자주 볼 수 있다. 예를 들어 멕시코는 스페인출신 이민자와 원주민들의 문화가 합쳐져서 독특한 멕시코 문화가 만들어졌다. 브라질도 포르투갈 이민자와 여러 원주민들의 문화가 어울려 개성이 있는 브라질 문화가 형성되었다. 이론적으로 꼭 그런 것은 아니지만, 실제적으로 융합은 멕시코와 브라질의 예에서 보듯 인종/민족 간의 결혼에 의해 나타나는 것이 대부분이다. 인종/민족 간의 결혼을 통해 새로운 혼혈인들이 생겨나고, 새로운 사람들은 두 문화 혹은 그 이상의 문화를 자연스럽게 체득하면서 그들만의 독자적인 문화를 용이하게 만들어 낸다.

이렇게 다양한 인종과 민족이 서로 얽히고 녹아져 새로운 인종, 민족, 혹은 문화를 만들어 내는 현상인 융합(fusion)은 흔히 "멜팅 팟(melting pot)"이라는 용어로 우리에게 더 잘 알려져 있다(Newman, 1973). 특히 미국에서 멜팅 팟의 신화는 20세기 초에 널리 퍼졌다. 이것은 미국이 문화와 전통이 다른 여러 이민자들로 이루어져 있기 때문에 서로 간에 존재하는 장벽을 허물고 각 이민자 집단들의 장점들을 잘 녹여내자는 의도로 주장되었다. 그리하여 새로운 종류의 "미국인"이라는 인종으로 다시 태어나 하나의 통합된 시민을 형성하기 위한 노력의 일환이었다고 할 수 있다.

이러한 시도는 유럽출신의 백인 이민자들의 집단들 속에서는 제한적이지만 어느 정도 달성되었다고 볼 수 있다. 그러나 다수집단인 백인들은 원주민, 흑인, 라티노, 아시아인, 유대인, 그리고 카톨릭 교도인 아일랜드 이민자들까지 모두 함께 멜팅 팟에 담아 넣는 것은 원하지 않았다. 그러므로 미국을 다양한 인종과 민족이 함께 녹아져 있는 멜팅 팟 사회라고 말하는 것은 잘못된 것이다.

미국은 역사적으로 대부분의 주에서 오랜 기간 동안 인종 간 결혼을 법

적으로 금지하였기 때문에 백인과 다른 소수인종과의 혼혈이 중남미국가들처럼 나타날 수 없었다. 20세기 들어 인종 간 결혼금지법은 주별로 점차 폐지되기 시작했다. 그러나 1967년 미국연방대법원에서 인종 간 결혼 금지법을 철폐하기까지 남부를 중심으로 16개주에서 인종 간 결혼금지법이 존재하였다. 따라서 다양한 인종과 민족이 함께 연합하여 새로운 인종이 만들어지는 진정한 멜팅 팟 현상은 미국에서는 나타나기 힘들었다.

그러나 인종 간 결혼 금지법이 폐지된 이후 인종 간 결혼 비율은 점점 증가하는 추세이다. 퓨 리서치센터(Pew Research Center)의 보고서에 따르면, 〈그림 10〉에서 보듯 전체 결혼한 사람들 중 인종 간 결혼한 사람들의 비율이 1980년에는 3.2%에 불과 했으나 2010년에는 8.4%로 지속적으로 증가하고 있는 추세이다[8]. 이러한 증가 추세는 처음 결혼하는 사람들에게서 더욱 뚜렷하게 나타난다. 1980년에 결혼한 사람들 중 인종 간 결혼 비율이 6.7%에 불과했으나 2010년에는 15.1%가 인종 간 결혼을 하였다. 30년 동안 두 배가 훨씬 넘을 정도로 증가한 것이다.

그런데 인종 간 결혼비율은 인종에 따라 다르게 나타난다. 2010년에 결혼한 사람들을 보면 백인들의 경우 9.4%, 흑인은 17.1%, 히스패닉은 25.7%, 그리고 아시아인은 27.7%이다. 백인들의 인종 간 결혼 비율이 가장 낮은 반면, 아시아인의 인종 간 결혼 비율이 가장 높다. 백인들의 인종 간 결혼 비율이 낮은 이유는 몇 가지로 요약해 볼 수 있다. 첫째, 오랫동안 지속되었던 소수인종과의 결혼 금지의 차별적 전통에 따른 편견이 여전히 작용하고 있다. 둘째, 인종들 간 거주지의 분리에 따라 타인종과 생활 속에서의 접촉이 제한되어 있다. 셋째, 백인들이 인구수로 가장 다수를 차지하기 때문에 같은 인종적 집단에서 배우자를 상대적으로 찾기 쉽다. 반면에 아시아인은 인구수가 가장 적기 때문에 같은 집단에서 배우자를 구하기가 상대적으로

---

[8] 2010 Pew Research Center Report

어려움이 있다는 점이 아시아인들의 높은 인종 간 결혼 비율을 설명한다.

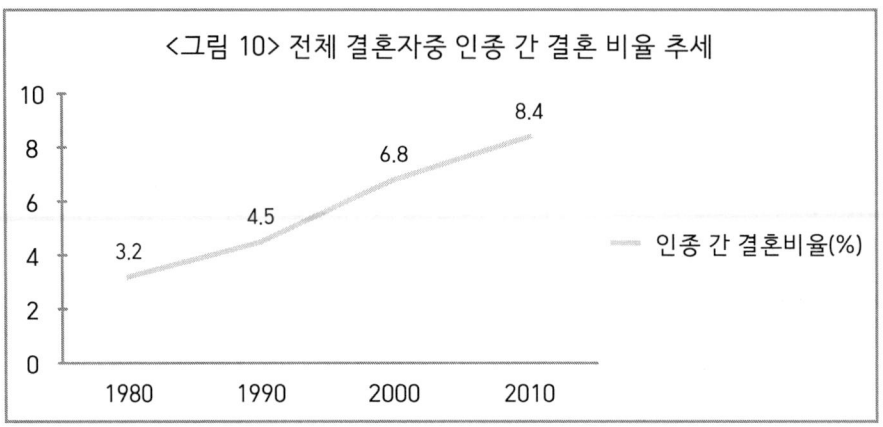

한편 흑인과 히스패닉은 전체 인구수에서 차지하는 비율의 차이가 거의 없음에도 인종 간 결혼 비율은 히스패닉이 흑인보다 훨씬 높다. 특히 인종 간 결혼을 한 백인들 중 히스패닉과 결혼 한 비율이 43.3%로 가장 높다. 이것은 소수인종 중 차지하는 인구비율이 히스패닉이 높다는 이유도 있겠지만, 히스패닉들 중 백인들이 차지하는 비율이 상당히 높기 때문이기도 하다. 예컨대 히스패닉 중 가장 높은 비율을 차지하는 멕시코계 미국인 중 52.8%가 2010년 센서스에서 자신을 백인으로 규정했다. 쿠바계는 85.4%가 자신을 백인으로 규정하고 있다. 이같이 히스패닉 인구 총 53%가 자신을 백인으로 규정하고 있기 때문에 백인과 히스패닉의 인종 간 결혼이 실제적인 인종 간 결혼을 보여주는지는 확실히 알 수 없다. 이러한 점은 전체 인종 간 결혼 비율에도 영향을 미칠 수 있다. 증가하고 있는 미국인의 인종 간 결혼 비율의 수치는 백인과 히스패닉 백인과의 결혼을 제외하게 되면 상당히 떨어질 수 있다. 그래서 인종 간 결혼 비율의 통계 결과는 실제보다 결혼 비율이 과장되어 나타난 수치일 가능성이 있다.

한편, 다수집단인 백인들이 히스패닉 다음으로 결혼하는 비율이 높은 것은 아시아인으로 14.4%를 차지하고 있다. 반면, 가장 적은 것은 흑인으로 11.9%에 불과하다. 따라서 백인과 인종 간 결혼 비율이 가장 낮은 흑인은 다수집단인 백인들과 인종적 친밀관계가 가장 낮은 집단이라고 추정해 볼 수 있다.

이러한 결과를 바탕으로 미국사회의 인종/민족의 융합의 문제, 멜팅 팟의 문제를 보면, 인종/민족 간의 멜팅 팟 현상이 미국사회에 뚜렷하게 존재한다고 볼 수 있는 여지는 아직 없다. 그러나 조금씩 증가하는 인종 간 결혼 비율을 볼 때 서서히 융합 현상이 진행되어가고 있다고는 볼 수 있지만, 앞으로 인종/민족별 이민자의 수가 어떻게 변화하는지와 융합의 정도는 밀접한 관련이 있을 것이다.

6) 동화(assimilation)

동화란 소수자 개인이나 집단이 다수집단의 특성들을 접하고 받아들여 결국에는 다수집단의 한 부분이 되어가는 과정을 말한다. 그러므로 동화는 소수집단의 인종/민족적 특성, 종교, 국가출신 등과는 상관없이 소수집단이 가진 고유성은 모두 사라지게 되고 다수집단으로 완전히 흡수통합 되어 버리는 것이다(Newman, 1973). 이것을 다음과 같은 기호로 단순화해 볼 수 있다. 다수집단을 기호 A라고 한다면, A + B + C-> A. 어떠한 소수자 집단이 들어온다 해도 다수집단의 특성 속에 녹아들어 간다. 이것은 마치 다수집단의 값이 0일 때, 그 어떤 것에 0을 곱해도 항상 0이 되는 것처럼 모든 소수집단의 특성이 다수집단의 것과 같아지는 것을 말한다.

소수자 집단이 다수집단에 완전히 동화되는 과정을 사회학자 고든(Gordon)은 7가지 단계로 나누어 보고 있다(Gordon, 1964).

첫째, 문화적 동화(cultural assimilation) 단계이다. 이 단계에서 새로 이주한 소수자들은 다수집단의 가치와 규범을 포함하여 언어, 패션, 일상생활관습 등을 배우고 여기에 적응한다. 이 단계에서 소수자집단의 문화는 다수집단의 문화와 만나면서 다수집단 문화의 일부 또는 전부가 소수집단에 의해 받아들여져 소수집단의 문화유형이 바뀌게 된다. 이러한 과정을 문화변용(acculturation)이라고 한다.

둘째, 구조적 동화(structural assimilation) 단계이다. 이 단계에서는 소수자집단의 구성원이 다수집단 사회에서 공공제도에 참여하거나 조직에 가입하기도 하고, 다수집단 내의 다양한 클럽이나 친목집단 등에도 참여하여 소수자집단이 다수집단에 통합되어 가는 단계이다.

셋째, 혼인 동화(marital assimilation) 단계이다. 소수집단과 다수집단의 정체성이 결혼하는데 큰 지장을 주지 않음으로써 집단 간의 결혼(intermarriage)이 큰 어려움 없이 널리 이루어질 수 있는 단계를 말한다. 예컨대 미국에서 영국계 백인과 독일계 백인이 결혼을 할 때 서로의 민족적 배경이 더 이상 문제가 되지 않는데, 이러한 경우 혼인 동화 단계가 완전히 이루어졌다고 말할 수 있다.

넷째, 정체성 동화(identification assimilation) 단계이다. 이 단계에서 소수자들은 다수집단에 완전히 연대되어 다수집단의 집합적 정체성을 소수자들도 갖게 되는 수준에 이르게 된 것을 말한다. 예를 들어 이탈리아계 이민자가 자신을 이탈리아인으로 생각하기 보다는 미국식 가치와 규범 그리고 문화를 완전히 받아들여 스스로 미국인이라고 규정하게 되는 것을 말한다.

다섯째, 태도 수용 동화(attitude reception assimilation) 단계이다. 이 단계에서는 다수집단의 소수집단에 대한 태도, 그리고 소수집단의 다수집단에 대한 태도가 거의 동일하게 되어 더 이상 집단 간에 편견이 없는 수준에 이르게 되는 것을 말한다.

여섯째, 행동 수용 동화(behavior reception assimilation) 단계이다. 이 단계에서는 소수집단이나 다수집단의 행동의 문화적 차이가 사라지고 따라서 소수집단에 대한 차별이 완전히 사라지게 되는 수준을 말한다.

마지막으로 시민 동화(civic assimilation) 단계이다. 이 단계에서는 소수자집단과 다수집단이 같은 가치를 공유하고 권력의 차이도 사라져서 가치와 권력의 차이에 따른 갈등이 존재하지 않는 완전 동화된 상태를 말한다.

이러한 동화가 이루어지기 위해서는 소수자집단의 개인들이 다수집단과 구별되는 자신들의 문화적 특성들을 포기하고 다수집단의 행동, 믿음, 사고체계 등을 다 받아들여야 한다. 이러한 동화의 과정은 소수자 개인이 다수자집단 속에서 생존하기 위해 자발적으로 이루어지기도 한다. 그러나 대부분의 경우 다수자집단은 소수자집단에게 공식적으로는 법과 정책을 통해, 비공식적으로는 생활세계 속에서 습관, 태도, 관습, 관계 등을 통해 자신들의 문화적 특성을 강요한다.

다수집단이 소수집단을 동화시키려는 주된 이유는 자신들의 문화가 가장 우월하다는 문화적 자존감, 그리고 자신들이 가지고 있던 기득권이 이민자들에 의해 혹시 침해받지 않을까하는 두려움, 그리고 일치된 문화를 가짐으로써 얻을 수 있는 사회적 통합의 요구 등에서 찾을 수 있다. 그러나 소수집단의 입장에서는 이미 체화된 자신의 문화적 정체성을 벗고 다른 문화를 새로 입는 과정이 결코 쉬운 과정이 아니다. 따라서 다수집단은 소수집단을 동화시키기 위해 소수집단이 가진 문화를 저평가하고 가치 없는 것으로 멸시하는 반면 자신들의 문화의 우수성을 소수자들에게 끊임없이 강조한다.

소수자집단의 문화변용은 이렇게 다수집단 문화로 통합되기 위한 과정에서 필수적으로 요구되는 것이지만, 소수자집단이 성공적으로 문화변용을 하였다고 해서 자동적으로 다수집단의 문화로 통합되어 동화되어 지는 것은 아니다. 지배집단인 다수집단은 소수자집단의 동화의지와는 전혀 상관없이 소수자집단을 다수집단의 제도 안에서 배제시켜 소수자집단의 기회를 제한시킬 수도 있다. 말하자면 "통합 없는 문화변용(acculturation without integration)"이 가능하다는 것이다(Gordon, 1964). 특히 미국에서 인종적 소수집단의 경우 그들의 문화는 다수집단의 문화로 점점 미국화 되어서 충분히 동화되었다고 할지라도 인종적으로는 아직 백인 다수집단에 통합되지 못하고 있는 것이 사실이다. 이 과정에서 소수자집단과 다수집단의 갈등이 표출되기도 한다. 그러므로 인종적, 민족적 배경이 다른 두 문화가 만났다 하더라도 다수집단의 문화로 동화가 쉽게 일어나는 것은 아니다.

예컨대 원주민을 제외하고 미국에 이주해 온 최초의 소수인종은 흑인이라고 할 수 있다. 흑인들은 나름의 독특한 문화와 관습을 가지고 있었음에도 역사적으로 백인들의 문화에 완전히 동화되기를 강요받았다. 특히 흑인들이 성공하거나 좋은 점이 있다면, 그것은 바로 백인 문화에서 온 것이고, 흑인이 성공하지 못하고, 발전하지 못하는 것은 바로 흑인에게 내재되어 있는 좋지 않은 특성 때문이라고 끊임없이 강화해 왔다. 모든 것을 백인의 가치, 관습, 태도에 일치시키려는 시도를 지속적으로 하였다. 그럼에도 불구하고 백인과 흑인이 통합되어 있다고 볼 수 있는 여지는 없다.

한편, 미국에서 동화의 정도와 속도가 모든 소수자집단에 동일하게 나타나는 것은 아니었다. 소수자집단의 성격에 따라, 또 그 집단속의 개인의 특성에 따라 동화는 다양한 모습으로 나타났다. 인종/민족적 배경이 다른 소수자집단이 미국에서 동화되는 과정에 영향을 미치는 주요한 요인들을 몇 가지 열거해 보면 다음과 같다(Schaefer, 2013).

첫째, 소수자 집단과 다수집단 간의 차이가 클수록 동화는 어렵다. 미국 이민의 역사를 잠시 보면 동화정책을 쓰기 시작한 최초의 다수집단은 영국계(Anglo-Saxon)였다. 이들은 최초의 이민자이면서도 자신들을 개척자로 여기는 사람들이었다. 이들 다음으로 미국에 본격적으로 이민 온 사람들은 독

일계였는데, 영국계 다수집단은 이들에게 영어와 영국식 문화를 강요하였다. 독일계 이민자들은 처음에는 동화에 어려움을 겪었지만, 종교와 문화가 같거나 유사하고, 영어와 독일어의 언어 간 거리도 가까워 오랜 시간이 걸리지 않아 빠른 속도로 동화되었다. 이들은 곧 영국계와 구별되지 않는 정도로 백인 다수집단의 일원이 되었다. 이들 보다 훨씬 나중에 이민 오게 된 남부유럽과 동유럽 출신 이민자들은 독일계 이민자들에 비해 다수집단과는 문화와 종교, 관습, 언어 등의 거리가 상대적으로 차이가 많았고 따라서 동화 시간이 더 오래 걸렸다. 그러나 이들도 곧 유럽계 백인이라는 인종적 문화적 동질성을 바탕으로 백인 다수집단에 편입되어 현재 미국에서 백인 다수집단의 일원으로 녹아들어가 있다. 반면, 흑인들의 경우 이주해 온 시기는 독일계 이민자들과 거의 같지만, 노예라는 최초의 사회적 지위, 인종적으로 상이함, 아프리카 문화와 유럽문화와의 차이 등으로 인해 현재까지 다수집단으로 동화되지 못하고 그들만의 독특한 소수집단의 문화와 정체성을 여전히 지키고 있다.

둘째, 다수집단이 소수집단에 대해 우호적이지 않거나, 소수집단이 자신의 문화를 지키려 노력할수록 동화는 오래 걸린다. 미국에서 영국계를 중심으로 한 백인 다수집단은 유럽국가 출신들의 이민자들에게는 우호적이고 쉽게 그들을 수용하는 정책을 취하였다. 그러나 유럽계 백인들 중에서도 다수자집단이 우호적으로 받아들이지 않은 이민자집단은 백인 다수집단으로 동화에 의한 편입이 늦을 수밖에 없었는데, 대표적인 이민자들이 아일랜드계이다. 이들은 유럽계 백인 이민자들 중 가장 차별을 많이 받은 사람들이다. 아일랜드계 이민사는 백인이면서 영어를 사용하고 있으며, 문화적 전통도 다수집단과 크게 다르지 않다. 그럼에도 불구하고 역사적으로 아일랜드와 영국계 앵글로색슨과의 갈등, 미국에서의 경제적 지위의 차이 그리고 대부분 카톨릭 교도인 아일랜드계와 개신교 다수집단과의 종교의 차이 등에 의해 이민 초기 심한 차별을 받았다. 그리고 그 결과 다수집단으로 쉽게 동화되지 못하였다. 한편, 유태인들은 자신들의 종교인 유태교와 유태교 전통을 굳건히 지키려고 노력함으로써 다수집단에 쉽게 동화되지 않았고, 유태인 이민자들의 후세대들은 현재까지 그들의 전통을 지키고 있는 사람들이 많이 존재한다.

셋째, 짧은 기간 안에 많은 사람들이 이주해 온 소수자 집단들일수록 동화의 속도는 늦다. 한 국가 출신이 짧은 시간 안에 많은 사람들이 이주하였다는 것은 그만큼 그들의 문화와 정체성을 지키기 쉽다는 것을 의미한다. 1850년에서 1930년 사이에 이주해 온 유럽계 이민자집단들이 대부분 여기에 속한다. 아일랜드인은 1845년 이후 아일랜드의 감자기근으로 인해 대거 미국으로 이주해 왔다. 사실 아일랜드인의 미국 이주는 이보다 훨씬 오래전부터 진행되어왔으나, 그 이전에 이민 온 스코틀랜드계 아일랜드인들은 대부분 개신교도였다. 그러나 1845년 이후 짧은 시간에 대거 이주해 온 아일랜드인은 거의 카톨릭 교도였다. 이 당시 유럽에서 이민 온 사람들은 지중해 연안 이탈리아인, 그리스인 등을 비롯해, 폴란드 헝가리 등 동구 유럽에서 많은 수의 이민자들이 짧은 시간 안에 대거 이민해 왔다. 이들은 오랜 기간에 걸쳐서 이민의 역사를 이루어 온 다른 유럽계 이민자들에 비해 다수집단에 동화되려는 노력을 하기 보다는 자신들의 문화를 상대적으로 지키고자 하는 비율이 더 높았다.

넷째, 집단적인 거주지(ethnic enclave)를 만들어 살아가고 있는 이민자들이 그렇지 않은 소수 이민자들 보다 다수집단에 동화되기가 더 어렵다. 이민자들의 집단 거주지는 소수자들이 다수집단의 문화와 동떨어져도 큰 어려움 없이 살아갈 수 있는 문화적 토대가 된다. 그 거주지 안에서 모국어로 소통하며, 모국의 상품을 소비하고, 모국의 방송과 미디어를 접하고, 같은 국가 출신과 관계를 맺으며 사업을 하고 서비스를 공급하며 소비한다. 집단거주

지는 이렇게 소수 이민자집단에게 문화적, 경제적 기반을 제공하기 때문에 이들은 굳이 다수집단에 동화되어 살아갈 필요성을 크게 느끼지 못한다.

집단적 거주지가 일단 형성되면 같은 출신의 주변 이민자들과 새로 이주해 오는 이주자들을 끌어 모으게 되어 집단적 거주지의 크기는 점점 커지게 된다. 그리고 여기에 속한 소수자들은 다수집단의 문화에 동화되기가 더 어려워진다. 다수집단과 문화적으로 거리가 먼 소수자 집단일수록 일정한 조건이 갖추어지면 민족 집단적 거주지를 만드는 경향이 더 크다. 따라서 유럽계 백인 이주자들에 비해 아시아계 이민자나 라티노 이민자들은 집단적 거주지를 만들어 살아가는 사람들이 더 많다. 아시아계 이민자들 중에서는 중국, 필리핀, 베트남, 한국 출신 이민자들이 뚜렷한 집단적 거주지를 형성하고 있고, 라티노 중에서는 멕시코, 쿠바, 푸에르토리코 출신들의 집단적 거주지가 대표적이다.

다섯째, 최근에 이주해 온 이민자들일수록, 그리고 이민자들의 모국이 가까이 있을수록 동화의 정도는 더 느리다. 동화는 한 세대 만에 완전히 이루어지는 것은 아니다. 완전한 동화가 이루어지려면 적어도 3세대는 거쳐야 한다. 예를 들어 한국에서 온 이민 첫 세대가 있다고 하자. 열심히 미국사회에 동화되려고 노력해도 그가 미국인과 구별할 수 없을 정도의 완벽한 영어, 관습, 태도, 문화적 정서를 가지는 것은 거의 불가능하다. 이민 2세대인 그의 자녀들은 미국에서 태어나서 완벽한 영어와 미국의 문화적 특성을 몸에 익히고 있다고 할지라도 여전히 김치와 된장찌개 그리고 불고기를 집에서 먹고 자랐을 수 있다. 만들 줄은 몰라도 먹을 줄은 안다. 그리고 부모로부터 한국적인 문화가 무엇인지 보고 배우고 또 기기에 따라 행동하며 한국어도 얼핏 알아듣는다. 그들이 다시 자녀를 낳은 이민3세대가 되어서야 비로소 다수집단의 문화 속에 겨우 녹아들어갈 수 있을 정도이다.

그러므로 최근에 이민 온 이민자 집단들의 동화의 정도가 더 낮을 수밖에 없고, 동화가 이루어지는데 걸리는 시간도 더 길 수밖에 없다. 더구나 자신의 모국이 가까이 있어 모국과의 문화적 네트워크를 지속적으로 가질 수 있는 한, 새로운 사회에서의 동화는 어려울 수밖에 없다. 이민자 집단 중 가장 최근에 이민 온 집단은 아시아계와 라티노이다. 이 두 집단의 동화 정도는 이들 보다 일찍 이주해 온 어떠한 집단들보다 떨어진다. 이들이 다수집단인 백인들과 인종적으로, 문화적으로 다른 점이 큰 탓도 있다. 그러나 이들 보다 훨씬 일찍 이주해 온 흑인들은 인종적으로, 문화적으로 백인과 완전히 달랐지만 그들의 문화적 동화정도는 아시아계와 라티노에 비교할 수 없을 정도이다. 그러므로 언제 이주해 왔느냐 하는 것이 동화에 있어서 중요하다. 특히 중남미 출신 라티노들은 이주시기와 모국의 접근성이라는 두 가지 조건을 모두 충족하고 있는데, 미국과 국경을 접하고 있는 멕시코 출신 이민자 집단이 대표적이라고 할 수 있다.

살펴 본 바와 같이 동화의 과정은 자연스럽게 시간이 지나면서 이루어지는 것이 아니다(Warner & Srole, 1945). 동화는 소수집단 구성원들에 대해서 불평등하고 강압적으로 이루어지는 경우가 많다. 그것은 다수집단과 소수집단 사이에 동화를 바라보는 시각은 확연히 차이가 있기 때문이다. 다수집단은 소수자 집단이 자신들의 문화에 적응하고 순응하는 것이 합리적이고 당연한 것으로 인식하고 있는 반면, 동화의 과정을 강요받은 소수자들은 강요받는 만큼의 어려움과 고통이 따른다. 이민자들의 나라라고 하는 미국이 역사적으로 사회의 모든 제도들을 통해 이민자들에 대해서 최근까지 취한 주된 정책은 바로 이러한 동화정책이라고 할 수 있다.

7) 다문화주의(Mutliculturalism)와 다원주의(Pluralism)

다문화주의와 다원주의 시각은 지금까지 살펴 본 다수집단과 소수자집단 간의 관계와는 다른 차원의 대안적인 시각이라고 할 수 있다. 다문화주의와 다원주의는 한 사회에서 살고 있는 다양한 집단들이 서로의 문화에 대해서 상호 존중해 주는 것을 말한다. 여기서 존중이라는 것은 소수자 집단들이 어떠한 편견과 차별 없이 자신들의 문화를 유지하거나 표현하는데 어려움이 없어야 한다는 것을 말한다. 소수자집단의 문화가 다수집단의 문화에 동화되지도 종속되지도 않고, 다수집단에 의해 사라지는 것도 아니라 그들의 문화를 새로운 사회에서 그대로 유지하는 것을 의미 한다.

이러한 다문화주의와 다원주의는 문화 상대주의를 기반으로 한다. 문화 상대주의는 모든 사회적 집단이 가지고 있는 삶의 유형과 체계가 모두 평등하기 때문에 기본적인 권리를 보호하는 차원에서 모든 집단의 문화에 대해서 그 합리성과 가치를 인정해야 한다는 것이다. 그러므로 어떤 문화가 또 다른 문화보다 절대적으로 우월하다고 주장할 수 없다. 그러나 다문화주의와 다원주의는 문화 상대주의의 기본적인 관점에 바탕을 두면서도 모든 문화는 동일한 가치를 지닌다는 기계적인 평등성의 문제에 대해서는 동의하지 않는다. 평등성을 부여하는 것을 넘어 각 문화가 가진 가치의 차이를 서로 인정하고 서로 다른 문화 집단들 사이에 개방적인 태도와 상호주관적 이해가 기본적인 바탕이 되어야 한다는 것이 다문화주의와 다원주의의 핵심이다(Taylor, 1994). 이것은 소수자 집단에 속한 개인들이 자신의 문화적 권리를 마음껏 누릴 수 있는 것을 의미 한다. 전통적인 음식을 먹고, 자신의 모국어를 말할 수 있으며, 자신의 종교를 믿고 행할 수 있는 자유로운 권리가 보장되는 것이다. 그리고 집단 간에 존재하는 문화적 차이를 서로 인식하지만, 생활세계에서 그러한 차이를 의도적으로 눈감아 주는 관용과 무관심의 태도가 사회구성원들에게 요구되는 것을 말한다.

그런데 문제는 현실적으로 모든 국가는 국민적 혹은 국가적 통합정책을 실시한다는 것이다. 다문화주의 또는 다원주의를 실천하고자 하는 국가의 가장 큰 숙제는 국민적 통합을 이루기 위해서 소수집단들과 소수자들이 공유하고 있는 문화와 다수집단의 문화를 어떤 방식으로 조율할 것인가 하는 것이다. 따라서 다문화주의와 다원주의는 국가 안에 존재하는 서로 상이한 문화적 집단들이 역사적으로 어떻게 구성되었으며, 현재 어떤 방식으로 존재하고 있느냐하는 것에 따라 선택적으로 사용된다. 왜냐하면 다문화주의와 다원주의는 많은 부분을 공유하고 있지만, 그렇다고 이 두 개념이 같은 것은 아니기 때문이다.

다문화주의는 어떤 집단의 문화적 가치들이 또 다른 집단의 문화적 가치들과 동일한 지위를 갖는다는 점에 강조점을 둔다. 따라서 소수집단의 문화적 가치나 다수집단의 문화적 가치가 동일한 정도로 중요하게 다루어져야 한다는 점을 주장한다. 반면 다원주의는 사회나 국가 안에 함께 존재하는 다수집단과 소수자집단들의 문화적 지위가 다르다는 것을 인정해야 한다는 점에 더 무게를 둔다. 소수자 집단의 문화적 가치는 인정하되 소수집단의 가치는 다수집단의 핵심적 문화가치의 큰 틀 안에서 인정되어야 한다는 것이다.

가. 다문화주의

먼저 다문화주의를 기호로 표현해보면, A가 다수집단이라고 했을 때 A+B+C = A'+B'+C' 라고 나타낼 수 있다. 다수집단이든 소수집단이든 한 국가 또는 사회에 존재하는 문화는 그 특성을 잃지 않고 그대로 존재한다. 그렇지만 각 알파벳 문자에 작은따옴표가 붙은 것은 그것이 단순히 병렬적

으로 존재하는 것이 아니라 서로 상호주관적인 이해와 인정을 바탕을 두고 함께 공존하는 것이기 때문이다.

다문화주의는 특히 평등원리에 바탕을 두기 때문에 법과 제도 앞에서 소수자집단이 다수집단에 버금가는 평등권을 확보하려고 노력한다. 그리고 이러한 노력을 문화적 소수자집단들에게 끊임없이 확산시켜야 한다고 주장한다. 그래서 시민권의 문제, 소수자들의 경제적 불평등을 극복하기 위한 소수자 우대정책(affirmative action) 등과 같은 소수자들의 인권과 복리를 위한 문제에 관심을 집중한다.

더 나아가 단군신화와도 같은 국가의 민족주의 신화나 혈통주의에 바탕을 둔 국가 시민권의 전통적인 개념에도 도전을 한다. 동시에 소수자들의 문화적 고유영역을 인정하고 지키고자 한다. 그러므로 다문화주의는 소수자집단들 사이에서 그리고 소수자집단과 다수집단사이에서 평등한 문화적 가치에 바탕을 둔 상호인정이라는 규범이 확립되어야만 비로소 빛을 발한다. 만약 집단들 간에, 특히 소수자집단이 다수집단으로부터 인정받고자 하는 근본 기대가 깨어지게 될 때, 또는 다수집단과의 상호인정의 규범이 확립되지 않을 때 사회적 저항의 동기가 바탕이 되는 '인정투쟁'을 통해 소수자집단은 끊임없이 인정 요구를 하게 된다(호네트, 2011).

반면에, 다수집단은 지금까지 자신이 누리던 문화적, 정치적, 사회적 독점권을 상당 부분 나누어 주어야 할 뿐만 아니라 자신들의 문화와 일치하지 않은 소수자 집단의 문화까지 용인하는 관용이 필요하다. 그러나 현실적으로 다수집단의 이러한 관용은 무제한적으로 나타날 수는 없으며, 다수집단의 문화를 심각할 정도로 훼손하는 정도의 관용까지 보여주기는 힘들다. 따라서 소수자집단의 인정요구와 다수집단의 관용은 일정한 정도의 긴장관계에 놓여 있으며 이러한 긴장 관계는 사회통합적인 면에 있어서 부정적인 영향을 미친다. 그러므로 다문화주의가 효과적으로 실행되고 있는 나라들은 이러한 긴장이 최소화 되는 조건을 갖춘 경우가 대부분이다.

보다 구체적으로 집단 사이의 긴장이 적어지는 환경을 살펴보면, 첫째, 다수집단이 존재한다고 하더라도 그 지역에 터전을 잡고 살아오거나 이주한 역사가 길지 않아야 한다. 둘째, 소수자집단의 크기가 다수집단과 유사하거나 다수집단에 의미 있는 영향력을 줄 정도로 커야 한다. 셋째, 소수집단이 터전에 자리 잡고 살아오거나 이주해 온 역사가 현재의 다수집단과 비슷하거나 더 길어야 한다. 마지막으로 소수자 집단들과 다수집단이 함께 이웃하여 한 국가나 지역에서 살아온 역사가 오래되어야 한다. 결국 이러한 환경적 조건들은 다수집단이 한 국가 내에서 지위와 권력을 완전히 독점한 경우에는 다문화주의의 실행이 쉽지 않다는 것을 말하는 것이다.

실제로 다문화주의가 원활하게 실행되는 국가들을 보면 이러한 조건이 대부분 충족되는 환경을 가지고 있다. 예컨대 대표적인 다문화주의 국가인 싱가포르는 중국계 화교가 74%, 말레이계가 13%, 인도계가 9%를 차지하는 다문화국가이다[9]. 중국계가 다수집단을 차지하고 있지만, 19세기까지 그 지역에 거주하던 다수의 사람들은 말레이계였다. 대부분의 중국계는 그 이후에 이주해 온 사람들이다. 국가를 대표하는 언어로는 말레이어(Malay)를 지정하고 있지만, 영어를 공용어로 사용하고, 중국어인 북경어(Mandarin)와 타밀어(Tamil)를 공식 언어로 지정해서 사용하고 있다. 싱가포르에서 다수집단과 소수집단들의 관계는 상호인정과 관용에 터하고 있으며, 다수집단과 소수집단들의 문화는 동일한 정도의 가치를 지니고 있다. 이것이 바로 집단 간의 화평과 통합의 중심이다.

또 다른 예는 캐나다를 들 수 있다. 캐나다는 여러 인종과 민족이 이주해 와서 이루어진 하나의 이민 국가로서 다양한 인종과 민족이 함께 살고 있

---

[9] Singapore Population Trends 2015:
http://www.singstat.gov.sg/publications/publications-and-papers/population-and-population-structure/population-trends

다. 그러나 역사적으로 보면 크게 두 집단으로 나누어져서 현재의 캐나다를 구성하고 있다. 하나는 영국계로 대변되는 브리티쉬(British) 캐나다이고 나머지 하나는 프랑스계로 대변되는 뉴 프랑스(New France)이다. 프랑스계는 현재 퀘벡(Quebec)주에 터전을 잡고 프랑스어와 프랑스 문화적 전통을 여전히 누리고 있으며, 그 외의 캐나다 지역은 모두 브리티쉬 캐나다지역으로 통합되었다. 캐나다의 공식 언어는 영어(60%)와 프랑스어(23%)이며, 영어사용지역과 영어사용 인구가 상대적으로 더 많아서, 굳이 나누어 보자면 영국계가 다수집단이라고 할 수 있다. 그러나 역사적으로 두 집단은 거의 비슷한 시기에 이주해 왔다. 비록 현재는 브리티쉬 캐나다의 인구와 크기가 더 크다고는 하지만, 실제적으로 영국계는 인구 전체의 21% 정도로 16%를 차지하는 프랑스계에 비해 압도적으로 많다고 할 수 없다[10]. 그러므로 상호인정과 관용은 자연스럽게 이루어질 수밖에 없었으며, 차후 이민자들에 대한 캐나다의 정책도 다문화주의 정책으로 선도적으로 실행해 나갈 수 있었다.

나. 다원주의

다원주의는 다수집단과 소수집단 사이의 문화적 가치에 대한 지위의 차이를 인정하는 것에서 부터 시작한다. 소수자집단의 가치, 문화, 정체성은 다문화주의에서와 같이 인정되지만 그것은 다수집단의 핵심적 가치라는 큰 틀 안에서 인정되는 것을 말한다. 다시 말하면 다수집단이 가지고 있는 법, 도덕, 제도 그리고 기본적 가치를 소수자집단이 받아들여야 한다. 동시에 이것과 불일치되는 소수자집단의 특징들을 일정 부분 포기하는 한에 있어서 소수자 집단의 정체성이 인정되는 것이다.

이것을 기호로 나타내면, A가 다수집단이라고 할 때 A+B+C =

---

10) 2015 World Population Review:
http://worldpopulationreview.com/countries/canada-population/

A'+AB+AC라고 할 수 있다. 다수집단인 A에 작은 따옴표가 붙은 것은 다수집단이 소수자집단의 이주로 인해 함께 공존할 때 원래의 특징을 변함없이 유지하는 것은 아니라는 것을 의미 한다. 다문화주의에서 본 것과 같이 소수자집단들에 대한 이해와 인정 그리고 관용이 반영된 다수집단의 모습으로 바뀌지만 여전히 다수집단의 특징을 대부분 가지고 있다. 그러나 소수자집단이라고 할 수 있는 B와 C는 다문화주의에서와는 달리 A라는 다수집단의 특성을 상당한 정도로 받아들인 상태에서 자신의 정체성과 문화적 특성을 인정받고 유지한다는 것이다.

그러므로 다원주의는 소수자집단의 영향력이 아주 작거나, 다수집단의 크기가 크고 다수집단이 사회전체를 권력적으로 완전히 장악하고 있을 때, 그리고 소수자집단의 이주해온 시기가 다수집단에 비해 많이 뒤져서 이미 다수집단의 문화가 완전히 정착된 후일 때에 다수집단에 의해 정책적으로 채택되기 쉽다. 대부분의 경우 소수자집단이 이주해 올 때 이미 다수집단의 문화를 상당히 받아들일 준비를 하고 이주해 오기 때문에 다수집단의 핵심적 가치와 크게 충돌하지는 않는다.

다수집단의 핵심적 가치라는 것은 집단의 특성에 따라 다르긴 하지만 대체로 양심의 자유, 일부일처제, 자유의 가치, 남녀평등, 그리고 표현의 자유 등과 같이 다수집단이 사회를 유지하고 있는 필수적인 가치를 말한다. 예컨대 일부다처제가 소수자집단의 문화라고 해도 이들이 다수집단 안으로 이주해 왔을 때 다수집단의 일부일처제를 수용해야 하고 자신들의 문화이 일부다처제를 버리지 않으면 안 된다. 그러나 다수집단의 핵심적 가치와 충돌하지 않는 자신들의 정체성과 문화는 여전히 지킬 수 있고, 다수집단은 그러는 한에 있어 그것을 인정하고 관용해야 한다. 따라서 다원주의에서 문화적 자유는 어느 정도 제한이 따른다.

　결국, 다문화주의든 다원주의든 그것이 실행되려면 가장 큰 권력을 가진 다수집단의 의지가 중요하다. 그렇지만 하나 이상의 소수자집단이 존재한다면, 다수집단 뿐만 아니라 소수자집단들의 의지도 동일하게 중요하다. 왜냐하면 소수자집단은 다수집단의 문화도 존중해야 하지만, 자신과 다른 소수자집단의 문화도 그와 동일한 정도로 존중해야하기 때문이다. 현실적으로 특정 민족 집단이 새로운 사회로 이주해서 그들이 가지고 있던 모든 문화적 정체성을 변함없이 그대로 표출하면서 살아가기는 쉽지 않다. 그 집단이 새로운 사회에서 살아남기 위해서는 이주한 사회에 적응하려는 노력이 필요하고, 또 사회 전체가 제대로 통합되어 유지되기 위해서는 사회구성원들의 기본적인 이상, 가치, 믿음체계 등에 대한 암묵적인 동의가 있어야 한다. 다문화주의와는 달리 다원주의는 이러한 사실들을 강조한다. 사회가 제대로 발전하기 위한 다수집단의 핵심적인 가치들을 제외하고도 여전히 다양성을 담을 수 있는 여지는 충분히 있으며, 그러한 부분에 있어서 집단들 간의 다양성을 상호 인정(recognition)하자는 것이 바로 다원주의가 주장하고 있는 바이다.

　미국은 과거의 동화주의를 점점 벗어나 현재 다원주의를 목표로 하고 있는 나라이다. 다양한 인종과 민족들의 이민과 이주로 만들어진 국가이지만 미국 건국이후 백인 다수집단의 가치, 문화적 규범과 전통은 법이나 제도를 통하여 뚜렷하게 소수자집단에게 부여되고 있다. 반면에 소수자집단들은 자신들의 공동체를 뚜렷하게 형성하고 있으며, 그 안에서 자신들의 언어를 말하고, 문화를 향유하며 다양성의 이름으로 소수자 집단의 문화적 정체성이 인정된다. 그러므로 미국의 다수집단은 소수자집단의 문화적 정체성에 높은 정도의 관용을 보여주고 있다고 할 수 있다.

　하지만 역사적으로 보았을 때 미국의 소수자 정책은 동화주의를 추구했다. 한편으로 소수자집단의 정체성을 인정해 주기도 하였지만 그것보다는

"미국인"이라는 새로운 정체성을 확립하기 위한 노력을 끊임없이 하였다. 미국인이라는 정체성의 이면에는 건국 전후 시기에는 영국계 앵글로색슨의 문화가 자리 잡고 있었으며 20세기 중반까지는 유럽계 백인중심의 다수집단 문화가 그 자리를 차지하였다. 그러나 1965년 이민법 개정이후 라티노와 아시아계 등 유럽계 백인 이외의 다양한 인종과 민족들이 이민의 주류를 이루자 동화주의를 뒤로 한 채 주된 정책의 방향을 다원주의로 전환하게 된 것이다. 그리고 다원주의에 바탕을 둔 다양성의 추구는 현재에도 점점 더 강화되고 있는 추세이다.

하지만 미국의 다원주의는 하나의 실제라기보다는 이상에 더 가깝다고 할 수 있다. 다원주의를 표방하고 있고, 그것을 실제로 추구하고 있지만 여전히 통합 된 '미국인'의 가치를 끊임없이 추구하고 있기 때문이다. 예를 들어 미국사회에서 영어를 의무적으로 무조건 배우라고 법적 제도적으로 강제하고 있지는 않다. 그러나 이주자들이 미국 사회에서 살아남거나 직업의 사다리를 타고 높이 올라가 성공하기 위해서는 영어를 배우지 않으면 불가능하다. 이러한 사실에 대해 소수자집단은 다수집단의 핵심적 가치인 영어 사용을 뚜렷한 저항을 하지 않고 자연스럽게 받아들인다. 이렇듯 명문화되어 있지는 않지만 현실적으로는 동화될 수밖에 없는 사회적 환경과 구조적 압력이 뚜렷하게 존재하고 있다. 그러나 동시에 소수자집단이 공동체 안에서 자신의 언어를 말할 수 있는 자유와 권리도 침해되지 않고 누리고 있다. 모든 공식적인 서류나 절차는 영어로 되어 있지만 운전면허시험, 안내표지판 등 실생활과 관련되는 여러 부분에서 다양한 언어를 사용가능하게 하는 것은 바로 미국식 다원주의를 보여주는 하나의 예라고 할 수 있다.

미국의 다원주의는 크게 세 가지 형태로 나누어 볼 수 있다(Healey, 2011). 첫째, 문화적 다원주의(cultural pluralism)이다. 문화적 다원주의는 집단들이 문화변용을 하지 않고 자신들의 정체성을 유지하고 있을 때를 일컫는다. 소

수자집단들 그리고 다수집단이 사회의 한 부분으로 공존하며 서로 이웃하면서 살아가고 있지만 자신의 언어를 말하고, 자신들만의 종교와 가치체계를 가지고 서로 다른 세계 속에서 살아갈 수 있는 사회를 말한다. 아메리칸 인디언으로 불리는 원주민들은 전통과 문화를 유지하면서 격리된 자신들의 땅에서 살아가고 있다. 이러한 그들의 삶은 아메리칸 인디언에 대한 역사적 억압과는 별도로 사회적으로 인정되는 문화적 다원주의의 예라고 할 수 있다. 문화적 다원주의는 앞서 논의한 다문화주의와 유사한 특징을 지니고 있지만, 다문화주의가 집단 간 문화적 가치의 동등성에 중점을 두는 반면 다원주의는 소수자집단이 다수집단의 큰 틀에 포함된 것으로서 집단 간 문화의 차등성에 바탕을 두고 있다.

둘째, 구조적 다원주의(structural pluralism)이다. 구조적 다원주의의 형태는 소수자 집단들이 다수집단의 문화를 받아들여 문화변용은 하였지만 통합은 되지 않은 경우를 일컫는다. 이러한 경우 집단 간의 문화적 차이는 거의 발견되지 않는다. 그러나 집단들은 사회구조 안에서 공간적으로 서로 다른 위치를 점하고 있다. 예를 들어 소수자집단의 구성원들이 완벽한 영어를 구사하고, 즐겨먹는 음식의 종류도 같고, 같은 사회적 목표를 가지고 있으며, 같은 가치를 공유하고 있다고 할지라도, 그들이 참여하고 지속적으로 유지하는 사회적 조직체계가 완전히 다를 수 있다. 예를 들어 흑인과 백인은 서로 다른 교회에 다닐 수 있다. 라티노와 흑인, 그리고 백인이 사는 동네는 다르며, 따라서 아이들이 다니는 학교도 다를 수 있다. 어울리는 클럽과 사교 모임도 다르다. 이같이 구조적 다원주의는 사회의 공통적인 가치는 공유하지만 공간적으로 다른 장소에 위치하기 때문에 집단 간 최소한의 상호작용만 일어난다.

셋째, 문화변용 없는 통합(integration without acculturation)의 형태이다. 이것은 물질적 성공은 하였지만 전혀 미국화(Americanize)되지 않은 집단의 구성원들에게서 주로 나타난다. 어떤 이민자들은 많은 경제적 자산을 갖고 미국에 이주해 오거나 어느 한 분야에서 경제적으로 성공하여 많은 부와 높은 수입을 가지고 있어 자본주의 사회인 미국사회에서 당당히 살아간다. 그러나 영어도 잘하지 못하고, 미국의 가치와 문화 그리고 규범에 제대로 적응할 노력을 하지 않는다. 이들은 지배집단의 문화아래 살아가고 있지만 지배집단의 문화를 받아들이지도 동화되지도 않는다. 그러나 여전히 미국사회의 자본주의 시장경제의 틀 안에서 통합되어 살아간다.

이러한 경우는 크게 두 가지로 나누어 볼 수 있다. 먼저 소수민족 집단거주지(ethnic enclave)를 형성하여 살아가고 있는 소수자집단의 구성원들이다. 이들은 집단거주지 안에서 함께 생활을 영위하고, 그들끼리 사업 네트워크를 만들고, 그들의 언어를 사용하며 전통적인 문화를 그대로 누리면서 그 지역 안에서 돈을 벌고 소비를 한다. 간혹 다수집단 혹은 다른 소수자집단의 구성원들이 집단거주지의 경계 안으로 들어와 상품과 서비스를 소비한다고 해도 그것은 제한적이다. 그러므로 집단거주지 안의 사람들은 다수집단 혹은 다른 소수자집단들과 직접적인 상호작용을 할 필요성을 크게 느끼지 않는다. 이들은 대부분이 집단거주지안의 사람들이나 같은 국가 출신의 이민자들을 상대로 작은 규모의 자영업을 하고 있다. 미국의 대도시에 자리잡은 중국계 이민자들의 차이나타운이나 플로리다 주의 쿠바 공동체 등을 비롯한 여러 민족들의 집단거주지가 그 대표적인 예라고 할 수 있다.

또 다른 경우는 중간상인 소수자(middleman minority)들이다. 이들은 집단거주지 안의 자영업자들과 마찬가지로 집단거주지 안에 작은 사업체를 가지고 있으며 그 안에서 같은 국가 출신을 상대로 사업을 하고 있다. 그러나 그들의 사업체가 집단거주지에만 있는 것이 아니라 다른 소수자집단이나 다수집단 공동체로 확대되어 상품이나 서비스를 제공하는 경우이다. 중국계 차이나타운의 확대, 한국계 식료품마켓의 성장, 인도인들의 모텔사업 등이

대표적인 것이라고 할 수 있다(Portes & Manning, 1986).

중간상인 소수자들은 자신들의 집단거주지 밖에서도 확장된 사업을 하고 있지만, 그 뿌리는 여전히 자신들 문화와의 굳건한 연대에 기초하고 있다. 그리고 다른 소수집단이나 다수집단의 구성원들은 자신들의 공동체에 들어온 또 다른 소수집단의 사업체를 전체 사회의 다양성의 측면에서 바라본다. 예컨대 백인 다수집단의 마을 안에 문을 연 중국식당은 백인들에게는 다양성과 다원주의의 상징이 되지만, 중국식당의 존재 조건은 문화변용이 되지 않은 중국 전통음식 문화이고 이것은 미국 내 중국인 사회와 굳건히 연결되어 있다.

이처럼 문화변용 없는 통합이 가능한 것은 소수자집단의 문화가 바뀌지 않은 것이 오히려 그 집단의 생존에 긍정적인 영향을 미칠 수도 있기 때문이다. 그러나 이러한 경우 소수자집단의 문화가 크게 바뀌지는 않더라도 미국 사회의 가장 핵심적인 원리, 예컨대 자본주의 시장경제 원리는 완전히 받아들인다. 집단거주지 안에서 제한된 사업을 하는 자영업자이든, 좀 더 확장된 사업을 하는 중간상인 소수자이든 문화변용이 없다는 측면에 강조점을 둔다면 그것은 다원주의의 하나의 형태라고 할 수 있다. 그러나 적어도 미국식 자본주의 경제는 받아들이는 부분에 강조점을 둔다면 그것은 소수집단에서 일정부분 동화가 일어났다고 볼 수도 있다. 그러므로 미국의 다원주의는 동화주의와 완전히 반대되는 것이라기보다는 소수자와 소수자, 다수자와 소수자 사이에서 다원주의와 동화주의가 다양한 조합으로 나타나는 것이라고 이해하는 것이 옳다.

에듀컨텐츠·휴피아
CH Educontents·Huepia

제2부 편견과 차별의 이해

인종과 민족에 관한 문제를 다루는데 있어서 가장 중요하면서도 자주 등장하는 두 개의 개념을 끌어내라고 한다면, 하나는 편견이고 또 다른 하나는 차별이다. 편견은 특정 사람들이나 집단에 대해서 가정(assumption)에 근거한 의견이나 느낌을 말하는데 주로 부정적인 태도를 일컫는다. 차별은 권력이 있는 집단이나 개인이 상대적으로 권력이 작은 집단이나 개인들이 마땅히 누려야 할 권리나 기회를 박탈하는 행위를 말한다. 편견과 차별의 개념은 서로 밀접하게 연결되어 있지만 그렇다고 같은 개념은 아니다. 편견은 주로 태도, 생각, 그리고 믿음 등과 관련된 것이라면 차별은 행위 또는 행위의 결과를 말한다.

인종과 민족의 문제와 결부해서보면 편견은 우리가 일상생활에서 관계를 맺고 있는 나와는 다른 인종/민족 집단 구성원 개인의 성격이나 행동을 싫어하거나 미워하는 것이 아니다. 그것보다는 그 집단 전체에 대한 부정적인 믿음이나 태도이다. 그러므로 우리가 한 번도 만난 적이 없는 사람이라 할지라도 특정 인종이나 민족 집단에 속하는 사람이라는 이유만으로 그에게 부정적인 태도를 가지게 되는 것을 말한다.

차별은 특정 개인이나 집단에 부여된 동일한 권리나 기회를 편견에 의해, 아니면 또 다른 이유들 때문에 부정하는 것을 말한다. 편견과는 달리 차별은 반드시 권리나 기회의 박탈이라는 행위가 뒤따라야 한다. 그리고 편견과 마찬가지로 차별 또한 개인들 차원을 넘어 집단 전체를 대상으로 이루어지는 경우가 대부분이다. 만약 어떤 회사가 신입사원을 고용할 때 성적이 낮고, 면접에서 적절한 대답을 하지 못했으며, 여러 가지 경력도 부족한 흑인을 채용하지 않았다면 이것을 차별로 볼 수 없을 것이다. 그런데 흑인은 게으르고, 교육 수준도 높지 않으며, 운동과 음악 외에는 특별한 능력이 없을 것이라는 통념에 기대어 흑인지원자에게 낮은 점수를 부여해서 서류전형에서부터 탈락시켰다면 이것은 차별이라고 할 수 있다. 이때 흑인 집단 전체에 대한 차별이 흑인 입사지원자 개인에게 적용된 것이라고 할 수 있다.

2-1 편견

1. 편견과 차별과의 관계-머튼(Merton)의 유형 분류

행위의 결과인 차별이 일어나기 위해서는 편견이 중요한 밑바탕이 될 수 있다. 말하자면 어떤 집단에 대한 편견이 강하면, 그것으로 인해 차별이 일어날 가능성이 크다는 것이다. 그러나 그렇다고 해도 꼭 편견이 있어야 차별이 일어나는 것은 아니며, 차별 있는 곳에 편견이 항상 따라 다니는 것도 아니다. 사회학자 머튼(Merton)은 부정적인 태도와 부정적인 행위사이에 나타날 수 있는 관계를 네 가지 유형으로 나누어 제시하고 있다(Merton, 1976). 편견 없는 비차별주의자(all-weather liberal), 편견 없는 차별주의자(reluctant liberal), 편견 있는 비차별주의자(timid bigot) 그리고 편견 있는 차별주의자(all-weather bigot)가 그것이다.

첫째, 편견 없는 비차별주의자(all-weather liberal)는 특정 집단이나 개인에 대해서 편견도 가지지 않고, 차별도 하지 않는 사람을 말한다. 편견이 없으니 편견을 바탕으로 한 차별도 하지 않는다. 그러므로 소수집단이나 인종을

대할 때 가장 관대한 사람이며, 소수자집단에 속한 구성원들의 삶에 부정적인 영향을 미치지 않는다.

둘째, 편견 없는 차별주의자(reluctant liberal)는 소수자집단이나 구성원에 대해서 편견은 없지만 차별행위는 하는 사람들을 일컫는다. 논리적으로 편견이 없는데 어떻게 차별행위를 할 수 있느냐고 생각할 수도 있겠지만 개인의 행위는 사회구조의 영향 아래에서 이루어진다는 것을 이해하면 논리적 모순의 문제는 풀린다. 사회적 압력은 우리의 생각과 태도와는 무관하게 소수자집단이나 그 구성원들을 차별하게 만들 수 있다. 예컨대 내가 속한 집단이 소수자집단에 대한 반감이 아주 높고, 자민족중심주의의 집단적 정체성이 아주 강하다고 하자. 나는 비록 개인적으로는 소수자집단에 대한 편견이 없다고 할지라도 내가 속한 집단과의 유대관계를 지속적으로 유지하기 위해서 집단적 차별행위에 동참할 수밖에 없는 상황이 올 수 있다. 내가 속한 집단과 나의 유대관계가 강할수록, 그리고 내가 속한 집단과의 유대관계의 유지가 내 삶과 직접적인 관계가 있다고 여기는 사람일수록 편견은 없을지라도 자신의 의도와는 무관하게 집단 전체의 차별적 행위에 동참할 가능성은 크다. 그러나 이러한 유형의 사람들은 편견이 없으므로 보다 쉽게 차별 행위를 그만두게 할 수 있다.

머튼은 사회적 압력에 의한 차별행위를 방지하기 위한 가장 효과적인 방법은 제도나 법을 제정하여 차별행위를 금지하는 것이라고 주장한다. 제도와 법의 사회적 가치는 자신이 속한 집단의 가치보다 일반적으로 더 높은 차원의 가치이다. 제도나 법과 같은 한 차원 높은 가치와 자신이 속한 집단의 차별 가시가 부딪힐 때 더 높은 차원의 사회적 가치를 따름으로써 자신이 속한 집단의 가치를 따르지 않아도 되는 정당성을 확보할 수 있다. 말하자면 차별적 집단 가치의 압력을 벗어나기 위한 변명이나 탈출구를 차별금지법이 제공한다는 것이다. 그래서 편견 없는 개인이 집단 구성원들과의 유대를 깨지 않으면서 차별행위를 피할 수 있는 명분을 마련해 준다. 그러므로 차별 금지에 대한 법과 제도의 제정은 이 유형의 사람에게 가장 효과적이다.

셋째, 편견 있는 비차별주의자(timid bigot)는 개인적으로 소수자집단에 대한 편견을 가지고 있지만 실제로 차별행위는 하지 않는 사람들이다. 편견을 가지고 있지만 차별을 하지 않은 이유는 다양하다. 하지만 크게 두 가지로 나누어 볼 수 있다. 먼저, 편견을 바탕으로 다른 사람이나 집단을 차별하는 행위가 자신에게 금전적 손해나 경제적 손실을 가지고 오는 경우이다. 예컨대 식당주인이 인종차별주의자라고 할지라도 그가 소수인종 손님을 거부하지 않는 것은 식당의 이익이 줄어들기 때문이다. 소수 인종이 내는 음식 값의 손해는 물론이고 인종차별 하는 식당이라는 낙인이 찍힐 수 있다. 그러면 소수인종이 아니더라도 인종차별을 반대하는 사람들마저 그 식당에 오기를 꺼리게 된다.

그 다음은 자신이 속한 친구집단, 공동체, 정부 등으로부터 차별하지 말도록 구조적 압력을 받을 때이다. 이것은 앞서 편견 없는 차별주의자 유형과는 반대의 상황이라고 할 수 있다. 만약 자신의 편견에 따라 차별하게 되면 주위에 있는 사람들과의 관계와 유대가 끊어지거나 자신의 명예와 사회적 명성에 해가 된다고 생각한다. 따라서 편견은 있지만 차별 행위로 그것이 이어지지는 않는다. 이 유형에 속한 사람들도 편견 없는 차별주의자와 마찬가지로 법과 제도, 그리고 정책의 수립과도 같은 사회적 노력에 의해 편견과 차별에 관한 태도가 개선될 수 있는 여지가 크다.

마지막으로 편견 있는 차별주의자(all-weather bigot)는 편견을 가지고 있으면서 그 편견이 그대로 행동으로 이어져 소수자집단 또는 그 구성원들을 차별하는 사람들이다. 이러한 유형의 사람들은 전형적인 차별주의자들이라고 할 수 있다. 소수집단이나 새로운 이주자들은 자신들과는 근본적으로 다

르며 열등하고 따라서 차별받는 것이 당연하다고 여긴다. 그리고 자신이 가진 기득권이나 이익이 소수인종들이나 새로운 이주자들에 의해 침해당하거나 당할 수 있다는 염려를 하고 있는 사람들이다. 더 나아가 자신의 이익의 극대화를 위해 권력이 약한 소수자집단을 의도적으로 억압하기도 한다.

이같이 편견과 차별은 비슷한듯하지만 다르다. 원인으로서의 편견, 그 결과로서의 차별과 같은 관계를 항상 맺고 있는 것도 아니다. 가장 많은 사람들이 속해져 있는 유형은 아마도 편견 없는 차별주의자(reluctant liberal)와 편견 있는 비차별주의자(timid bigot)일 것이다. 사회정책의 수립, 제도의 개선 그리고 법의 제정 등과 노력으로 편견과 차별을 줄일 수 있는 여지가 있는 것도 이 두 유형에 속한 사람들이 가장 크다. 물론 사회적 환경의 변화에 따라 개인들이 처한 유형은 고정되어 있지 않고 바뀔 수 있기 때문에 편견과 차별을 줄이기 위해서는 지속적인 사회적 노력이 필요하다.

2. 편견을 설명하는 이론들

다른 사람, 다른 집단, 다른 인종과 민족들에 대한 편견이 왜 나타나는지, 특히 미국에서 나타나는 편견의 주된 요인은 무엇인지에 대한 연구들은 많이 있지만, 명확하게 하나의 이유로 편견의 원인을 분석한 연구는 존재하지 않는다. 그 만큼 편견은 다양한 사회적 상황과 구조 안에서 발생한다. 따라서 편견을 설명하는 다양한 이론들이 있다. 그러나 이론들에서 말하는 나름의 공통점을 찾아보면 편견은 학습된다는 것이다. 태어날 때부터 가지고 있는 인간의 본성이라기보다 사회화되는 과정 속에서 부모, 가족, 친척, 친구, 신문과 방송, 책, 영화, 인터넷 등을 통해 편견을 배운다. 이를 통해 우리는 아주 어릴 때부터 사람들 사이에는 차이가 있다는 것을 알게 되고 어떤 특징들이 가치 있고 중요하게 여겨지는지 배워서 깨닫는다는 것이다.

편견을 설명하기 위해서 설명의 강조점을 어디에 두느냐에 따라 다양한 이론들이 나타났다. 사람들이 왜 특정한 사람들에 대해서 불편한 감정을 가지는지를 강조하는 심리학적인 이론이 있는 반면, 편견이 만들어지는 사회적 구조와 그 구조 안에서 사람들 사이의 상호작용의 맥락에 초점을 맞추는 사회학적인 설명이 있다. 그리고 심리학적인 설명과 사회학적인 설명을 함께 사용하여 편견에 대해 종합적인 이해를 시도해 보려는 이론들도 있다.

1) 희생양 이론(Scapegoating Theory)

희생양 이론은 편견을 좌절감과 공격성과 같은 감정과 연결한다. 사람들은 종종 개인적인 실패나 낙담으로 인한 화풀이를 그 원인을 제공한 사람들이나 집단에게 직접적으로 하는 것이 아니라 그것과는 상관없는 다른 사람에게 해댄다. 예컨대 회사에서 직장상사에게 받은 스트레스를 집에 와서 아내에게 푸는 것이다. 이때 아내는 직장상사 대신에 분노의 피해자가 되는 희생양이 된다.

희생양이란 용어는 성경에서 유래된 말로 고대 히브리인들이 상징적으로 자신들의 죄를 대신 짊어진 염소를[11] 광야로 떠나보냄으로써 자신의 죄가 사라진다는 의식에서 비롯되었다. 따라서 희생양이란 다른 사람이 잘못한 것을 대신 뒤집어 쓴 사람을 일컫는다. 대체 목표물로 화풀이 대상이 된 사람은 직접적으로 분노를 가져다 준 당사자보다 일반적으로 권력의 크기가 작을 수밖에 없다. 상대적으로 권력이 약한 소수자집단은 사회전체에서 좌절이나 어려움이 있을 때 그 원인이 무엇이건 화풀이의 대상이자 잘못된 책임을 뒤집어 쓸 수 있는 적절한 대체물이 된다. 소수자집단에 대한 화풀

---

[11] 희생양이 우리말로는 양으로 표현되었지만 엄밀하게 말해서 그 기원은 염소(goat)이다.

이와 책임회피를 위해서는 적절한 명분이 필요하고 소수자집단에 대한 편견은 바로 이러한 과정에서 정당화의 도구로 사용된다.

희생양이론은 정치적, 사회적, 경제적으로 다양한 사건들의 설명에 이용되어 왔다. 특히 1930년대 독일의 나치당이 정권을 잡기 위해 유대인의 희생을 이용한 사건이 대표적이다. 그 당시 독일은 제1차 세계대전에서 패했고, 경제적으로 어려움에 있었으며, 수많은 실업자들의 문제와 급격한 인플레이션으로 어려움을 겪고 있었다. 히틀러는 독일의 이 모든 어려운 상황을 유럽 내의 유태인에게 돌리고 그들을 억압하기 위한 법을 만들어 유태인들의 삶을 제한하기 시작했다. 그리고 제2차 세계대전으로 이어져 유태인 대학살이라는 만행을 저지르게 된다.

유태인을 희생양 삼는 것은 미국에서도 일어나고 있는데, 한 연구에 따르면 미국인의 25%가 미국의 재정적인 위기는 유태인 때문이라고 믿고 있다고 한다(Malhotra & Margolit, 2009). 아마도 미국의 금융시장은 유태인이 장악하고 있고, 따라서 그 책임은 유태인에게 있다는 편견이 작용한 것으로 보인다. 미국에서는 유태인뿐만 아니라 이민자들과 불법체류자들은 실업률이 올라가고 미국 경제가 불안정할 때마다 사회문제를 일으키는 주범으로 단골 희생양이 된다. 다수집단의 무능함과 책임을 자신보다 권력이 약한 집단에 돌리는 것이 자신을 지키는 가장 쉬운 방법이고 편견은 바로 희생양의 명분을 제공함으로써 다수집단이 정당성을 확보하게 해준다.

2) 권위적 성격 이론(The Theory of the Authoritarian Personality)

권위적 성격 이론은 어릴 때의 경험과 성격 구조를 편견과 연결한다. 다시 말하면 편견은 어릴 때의 양육과 훈육에 의해 영향을 받는데 부모로부터 엄하고 징벌적인 훈육을 받은 사람일수록 권위적인 성격을 갖게 되고 이러한 사람들이 편견을 더 많이 가진다는 것이다(Adorno et al., 1950). 권위적인 가정에서 자란 아이들은 겉으로는 부모를 공경하는 것처럼 보여도 마음속으로는 엄하고 가혹한 부모에 대한 반감과 두려움이 있다. 그렇지만 부모에게 대 놓고 그러한 마음을 표현하지는 못하기 때문에 그들의 분노와 두려움을 상대적으로 힘이 약한 소수자 집단에게 드러낸다. 더구나 권위적인 방법으로 훈육된 사람들은 나중에 성장하여 다른 사람들에게도 자신이 교육받아 온 방식대로 권위적으로 대하게 된다. 소수자집단을 대하는 방식도 이와 다르지 않다는 것이다.

또한 권위적 성격 이론은 특정 집단에 대해서 한번 편견을 가진 사람은 또 다른 집단에 대해서도 마찬가지로 편견을 가지게 될 가능성이 크다고 주장한다. 그리고 편견을 가지게 되는 그 심리적 바닥에는 자신이 속한 집단이 인종적 민족적으로 가장 뛰어나다는 우월감이 존재한다는 것이다. 이것을 자민족중심주의(ethnocentrism)라고 부른다. 권위주의적 성격을 가지고 있는 사람일수록 자민족중심주의를 가질 가능성이 더 크고, 자민족중심주의적 성격을 더 강하게 드러내는 사람일수록 자신과 다른 집단에 대한 편견을 더 강하게 드러낸다고 권위적 성격 이론은 설명하고 있다.

권위적 성격이론은 다른 심리학적 이론들과 마찬가지로 오로지 개인의 성격에만 그 이유를 찾고 개인의 행위에 영향을 미치는 사회적 환경을 적절하게 고려하지 않는다는 비판을 받아왔다(Healey, 2011). 그리고 권위적인 성격이 편견에 영향을 미친다고 할지라도 사회계급이나 교육수준 등과 같은 더욱 폭 넓은 개인적 특징이 편견에 미치는 영향이 더 크고 중요하다고 비판 받는다.

이처럼 비록 편견이 개인적인 성격의 결함을 해소하는 도구로 사용될 수 있다고 할지라도, 편견을 제대로 이해하기 위해서는 사회적 구조, 사회계급, 그리고 집단 간 관계의 역사적 맥락을 편견과 연결하여 볼 수 있는 이해력

이 필요하다. 그렇다고 해서 권위적 성격 이론이 완전히 잘못되었다고 섣불리 판단해서는 안 된다. 여전히 이론적으로 불완전한 부분을 보완해 나가는 작업이 지속적으로 진행되고 있으며, 권위적 성격이 인종차별주의나 섹시즘 그리고 고문행위 등에 어떻게 관련되어 있는지 등에 대한 연구들이 여전히 주목받고 있다(Kinloch, 1974; O'Neil, 2008).

3) 착취이론(Exploitation Theory)

다른 집단에 대한 편견이 역사적으로 또 지속적으로 나타나는 이유에 대해서 갈등주의자들은 집단 간의 경쟁이 편견을 만들어 낸다고 주장한다. 한 집단이 또 다른 집단을 경쟁에서 성공적으로 지배하여 자원을 독차지 하고 자기 집단의 지위에 대한 위협을 제거하고자 편견이 나타난다는 것이다(Healey, 2011). 경쟁에서 승리한 집단을 지배집단, 그리고 패한 집단을 피지배집단 혹은 소수자집단이라고 일컫는다. 편견은 소수자집단을 거부하거나 공격할 때, 그리고 지배집단의 현재의 지위를 지키거나 합리화할 때 지배집단의 효과적인 도구로 사용된다.

착취이론은 맑스주의자(Marxist)의 이론적 전통에 그 뿌리를 두고 있다. 맑스(Marx)는 자본주의의 핵심적인 부분은 하층노동계급의 착취에 있다고 강조한다. 지배집단이 소수자집단에게 인종적 편견을 사용하여 자신들 보다 열등한 집단이라고 낙인찍음으로써 착취를 정당화한다고 갈등주의자들은 주장한다. 인종주의의 핵심적인 부분이 바로 여기에 있다. 예컨대 흑인에 대한 인종적 편견은 흑인의 노예적인 위치와 오랜 역사동안 유지되어 온 인종적 불평등을 흑인의 열등한 능력에 돌림으로써 정당화한다. 이러한 인종주의는 백인지배집단이 흑인을 착취하기 위한 정당화에도 사용되었지만, 착취당하는 흑인에게도 그들의 불평등한 지위에 대해서 저항하지 못하고 순응하게 만들었다.

또 한편, 미국에서는 20세기 초 산업화가 한창일 때 자본가들이 노조가 큰 힘을 가지지 못하도록 노동자들을 인종에 따라 나누어 놓았다. 노조가 자본가들에게 저항하기 위해 힘을 가지려면 노동자들의 연대가 필수적이다. 그러나 백인과 흑인 등 인종별로 나누어 진 노동자들은 서로 경쟁하고 헐뜯고 싸우느라 제대로 단결하지 못했고, 결과적으로 노동자들에 대한 착취가 용이했던 자본가들은 이익을 극대화 할 수 있었다. 자본가계급들은 인종적으로 혼합된 노동자계급을 "분리와 정복"이라는 전략으로 통제하였던 것이다(Reich, 1986).

4) 노동시장분리 이론(Split Labor Market Theory)

노동시장분리 이론도 착취이론과 같이 맑스주의 전통에 있으며 이론적으로 같은 맥락에 있다. 이 이론은 인종주의와 편견이 지배계급의 이익을 위해 작용한다는 점에 대해서는 동의하지만 인종주의의 주된 수혜계급에 대해서는 조금 다른 의견을 제시한다.(Bonacich, 1972; Bonacich & Modell, 1980). 계급적으로 가장 높은 자리를 점하는 지배집단보다는 중간계급을 차지하는 집단이 그 보다 낮은 소수자집단과의 경쟁을 최소화하기 위해서 편견을 보다 더 적극적으로 사용한다는 것이다.

노동시장분리 이론은 산업사회의 경제적 영역에는 세 종류의 행위자가 있다고 규정한다. 첫째는 생산수단을 소유한 엘리트 자본가계급이다. 그리고 노동자 계급을 두 집단으로 나누는데, 보다 높은 임금을 받는 고소득 노동자계급과 보다 적은 임금을 받는 저소득 노동자계급이다. 미국 노동시장에서 가장 적은 임금을 받는 사람들은 주로 이민 온지 얼마 되지 않은 이민자이거나 소수인종들이다. 자본가계급은 될 수 있으면 자신의 이익을 극

대화하기 위해서 가장 값싼 노동력을 사용할 것이다. 미국에서 보다 임금수준이 높은 백인노동자들은 상대적으로 값싼 가격에 노동력을 제공하는 이민자나 소수인종들이 노동시장에 진입함으로써 자신의 일자리를 위협하거나 자신의 임금을 깎아내린다고 믿는다. 따라서 그들은 이민자나 소수인종을 기회가 있을 때마다 노동시장에서 배제시키려고 시도한다. 백인노동자들은 소수인종이 노동조합에 가입하지 못하게 한다든지, 소수집단 공동체를 폭력적으로 공격한다든지, 인종차별에 관한 법을 지지한다든지, 궁극적으로는 소수인종을 미국에서 몰아내려는 운동을 한다. 이러한 그들의 행위를 정당화하기 위하여 백인노동자들은 이민자와 소수인종에 대한 편견을 이용한다. 그러므로 소수인종에 대한 편견의 가장 큰 수혜자는 자본가계급이 아니라 보다 높은 임금을 받는 노동자계급이라고 노동시장분리 이론은 주장한다.

5) 편견과 사회경제적 지위

착취이론과 노동시장분리 이론에서의 주된 쟁점은 사회계급과 편견의 관계이다. 착취이론에서는 자본가계급이 자신의 이익을 극대화하기 위해 편견을 이용한다고 주장하였다. 노동시장분리 이론에서는 경제적 경쟁관계에 있는 노동자들 사이에서 보다 높은 임금을 받는 노동자가 값싼 노동력을 제공하는 노동자를 노동시장에서 제외시키기 위해 편견을 도구화한다는 것이 주된 핵심이었다.

그렇다면 사회계급과 편견은 관계가 있는 것인가? 사회계급이 높을수록 편견을 더 많이 가지는 것일까? 실제로 많은 연구들에서는 사회경제적 지위(socioeconomic status)[12]가 낮은 사람들이 다른 인종과 민족 집단에 대해서

---

12) 사회경제적 지위(socioeconomic status); 교육수준, 직업적 위세, 수입 등을 기준으로 개인의 사회

편견을 더 많이 드러내는 반면, 사회경제적 지위가 높은 사람들은 편견을 더 적게 가지는 것으로 보고되고 있다. 그러나 사회학자들은 계급에 따라 편견의 차이가 다르게 나타나는 것에 대해 보다 세심한 관찰이 필요하다고 주장한다(Scott, 2012).

사회경제적 지위와 편견이 서로 관련 있다는 것은 크게 두 가지 요인에 기인한다. 첫째는 교육이 편견에 영향을 미친다는 것이다. 교육 수준이 높은 사람일수록 편견을 적게 드러낸다. 교육은 다양한 사고와 관념을 키울 수 있도록 하고, 다른 사람들에 대한 이해 정도를 높일 수 있는 자질을 기를 수 있게 한다는 믿음이 있다. 따라서 교육 수준이 높을수록 다른 인종과 민족에 대한 이해와 관용의 정도도 높아진다.

그러나 또 다른 학자들은 교육 수준과 편견과의 관계를 조사하는 과정에서 응답자의 오류를 주장하면서 보다 면밀한 조사가 필요하다고 제안한다. 이들의 주장에 따르면 교육수준이 높은 사람들은 정치적인 올바름을 추구할 줄 아는 능력이 있다. 따라서 편견을 조사하는 응답지에 자신의 의견을 솔직하게 답하기보다는 사회적으로 바람직하다고 생각되는 응답을 하는 경향이 있다는 것이다. 이러한 주장을 검증하려면 편견을 직접적으로 측정하지 않고 간접적인 방법으로 측정해서 추정해 보는 조사를 해 보면 된다.

예컨대 미국의 교육수준이 높고 수입이 많은 백인들은 상대적으로 교육수준과 수입이 낮은 백인들에 비해 소수자우대정책을 이론적으로는 찬성해야 함에도 불구하고 반대하는 경향이 더 크다는 실제 조사결과가 있다(Farley, 2009). 이 결과는 교육수준과 편견의 상관관계가 뚜렷하지 않을 수도 있다는 것을 그대로 보여준다.

사회경제적 지위와 편견의 관련성에 대한 둘째 요인은 경제적 불안감이

내에서의 지위를 측정한 것으로 일반적으로 사회계급을 뜻한다. 흔히 SES로 줄여서 표현하기도 한다.

다. 자신의 경제적 지위가 불안정하고 지위의 유지에 불안감을 많이 느낄수록 편견을 더 많이 가진다. 상대적으로 낮은 사회경제적 지위에 있는 사람은 소수인종 또는 이민자들과 노동시장에서 경쟁하기 쉽다. 노동시장 분리이론에서 살펴 본 바와 같이 분리된 노동시장에서 자리를 먼저 차지하고 있던 노동자들은 소수인종이나 이민자들이 자신들의 노동시장에 더 낮은 임금으로 진입하게 되면 긴장을 하게 된다. 설사 자신의 직업적 지위가 소수인종과 이민자들의 유입에도 불구하고 안정적이라 하더라도 가상적인 (imaginary) 긴장정도는 높아질 수 있다(Scott, 2012). 자신의 직업적 지위의 위협에 따른 실제적 혹은 가상적 긴장은 소수인종이나 이민자에 대해서 자기방어적인 편견으로 나타난다.

반면, 소수인종이나 이민자의 노동시장 유입에도 자신의 사회경제적 지위가 흔들림이 없는 중산층 이상의 집단은 새로운 이주자들로 인해 노동력이 값싸지고, 생산품의 가격도 떨어지므로 오히려 이익을 보게 된다. 따라서 하층계급에 비해 인종적인 편견을 적게 가질 수 있다. 하지만 소수인종과 이민자들의 과도한 유입으로 인해 실업률의 증가, 사회혼란 등과 같은 사회 문제가 발생하여 복지 재정이 과도하게 지출된다고 여기게 되면, 세금을 많이 내고 있는 중산층이상의 집단에서도 편견이 높아질 수 있는 여지가 여전히 존재한다.

6) 경쟁과 편견-로버스 케이브 (Robbers Cave) 실험

착취이론, 노동시장분리이론 그리고 편견과 사회경제적 지위의 관계에서 살펴 본 설명들의 공통된 핵심은 집단 간의 경쟁이 편견을 만들어 낸다는 것이다. 편견은 집단 간 경쟁에 대한 반응으로 나타나는데 그것은 경쟁하는 상대를 적으로 간주하기 때문이다. 경쟁과 편견에 관한 대표적인 실험연구로는 로버스 케이브(Robbers Cave)실험이 있다. 이 실험은 미국 오클라호마 주 로버스 케이브 주립공원(Robbers Cave State Park)에서 11세와 12세의 남학생을 대상으로 한 여름캠프에서 수행되었다(Sherif, 1958; Sherif et al. 1961).

캠프 책임자는 캠프에 참가한 학생들을 두 집단으로 나누어 다른 숙소에서 지내게 하였다. 그리고 캠프기간 동안 게임, 스포츠 그리고 캠프 생활의 다양한 잡일 등도 모두 경쟁 기반으로 구성하였다. 경쟁이 심화될수록 두 집단의 편견의 정도가 강해지기 시작했고 드디어는 서로 적으로 간주하기 시작했다. 캠프 책임자는 이러한 두 집단의 적대적인 감정과 관계를 완화시키고자 두 집단이 함께 하는 식사, 영화보기, 다양한 프로그램을 만들어 수행하였다. 그런데 그럼에도 불구하고 함께 하는 시간에 서로 적대감을 드러내기만 했지 그것이 줄어들지는 않았다. 그러자 캠프 책임자는 그 다음 단계로, 두 집단의 구성원들이 서로 협동해서 하지 않으면 안 되는 프로그램을 만들어 두 집단의 구성원들이 함께 협동해서 문제를 풀어나가도록 하였다. 예를 들어 배수로 등을 막아 전체 캠프 참가자들에게 영향을 미치는 응급상황을 만들어 서로 협동하지 않으면 안 되도록 한 것이다. 이러한 협동의 결과 비로소 두 집단 간의 편견은 줄어들기 시작했고 마침내 다른 집단의 구성원들끼리 우정도 형성되었다는 것이 실험의 요지이다.

이 실험을 통해서 알 수 있는 사실은 편견이 상대방 집단을 거부하고 공격하기 위한 언어적 또는 육체적 적대감을 일으키고 정당화하기 위해 사용되었다는 것이다. 그리고 집단 간의 경쟁의 심화가 바로 이러한 편견을 만들어 내었다는 점이다. 또한 편견이 한번 생겨서 고착화 되면 단순한 화해 등을 통해서는 쉽게 사라지지 않는다는 것을 보여준다. 다른 집단의 성공이 자신의 실패로 돌아오는 경쟁적인 상황보다는 서로 협동하는 것이 서로를 위해 더 낫다는 상황의 전환이 있어야만 편견은 줄어들 수 있다. 물론 이

실험이 자연적인 상태에서 행해진 것이 아니라 인위적인 조작에 의해 제한된 실험적 틀 속에서 행해졌기 때문에 전체적으로 일반화 하는 것에는 한계가 있다. 그러나 경쟁적 상황 아래서 다른 집단으로부터 자신의 자원과 지위를 지키고자 그리고 외부집단으로부터 오는 위협으로부터 자신을 보호하기 위하여 편견의 전통과 불평등의 구조가 형성되는 한 단면을 이 실험은 잘 보여주고 있다.

7) 규범적 접근(Normative Approach)

규범적 접근은 편견이 개인적인 성격 요인에서 발생하기도 하지만 사회적 규범이나 상황이야말로 소수자집단에 대한 편견의 강도를 결정하는 것이라고 보고 있다. 소수자집단에 대한 관용의 정도는 사회구조적 조건 아래에서 영향을 받기 때문에 사회적으로 바람직한 것과 그렇지 않은 것을 구별하는 동의된 규범에 따라 크게 영향을 받는다(Schaefer, 2013). 일반적으로 한 사회에서의 규범은 오랫동안 역사적인 전통과 관습에 의해 형성되기도 하지만, 시대적인 변화에 따라 그리고 사회가 처해져 있는 환경의 변화에 따라 사라지기도 하고, 바뀌기도 하며, 새로 만들어지기도 한다. 규범은 사람들의 가치관과 사고방식 그리고 일상생활의 전 영역에 걸쳐 영향을 미친다.

예를 들어 우리가 매일의 일상생활에서 접하는 음식에 대해서도 좋은 음식과 나쁜 음식을 구분하는 사회적 규범이 존재한다. 음식에 대한 규범은 단순히 그 음식이 과학적으로 사람의 몸에 좋다 나쁘다 만을 규정하는 것이 아니다. 그것과는 별개로 바람직한 음식과 그렇지 못한 음식을 규정한다. 개고기는 한국에서 특정 사람들에게는 보양식으로 취급되지만, 미국이나 프랑스 등 서구 사람들에게는 혐오식품으로 규정되고 그것을 먹거나 취급하는 사람들에게 처벌까지 하는 경우도 있다. 개고기가 몸에 얼마나 좋냐 그렇지 않느냐, 맛이 있느냐 없느냐와 같은 음식 본질의 문제와는 상관없이 사회적으로 그것이 바람직한 것인가 아니면 그렇지 않은 것인가와 같은 규범적인 것으로 음식의 가치를 평가하고 판단한다.

이와 같이 특정한 인종이나 민족에 대해서 호의를 갖느냐 적대감을 갖느냐 하는 것은 특정인종이나 민족에 대한 사회적 규범의 영향을 받는다. 개인의 편견은 주변의 동료들과 친구들이 어떠한 생각을 가지고 있느냐, 더 나아가서 보다 더 큰 공동체에서 사람들의 여론이나 의견이 어떠냐 하는 것과 밀접한 관계가 있다. 이러한 규범은 방송, 신문, 인터넷 등을 통해서 반복 재생산되고 개인은 그것을 마치 진실인 것처럼 받아들이게 된다. 예컨대 뚱뚱한 몸보다는 마른 몸이, 큰 얼굴보다는 작은 얼굴이, 쌍꺼풀 없는 것보다는 있는 것이, 키 작은 것보다는 키 큰 것이 더 바람직하고 아름다운 것이라고 반복적으로 재생산되고 그것이 규범화된다. 이처럼 소수 인종이나 민족이 어떠한 능력을 가지고 있는지, 그 사회에 어떠한 기여를 할 수 있는지 와는 상관없이 사회적 규범은 인종과 민족에 대한 호감의 정도를 결정한다.

8) 사회학습이론(Social Learning Theory)

사회학습이론의 핵심은 편견을 사회적으로 학습되는 것이라고 규정하고 어떤 방식으로 편견이 학습되는지를 밝혀내는 것이다(Scott, 2012). 사회학습이론에 따르면 인종과 민족에 대한 개인의 생각은 두 가지 상호작용의 결과로 나타난다. 하나는 자신과 동일한 인종 민족적 집단 내에서 사람들 사이의 상호작용이다. 자신이 속한 집단 안에서 타인종과 민족에 대한 편견이 심한 사람들과 상호작용이 많다면 이 사람은 편견을 가질 확률이 높을 것

이다. 또 한편, 자신과는 다른 인종/민족 집단과의 상호작용이다. 자신과는 다른 인종/민족 집단과의 상호작용 관계가 원활하고 우호적일수록 인종적 편견은 줄어들 것이다. 이처럼 두 가지 상호작용 과정에서 타인종과 민족에 대한 편견의 강도가 만들어진다.

그러나 같은 인종집단 내에서 다른 인종에 대한 편견을 많이 가진 사람들과 밀접한 상호작용을 한다고 하더라도, 그가 다른 인종과의 상호작용 관계가 아주 원활하다면 인종적 편견을 깰 수 있다. 그렇지만 상대적으로 타인종과의 상호작용이 원활하지도 않으면서 집단 안에서도 편견이 많은 사람들과의 상호작용이 대부분이라면 인종적 편견을 더 많이 가지게 될 가능성이 높다. 편견에 대한 이러한 사회학습이론은 상징과 상호작용이 사회적 삶을 형성한다는 상징적 상호작용이론에 많은 영향을 받았다.

사회학습이론에 따르면 개인의 편견은 사회화과정을 통해 학습된다. 사회구성원들은 어릴 때부터 친구, 학교, 부모, 미디어 그리고 언어와 같은 상징체계와 끊임없는 상호작용을 통해 가치관과 행동양식 등을 배워 나간다. 인종과 민족에 대한 자신의 정체성도 이와 같은 과정을 통해 형성되므로 사회화과정에서 인종적 편견도 함께 학습된다. 만약 어린아이 때부터 특정한 신념체계와 가치, 행동, 지식이나 사회조직 등에 국한되어 사회화과정을 거친다면, 그 아이는 자신이 상호작용한 집단의 규범과 가치체계만을 그대로 받아들이게 된다. 이러한 것을 선택적 노출과 모델링(selective exposure and modeling)이라고 한다.

예를 들어 백인 아이가 백인들이 대부분인 사립학교에 다닌다면 다른 인종 아이들과 어울릴 수 있는 기회는 거의 없다. 그 백인 아이에게 가장 중요한 모델이 되는 것은 백인 부모와 백인 친구들뿐이다. 만약 백인 부모나 친구들이 인종적 편견을 가지고 있다면 그 편견은 그대로 백인 아이에게 내재화(internalization)된다. 이러한 편견은 아이가 자라서 어른이 되는 과정에서 지속적으로 잠재해 있다가 아이가 어른이 되어 백인들만의 사회적 공간을 나와 다른 인종과 부딪히며, 경쟁하고, 상호작용하게 되는 순간 불현듯 발현된다. 사회학습이론은 규범적 접근 이론에서 주장하듯 편견이 가득한 사회적 환경에 노출되어 있을수록 편견을 더 많이 가지게 된다는 점을 그대로 인정한다. 여기에서 한걸음 더 나아가 어릴 때부터 편견을 가지기 쉬운 환경 속에서 성장하면서 편견을 가지게 되면, 어른이 되어서 까지 그러한 편견을 지속적으로 가지고 있을 확률이 크다는 것 또한 보여주고 있다.

9) 고정관념(Stereotype)

우리는 앞서 인종과 민족의 문제를 바라보는 이론들 중 낙인이론의 설명에서 고정관념은 특정한 형태의 사물이나 사람에 대해 단순화되거나 표준화된 이미지나 개념으로 사회구성원들에게 받아들여지는 것으로 정의 내렸다. 그리고 인종과 민족의 문제를 바라볼 때 부정적인 고정관념(stereotype)이 어떻게 인종과 민족에 대한 편견에 작용하는지를 살펴보았다. 여기서는 보다 구체적으로 고정관념이 미국사회에서 인종과 민족에 따른 지배집단과 종속집단의 관계에 어떻게 작용하는지 살펴보고자 한다.

고정관념은 한마디로 과장된 일반화라고 말할 수 있다. 아주 단순화되고 경멸로 가득 찬 고정관념이 인종적으로 지배와 종속관계에 있는 집단들 사이에서 드러나는 것이 문제인데, 이때 고정관념은 근거가 전혀 없는 것이라기보다 현실을 어느 정도는 반영하고 있다. 다만 고정관념은 과장된 일반화를 통하여 소수가 가진 특성을 전체의 특성인양 부풀리어 단정 지어 버린다.

 소수인종에게 부과되는 일반적인 고정관념은 크게 두 가지로 나누어 볼 수 있다(Pettigrew, 1980). 첫째, 소수인종의 특징적인 모습을 싸잡아 경멸적으로 대하는 고정관념의 형태이다. 예를 들어 소수인종은 게으르거나, 머리가 나쁘거나, 책임감이 없거나, 폭력적인 존재로 낙인찍음으로써 그들이 착취당하거나, 가난하고, 힘이 없는 것이 당연한 것처럼 여기게 만든다. 둘째, 소수인종이 어느 정도 성공하여 사회적 자원을 가지게 되었거나, 한 단계 더 높은 사회계층으로 진입하였거나, 성공적인 학업을 수행했을 때 이러한 성공을 부정적인 용어로 깎아내린다. 말하자면 교활해서 성공할 수 있었다든지, 돈 밖에 모른다든지, 공부밖에 할 줄 모른다든지, 욕심이 너무 많다든지 하는 것으로 소수인종들의 성공의 요인을 비난한다. 이러한 고정관념은 지배계층과 소수인종 사이의 불평등한 관계 그리고 지배계층의 이익을 합리화하거나 정당화하기 위한 목적으로 지배계층에 의해 고착화되고 강화되어 나간다.

 지배계층은 소수인종에 대해서만 고정관념을 가지는 것이 아니라 자기 자신에 대해서 가지기도 한다. 이때의 고정관념은 주로 긍정적 고정관념이다. 자신의 능력을 과대평가 한다든지, 소수인종과의 차이를 극대화함으로써 자신에 대한 이미지를 과장해서 받아들인다. 예컨대 백인집단에 속하는 사람은 소수인종 집단보다 백인집단이 미국 사회에서 더 뛰어나다고 생각한다. 그렇기 때문에 거기에 속한 자신도 소수인종 집단 구성원보다 더 뛰어나다는 고정관념을 가진다. 그런데 만약 실제적인 자신의 형편이 그렇지 못하다면 그만큼 자신의 잘못된 형편에 대한 책임을 소수인종에게 돌리게 된다. 그리고 그들을 증오하기 시작한다.

 소수인종들 또한 고정관념을 스스로 자신들에게 부과하기도 한다. 지배집단이 그들에게 부여한 왜곡되고 과장된 이미지를 그대로 받아들이곤 해서 자기 자신을 비하한다든지, 지배계층과의 불평등한 관계를 당연한 것으로 여기게 되어 현재의 지위에 안주하고 만다. 이러한 고정관념은 사회화과정을 통해서 반복적으로 훈육되고 세대와 세대를 거치면서 강화되어 일상생활 속에서 당연한 것으로 받아들여지게 된다. 그리고 결국은 불평등한 사회구조가 자연스럽게 재생산되고 고착화된다.

3. 편견의 실행-인종 프로파일링(Racial Profiling)

인종 프로파일링이란 한마디로 인종 집단에 부여된 고정관념에 기초하여 개인을 판단하고 차별하는 것이라고 할 수 있다. 미국에서 인종 프로파일링은 주로 경찰과 흑인들 사이의 관계에서 시작된 것이라고 할 수 있다. 흑인의 범죄율이 백인과 타인종에 비해 상대적으로 높다는 이유로 미국 경찰이 흑인들을 범죄의 용의자로 우선 지목하는 것을 말한다. 이러한 인종 프로파일링은 라티노를 비롯하여 무슬림 등을 포함한 여러 이민자들에게도 확대되어 가고 있다.

실제로 이러한 결과를 뒷받침하는 연구들은 제법 존재한다. 2005년도 조사에 따르면, 자동차 운전자들이 경찰에 의해 단속되는 경우는 인종 별로 큰 차이는 없지만, 단속 후 자동차를 수색하는 경우는 흑인은 평균 2배 이상, 라티노는 5배 이상이나 되었다. 그리고 경찰이 강압적으로 운전자를 제압하는 경우는 흑인과 라티노 운전자들이 백인 운전자보다 3배정도 더 많다고 한다(Lichtblau, 2005). 뉴욕시의 경찰에 관한 2007년 연구에 따르면, 백인과 소수인종이 경찰에 단속되는 경우는 차이가 없지만 경찰이 흑인과 라티노들의 자동차를 수색하는 경우가 더 많고 더 강압적으로 대하며, 법정 소환장을 발부하는 비율은 더 높다는 것이다(Ridgeway, 2007). 한편, 일리노이 주에서는 2008년 조사에서 흑인 운전자가 백인 운전자보다 3배나 더 단속과 수색을 많이 당하는 것으로 나타났다(Tomaskovic-Devey & Warren

2009).

 이러한 조사연구들이 보여주는 것은 경찰이 흑인이나 라티노 등 소수인종 집단의 높은 범죄율에 기초하여 소수인종집단의 모든 구성원들을 잠재적 범죄자로 간주하고 집중적으로 통제하고 있다는 것이다. 연방과 주의 사법당국은 이러한 인종 프로파일링이 바람직하지도 않고 효과적이지도 않으며, 교통단속 등의 자료를 인종적으로 분류하는 것은 비용과 인력의 낭비에 지나지 않는다고 밝혀왔다.

 그러나 2001년 9월 11일 미국의 뉴욕시 테러사건 이후 인종 프로파일링을 막으려는 시도는 큰 도전을 받게 된다. 테러리스트 용의자가 무슬림이고 아랍출신이라는 이유로 모든 무슬림과 아랍출신 이민자들에 대한 집중적인 감시와 통제가 시작된 것이다. 아랍계 대학생들은 특별히 관리되었고, 합법적 이민자라고 할지라도 다른 이민자라면 그냥 무시하고 넘어갈 일들을 무슬림과 아랍계 이민자들에게는 보다 엄격한 기준이 적용되었다. 공항 검색대에서는 아랍계 이름을 가진 사람들을 더 철저하게 검색하였고, 별 이유 없이 비행기 탑승이 거부되는 경우도 있었다.

 이러한 인종파일링에 대해서 미국인들의 의견을 물은 한 조사에 따르면, 비행기 탑승할 때 무슬림과 아랍계 이민자들은 보다 더 엄격한 검색을 하여야 한다는 것에 조사대상자의 53%가 동의했다고 한다(Withrow, 2006). 최근에는 이라크와 시리아 일대의 IS(이슬람국가) 테러단체가 미국뿐만 아니라 전 세계에 우려를 끼침으로써 주목을 받고 있고, 실제로 미국, 유럽 국가들과 군사적인 충돌이 계속되고 있다. 이러한 상황은 아랍계 이민자들과 무슬림에 대한 미국 내 인종 프로파일링이 지속적으로 강화되고 있는 중요한 요인이라고 볼 수 있다.

 한편 인종 프로파일링에 대해서 비판하는 목소리만 있는 것이 아니라 그것이 합리적이라고 옹호하는 목소리도 있다. 예컨대 이들은 미국에서 다양한 인종집단이 제 각각의 범죄율을 보이고 있다는 사실에 주목한다. 특히 흑인의 체포율이 그들이 차지하는 전체 인구비율보다 훨씬 더 높다는 것은 흑인이 실제로 범죄를 많이 저지르기 때문이라는 것이다. 이들은 비록 흑인에 대해 경찰이 인종 프로파일링을 한다고 할지라도 범죄를 저지르지 않은 흑인을 체포하지는 않을 것이라고 주장한다. 또한 소수인종에게 차별적이라면 다른 소수인종들의 체포율도 백인보다 높아야 하는데 아시아계들은 가장 낮은 범죄율을 보이고 있다는 것이다.

객관적인 자료에 기초한 범죄에 관한 사실을 보면 폭력범죄는 10대 후반과 20대 초반 젊은이들이 가장 많이 저지르고, 여성보다 남성이 월등하게 폭력범죄의 가해자가 많다. 그러므로 폭력범죄가 일어났을 경우 경찰이 이러한 사실을 염두에 두고 조사를 해 나가는 것이 당연한 것과 같이 인종에 대한 것도 이와 마찬가지라는 것이다. 폭력범죄의 가해자가 나이가 젊은 남성이 될 가능성이 높은 것은 편견이 아니라 범인을 잡기 위해 사회적 사실에 기초한 생산적이고 합리적인 가정이다. 만약 폭력범죄가 일어났을 때 나이가 많은 여성들과 노인들까지 모두 용의자 대상에 놓고 조사한다면 시간과 인력의 낭비가 될 것이다. 왜냐하면 용의자의 범위를 효과적으로 축소시키는 것이 범인 검거에 가장 중요하기 때문이다. 흑인의 범죄율이 높은 것은 흑인들이 범죄를 많이 범한다는 사회적 사실에 기초한다. 따라서 범인을 잡는 것이 임무인 경찰은 나이와 성별을 프로파일링 하는 것처럼 경험적으로 인종에 대해서 프로파일링을 하는 것이 경찰의 자료에 기초한 합리적인 판단인 것이지 인종적 편견에 의한 것은 아니라고 주장한다(Taylor & Whitney, 2002).

이와 같은 논리를 적용하면 무슬림과 아랍계 이민자들에 대한 인종 프로파일링도 자연스럽게 받아들여진다. 테러를 자행하는 용의자들 중 대부분이 무슬림이나 아랍계 사람들이라면, 테러 방지를 위해 이들 집단에 대해서 보

다 엄격한 기준을 적용하여 공항에서 검색하거나 통제하는 것은 편견이 아니라 합리적인 것으로 정당화 될 수도 있는가?

인종 프로파일링은 인종적 편견에 의해 불공정하게 집행되는 것이기 때문에 당연히 없어져야 할 것이다. 그러나 시간과 비용은 무한하지 않기 때문에 효율적인 측면에서 사회적 사실에 기초한 인종 프로파일링은 제한적으로 받아들일 수밖에 없다는 목소리도 존재한다. 그러므로 어떤 환경에서, 어떤 의도로, 그리고 어떤 사람과 집단을 대상으로, 왜 인종 프로파일링을 하는지를 면밀하게 따져서 비판적으로 바라 볼 필요가 있다.

4. 컬러블라인드 인종주의(Color-Blind Racism)

컬러블라인드 인종주의는 말 그대로 피부색깔을 따지지 않는 인종중립적인 원칙들을 사용함으로써 인종적으로 불평등한 지위가 그대로 지속될 수 있다는 것이다. 인종 문제를 전혀 고려하지 않고 편견 없이 모든 인종이 동등하게 대우받을 수 있게 해야 한다는 논리가 오히려 인종차별을 가지고 올 수 있다는 것이다. 인종문제를 따지거나 고려하지 않는데 어떻게 그것이 인종주의가 될 수 있는 것인가?

그것은 미국에서의 인종 차별의 문제가 지금 당장 나타난 것이 아니라 역사적으로 누적되어 현재의 불평등 상황을 가져왔기 때문이다. 예컨대 미국의 일부 대학이나 공공기관은 신입생 입학허가나 교수 또는 직원을 고용힐 때 인종을 고려하기도 한다. 이때의 인종적 고려는 소수인종을 우대하는 것이지 차별하는 것이 아니다. 소수인종을 일정한 비율 안에서 우대하여 선발하는 것은 과거로부터 누적된 차별에 의해 불평등한 현재의 상황을 보다 공평한 상황으로 바꾸어 놓기 위한 사회적 합의에 따른 것이다. 이러한 것을 "적극적 조치"(Affirmative action) 또는 "소수자우대정책"이라고 한다. 만약 백인과 흑인 학생을 동일한 성적 기준으로 선발한다면 대부분 백인 학생들이 선발될 것이다. 왜냐하면 백인 학생들의 학습 환경과 부모의 지원이 흑인 학생들에 비해 월등하게 좋기 때문이다. 그래서 사회구조적으로 좋지 않은 환경에 처한 흑인학생들에게 우대를 하는 것은 구조적인 차별을 넘어 보다 공평한 경쟁의 장을 만들려는 시도의 일환이다.

그러나 컬러블라인드 인종주의는 이러한 인종적 고려에 반대한다. 모든 인종은 동일하게 취급되어야 하므로 백인에게 특별대우를 하지 않은 것처럼 소수인종에게도 그러해야 한다는 것이다. 그리고 이것이야말로 인종적 편견이 없는 것이고 인종적 평등이 실행되는 것이라고 주장한다. 그러므로 컬러블라인드를 주장하는 백인들은 자신들이 인종에 따른 편견도 가지고 있지 않고 차별도 하지 않기 때문에 인종주의자와는 거리가 멀다고 주장한다.

그런데 인종적 이슈가 모든 사회문제에 관한 논의에서 사라진다면, 사회문제의 원인은 사회계급이나 불법체류자와도 같은 이민자들의 지위로 돌려지거나, 집단적인 차별의 문제와는 거리가 먼 개인적 성격과 능력의 문제로 환원된다. 그리고 인종 문제가 모두 해결된 것 같은 착각에 빠지게 한다. 그러나 미국사회에서 인종의 문제는 도시의 황폐화, 가난, 복지, 범죄 등과 같은 모든 문제와 밀접하게 연결되어 있고, 소수인종의 불평등한 지위는 한 세대 만에 극복될 수 있는 것이 아니다. 그러므로 인종적 이슈를 고려하지 않는다면 그것이야말로 현재의 불평등한 인종적 지위를 고착화시키거나 다수 인종과 소수 인종 사이의 간격을 더 크게 만들 수밖에 없다. 따라서 인종적 이슈를 고려하지 않는 것이 자의적이든 그렇지 않든 그 의도를 떠나서 인종과 관련된 구조적 불평등 요인을 무력화 시키는 인종주의의 형태로 나타난다.

5. 증오범죄(Hate Crime)

증오범죄는 인종이나 민족, 종교, 성적지향, 장애 여부 등과 같이 개인이 가지고 있는 특성에 대해서 가해자가 증오심을 가지고 그러한 특성을 가진 집단이나 집단에 속한 사람들에게 가해하는 폭력적 범죄를 말한다. FBI의 통계에 따르면 미국에서 2014년 한 해 동안 일어난 증오범죄는 발생 건수를 기준으로 총 5,462건이 발생하여 6,385건의 가해건수와 6,681명의 피해자를 낳았다. 그런데 FBI의 증오범죄 통계는 실제 일어난 증오범죄보다 더 적다는 것을 감안해야 한다. 왜냐하면 모든 증오범죄가 FBI에 보고되는 것은 아니기 때문이다. 물론 심각한 증오범죄는 대부분 보고 된다. 그러나 경미한 정도의 범죄이거나 증오범죄의 특성상 신고할 경우 보복의 위협을 감수해야 할 때가 많기 때문에 신고를 하지 않은 범죄가 상당히 많을 수 있다.[13] <그림 11>에서 보듯이 증오범죄의 동기를 살펴보면 총 5,462 발생 건수 중 인종에 따른 증오범죄가 47%로 가장 많다. 그리고 그 다음이 종교와 성적지향에 관한 것으로 각각 18.6%로 동일하고, 이어서 민족에 대한 증오범죄가 11.9%로 그 뒤를 따른다.

---

[13] Kirchner는 FBI통계의 오류를 주장하면서 실제로 한해에 260,000 건의 증오범죄가 발생하고 있다고 주장하기도 한다(2015).
http://www.psmag.com/politics-and-law/hate-crime-trends-hard-track-98345.
Belanger는 신고되지 않은 범죄를 추정할 수 있는 피해자 조사(the National Crime Victimization Survey)를 바탕으로 미국의 증오범죄가 200,000에서 300,000건 정도가 발생한다고 추정하고 있다(2015).
http://www.politifact.com/truth-o-meter/statements/2015/jun/25/cornell-william-brooks/how-many-hate-crimes-are-there-united-states-2/

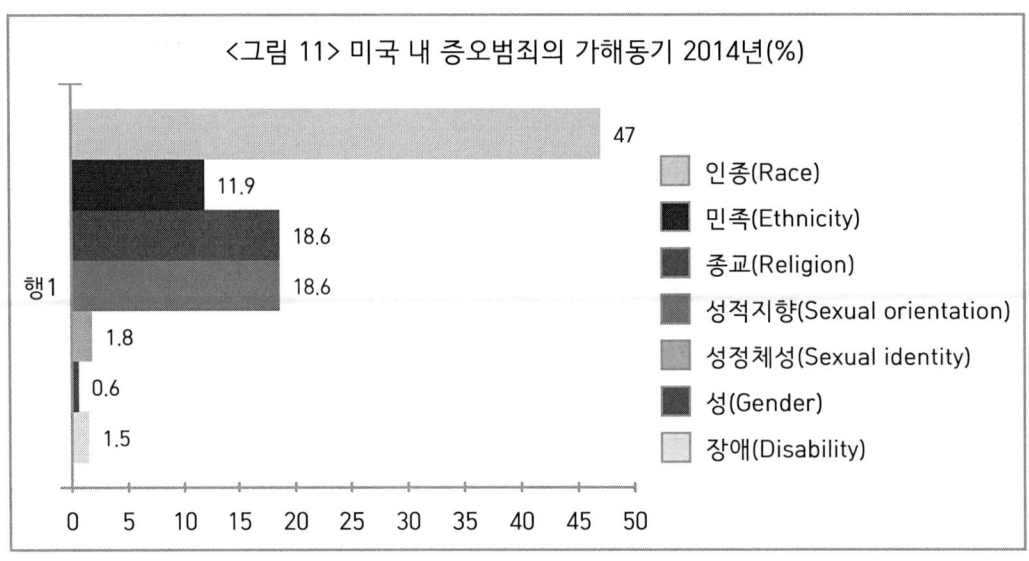

<그림 11> 미국 내 증오범죄의 가해동기 2014년(%)

인종에 관련한 증오 범죄의 가장 큰 희생자는 흑인이다. 발생한 범죄 중 63.5%가 흑인에 대한 증오로 나타났다. 그런데 그 다음이 백인에 대한 증오 범죄로 22.8%를 차지하고 있다. 증오범죄는 편견의 정도가 아주 극심할 경우에 그 편견이 실행에 옮겨지는 것이다. 그러므로 흑인에 대한 미국 사회의 편견은 모든 인종 중 가장 크다고 예측 해 볼 수 있다. 그런데 백인에 대한 증오범죄도 무시하지 못할 정도로 많다. 말하자면 백인에 대한 흑인이나 소수인종의 증오도 상당하다는 것이다. 아시안계 미국인과 원주민에 대한 증오 범죄는 5.5%와 4.6%로 상대적으로 미미하다. 그리고 민족에 따른 증오범죄를 보면 히스패닉에 대한 증오 범죄가 47.6%를 차지하고 있다. 이것은 히스패닉 인구가 소수자들 중 가장 높은 비율을 차지하고 있는 것과 관계가 있다. 대다수 증오범죄는 지배집단에 의해 상대적으로 힘이 없거나 약한 소수자 집단을 대상으로 일어나지만, 항상 그러한 것은 아님을 통계는 보여주고 있다. 게다가 증오범죄는 아주 심각한 것을 제외하고는 언론과 미디어의 관심을 받지 못하고, 또 백인에 대한 증오범죄는 더욱 관심의 대상

이 아니다. 그러므로 인종적인 적대감은 겉으로는 눈에 띄지 않은 것처럼 보이지만 여전히 존재하고 있고 인종적으로 가해자와 피해자의 경계를 명확히 나눌 수도 없다.

한편, 종교적인 이유의 증오범죄 중 가장 높은 비율을 차지하는 것은 유태인을 향한 것으로 58.2%를 차지하고 있다. 그 다음이 16.3%로 이슬람 혹은 무슬림에 대한 증오범죄이다. 최근 들어 미국사회에서 이슬람교와 무슬림에 대한 편견과 증오범죄가 늘어가고 있지만[14], 실제로 편견이 범죄의 형태로 실행에 옮겨지는 것은 유태인에 대해서가 가장 많다. 유태인에 대한 증오범죄가 종교와 관련한 전체 증오범죄의 과반이 훨씬 넘는다는 것은 주목할 만한데 미국 사회의 유태인에 대한 뿌리 깊은 편견이 존재하고 있음을 알 수 있다. 그런데 유태인이나 무슬림에 대한 종교관련 증오범죄도 결국에는 인종과 민족의 문제와 뗄 수 없다. 전체 증오범죄 발생 빈도 중 호모섹슈얼리티나 성 정체성에 대한 것을 제외하면 인종과 민족에 관련한 것이 모두 70%를 훨씬 넘는다.

증오범죄는 살인, 강간 등을 포함한 개인에 대한 폭력, 교회나 사원의 방화와 약탈, 위협과 협박, 괴롭히기 등 다양한 형태로 나타난다. 특히 스킨헤드(skinheads), KKK(the Ku Klux Klan), White Aryan Resistance (WAR), Aryan Nations, Neo-Nazi, Black Separatist 집단 등과 같은 극단적인 증오집단들이 조직적인 증오범죄를 일으키는 단체들로 악명이 높다. 이러한 증오단체들은 미국의 인종차별의 역사와 밀접한 관련이 있다. 예컨대 KKK단은 남북전쟁 후 만들어져서 150년의 역사를 가지고 있으며 주로 남부지역의 주나 지역 정치판에 현재에 이르기까지 지속적인 영향력을 행사해 왔다. 그 영향력이 현재에도 남부지역을 넘어 광범위하게 퍼져 있다.

---

[14] 2013년과 비교해서 2014년은 전체 증오범죄는 8%정도 감소했지만 무슬림 대한 증오범죄는 14% 증가했다.

최근에는 증오집단들이 인터넷 웹사이트를 통해 자신들의 주장을 효과적으로 선전하고 있다. 겉으로는 드러내지 않고 지내던 인종편견을 가진 사람들이 인터넷의 익명성에 힘입어 자유롭게 의견을 주장하고 불만을 토해 내며 자연스럽게 증오단체에 가입하거나 동조하는 경우가 많아졌다. 이를 이용하기 위해서 증오집단들이 인터넷을 통한 세력 확보에 힘을 쓰고 있다. 소셜네트워크(SNS)의 발달도 증오담론이 무제한적으로 생산되는데 중요한 역할을 하고 있다. 그러나 언론의 자유, 말할 수 있는 권리에 막혀 증오집단의 선전과 증오담론의 확산을 제한하거나 금지하는 법은 효과적으로 적용되지 못하고 있는 실정이다.

6. 다른 인종끼리 서로를 어떻게 보고 있는가?

서로 다른 인종에 대한 편견의 정도는 실제로 어떨까? 2013년에 조사된 라스무센 보고서(Rasmussen Reports)에 따르면 미국 성인들 중 37%가 흑인들은 인종주의자들이라고 여기고 있었다.[15] 반면에 15%만이 백인이 인종주의자라고 생각하고 있었고, 히스패닉을 그렇다고 한 사람들은 전체의 18%였다. 역사적으로 보면 미국에서 흑인은 인종주의의 피해를 가장 많이 본 집단이다. 그러나 흑인을 다른 인종에 비해 오히려 인종주의자라고 생각하는 비율이 가장 높다는 것은 흥미로운 사실이다. 특히 보수주의적 성향을 가지고 있는 사람들은 49%가 흑인은 인종주의자라고 여기고 있는 반면, 백인이 그렇다는 비율은 12%에 불과했다. 그러나 진보적 성향을 가지고 있는 사람들의 27%가 백인이 인종주의자라고 생각하고 있었고, 흑인은 그보다 낮은

---

15) 2013 Rasmussen Reports,
 http://www.rasmussenreports.com/public_content/lifestyle/general_lifestyle/july_2013/more_americans_view_blacks_as_racist_than_whites_hispanics.

21% 사람들이 그렇다고 응답하였다. 따라서 보수주의적 성향을 가지고 있는 사람들일수록 흑인을 인종주의자라고 여기는 경우가 높다.

인종 별로 분류해 보면, 흑인들의 31%는 흑인 자신들이 대부분이 인종주의자라고 대답했다. 그러나 백인이 그렇다고 응답한 사람들은 24%, 히스패닉은 15%에 그쳤다. 흑인들이 흑인 자신들에 대해서 인종주의자라고 여기는 비율이 가장 높다는 것은 특이할 만한 결과이다. 한편, 백인들의 경우 백인 자신들이 인종주의자라고 생각하는 사람의 비율은 10%에 불과 했지만 흑인이 인종주의자라고 생각하는 비율은 38%, 그리고 히스패닉이 그렇다는 비율은 17%였다. 백인들은 흑인들과 달리 백인 자신들에게 가장 관대했으며, 흑인들에 대한 인종적 편견이 가장 높다는 것을 보여준다.

이러한 조사결과는 흑인들이 역사적으로 인종차별의 피해자였지만, 흑인들의 인종차별에 대한 저항이 흑인 집단을 인종적인 이슈에 아주 민감하게 만들었다는 점을 알 수 있다. 흑인은 다른 소수인종들과 비교해서 가장 강력한 인종적 단합을 보여주고 있다. 이러한 자기 보호적인 인종적 결속은 다른 인종들에 대해서 배타적이 되기 쉽고, 모든 사회문제를 인종의 문제로 환원시켜 바라보게 할 가능성도 높다. 흑인들의 인종적 결속력이 다른 인종뿐 만아니라 자기 자신들에게도 인종적 문제에 아주 민감한 모습으로 비치게 되고, 따라서 자신들 스스로 인종주의자로 자처하게 만든 부분도 있음을 무시하지 못한다.

또 다른 미국의 전국적인 조사는 특정 인종집단에 속한 사람들이 다른 인종집단의 구성원들을 어떻게 생각하고 있으며 편견과 고정관념을 가지고 있는지 잘 보여준다(Schaefer, 2013: 62-63). 민지 흑인, 히스패닉, 아시아계 미국인들의 대부분은 백인들이 고집 세고, 으스대며, 권력을 나누려고 하지 않는다는 것에 동의하였다. 그리고 그들은 백인들보다 더 나은 교육, 더 나은 직장 또는 더 좋은 집에 살 수 있는 기회가 더 적다고 생각하고 있었다.

히스패닉의 46%와 흑인들의 42%는 아시아계 미국인들이 구두쇠이고, 교활하며, 사업상의 속임수를 부린다고 생각했다. 한편, 아시아계 미국인 68%와 흑인의 49%는 히스패닉이 부양할 수 있는 능력보다 더 큰 가족을 가지려는 경향이 있다고 보고 있었다. 그리고 아시아계 31%와 히스패닉계 26%는 흑인들이 사회복지 혜택으로 살길 원한다고 여기고 있었다.

이러한 부정적인 편견뿐만 아니라 서로 간에 긍정적인 믿음을 가지고 있기도 하다. 응답자의 대부분은 아시아계 미국인들이 지적이고 전문적인 직업의 성취에 높은 가치를 두고 있으며, 강한 가족 유대감을 가지고 있다고 대답하였다. 또 히스패닉은 그들의 문화에 높은 자부심을 가지고 있으며 더 나은 삶을 위해 열심히 일한다고 생각하고 있었다. 그리고 흑인들에 대해서는 미국 사회에 가치 있는 기여를 해 왔고, 기회가 주어진다면 열심히 일할 것이라고 생각하고 있었다.[16]

이렇듯, 미국에서 인종에 대한 편견의 문제는 백인 다수집단과 소수인종 집단 사이에만 존재하는 것이 아니라, 소수인종들 사이에서도 존재한다. 그러므로 인종적 편견과 고정관념은 특정 인종에 대한 것만이 아니라 그물망처럼 인종 간에 서로 얽혀 있다. 사회적 환경과 경제적 조건이 바뀔 때마다 편견과 고정관념은 인종 간에 긴장을 만들어 내고, 그것이 최악의 경우 증오범죄와도 같은 폭력의 형태로 나타나기도 한다. 다양한 인종이 함께 살아가는 미국은 인종간의 긴장이 모든 문제에 함께 걸쳐있다.

---

16) National Conference of Christian and Jews 1994.

7. 인종적 편견은 줄어들고 있는가?

　미국인들의 인종적 편견은 줄어들고 있는가? 여러 통계들과 연구 결과에 따르면 특정 인종과 민족을 노골적으로 비하하거나 명백하게 경멸하는 전통적인 형태의 편견은 세대와 세대를 거듭할수록 줄어들고 있다. 하지만 이러한 결과에도 불구하고 미국 사회에서의 편견이 여전히 줄어들고 있지 않다고 주장하는 목소리들도 있다. 이들은 편견이 줄어든 것이 아니라 컬러블라인드 인종주의, 상징적 인종주의와도 같은 현대적 인종주의 형태로 여전히 남아있다는 것이다. 이러한 주장에 대해서 토론할 여지가 없는 것은 아니지만, 그럼에도 오늘날의 편견은 전통적 편견의 형태에서 탈피하여 다른 모습으로, 말하자면 편견이 쉽게 드러나지 않게 교묘하게 위장한 형태로 명백하게 미국 사회에 존재하고 있는 것도 사실이다.

　전통적인 형태의 인종적 편견의 감소는 제2차 세계대전 이후 뚜렷하게 나타난다(Healey, 2012:114-115). 예를 들어 백인과 흑인 아이들이 다른 학교에서 나뉘어져 교육을 받아야 하느냐고 물어 본 조사에 1942년에는 70% 이상의 백인들이 그렇다고 대답하였다. 그러나 1982년에는 10% 미만의 사람들이 백인과 흑인이 구별되어 학교교육을 받아야 한다고 대답하고 있다. 또 다른 예로써 백인들이 백인들만의 이웃공동체를 형성해서 살 권리가 있느냐는 질문에 1942년도에는 42%가 그렇다고 대답하였으나, 1990년대 초반에는 단지 18%만 그렇다고 대답하였다. 이러한 조사의 결과는 약40년 만에 미국인들의 인종적 편견이 획기적으로 감소했음을 보여주는 것이다. 물론 이러한 여론조사에 대한 응답은 단순히 느끼거나 생각하는 바를 말하는 것으로 그것이 실제적으로 사람들이 진짜 믿고 있는 바를 말하는 것이라고는 확신할 수는 없지만, 그럼에도 전통적인 형태의 편견이 감소하고 있다는 추세를 살펴볼 정도의 충분한 근거는 된다.

사회 전체에 만연한 편견을 감소시키기 위해서는 무엇보다도 편견의 원인이 무엇에 기인하는 것인가를 찾아내어 해결하는 것이 중요하다. 일반적으로 다른 사람들을 착취하려는 욕망, 자신에게 가해지는 위협에 대한 두려움, 그리고 자신의 능력부족이나 실패를 다른 사람에게 돌리려는 책임회피 등이 편견의 주요 원인들로 거론된다. 결과적으로 사회전체에서 이러한 요인들에 미치는 개인의 생각이나 태도 그리고 사회적 상황을 어떻게 바꾸어 나가느냐 하는 노력이 필요하다.

미국사회에 팽배했던 인종적 편견이 상대적으로 빠른 시간 안에 감소할 수 있었던 가장 유력한 요인은 무엇보다도 편견을 줄이기 위한 법의 개정이다(Schaefer, 2013: 65). 일반적으로 법으로는 인종차별주의와 같은 사회적 규범을 개선하거나 극복할 수 없다고 믿어져 왔다. 그러나 1950년대에 시작된 시민권리운동(Civil Rights Movement)은 흑인과 백인에게 다르게 적용되었던 사회적 권리와 법을 1964년 시민권리법(Civil Rights Act)을 제정하게 함으로써 보다 평등하게 만들었다. 흑인과 백인이 동등한 권리와 법의 적용을 받을 수 있게 된 것이다. 시민권리법의 제정은 시행 초기에는 백인들의 많은 저항과 반발을 가져왔지만 무엇이 옳고 그른지에 대한 미국인들의 믿음 체계를 다시 한 번 돌아볼 수 있는 기회를 가져다주었다. 그리고 결국에는 평등한 법의 제정이 미국인들이 인종적인 편견을 줄이는데 크게 공헌하게 된 것이다. 법은 사회적 규범이나 가치에 영향을 받지만, 반대로 법이 사람들의 가치관과 태도 변화에 중요한 영향을 끼칠 수도 있다는 것을 미국의 인종차별의 역사를 통해 잘 볼 수 있다. 그러나 미국 사회에서 인종적 편견의 감소는 법의 개정만으로 이루어진 것이 아니라 사회 각 영역에서의 노력이 함께 추진되었기 때문이다.

8. 교육으로 편견을 감소시킬 수 있는가?

　교육과 편견의 관계를 살펴본 연구들은 대체로 교육수준이 높을수록 사람들의 편견이 줄어들고 있다고 보고하고 있다. 실제로 교육은 편견과 차별을 줄이거나 개선할 수 있는 가장 효과적인 도구이다. 잘 계획되고 고안된 교육 프로그램은 효과적으로 편견을 줄일 수 있는 하나의 방법이다. 그러나 무엇보다 중요한 것은 일회적인 교육 프로그램은 그 효과가 일시적이거나 거의 없다는 사실이다. 한 사람이 평생 동안 가져온 습관, 태도, 가치관과 믿음체계 등을 짧은 일회성의 교육으로는 바꿀 수 없기 때문이다. 교육으로 편견을 줄인다는 것은 다른 말로 하면 설득해서 생각을 바꾸게 만든다는 것인데, 그렇다면 지속적인 교육, 반복적인 교육이 항상 함께 진행되어야 한다. 교육수준이 높은 사람들일수록 다른 사람들을 신체적, 인종적 특징으로 바라보고 평가하기 보다는 적성과 능력으로 평가하는 경향이 높다는 것은 이를 뒷받침한다(Healey, 2012: 115).

　교육수준이 높은 사람들의 편견이 적은 것은 공식교육 커리큘럼을 통해 지속적으로 인종과 민족에 대한 편견이 잘못 되었다는 것을 교육받을 기회가 많았기 때문이다. 그리고 교육수준이 높을수록 보다 넓고 다양한 시각으로 세상을 바라 볼 수 있는 자질을 갖출 수 있도록 교육받을 기회가 더 많다. 실제로 미국의 센서스 자료를 살펴보면, 시민권리 운동이 시작된 1950년대에는 미국인들 중에서 고등학교 졸업자가 30%대 중반에 머물렀다. 그러나 2000년대에 들어와서는 거의 90%대를 육박하는 수준에 이른다. 대학 졸업사도 같은 기간에 6% 정도에서 약 30%로 늘어나 거의 5배에 가까운 증가치를 보이고 있다. 단순한 통계에서 살펴보더라도 인종적 편견의 감소와 교육수준의 증가는 반비례하고 있다는 것을 알 수 있다.

　그러나 교육수준과 편견의 관계를 살펴볼 때는 보다 세심하게 주의를 기울일 필요가 있다. 첫째, 미국의 교육수준의 증가와 편견의 감소가 통계적으로 반비례적인 상관관계를 보여주고 있다 해도 교육수준의 증가가 편견의 감소의 원인으로 영향을 미쳤다고 단정할 수는 없다. 왜냐하면 그러한 통계는 단순한 상관관계를 나타내는 것이지 인과적인 관계에서 원인과 결과를 명확하게 말해주는 것이 아니기 때문이다.

둘째, 교육을 통해 자신과 다른 인종/민족적 배경을 가지고 있는 사람들에 대한 관용과 인내심이 커질 수도 있지만, 그것보다는 인종적 편견을 드러내지 않도록 교육을 통해서 훈련받을 수도 있다는 점이다. 교육은 다른 사람들에 대한 자신의 생각과 태도를 직접적으로 드러내기 보다는 다른 사람의 감정과 생각을 이해하고 받아들일 수 있는 능력을 키울 수 있게 한다. 그래서 비록 인종적 편견을 많이 가지고 있더라도 높은 교육수준을 갖춘 사람은 직접적으로 그것을 드러내지 않도록 훈련된 것뿐이지, 편견 자체가 줄어든 것은 아니라는 것이다.

대학교육이 편견을 줄이지 못한다는 연구결과는 이러한 주장을 뒷받침한다(Schaefer, 1996). 연구에 따르면, 백인 학생들 중 일부는 입학 시 소수인종을 배려하는 정책이 없었더라면 소수인종 학생들은 자신이 다니는 대학에 입학하지 못했을 것이라고 믿었다. 그리고 학생들은 자신과 다른 인종적, 문화적 배경을 가진 학생들끼리 학교내외에서 함께 모이거나 집단을 이루고 다닐 때 두려움을 느끼기도 한다고 보고하고 있다.

자라날 때부터 인종적으로 분리된 주거지에서 성장한 아이들은 자신과 다른 인종적 배경을 가진 학생들과 함께 교제하고 공부할 수 있는 경험을 쌓는 것이 제한되어 있다. 그러므로 본격적으로 자신과 다른 인종의 친구를 사귈 수 있는 기회는 대학에 들어와서야 이루어진다. 그러나 그것마저도 상당히 제한되어 있어 대학에서의 친구 사귐조차 인종과 민족별로 나누어져 있는 경우가 대부분이다. 그러므로 대학교육 자체가 인종적 편견을 무작정

줄일 수 있게 한다고 결론을 내리는 것은 섣부르다.

마지막으로, 교육수준이 높은 사람들일수록 '정치적인 올바름(political correctness)'을 추구하는 경향이 더 클 수 있다는 것이다. 정치적인 올바름이란 자신이 가진 태도와 생각과는 상관없이 무엇이 정치적으로 올바른 것인가에 대한 생각과 태도를 말한다. 그래서 언어의 표현이나 용어를 사용할 때 인종, 민족, 종교, 사회계급, 성차별 등 어느 한쪽이 불리하거나 유리하지 않도록, 다시 말하면 편견이 포함되지 않도록 하자는 것이다.

예를 들어 흑인에 대한 편견을 상당히 많이 가지고 있는 백인이 있다고 하자. 그렇지만 그가 백인과 흑인이 평등하게 대우받아야 한다는 것이 사회적으로 바람직한 것이라고 배웠다고 생각해 보자. 그렇다면 그는 흑인에 대한 편견이 있을지라도 다른 사람과의 대화에서나 사회조사 질문지 등에 응답할 경우 자신의 솔직한 생각보다는 사회적으로 바람직한 대답을 할 가능성이 높다. 바로 이러한 정치적인 올바름은 일반적으로 교육수준이 높은 사람이 그렇지 않은 사람들보다 더 많이 추구한다. 그것은 교육을 통해 무엇이 사회적으로 정치적으로 올바른지 배울 수 있는 기회가 더 많았기 때문이다. 물론 정치적 올바름의 추구를 더 많이 한다고 해서 자신이 가진 편견이 줄어드는 것은 아니다.

9. 자주 만나면 편견은 감소하는가?
: 접촉가설(The Contact Hypothesis)

인종과 민족적 배경이 서로 다른 집단과 사람들이 잦은 접촉과 의사소통을 서로 할 수 있다면 서로간의 편견, 오해, 그리고 적대감 등이 줄어들 것이라고 흔히 생각할 수 있다. 그러나 무조건적인 접촉이 집단사이에 또는 사람들 사이에 이미 존재하고 있는 편견을 자동적이고 즉각적으로 줄이는 것은 아니다. 집단 사이의 접촉은 처한 상황과 집단의 특성 등 다양한 조건에 영향을 받는다. 그래서 어떤 상황에서는 잦은 접촉이 오히려 집단 간의 편견과 긴장을 높이는 경우도 일어난다. 특히 집단과 개인의 사회적 지위가 불평등하여 집단과 개인 사이에 권력의 차이가 뚜렷하게 나타날 경우 접촉은 편견을 줄이기보다는 강화시키는 경향이 있다. 집단들끼리 상호작용에 있어서 지위의 동등함은 아주 중요하다. 접촉과 편견의 관계성의 중요함을 주장하는 이론을 동등지위 접촉가설(the equal status contact hypothesis)이라고 부른다.

동등지위 접촉가설에 따르면 집단 간의 접촉이 편견의 감소에 긍정적인 영향력을 효과적으로 미치려면 몇 가지 조건이 충족되어야 한다(Pettigrew, 1998: 66-67). 첫째, 집단들의 지위가 동등해야 한다. 사회적 자원과 권력에 대한 접근이 차별 없이 동등하게 이루어지는 상황아래에서만이 서로 다른 집단에 속한 사람들을 하나의 개인으로 존중한다. 만약 집단 간의 지위가 동등하지 않다면 집단 간의 접촉이 있다고 할지라도 그것은 편견을 그대로 유지하게 하거나 더 악화시킬 수 있다. 예를 들어, 흑인과 백인의 지위가 노예와 주인의 위치에 있었던 미국의 노예시대에서는 흑인과 백인이 잦은 접촉을 한다고 해서 편견이 줄어든 것이 아니라 오히려 긴장을 유발하는 경우가 더욱 많았다.

둘째, 개인이 속한 집단은 다르더라도 그 집단들이 갖는 공통의 목표가 있어야 한다. 예를 들어 회사 내에 여러 인종들이 함께 일하고 있다면, 이들의 공통의 목표는 경쟁회사를 누르고 그 회사의 이익을 극대화하는 것이다. 공통의 목표 달성을 위해서 구성원들은 서로 긴밀하게 접촉하면서 협력해야만 하고 그 과정에서 회사 내의 다양한 인종간의 편견은 줄어 들 수 있다. 또 다른 예로 대학에서 학점을 잘 받기 위한 공통의 목표가 있다고

하자. 그렇다면 다양한 인종으로 구성된 학생들이 팀을 이루어 프로젝트를 하는 경우 서로 간의 편견이 줄어들 수 있다. 이러한 예들은 스포츠 팀, 마을의 범죄방지, 환경문제 캠페인 등 여러 분야에서 다양하게 나타날 수 있다.

셋째, 집단 간의 협력을 해치는 치열한 경쟁이 없어야 한다. 다양한 인종들이 함께 일하는 회사에서 공통의 목표를 이루기 위해 서로 협력하고 있다고 하자. 그런데 승진할 시기가 되었는데 과장에서 부장으로 올라갈 수 있는 자리는 상대적으로 적다고 한다면, 이때부터 서로 다른 인종/민족적 배경을 가지고 있는 사람들 사이에서 편견이 다시 작동할 수 있다. 제한된 자원을 내가 차지하기 위해서는 상대방을 이기지 않으면 안 된다. 경쟁이 치열한 곳에서 서로 다른 집단과 사람들 사이의 접촉은 피상적일 수밖에 없으며 편견은 상대방을 헐뜯고 누르기 위한 도구로 사용된다. 어느 정도의 경쟁이 집단과 개인의 생산성을 높이는 것은 분명하다. 그러나 그것이 지나치게 되면 구성원들의 사기를 떨어뜨리고, 구성원들 간의 관계를 파괴시켜 결국에는 그들이 속한 조직전체가 어려움을 처할 수밖에 없다. 그러므로 경쟁이 불가피하다면 경쟁에서 탈락한 사람이 감내할 수 있을 정도의 대안적 보상이 이루어질 수 있어야 잦은 접촉이 편견을 줄일 수 있다는 가정이 유지될 수 있다.

넷째, 교육, 정치, 종교 등 각 영역에서 편견을 줄이려는 지속적인 노력이 함께 있어야 한다. 그리고 법이나 관습에서도 편견의 부당성이 하나의 사회적 가치로 인정받을 수 있어야만 서로 다른 집단 간의 접촉으로 편견이 줄어들 수 있나. 학교에서 교사들이 편견의 잘못된 점에 대해 교육을 통해 강조하고, 정치적 지도자들이 인종/민족적 편견의 부당성에 대해 반복적으로 주장하며, 종교적 교리나 가르침에서도 편견의 부정적인 가치에 대해 중요하게 다루어질 때 접촉이 편견을 줄일 수 있는 영향력은 커진다. 더불어 편견과 차별 방지를 위한 법을 제정하고 제도를 정비하면 사회적 정당성을 확보하게 되어 접촉을 통한 편견의 감소는 더 뚜렷하게 나타날 수 있다.

마지막으로 접촉가설에서 말하는 접촉(contact)이란 사람들이 버스정류장에서 만나거나 식당이나 공원 등에서의 접촉과 같이 단순히 일상생활 속에서의 만남을 의미 하는 것은 아니다. 인종/민족적 배경이 다른 사람들이 면대면 접촉(face-to-face)을 하는 것을 말하며, 지극히 개인적인 수준에서 서로 간에 직접적인 의사소통을 바탕으로 이루어지는 것을 말한다.

동등지위 접촉가설에서 말하는 이와 같은 조건을 완전히 충족하는 접촉은 사실 많지 않다. 그러므로 접촉가설이론의 효용성에 있어서 가장 큰 단점은 집단 간의 제한된 접촉이다. 그러나 조사 자료를 바탕으로 하면 접촉이 제한적이라고 해도 편견을 줄이는데 있어서 눈에 띨만한 효과가 나타난다는 것을 알 수 있다. 무슬림에 대한 미국인들의 태도를 조사한 자료를 살펴보면, 미국인들의 무슬림들에 대한 편견은 아주 직접적이라는 것을 잘 알 수 있다. 그러나 제한된 사회적 접촉이라도 무슬림에 대한 적대감을 상당히 줄이고 있는 것 또한 알 수 있다. 보다 구체적으로 살펴보자. 2006년 사회조사에서 무슬림을 개인적으로 한 명도 알지 못하는 사람들 중 50%에 이르는 미국인들은 무슬림에 대해서는 특별한 신분증명을 하는 것이 좋다고 생각하였다. 그러나 무슬림을 한명이라도 개인적으로 알고 있는 사람들은 24%만 그렇다고 대답했다. 그 비율이 절반이상이나 줄어들었다. 또한 무슬림과 친분이 있는 미국인들은 무슬림들이 비행기 탑승 시에 특별한 보안점검을 받아야 한다는 의견이 무슬림과의 친분이 없는 사람들에 비해 3분의 1이나 적었다. 더구나 무슬림과 같은 비행기를 탔을 때 신경을 쓰는 정도도 훨씬 덜한 것으로 나타났다(Saad, 2006). 그러므로 일반적으로 미국인들이 무슬림에 대한 편견과 반감을 가지고 있다고 할지라도 무슬림 집단에 속한 사람과 단순하지만 친근한 접촉이 있기만 하다면 무슬림에 대한 편견과 반

감을 유의미하게 줄일 수 있다.

이러한 결과는 접촉가설이 말하는 접촉에 대한 모든 조건을 충족하지 못하더라도 단순히 인종/민족적 배경이 자신과 다른 사람을 알기만 해도 편견이 상당히 줄어들 수 있다는 것을 보여준다. 그렇지만 유의해야 할 점은 어느 한 영역에서 접촉으로 인해 편견이 줄어들었다 할지라도 이것이 개인이나 집단이 걸쳐 있는 모든 영역에서의 편견을 줄이는 것은 아닐 수 있다. 그것은 편견과 접촉이 상황이나 장소에 따라 민감하게 작용하고 반응하기 때문이다. 예컨대 직장에서 동료들과의 잦은 접촉으로 인해 직장에서 인종적 편견이 줄어들었다고 하자. 그렇다고 해도 다른 영역, 말하자면 친목모임이나 스포츠 경기 모임, 친구 사귐 등과 같은 개인이 생활하는 영역 전반에 걸쳐서 편견이 반드시 함께 줄어드는 것은 아니라는 것이다. 직장에서의 편견 감소는 직장에 한해서 그럴 수 있지만, 직장을 떠난 다른 장소나 상황에서는 전혀 다른 상황에 처한다는 것이다. 따라서 개인이 속한 하나의 영역 안에서 인종/민족적 배경이 다른 사람과의 접촉으로 인한 편견의 감소가 모든 영역에서의 편견도 반드시 함께 줄이는 것은 아니기 때문에 접촉가설의 한계도 여전히 존재한다.

10. 현대 인종주의(Modern Racism)의 등장

미국 사회에서 인종과 민족적 배경이 다른 사람들에 대한 편견은 역사적 발전 단계에 따라, 그리고 사회적 변화에 발맞추어 꾸준히 줄어들고 있다는 것은 사실이다. 그러나 어떤 학자들은 미국에서 인종적 편견이 줄어들고 있다고 결론 내리기는 아직 성급하다고 말한다. 겉으로 보기에는 편견이 줄어든 것처럼 보이지만 사실은 편견의 형태가 달라졌을 뿐이라는 것이다. 우리가 앞서 살펴본 바가 있는 상징적 또는 컬러블라인드 인종주의의 형태로 편견이 나타나거나 아니면 보다 미세하고, 복잡하며, 간접적인 방법으로 소수자집단에 대한 부정적인 감정을 나타내는 형태로 바뀌었다는 것이다. 이러한 것을 현대 인종주의(modern racism)라고 부른다.

이러한 새로운 형태의 편견의 특징은 욕설이나 비방과도 같은 직접적이고 부정적 표출방식으로 나타나는 것이 아니다. 오히려 중립적인 언어와 객관적인 용어들을 사용하여 나름의 논리적 틀을 가지고 등장한다(Bonilla-Silva, 2006). 예를 들어 보자. 오늘날 미국에서 사회적으로 높은 지위를 차지하고 있는 인종적 소수자들의 비율은 자신들의 인구비율에 비해서도 상당히 적다. 현대적 인종주의자들은 그 이유가 인종적 소수자들이 생물학적으로 또는 태생적으로 열등하기 때문이라고 하지 않는다. 대신에 그들은 이유를 소수자들의 문화적 요인으로 돌린다. 예컨대 "흑인들은 아이들의 교육에 그렇게 신경 쓰지 않기 때문이다."라는 식이다. 이러한 설명은 흑인들이 머리가 나쁘거나 생물학적으로 능력이 모자라다는 식의 직접적인 편견과는 거리가 멀다. 단지 흑인들의 문화가 아이들의 공부나 교육에 좀 덜 신경 쓰는 것이기 때문이라는 것이다. 물론 흑인들이 교육에 더 힘쓴다면 그러한 문제가 해결될 수 있을 것이라는 실현 가능한 희망도 담고 있다. 그렇지만 실제로 흑인 부모들이 자녀들의 교육을 위해 적극적으로 지원하지 못하게 만드는 불평등한 구조적인 조건에 대해서는 말하지 않는다.

또 다른 예를 살펴보자. 미국 사회는 겉으로 보면 다양한 인종과 민족이 함께 어울려 살고 있는 것처럼 보이지만 실제로는 인종별 계급별로 주거지가 명백하게 분리되어 있는 경우가 많다. 이러한 주거지 분리(segregation)의 이유는 부자동네와 가난한 동네의 구별이 주택가격에 따라 결정되기 때문이다. 가난한 사람은 부자동네의 값비싼 주택가격을 감당할 수 없기 때문에 부자동네로 진입할 수가 없다. 소수인종은 백인들에 비해 평균적으로 더 가

난하기 때문에 그들이 백인들이 사는 부자동네로 이사 가는 것은 쉽지 않다. 그런데 현대 인종주의자들은 이러한 주거지 분리의 이유에 대해서 "소수인종들은 자신들의 문화 속에 함께 사는 것을 좋아하기 때문에 자연스럽게 스스로 모여 산다."고 말한다. 이렇게 함으로써 거주지의 분리를 합리화하고, 아무런 거리낌 없이 백인 지배집단끼리 이웃공동체를 만들고 자신의 자녀들을 타인종과 분리된 학교에 죄책감 없이 보낸다. 이렇게 인종적으로 분리되어 소수인종 아이들과 제한된 관계만을 가지면서 성장한 백인 지배집단 아이들은 이러한 인종적 분리가 자연스러운 것이고 당연하게끔 여기게 된다. 결국 사회적 관계에서 인종적 민족적 분리는 지속적으로 반복되는 과정을 거치게 되는 것이다.

이같이 현대적 인종주의는 다양한 형태로 나타날 수 있지만 세 가지 정도의 특징을 가진다(Sears & Henry, 2003). 첫째, 오늘날 미국 사회에는 더 이상 심각하거나 중요한 인종적, 민족적, 종교적 차별은 존재하지 않는다는 것이다. 둘째, 아직까지 인종적 또는 민족적 불평등이 존재한다면 그것은 최선을 다해 노력하지 않는 소수집단 구성원들의 잘못 때문이다. 셋째, 소수자들을 위한 특별한 처우와 우대정책(affirmative action)의 효용은 입증된 것이 아니며, 소수자 집단, 특히 흑인들은 그들이 받아야 하는 것보다 더 많은 것을 받았다. 말하자면 현대적 인종주의는 가해자인 지배집단보다 피해자인 소수자집단을 비난하는 것에 초점을 맞춘다. 그리고 집단 사이의 불평등 문제는 역사 속에 존재해 온 지배집단의 권력과 정책의 결과로 만들어진 것이 아니라 소수집단의 잘못된 가치와 행동의 결과로 나타난 것이라고 주장한다.

실제 미국인들의 의견을 조사한 자료(National Opinion Research Council)에 따르면 백인들의 49%가 오늘날 인종적 불평등의 원인이 흑인들이 가난에서 벗어나기 위한 스스로의 노력 부족 때문이라고 응답했다고 한다(Healey,

2012). 이러한 응답은 흑인들이 유전적으로 혹은 생물학적으로 능력이 떨어지기 때문이라는 고전적인 편견의식과는 거리가 있다. 그것보다는 지속적인 인종 불평등의 문제가 흑인 공동체 집단에 있으며 그 문제를 풀 수 있는 사람은 흑인 스스로인데 흑인들의 문제해결 노력이 부족하기 때문이라는 것이다.

이러한 현대적 인종주의가 문제가 되는 것은 인종적 불평등의 문제를 줄일 수 있는 사회정책과 프로그램 등이 제대로 작동하지 못하도록 만들기 때문이다(Quillian, 2006). 조사결과에 따르면, 인종불평등의 문제가 흑인들의 동기나 의지부족 때문이라고 응답한 소위 현대적 인종주의자들은 흑인들의 생물학적 열등함을 강조하는 전통적인 인종차별주의자와 거의 다름없이 흑인을 위한 정부의 원조에 반대하는 것으로 나타났다. 이와 같이 간접적이고 중립적이며, 객관적이고 논리적으로 보여서 포착하기 쉽지 않은 현대적 인종주의는 인종적 편견과 차별의 문제 해결에 큰 걸림돌이라는 것을 알 수 있다.

2-2 차별

1. 차별은 어디에서부터 시작되는가?
  : 백인 특권(White Privilege)의 이해

　백인 특권이란 자신의 노력과는 관계없이 백인이라는 이유만으로 주어진 체계적인 권력과 자원으로 말미암아 백인들이 사회구조 안에서 타인종 집단보다 유리한 위치를 점하는 현상을 말한다. 이와 반대로 백인이 아니라는 이유만으로 타인종들은 백인들이 가진 동일한 체계적 권력과 자원에 대한 접근이 차단된 것을 의미 한다. 하지만 오늘날 백인들이 그 특권을 강압적으로 행사하고 있는 것은 아니다. 백인이 타인종보다 생물학적으로 또는 문화적으로 더 우월하며 그것이 당연하다는 생각이 자연스럽게 미국사회 전체에 뿌리내리고 있기 때문에 백인들은 구태여 자신에게 주어진 특권이 어떠한 것인지 알려고 하지도 않고, 또 구체적으로 인식하고 있지도 않다. 따라서 백인들의 특권은 단순히 스킨헤드나 극단적인 인종주의자들의 차별행위같이 명백하게 눈에 띄는 것만을 포함하는 것이 아니다. 그것보다는 사회시스템 속에서 쉽게 드러나지 않고 매우 복잡한 형태로 얽혀 있다.

　일반적으로 대부분 미국인들은 소수인종 집단이 백인 집단과 비교해서 권력과 자원의 접근에 있어서 상대적으로 불이익을 받을 가능성이 크다는 점에는 동의한다. 그렇지만 흥미로운 사실은 같은 동네에 살고 있는 소수인종보다 자기 자신이 더 많은 특권을 가지고 있으며, 또 특권을 누리고 있다는 사실을 인정하는 백인들은 거의 없다는 것이다(Scott, 2012: 67). 백인들도 자신과 다른 인종들을 차별하는 인종주의가 도덕적으로 옳지 않다는 것을 어릴 때부터 교육을 통해 당연히 배운다. 그리고 사회 규범도 인종주의를 아주 나쁜 것으로 규정하고 있기 때문에 인종주의자로 낙인찍히는 것은 개인의 사회적 평판에 상당히 큰 오점을 남기게 된다. 그런데 문제는 어떠한 사람이 인종주의자로 규정되는지, 또 어떠한 행위가 인종주의자로 취급받을 수 있는 행위인지에 대해서 백인들은 주의 깊게 생각하지 않는다는 것이다.

이렇게 뚜렷하게 드러나지도 않고 백인 스스로도 쉽게 알지 못하는 백인 특권은 그럼 어떻게 행사되는 것인가? 이에 대한 맥킨토시(McIntosh)의 주장은 설득력이 있다. 그에 따르면, 백인들이 지배적 위치를 차지하고 있는 사회에서 백인들은 그들에게 주어진 특권을 아주 당연한 듯이 자연스럽게 누린다는 것이다(McIntosh, 1988). 그것은 마치 남성들이 가부장 사회에서 남성이라는 존재자체만으로 누리는 특권의 형태와 유사하다고 그는 말한다. 남성들은 자신들의 특권이 무엇인지 스스로 잘 알지도 못하고, 또 강제적으로 그것을 행사하려고 하지도 않지만, 부지불식간에 남성 중심의 사회가 주는 특권아래서 자신에게 주어진 권력을 사용하면서 살아가고 있는 것과 같다는 것이다.

예를 들어 백인이 다수를 차지하고 있는 백인 지배사회에서의 백인은 자신의 삶의 영역에서 자연스럽게 자신과 같은 인종인 백인들과 함께 어울릴 수 있다. 식당, 시장, 학교, 관공서 등 일상의 삶과 밀접하게 관련된 많은 영역에서 권한을 가진 자리를 차지하고 있는 사람들은 대부분 백인이다. 미국의 문명, 국가적 유산, 그리고 전통을 이야기 할 때 거론되는 역사적 인물들도 모두 백인들이다. 영화 속 영웅들이나 TV 드라마의 주인공들이 대부분 백인인 것은 당연하게 여겨진다. 이것은 마치 가부장 사회에서 남성들이 회사의 주요요직을 대부분 차지하고 있고, 정치인들과 의사, 법관, 변호사 등의 전문직 대부분은 남성이며, 돈을 많이 받는 스타급 프로운동 선수도 대부분 남성인데 이러한 사실을 남성들이 전혀 이상하게 생각지 않는 것과 같다.

그러므로 백인들은 일상생활 속에서 인종 때문에 받는 어떠한 어색함이나 억압을 느끼지 않는다. 하지만 백인들이 인종적 특권을 의식하지 않는 그것만큼, 소수인종들은 자신의 인종적 정체성이 가져다주는 부당함을 겪게 된다. 백인들은 사회 안에서 성공적인 삶을 살기 위한 자신의 목표를 확고하게 달성하기 위해 거침없이 삶을 개척할 수 있지만, 특권에서 배제된 소수인종들은 상대적으로 사회적, 문화적 불편함과 소외를 안고 살아갈 수밖에 없다.

더 나아가 백인의 육체는 확실한 사회적 자원이자 권력의 원천이다. 미국 문화에서 백인의 피부와 얼굴모습은 가장 아름다운 것, 그리고 하나의 사회적 선(good)이라고 여겨진다. 모든 미적기준은 백인의 모습에 맞추어져 있다. 외모는 개인이 사회적, 문화적 자원을 확보하는데 중요한 영향을 미치는 요소이다. 그렇지만 백인은 수많은 사회적 상황에서 자신의 인종이 자신을 모든 상황에서 유리해지도록 만들고 있다는 사실을 모르면서 살아가고 있다.

2. 능력주의(Meritocracy) 사회와 백인 특권주의의 영속성

흔히 미국사회는 사람들의 부단한 노력과 뛰어난 능력에 의해 성공이 성취되는 사회라고 여겨진다. 능력주의(meritocracy)는 아메리칸 드림과 곧 잘 연결되어 누구든지 열심히 노력만 하면 성공의 문은 활짝 열려있다는 것이 미국 사회의 가장 큰 장점이자 자랑거리인 것처럼 알려져 있기도 하다. 사실 지구상의 다른 나라들과 비교하면 미국은 과연 그러하다. 미국처럼 세계 곳곳에서 다양한 인종과 민족의 사람들이 이민 와서 자신의 노력으로 성공할 수 있는 나라는 손에 꼽을 정도이다. 그런데 능력에 바탕을 둔 성공의 신화가 백인들에게 훨씬 더 유리하게 작용하고 있고, 지속적으로 그러하다는 것이 문제이다(McIntosh, 2009).

만약 어떤 백인이 자신의 성공이 백인 특권주의 때문이라는 말을 듣는다면 무척이나 화를 낼지도 모른다. 왜냐하면 그의 성공은 다른 사람들보다 더 노력해서 학교에서 좋은 성적을 받았고, 또 좋은 대학에 진학했으며, 일자리를 잡은 후 최선을 다해 노력했기에 그 결과로 나타난 것일 수 있기 때문이다. 그리고 백인들이라고 모두 성공하는 것은 아닐 뿐 더러, 모든 백인이 부유한 가족 출신도 아니다. 어떤 백인은 어려운 가정환경을 딛고 성공했을 수도 있다. 또 영어가 모국어가 아닌 백인이 이민 와서 성공했다면 그 또한 다른 소수인종이 겪어야 되는 것과 마찬가지의 언어적 어려움을 겪었을 수도 있다. 그래서 그들은 개인적인 노력과 능력이야말로 바로 성공의 열쇠라고 믿어 의심치 않는다. 성공하지 못한 사람은 노력과 능력이 부족했기 때문이고, 사회계층의 아래 부분에 위치하는 대부분의 소수인종들 또한 예외가 될 수는 없다. 따라서 능력과 노력에 바탕을 둔 경쟁에서의 승리자가 성공하는 것이 사회적 정의이고 백인의 사회경제적 지위가 높은 것은 바로 이러한 경쟁에서의 승리자이기 때문에 당연하다는 생각을 많은 백인들은 가지고 있다. 그리고 이러한 사회적 정의가 세대를 거쳐 지속적으로 실천될 수 있도록 법과 제도를 통해 자신들의 지위를 강화한다.

이러한 능력주의는 언뜻 보면 논리적으로도 올바르고 또 공정하게 사회적 정의가 실현되는 것처럼 보인다. 그러나 이것은 크게 두 가지 점에서 비판을 가할 수 있다. 첫째, 경쟁의 장에 들어오기 이전단계에 존재하는 기회의 불평등 문제를 거론하지 않는다. 예컨대 백인들에 비해 소수인종들이 처해진 사회경제적 환경은 상대적으로 열악한 것이 사실이다. 그래서 소수인종 출신의 아이들은 백인 아이들 들보다 가족으로부터 지원과 보살핌을 받을 수 있는 여건도 좋지 않고, 좋은 학교에서 교육 받을 수 있는 기회도 적을 수밖에 없다. 따라서 제대로 경쟁하기 위한 준비가 되어 있지 않기 때문

에 경쟁의 장에서 뒤쳐질 수밖에 없다. 이와 같이 과거의 인종차별이 만들어낸 구조적 불평등을 전혀 고려하지 않고 모든 사람들은 똑같이 동등하게 취급되어야 한다는 백인들의 논리는 앞서 살펴본 컬러블라인드 인종주의와 맥락을 같이한다.

둘째, 백인과 소수인종이 같은 조건에서 경쟁해서 비슷한 결과를 만들었다고 할지라도 소수인종보다는 백인이 성공할 가능성이 더 크다. 더구나 소수인종이 백인보다 능력과 노력의 측면에서 더 뛰어났다고 할지라도 성공의 측면에서 백인을 뛰어넘지 못하는 경우가 대부분이다. 이러한 현상은 주로 아시아계 소수인종과 백인의 경쟁에서 많이 나타난다. 아시아계 미국인은 백인들보다 능력과 노력면에서 더 뛰어남에도 직장에서 최고위층으로 올라갈 때는 인종적 장벽에 막혀 더 이상 올라가지 못하는 경우가 많다. 이러한 현상을 빗대어 "대나무 천장(bamboo ceiling)"이라고 부르기도 하는데, 아시아를 상징하는 대나무로 천장이 만들어져 있어 아시아계가 어느 정도의 위치에 오르면 더 이상 그것을 뚫고 올라가지 못한다는 의미를 지니고 있다. 따라서 미국사회에서 인종적 차이를 무시하고 능력과 노력으로 이루어진 성취만으로 사회적 지위가 결정된다는 것은 하나의 신화에 불과하다.

3. 백인 특권주의에 대한 반론

미국의 역사는 인종 차별의 역사와 함께 한다. 처음 미국에 도착한 개척자라 불리는 유럽계 미국인들이 행한 첫 번째 차별이 원주민에 대한 것이었다. 그 이후로 노예제를 통한 흑인들에 대한 억압, 이민의 역사가 진행되면서 새롭게 이주해 온 아시아계와 라티노 출신들에 대한 법과 제도를 통한 차별의 역사는 개인 수준에서 소수인종에 대한 편견의 문제를 거론하지 않더라도 고스란히 기록되어 있는 사실이다. 그러므로 미국에서의 백인 우월주의는 짧은 시간에 형성된 것이 아니라 미국 역사의 시작 시점에서부터 지금까지 지속적으로 진행되어 오고 있는 현재 진행형의 현상이라고 할 수 있다. 그렇지만 오늘날 미국에서 백인의 특권을 이야기 하면 많은 백인들은 이제 더 이상 그렇지 않다고 항변한다. 백인들은 대부분 인종주의자가 아니며, 자신과 자신의 가족 누구도 과거의 노예제도나 소수인종 탄압에 관련된 적도 없고, 인종 차별할 생각도 의도도 가지고 있지 않다는 것이다. 오히려 인종적 소수자들을 위한 우대정책(affirmative action) 때문에 백인이 역차별 당하고 있다는 측면을 강조한다.

인종주의자가 아니면서 보다 더 적극적으로 자신을 방어하는 백인의 주장을 살펴보면 다음과 같다(Holden, 1998). 그들은 과거에 흑인을 비롯한 소수인종들에 대해서 인종차별을 백인이 하였으며 소수인종들이 그러한 차별 때문에 오늘날의 사회적 불평등에 놓여 있다는 것을 대부분 인정한다. 그렇지만 지금 현재를 살아가는 백인이 자신이 백인이라는 이유만으로 과거의 백인 조상들이 행한 잘못에 대한 죄의식을 가지고 살아가야 한다는 것에는 반대한다. 그들의 주장을 조금 더 자세히 살펴보면, 미국 남북전쟁이후 흑인들을 노예에서 해방시켜 흑인들이 백인들과 거의 같은 수준의 경쟁의 장으로 올라올 수 있게 한 백인 다수집단의 노력을 간과해서는 안 된다는 것이다. 물론 노예해방전쟁으로 불리는 남북전쟁에서 650,000명의 사람들이 죽거나 다쳤는데, 이들 대부분이 바로 백인들이라는 덧붙임도 잊지 않는다. 또한 1960년대 시민권리운동(Civil Rights Movement)의 시작과 더불어 역사상 처음으로 모든 미국시민은 흑인이든 백인이든 다른 소수인종이든 그 출신과 상관없이 동등한 권리를 갖고, 주와 연방의 모든 법은 동일하게 적용된다는 시민권리법(Civil Rights Act)의 제정을 주도한 것도 남부사람들을 포함한 특권을 가진 백인 입법자들이었다는 것이다. 그리고 그러한 과정은 지금

도 계속되고 있다고 주장한다. 또한, 노예제도를 가졌던 나라들 중 노예였던 사람들을 위해서 법과 제도, 그리고 국가적 지원을 통해서 그들을 교육하고 주류사회의 법적, 경제적, 정치적, 문화적 주체로 등장할 수 있도록 미국만큼이나 열심히 노력한 나라가 과연 어디에 있는지 반문한다. 이 또한 백인들이 한 일이다.

다른 한편으로 백인들보다 오히려 흑인들이 미국사회에서 더 많은 특권을 가진 집단이라고 주장한다. 예컨대, 역사적으로 흑인들의 고등 교육을 위해서 흑인들을 위한 대학들이(Historically black colleges and universities, HBCU)이 세워지게 되었고, 그 대학 학생들의 대부분은 당연히 흑인이고, 총장부터 교수까지 거의 흑인들이 주요 자리를 차지하고 있다. 물론 흑인들을 위한 고등교육기관의 필요성에 대해서는 역사적으로 보았을 때 어느 정도 납득은 할 수 있지만, 그 대학의 총장부터 교수 모두가 흑인으로만 구성되어 있다는 것은 그야말로 흑인특권이 그대로 발휘되고 있는 증거라는 것이다. 백인, 아시아계, 라티노들의 동등한 기회는 여기에 없다. 물론 백인들만의 교육을 위한 대학은 존재하지도 않고, 만약 존재한다 하더라도 즉시 인종주의 대학으로 낙인찍히고 말게 된다. 더 나아가 미국 대학이나 연방정부와 주정부 기관에서는 인종적 소수자들을 우대한다는 광고를 하며 실제적으로 인종적 소수자를 적극적으로 선발한다. 특히 흑인들이야말로 가장 큰 수혜자이다. 만약, 어떤 정부기관이나 기업에서 백인들을 우대한다는 광고를 한다면 그야말로 문 닫을 각오를 해야 한다.

백인들은 소수인종들보다 인종문제에 훨씬 더 조심하지 않으면 안 된다. 유명한 흑인 프로 운동선수는 자기 팀에서 가장 많은 연봉을 받으면서도, 백인들에 대해서 인종차별 집단이라고 떠들고 다녀도 비난은커녕 오히려 개념 있는 운동선수로 받아들여지기조차 한다. 흑인들을 위한 라디오 방송에서는 백인들에 대한 조롱과 욕이 방송의 주된 내용이 된지 오래다. 헐리

우드 흑인 스타들도 수 천만 달러를 벌면서도 영화계에는 뿌리 깊은 인종차별이 있다고 틈만 나면 주장한다. 물론 이들의 주장에 논리적 근거가 있는 경우는 드물다. 전체 인구비율로 15%가 채 되지 않는 흑인들이 프로운동경기, TV, 영화, 그리고 여러 엔터테인먼트 분야에 등장하는 비율은 이것보다 훨씬 높다. 만약 백인 프로운동선수가, 방송인이, 영화배우와 가수가 흑인에 대해 조롱한다면 그 다음날로 그가 가진 모든 것을 내려놓을 준비를 해야 된다. 흑인 코미디언의 유머의 소재로 백인을 희화화 하는 것은 흥미로운 것이지만, 백인 코미디언은 유머의 소재로도 흑인이나 다른 소수인종을 비하하는 내용을 절대로 써서는 안 된다. 그것이 유머이고 코미디라고 할지라도 그는 바로 인종주의자로 낙인찍히게 될 것이다.

그렇다면 오늘날 미국사회에서 흑인이야말로 인종문제에 관한 한 특권을 가진 사람들임에 분명하다. 흑인들의 인종주의 발언에 미국 사회는 가장 너그럽다. 역사적으로 인종문제의 가해자가 백인이고 피해자가 흑인이라고 한다면, 가해자는 피해자를 비난할 수 없지만, 피해자가 가해자를 비난하고 욕하는 것은 어느 정도 허용되기 때문에 그러할 수는 있다. 그렇지만 자신은 과거에 일어난 일과 전혀 관계가 없다고 생각하는 백인들은 미국 사회에서의 인종적 특권이 자신에게 있는 것이 아니라, 자신들은 오히려 피해자라고 생각한다. 미국의 인구구조는 비율적으로 소수인종의 비율이 점점 증가하고 있으며, 반면에 백인비율은 줄어들고 있다. 인구비율이 지금과 같은 추세로 진행된다면 가까운 미래에 백인들은 미국 사회에서 인종적 소수자로 전락할지도 모른다. 그러한 때가 온다면 흑인이 지금과 같이 특권을 누리고 있는 것처럼 소수인종이 된 백인도 누릴 수 있도록 다수집단이 된 흑인이나 소수인종들이 허락할까? 바로 이러한 점들이 자신을 변호하고 있는 백인들의 걱정꺼리이다.

　백인이 인종문제와 관련하여 두려워하고 있는 점을 몇 가지 더 거론해 보자(Jenson, 2005). 첫째, 백인이 성취한 것이 순전히 자신의 노력만으로 이루어진 것이 아니라는 두려움이다. 미국사회는 자신의 능력과 노력으로 사회적 성공을 추구하는 것을 가장 중요한 사회적 가치로 두고 있다. 그러나 백인이라는 인종적 특권은 보이는 혹은 보이지 않은 이익을 스스로의 성취가 아닌 백인이라는 이유만으로 백인들에게 가져다주었다.

　둘째, 백인들이 가지고 있는 부를 잃을까하는 두려움이다. 미국사회에서 물질적 성공을 한 사람들은 백인들이 다수이다. 백인 특권이 사라지면 경제 시스템의 논리에 의한 부의 재분배라는 명목으로 그들이 이룬 부를 잃을 수도 있다고 걱정한다. 백인들은 자신들이 물질적으로 우위를 차지하고 있는 지금의 미국사회가 백인 우월주의가 없으면 상당한 정도로 타격을 받을 수 있다는 두려움이 있다.

　셋째, 새로운 주된 세력으로 등장하는 인종적 소수자에게 권력을 잃을 것이라는 두려움이다. 이민에 의해 다양한 인종/민족적 배경을 가진 사람들이 미국으로 유입되고 있고, 크고 작은 공동체를 만들어 터전을 잡고 있다. 이들 중 멕시코계를 비롯한 라티노들의 이주는 20세기 중반 미국의 이민문호가 다시 개방된 후 가장 활발하게 일어나서 흑인을 제치고 최대의 인구가 되었다. 더구나 인구변화의 추세가 현재와 같이 지속된다면 얼마지 않아 소수인종들의 인구 총합이 백인 인구를 초월하게 된다. 앞으로 일어나게 될 이러한 인구구조의 변화에 대해 백인들은 자신들이 지금까지 소수인종을 불공정하게 대한 역사가 있는 만큼 소수자로 전락하게 될 자신들이 부당하게 대응받지나 않을까 걱정한다.

　넷째, 인종주의자로 자신이 보이지 않을까하는 두려움이다. 많은 백인들은 겉으로는 인종주의자로 드러내고 다니지는 않지만, 혹시 자신의 내면에 존재하는 백인 우월주의가 밖으로 드러나지 않을까 걱정한다. 미국사회에서 백인 우월주의는 사회전체에 퍼져있지만 그럼에도 공식적으로 인종에 대한 편견이나 차별은 엄격하게 금지되고 있다. 특히 인종주의자라는 낙인은 사회적 존경을 받지 못하는 백인으로 자신의 사회적 명성을 모두 빼앗아 갈 수도 있고, 사회적 성공을 가로 막는 가장 큰 방해물이 될 수도 있다. 미국 사회에서 백인 우월주의가 실제로 팽배할지라도 미국 사회의 가장 중요한 가치는 여전히 자유와 평등에 바탕을 둔 것이기 때문에 인종주의자라는 낙인은 개인의 성공에 가장 큰 타격을 준다. 특히 백인은 특권을 가진 자로서 일상생활에서의 언어, 행동 등이 끊임없는 관심의 대상이 되기 때문에 백인들에게 걱정을 더한다.

결과적으로 백인 특권주의가 존재하는 미국 사회에서 백인들은 그 특권만큼 사회적 책임이 있으며, 그러한 책임에 따르는 걱정과 두려움이 당연히 뒤따른다. 그러므로 이러한 두려움을 없애려면 백인들이 백인 자신들이 행한 인종주의적인 행동에 책임을 지게 만들고 스스로 백인우월주의를 바꾸려고 노력하지 않으면 안 된다. 만약 그러하지 못하다면 백인뿐만 아니라 미국 사회에서 모든 사람들이 인종적 자유를 만끽할 수는 없다.

4. 내재화된 억압(Internalized Oppression)과 문화적 인종주의(Cultural Racism)

다수집단의 인종적인 편견에 기초한 인종주의는 소수인종들이 자신의 인종에 부여된 왜곡된 이미지를 받아들이게 함으로써 스스로 자신의 인종을 열등한 것으로 그리고 결국에는 자신의 자존감마저 잃어버리게 만든다. 이러한 것을 내재화된 억압(internalized oppression)이라고 말한다. 일상생활 속에서의 언어, 농담, 책, 이미지, TV 쇼, 그리고 각종 미디어들과 같은 다양한

문화적 도구들은 소수인종에 대한 부정적인 고정관념을 반복적으로 재생산하고 왜곡된 고정관념을 소수인종들이 억압적으로 받아들일 수밖에 없게 한다(Tappan, 2006). 인종주의적 관념은 인종적으로 지배집단과 소수인종집단 구성원들 모두의 의식에 영향을 미친다. 그래서 사회구조가 인종적으로 우월한 집단과 그렇지 않은 집단으로 자연스럽게 나누어지게 된다. 이러한 과정은 자연스럽게 문화적 인종주의(cultural racism)로 연결된다.

문화적 인종주의는 제도화된 인종주의의 한 형태로 백인들의 가치, 기준, 메시지 등이 더 우월하다는 잘못된 인종적 관념을 드러내는 것을 말한다. 문화적 인종주의는 사회 곳곳에 퍼져 있지만, 대다수의 사람들이 쉽게 알아채지는 못한다. 예를 들면, 화장품 광고에서 하얀색 피부가 아름답다고 강조하고 백인 모델이 아름다움의 전형으로 등장한다. 로맨틱 영화 속의 대부분의 남녀 주인공은 백인이다. 유럽출신 백인들의 음식, 습관, 관습 등은 당연한 듯이 미국적인 것으로 자연스럽게 드러나는 대신 소수 인종/민족들의 그것들은 독특하거나 이상하거나 기괴하거나 흥미로운 것으로 특별하게 취급된다.

이러한 문화적 인종주의는 사회화 과정 속에서 어릴 때부터 내재화된다. 클락(Clark)의 인형에 관한 유명한 연구(Clark's doll study)는 문화적 인종주의가 소수인종 아이들에게 어떻게 내재화되어 있는지를 잘 보여주는 대표적인 연구이다(Clark & Clark, 1947). 연구자들은 흑인 아이들에게 같은 인형이지만 피부색과 머리색이 다른 네 가지의 인형을 보여주었다. 인형 중 두 개는 갈색 피부에 검은 머리를 가진 인형이었고 나머지 두 개는 흰색 피부에 금발을 한 인형이있다. 질문에 따라 아이들에게 네 가지 인형 중 하나를 선택하게 하였는데 흑인 아이들은 좋아 보이고 가지고 놀고 싶은 인형으로 흰색 피부의 인형을 가장 많이 선택하였다. 반면, 가장 나쁜 인형으로는 갈색 피부의 인형을 선택하였다. 그런데 마지막 질문인 자신과 가장 닮은 인형을 고르라는 질문을 하자, 많은 수의 아이들이 인형 선택을 주저하거나 선택하지 않고 달아나 버렸다. 왜냐하면 지금까지 흰색인형은 좋은 인형, 갈색 인형은 나쁜 인형이라고 선택했는데, 막상 자기와 닮은 인형을 고르라는 질문에서 곤란함을 느꼈기 때문이다. 인형을 선택한 흑인 아이들 중 66%는 갈색인형을 자신과 닮은 인형으로 골랐는데, 33%의 아이들은 백인 인형을 선택해서 자기와 동일시하였다.

이러한 실험결과는 미국에서 소수인종 아이들이 어릴 때부터 백인의 문화적 가치에 억압되어 있다는 것을 말해 준다. 이들의 연구는 20세기 중반에 실시된 연구였지만 그로부터 한참이나 시간이 흐른 후인 2005년에 키리 데이비스(Kiri Davis)가 만든 다큐멘터리 영화 "A Girl Like Me"에서 뉴욕의 할렘 지역 학교의 흑인 아이들을 대상으로 클락의 실험과 유사한 질문으로 인터뷰를 하였다. 총 21명중 15명의 흑인 아이들이 흑인 인형을 나쁜 인형으로 그리고 백인 인형을 예쁜 인형으로 여겼다. 이러한 결과는 아주 오랜 기간 동안 미국 사회에서 문화적 인종주의의 폐해가 사라지지 않고 여전히 존재한다는 것을 보여준다.

백인이 아닌 소수인종은 지배적인 백인 우월주의 문화의 메시지를 자신들의 자리를 유지하기 위한 수단으로 내재화하기도 한다. 그렇게 함으로써 소수인종 집단의 구성원들은 자신도 모르게 백인들이 소수인종을 억압하기 위해 사용했던 문화적 인종주의를 자기 자신을 향해 실행하고 있다. 그런데 문제는 소수인종 집단이 아무리 노력해도 백인 우월주의의 문화적 가치를 자기 것으로 만들지 못하다는 것이다. 백인 아닌 사람이 백인이 되는 것은 불가능함에도 끊임없이 백인의 가치를 추구한다. 그러한 과정 속에서 소수인종들은 좌절하게 되고, 자신의 능력마저 과소평가하거나 스스로에 대한 믿음과 확신이 없어진다.

    예를 들어 흑인 여성들은 아름답다는 미적 기준을 어디에 두어야 하는지 상당히 혼란해 한다. 아프리카 흑인의 특징은 검은 피부와 곱슬머리를 가지고 있는데, 이것은 백인의 미적 기준과는 배치되는 것이다. 그래서 많은 흑인 여성들이 피부를 조금이라도 희게 만들거나 곱슬머리를 스트레이트 머리로 바꾸거나 염색을 하는 등 백인의 미적 기준에 맞추기 위해 노력한다. 그런데 그러한 미적 기준에 대해서 흑인여성만 그렇게 받아들이는 것이 아니다. 백인 남성, 백인 여성, 그리고 심지어 흑인 남성까지 흑인 여성에 대한 미적 기준을 백인의 특징과 얼마나 가까우냐에 두고 있다는 것이다. 따라서 가장 흑인 같지 않은 밝은 피부의 흑인 여성이 아름다운 여성으로 대접받게 된다. 이렇게 아이러니한 현상은 그렇지 않은 대다수 흑인 여성들이 자존감을 잃고 좌절하게 만든다.

    아시아계 여성들도 흑인 여성들과 마찬가지의 경험을 하게 되는데, 아시아계는 피부색 보다는 눈모양이나 코 모양에 더 신경을 쓰는 편이다. 특히 쌍꺼풀이 없는 눈을 가진 아시아계 여성들은 쌍꺼풀 성형수술을 하는 것이 미국에서 새로운 유행처럼 번지고 있다. 물론 눈의 쌍꺼풀은 백인들의 뚜렷한 특징이다. 그리고 백인처럼 코를 뾰족하게 높이고 턱 모양을 갸름하게 고치는 수술도 마다하지 않는다. 한국을 비롯하여 중국 일본 등 아시아 국가들에서도 이러한 수술들은 유행하는데, 이들 나라에서는 꼭 백인처럼 되려고 하는 것이 아니라 조금이라도 더 예쁘고 잘 나게 보이려고 하는 성형수술이라고 주장할지 모른다. 그렇지만 아름다운 얼굴의 기준이 되는 얼굴모양은 눈이 크고 쌍꺼풀이 지며, 코가 오뚝하고 턱이 날렵한 백인의 모습으로 표준화 되어 있는 듯하다. 미의 기준이 되는 얼굴모양은 백인의 다양한 문화가 이들 국가에 유입되어 하나의 표준적이며 바람직한 것으로 자리 잡게 되었기 때문이다.

따라서 내재화된 억압으로 소수인종에게 뿌리내린 백인 우월주의는 소수인종들의 자존감을 박탈하고, 소수인종 구성원들끼리의 관계에서도 백인의 가치를 더 많이 내재화한 사람과 그렇지 않은 사람들 사이에 갈등을 유발한다. 어린 아이들 때부터 사회화 과정 속에서 내재화된 억압은 아이들의 교육과 사회적 적응에도 부정적으로 작용할 뿐만 아니라 그들이 성장하여 어른이 되어서도 백인의 우월주의 문화를 당연한 듯 받아들이게 된다.

더 나아가 직장과 공동체에서의 백인들과의 협업(team work)에도 영향을 미친다. 백인의 가치를 제대로 소화해 내지 못하는 소수인종 구성원들은 일하는 능력마저 부족하다고 여기게 되어 자신감을 잃고 능력적인 면에서 두각을 나타내지 못할 수도 있다. 이러한 백인 우월주의를 비판하고 소수인종 집단에서 리더로 나서려는 사람은 백인 우월주의가 이미 내재화된 소수인종 집단의 구성원들에게 오히려 비난을 받을 수 있다. 왜냐하면 상당수의 소수인종 구성원들은 이미 백인들의 문화적 가치를 내재화하고 있고 그것이 지금 자신의 지위를 그나마 보존하는 이유라고 믿고 있기 때문이다. 따라서 백인의 문화적 가치에 도전하려는 시도가 자신의 인종, 문화적 집단에서 조차 전폭적인 지지를 받지 못하기 때문에 내재화된 억압에 따른 문화적 인종주의는 지속적으로 유지된다.

5. 백인 정체성(Whiteness)과 백인 우월주의(White Supremacy)

소수인종들에게 억압으로 작용하는 백인 우월주의(white supremacy)는 어떠한 모습으로 미국사회에 존재하는가? 공식적으로 그리고 표면적으로 백인 우월주의의 모습은 미국사회에서 더 이상 뚜렷하게 나타나지 않는다. 만약 명백한 백인 우월주의가 사회적 현상으로 나타나거나 법이나 제도 안에 포

함되어 공공연히 행사된다면 법적으로 제재를 받거나 심각한 저항에 맞부 딪히게 될 것이다. 또 한편 다양한 인종과 민족이 함께 사는 나라 중에 소수인종이나 민족에게 법적, 정치적, 사회적으로 미국보다 우호적인 나라가 없다는 주장도 설득력이 있게 들린다. 그렇지만 백인 우월주의는 여전히 미국 사회 곳곳에 존재하고 있고, 미국이 세계에서 소수인종/민족에게 가장 우호적인 나라라고 할지라도 그것이 미국사회에 더 이상 백인 우월주의가 없다는 것을 말해주는 것은 아니다. 오늘날까지도 미국 사회에서 백인 우월주의는 백인 스스로도 쉽게 눈치 채지 못할 정도로 자연스럽게, 그리고 백인들 안에서 내재화되어 실천된다. 그리고 미국 사회가 겪고 있는 거의 모든 사회문제들 속에 전방위적으로 침투되어 있다.

백인 우월주의의 존재 모습을 살펴보기 위해서 우선 "백인 정체성(whiteness)"이 무엇을 말하는지 그리고 어떻게 형성되었는지 알 필요가 있다. 백인(White)이 흑인이나 아시아인처럼 집단으로서 하나의 인종으로 여겨진 역사는 사실상 그리 오래되지 않는다. 유럽인들이 미국 땅에 처음으로 발을 들여 놓은 식민지 시대에서는 엄밀하게 말하면 "백인"이라고 규정되는 인종적 집단이 존재하지 않았다(Scott, 2012: 97). 유럽의 다양한 지역과 국가에서 들어 온 초기 이민자들의 피부색과 생김새는 크게 다르지 않았지만 당시 원주민과 대비되고 구별되는 하나의 인종집단으로 스스로를 여기지 않았다. 그것보다는 출신 국가, 사회적 계급이나 종교의 차이 등으로 이민자들 서로의 집단을 나누고 구분하였다. 백인 정체성은 역사적 시간이 지남에 따라, 그리고 사회 변화의 요구에 따라 발맞추어 형성되어 왔다.

19세기 중반 이전에는 실제로 하나 이상의 백인 인종이 존재한다는 것은 자연스럽게 받아들여졌다. 당시 수많은 백인들이 미국에 살고 있었지만 백인 집단 중에서도 어떠한 집단은 더 뛰어난 집단이고 또 다른 어떤 집단은 더 열등한 집단으로 여겼다(Painter, 2015). 대표적으로 같은 백인집단들 중에서도 색슨(Saxon)족은 지적이고, 열정적이며, 침착하면서, 프로테스탄트이고, 육체적으로도 더 아름다운 사람으로서 가장 뛰어난 사람으로 취급되었다. 그러나 반면 켈트(Celt)족은 멍청하고, 참을성이 없으며, 술주정뱅이에다 가톨릭이며 더 추한 모습을 가진 열등한 사람으로 규정되었다.

오늘날 두 종족은 구분하기 힘든 동일한 백인이지만, 당시 사람들은 색슨과 켈트는 서로 다른 기질을 가진 인종으로 여겼으며, 피부색은 단지 인종을 구분하는 여러 이유들 중 하나에 불과하였다. 19세기 중반 대기근으로 인해 아일랜드 사람들이 대거 미국으로 이민 오자 이들은 백인이면서 언어적 장벽도 없는 사람들이었지만 지배집단과는 확연히 다른 인종으로 취급되어 대표적인 차별 대상으로 억압받았다. 아일랜드 사람들의 등장으로 차별받던 켈트족 출신들은 더 뛰어난 북유럽 백인 인종집단으로 자연스럽게 흡수되었다. 이후 동유럽과 남유럽 등지에서 많은 사람들이 본격적으로 유입되기 시작하자 출신 지역과 국가별로 백인들은 다양한 인종으로 분류되고 새로운 인종 범주가 생겨나기 시작했다. 물론 이들은 같은 백인들이었지만, 그들 중 특히 유태인, 이탈리아와 그리스 출신들은 아일랜드인과 더불어 열등한 백인종으로 규정되었다.

제1차 세계대전이 일어나자 인종적 지배집단인 색슨 출신들은 더 큰 힘이 필요하게 되었고 "노르딕(Nordic)"이라는 새로운 인종적 범주를 만들어 독일계를 지배층으로 편입하게 되었다. 이때 수많은 독일계 사람들은 자신들의 성(姓)을 바꾸어 자신이 독일계 출신임을 알 수 없도록 하면서까지 지배 인종집단으로 흡수되었다. 그 이후 1960년 중반 이민법이 개정되어 중남미와 아시아 국가들에서 백인이 아닌 사람들이 대거 유입되고, 흑인 민권운동이 1950년대와 1960년대를 거쳐 확산되는 시기를 거치면서 소수인종들이 아시아계, 히스패닉계 등으로 집단적으로 구분되었다. 흑인들 스스로도 자신들만의 독특한 "흑인 정체성(blackness)"을 구체적으로 형성하게 되었다.

이때 이러한 소수인종 집단에 속하지 않은 다양한 유럽 출신 이민자들은 자연스럽게 자신을 "백인"이라는 인종적 집단으로 규정하기 시작했다. 그러나 하나의 인종 집단으로서 백인 집단은 다른 소수인종들이 자신의 정체성을 규정하는 것처럼 백인들을 통합시킬 수 있는 의미 있는 집단적 정체성으로 보기는 힘들다. 그것보다는 백인들은 어떠한 인종집단에도 소속되지 않은 중립성(neutrality)을 가진 집단으로서의 위상을 확보해 나갔다.

소수인종 사람들은 어느 특정한 인종집단에 스스로 소속되거나 아니면 사회적으로 소속되길 강요당하지만, 백인들만은 그렇지 않다. 미국에서 백인은 그냥 "미국인"으로 존재하지 다른 어떤 수식어도 그 앞에 붙지 않는다. 예컨대 아시아인 미국인(Asian American), 아프리카계 미국인(African American), 히스패닉 미국인(Hispanic/Latino American)으로 소수인종 출신들이 스스로를 그렇게 부르거나 그렇게 불리는 것은 자연스럽지만 "백인 미국인(White American)"으로 백인들을 부르는 경우는 거의 없다. 말하자면 백인은 어떤 인종 집단에도 속하지 않는 보이지 않는 인종, 말하자면 인종적 투명인간이다. 그건 마치 하얀색 도화지에 그림을 그릴 때 완성되지 않는 여백이 하얀색으로 남아 있더라도 화가는 그것을 하얀색으로 생각하지 않고, 색이 아직 칠해지지 않는 무색의 공간으로 인지한다. 이와 같이 백인은 흰색 피부를 뜻하는 것이라기보다는 색깔이 부여되지 않은 무색의 사람들이다. 그리고 백인 이외의 모든 사람들은 색깔 있는 사람들, 즉 유색인들(colored people)로 구분된다.

이와 같이 "백인"은 피부색에 따라 부여된 인종 구분 기준이 아니라 사회적으로 만들어진 구성물이다. 백인들의 대부분은 유럽에서 이주해 온 사람들이다. 유럽은 전통적으로 문화와 역사가 다를 뿐만 아니라 민족적 배경도 다양하다. 역사적으로도 국가들 사이에, 민족과 민족 사이에 싸움과 갈등 그리고 반목이 오랫동안 지속되기도 했다. 이렇게 다양한 국가와 민족 출신 사람들이 미국에 이주해 왔다는 이유만으로 인종적 동질성을 서로 찾아 백인이라는 정체성을 바탕으로 뭉치는 것은 결코 쉽지 않은 일이다. 그러므로 "백인"이라는 인종적인 개념은 사실 부유한 백인 지주가 자신의 권력을 유지하는 하나의 방편으로부터 유래했으며 그것이 백인들에게 내재화 되어 지속적으로 이어져 오고 있다는 논리는 충분히 설득력이 있다(Wise, 2008a).

식민지 시대 이후 소수의 백인 지주들은 노예, 자유를 찾은 흑인, 그리고 가난하게 살고 있는 유럽계 백인 이민자들 보다 수적으로 아주 열세였다. 소수의 엘리트 부자 백인들은 다수의 가난한 사람들의 반란이 가장 큰 고민 거리였다. 그들은 먼저 유럽계 백인 출신들이 노예들보다 더 높은 지위를 유지할 수 있도록 법적 제도적 장치를 위해 싸웠다. 사실 그러한 법이 가난한 백인들의 경제적인 지위를 실제적으로 높여주는 것에는 전혀 작용하지 못했다. 다만 계급적 지위의 차원에서 백인들을 상징적으로나마 "백인"이라는 틀 아래 단결할 수 있도록 하는 역할을 하였다.

그것보다 더 중요한 역할로는 유럽계 백인 엘리트들이 지배하는 사회 시스템 속에서 가난한 백인들이 자신들이 피해자가 아니라 권력의 수혜자라는 느낌을 갖게 한 것이었다. 빈곤한 처지에 놓여 있는 백인들일지라도 자신의 피부색은 부유한 백인지주에 더 가까우며 따라서 자신과 비슷한 처지에 놓인 가난한 소수인종들 보다 더 우월하다고 생각하게 된 것이다. 다시 말하면, 빈곤계층 백인들이 비록 힘들고 가난하지만, 적어도 그들은 "백인"이었고, 자신과 비슷한 처지에 놓인 소수인종들보다 자신이 백인이라는 사실이 더 나은 기회를 가져다주는 것으로 믿었던 것이다. 그래서 부자든, 가난한자든, 권력자든 그렇지 않든 간에 그리고 독일, 이탈리아, 아일랜드, 폴란드, 그리스 등 출신이 어디든 할 것 없이 백인이라면 누구든지 "백인"이라는 인종집단으로 동화되어 갔다. 그렇게 동화되는 만큼 자신들의 문화적 민족적 전통은 사라질 수밖에 없었지만 미래의 성공을 위해 유럽계 백인들

은 공동의 "백인"집단으로 흡수되는 것을 선택했다. 말하자면 백인들은 자신들의 특권과 문화적 정체성을 맞바꾸게 된 것이다. 이렇게 획득한 백인의 특권은 경제적, 정치적, 사회적 모든 영역에서 실행되게 되었고 백인 우월주의는 바로 여기서부터 시작되었다.

백인 우월주의의 특성 중 하나는 백인들은 그들의 특권에 철저히 얽혀있어 그들이 어떠한 특권을 미국사회에서 누리고 있는지 스스로 잘 알고 있지 못하다는 것이다. 그래서 많은 백인들이 소수인종/민족들에게 특혜를 주는 우대정책이나 민족 전통의 행사를 갖는 것에 불만을 표출하기도 한다. 예컨대 "흑인 역사의 달(Black History Month)"이나 "히스패닉 전통의 달(Hispanic Heritage Month)"과 같은 행사를 공식적으로 지원하는 정책들은 소수인종/민족들에게는 특혜인 반면 그러한 행사가 없는 백인들을 상대적으로 차별하는 것이라고 주장한다.

그러나 백인이야 말로 미국 그 자체이다. 학교에서 배우는 것은 누구의 역사도 아닌 다름 아닌 백인의 역사이고, 백인의 가치와 규범이며, 음악도 백인의 음악, 미술도 마찬가지이다. 하지만 그 어떤 경우에도 미국의 역사를 "백인의 역사", 미국인의 가치를 "백인의 가치", 음악을 "백인의 음악", 미술을 "백인의 미술"로 부르지 않는다. 그냥 모든 것이 백인에 대한 것이지만 백인의 전통은 너무나 당연한 것이고 자연스럽기 때문에 백인은 그것을 알아채지 못한다. 더구나 백인들은 현실에서 그들에게 주어진 기회가 미국에 있는 모든 인종과 민족 출신의 사람들에게도 동일하게 주어진 것으로 착각하고 있다(Wise, 2008b). 그러므로 미국사회는 평등하다고 의심 없이 믿고 있나. 그러한 잘못된 믿음으로 말미암아 소수인종이나 민족들에게 조금의 특혜라도 주어지는 정책이 실행되면 금방 좌절하고 반감을 가지게 된다. 만약 자신이 성공하지 못하거나 불행하다고 생각한다면 백인들은 자신의 처지에 대한 비난을 소수인종이나 민족으로 쉽게 돌리곤 하는데 그것도 바로 이러한 이유에서 비롯된 것이라고 할 수 있다.

　백인들이 스스로 내재화한 백인 우월주의는 결과적으로 보면, 빈곤계층 백인들에게 오히려 부정적으로 작용한다. 유명한 흑인 사회학자인 두 보이즈(W.E.B. Du Bois)에 따르면 가난한 백인 노동자의 처지는 가난한 흑인들과 다름이 없지만, 그들은 흑인들이 가지고 있지 않은 무엇인가를 가지고 있다. 그것은 바로 백인이라는 지위가 가져다주는 심리적 임금(psychological wage)이다(Du Bois, 1963). 백인의 심리적 임금이란 물질적인 취득을 넘어 스스로를 백인으로 인식함에 따라 얻을 수 있는 지위와 특권이 있다고 생각하는 것으로 일종의 백인 우월주의에 헌신하는 것을 말한다. 다시 말하면 실제적인 임금을 말하는 것이 아니라 백인이기 때문에 심리적으로 소수인종보다 자신이 더 많은 특권과 이익을 누리고 있다고 생각하는 것이다.

　따라서 심리적 임금은 백인들이 어떠한 정치적, 경제적 이익보다 "백인 정체성(whiteness)"의 가치를 무엇보다도 더 중요하게 생각하도록 만든다. 예컨대 심리적 임금은 비록 백인과 흑인 노동자들이 공동의 목표를 가지고 있다 할지라도 그들이 부유한 권력자들에 맞서 함께 연대해서 저항하지 못하게 하는 역할을 한다. 백인 노동자들은 흑인 노동자들과 함께 연대해서 투쟁했다면 자신들이 얻을 수 있는 이익과 자원이 더 클 수 있지만, 그것을 포기할지라도 백인들끼리의 연대만을 선택한다. 그 이유는 백인 노동자들 스스로 그들은 흑인 노동자들보다 더 높은 사회적 지위를 누리고 있다고 생각하기 때문이다. 그리고 흑인노동자들과 연대하게 된다면 자신의 지위가 흑인들과 같아져서 백인으로서 누렸다고 생각되는 특권들을 잃을 수 있다는 두려움도 작용한다. 결국 노동자의 연대는 실패하게 되고 부유한 자본가의 수입과 노동자의 수입의 차이는 더 커질 수밖에 없다. 미국의 노동운동이 유럽과는 달리 역사적으로 뚜렷한 성과를 나타내지 못한 것은 바로 다양한 소수인종 노동자들과 연대를 방해한 백인들의 심리적 임금의 영향이

크다고 할 수 있다.

백인 하층계급에 내재화된 백인 우월주의는 최근 "오바마케어"라고 흔히 일컫는 2009년부터 시작된 미국의 의료보험개혁 때도 뚜렷하게 나타났다. 전 국민을 대상을 하는 공공 의료보험 시스템이 존재하지 않는 미국은 공공 의료보험의 확대를 위해 의료보험 제도를 개혁하였는데 새로운 의료보험제도, 즉 오바마케어에 대해서 찬성과 반대 의견이 뚜렷하게 나누어졌다. 사실 오바마케어는 백인이든 소수인종이든 상관없이 저소득 계층 사람들이 제대로 된 의료보험 혜택을 누릴 수 있게 하는 것이다. 그런데 백인 빈곤 노동자계층 사람들은 오바마케어를 적극적으로 지지하기 보다는 개혁안에 인종적인 색깔을 칠하였다. 오바마 대통령이 백인이 낸 세금으로 흑인들을 도우려고 한다는 비판이 그것이다. 백인 빈곤계층들은 당장 받을 수 있는 혜택보다, 자신들이 흑인들과 구분되고 싶어 하는 욕망이 더 크다는 것을 알 수 있다. 다시 말하면 백인 우월주의가 가져다 줄 미래의 기회를 굳건하게 믿고 있는 것이다. 그 만큼 백인 우월주의는 미국 사회에 깊게 뿌리내리고 있다.

6. 차별의 형태

1) 상대적 박탈감(Relative Deprivation)과 절대적 박탈감(Absolute Deprivation)

차별을 이해하기 위해서 우선 상대적 박탈감과 절대적 박탈감을 구별하고 알 필요가 있다. 차별을 당한다는 것은 자신이 마땅히 가져야할 권리를 빼앗기거나 제한 받는 것이기 때문에 박탈감을 느끼는 것은 어찌 보면 당연하다. 그런데 권리에 대한 억압과 박탈은 항상 절대적인 것은 아니며, 여러 상황에 맞춰 변하기도 하고, 실제 박탈 정도 보다 과장되게 느껴지기도 하며 반대로 축소되어 받아들여지기도 한다. 소수자 집단이 비록 부족하지 않은 수입과 재산 그리고 교육적 기회와 사회적 지위를 누리고 있다고 할지라도, 그와 비슷한 조건에 있는 집단과 비교해서 상대적으로 자신이 누려야할 이익과 권리가 적다고 여긴다면 적게 여기는 만큼의 박탈감을 가지게 된다. 이러할 때 느끼는 박탈감을 상대적 박탈감(relative deprivation)이라고 말한다.

상대적 박탈감은 합법적인 기대수준과 지금 자신의 실제수준 사이에서 나타나는 차이 때문에 생기는 부정적인 의식적 경험이라고 정의내릴 수 있다. 예컨대 어떤 사람이 명문 학교를 졸업하고, 좋은 직장에 취업해서, 상당한 정도의 임금을 받고 있다고 하자. 그런데 그와 같은 학교를 졸업한 친구가 크게 성공하여 10배나 많은 수입을 올리고 있다면, 비록 현재 자신이 누리고 있는 것이 부족함이 없을지라도 친구와 비교했을 때 자신의 부족한 모습에서 박탈감을 느끼게 된다. 말하자면 상대적 박탈감은 다른 사람 혹은 집단과 비교했을 때 나타나는 박탈감이다.

상대적 박탈감은 비교 대상과 사회적, 심리적 관계를 맺고 있을 때, 물리적으로 같은 공간에 거주할 때, 일상생활에서 자주 접촉하는 관계일 때 더 뚜렷하게 나타난다. 한국에서 회사원인 사람이 미국 뉴욕의 흑인이 로또에 당첨되어 크게 부자가 되었다고 해도 그다지 박탈감을 느끼지는 않는다. 그렇지만 자신의 회사 동료나 이웃집 사람이 그러하다면 상대적 박탈감의 크기는 훨씬 더 클 것이다. 또한 상대적 박탈감은 자신과 비슷한 사람 더 나아가 자신보다 더 못하다고 생각되는 사람이 현재 자신과 비교해서 훨씬 많은 자원을 누리고 있을 때 더 커진다. 예컨대 초등학교 밖에 못 나온 사

람이 명문대학 출신자의 수입이 자신보다 훨씬 많다고 해도 그다지 박탈감을 느끼지는 않는다. 그러나 만약 그 반대 입장이 된다면 명문대학을 나온 사람의 박탈감은 클 것이다.

인종과 민족의 문제와 관련해서 미국의 소수인종/민족 출신 이민자들은 그들이 미국 사회에서 어느 정도 성공했다고 할지라도 상대적 박탈감을 가질 가능성이 크다. 대체로 미국으로 이주해 온 사람들은 자신의 모국에서의 여러 가지 처지가 어려웠던 사람들이 많다. 자신의 나라에서 안락한 삶을 살았다면 미국으로 굳이 이민 갈 이유가 없다. 그런데 미국에 이주한 후 열심히 노력해서 어느 정도 성취를 이룬 이주자들이 자신들이 살던 모국에서는 누리기 힘들었던 정치적 자유와 물질적 부를 얻을 수 있었다고 하자. 이전에 살았던 모국에서의 삶과 지금의 삶을 비교하면 훨씬 삶의 질이 나을 뿐 아니라, 모국에 남아있는 자신과 처지가 비슷했던 사람과 비교해도 더 나은 삶을 살고 있다. 그렇다면 그들에게 박탈감은 없어야 함이 당연하다. 그러나 미국에서 성공한 소수인종/민족 출신 이민자들은 여전히 박탈감을 느끼고 있는 사람들이 많다. 그 이유는 그들의 비교 대상과 기준이 바뀌었기 때문이다. 그들의 비교대상은 예전 자신의 삶과 모국에 살고 있는 사람들이 아니다. 그들의 새로운 비교대상은 미국에 살고 있는 사람, 미국에서의 삶의 기준이 된다. 그래서 그들의 삶이 상당한 정도로 나아졌을지라도 새로운 비교대상으로 말미암아 편견과 차별에 노출되기 쉬운 소수인종/민족 출신인 그들은 여전히 박탈감을 갖는 것이다.

한편, 박탈감이 항상 상대적인 비교를 통해 생기는 것은 아니다. 어느 사회이선 개인이나 가족이 살아가기 위해 필요한 최소한의 자원이 있이야 한다. 최소한의 자원은 다른 사람이나 집단과의 비교를 통해 결정되는 것이 아니라 절대적인 기준에 의해 정해진다. 고정된 절대적 기준에 미치지 못하여 인간다운 삶을 누리지 못하고 생존에 어려움을 겪는 사람들은 박탈감을 느낄 수밖에 없다. 이러한 박탈감을 절대적 박탈감(absolute deprivation)이라고 한다.

예컨대 집이 없이 떠돌아다니는 홈리스 사람들이 있다고 하자. 그들이 지하철이든 어디든 함께 서식하고, 비교대상인 그 주변의 사람들이 자신과 다 같은 처지라고 해서 박탈감을 느끼지 않는 것은 아니다. 매일의 생존이 위협받는 그들은 박탈감을 안고 살아가는 사람들이다. 또 다른 예로 아주 가난한 나라의 가난한 마을에 사는 사람들은 비교대상인 그 주변의 사람들이 다 자신과 같은 사람들이라고 해도 박탈감을 느낀다. 삶을 유지하기 위한 최소한의 절대적 기준에도 미치지 못하는 자원을 가진 사람들은 삶에서의 소외를 맛보는 박탈감을 가진다. 그러므로 절대적 박탈감은 생존과 직결된 것이라고 할 수 있다.

인종과 민족의 문제와 결부시켜 살펴보면, 오래전 미국의 흑인노예들이 가졌던 박탈감은 절대적 박탈감에 더 가깝다. 그 당시 백인과 비교했을 때 흑인 노예들의 삶은 비참하기 그지없었지만, 그들이 상대적 박탈감을 그렇게 느끼지 못한 것은 백인들이 그들의 비교대상도 아니었고 백인들의 삶이 비교기준도 아니었다. 노예의 운명은 당연하게 받아들여졌고 백인들은 그들이 도저히 비교조차 할 수 없는 사람들이었기 때문이다. 더구나 비교 대상이 될 수 있는 주변의 흑인들의 처지도 대부분 크게 다를 바 없었다. 그렇지만 노예의 삶은 인간이 누려야할 최소한의 권리와 자원을 박탈당한 것이었고 그렇기에 그들이 가진 박탈감은 절대적 박탈감이었다. 미국 이민의 역사 속에서도 이민자들이 처음으로 미국으로 건너와서 제대로 정착할 때까지 많은 사람들이 힘들고 어려운 시기를 겪기도 했는데, 이때 이들이 생존하기 위해 몸부림치면서 느꼈던 박탈감도 바로 절대적 박탈감이라고 할 수 있다.

그렇다면 인종과 민족에 대한 차별 때문에 소수인종과 민족 출신들이 겪

는 박탈감은 주로 어떠한 것일까? 결론부터 말하자면 상대적 박탈감과 절대적 박탈감 모두 다 겪는다. 차별 때문에 제대로 된 직장을 잡지도 못하고, 정치적, 법적 권리도 제대로 행사하지 못할 경우 소수자들은 절대적 박탈감을 겪는다. 그렇지만 이민자가 직장도 있고, 경제적인 형편도 나쁘지 않지만, 직장에서 자신보다 못하다고 생각되는 백인들에 비해 승진의 기회가 제한되거나 임금을 적게 받는다면 상대적 박탈감을 겪게 될 것이다.

그런데 지금 미국에서 인종차별 문제와 관련하여 더 크게 주목받고 있는 것은 절대적 박탈감 보다는 상대적 박탈감이다. 소수인종/민족 출신 이민자들 중 생존에 필요한 기본적인 수준이하에서 살아가고 있는 사람들이 여전히 많지만, 그 기준을 이미 넘어 비교적 괜찮은 삶을 살아가고 있는 소수인종 이민자들이 더 많다. 그러함에도 불구하고 자신의 삶이 차별에 의해 사회적으로 공정하게 대접받지 못한다고 생각하는 그들은 불만족과 불만이 생길 수밖에 없다. 이것에 기인한 상대적 박탈감은 자신의 처지와 지위에 상관없이 자신에게 차별을 한 기득권 집단을 대상으로 저항의 형태로 나타난다. 미국 역사 속에서 나타난 인종차별에 대한 저항이 본격화 된 것도 바로 상대적 박탈감 때문이다.

흑인 민권운동은 상대적 박탈감이 인종차별에 대한 저항으로 나타나게 된 좋은 예를 보여준다. 흑인들이 노예의 지위에서 훨씬 더 힘들고 어려운 상황에 처하고 있을 때, 다시 말하면 절대적 박탈감을 겪고 있을 때 그들을 차별한 백인들을 향한 집단적 저항은 뚜렷하지 않았다. 왜냐하면 절대적 박탈감의 상태에 있을 때는 서로 연대하여 저항할 수조차 없는 비참한 삶이었기 때문이었다. 그러나 흑인이 노예에서 해방된 후 자유를 찾게 되고 노예 시절과 비교해서 불평등의 그늘에서 상당히 벗어나 삶의 질이 크게 향상된 1950년대 후반부터 백인 기득권 집단에 저항하는 본격적인 흑인 민권운동이 시작되었다. 그 당시 흑인은 자유인이었지만 법적 제도적으로 흑인에 대한 차별이 여전히 미국 사회 전반에 횡행하였다. 그러므로 이미 자유인인 흑인들이 갖는 상대적 박탈감은 최고치에 이르게 되었다. 더구나 노예시대와 비교해서 상당한 정도로 사회적 자원을 확보한 흑인들은 충분히 연대해서 저항할 수 있는 잠재력을 가진 세력으로 등장할 수 있었다. 이러한 흑인 민권운동은 흑인 이외의 다른 소수인종들이 자신들을 향한 차별을 극복하기 위한 저항의 밑거름이 되었다고 할 수 있다.

이처럼 차별에 조직적으로 연대하고 목소리를 내는 것이 최악의 경제적 사회적 조건에 처해 있을 때가 아니다. 소수인종들의 차별에 대한 사회적 저항은 절대적 박탈감을 겪고 있을 때보다 상대적 박탈감을 경험하게 될 때 더 강력하게 나타난다. 사회적 자원에 대한 공평한 분배가 되지 않을 때, 그리고 그것이 인종적 차별의 결과로 나타났다고 여기에 되었을 때 저항은 시작된다. 물론 상대적 박탈감과 절대적 박탈감을 동시에 느끼게 되었을 때 자원분배의 공정성의 문제와 차별에 대한 저항의 강도는 가장 클 것이다. 차별에 대한 저항은 절대적인 차별의 실제적 양이 어느 정도인지에 따라서 나타나는 것이 아니라 얼마나 차별을 인지하느냐에 따라서 결정된다.

2) 총체적 차별(Total Discrimination)

특정 집단에 대한 차별은 현재 일어나고 있는 차별 현상에만 국한되지 않는다. 왜냐하면 현재 일어나는 대부분의 차별은 1회적이거나 일시적으로 일어나는 것이 아니라 과거로부터 누적되어 현재까지 나타나는 것이 대부분이기 때문이다. 다시 말하면 과거에서부터 오랜 기간 동안 소수인종 집단을 대상으로 누적되어 온 차별이 현재 그 집단의 구성원들 개인의 삶 전체를 통해 실현되고 되고 있는 것이다. 이렇게 과거와 현재에서의 차별이 합

쳐져서 나타나는 차별 현상을 총체적 차별(total discrimination)이라고 한다. 특히 교육과 직업의 기회 등에서 과거에서부터 소수인종 집단 구성원들에게 지속되어 온 누적된 차별은 그들을 대다수 백인들 보다 오늘날 더 열악한 상황에 처할 수밖에 없도록 만들었다. 그 결과 비록 뚜렷한 인종차별이 지금 당장 발견되지 않는다 하더라도 소수인종들은 이미 백인과의 공정한 경쟁을 할 수 없는 입장에 처하게 된 것이다.

총체적 차별이 어떻게 실현되는 것인지 흑인의 예를 통해 좀 더 구체적으로 살펴보자. 과거에 차별로 인해 상대적으로 적은 사회적 자원을 가질 수밖에 없었던 흑인들은 대부분 좋지 않은 환경 속에서 살아갈 수밖에 없었다. 물려받은 재산이 없는 것은 당연하고, 교육기회도 충분하지 않았으며 교육환경도 열악했기 때문에 상급학교로의 진학과 미래에 대한 카운슬링도 제대로 받을 수 없었다. 가난한 가족으로부터의 지원과 보살핌도 부족하였다. 이러한 결과 좋은 직장을 구할 수도 없었고, 성공에 대한 꿈도 없으며, 가장 하층계급에서 자포자기한 상태에 이르게 되었다. 이러한 흑인들은 게으르고 나태하며 신용과 희망이 없는 집단이라는 사회적 낙인이 찍히게 되었다.

한편 현재에도 흑인들에게 부과되는 보이지 않는 차별이 존재한다. 흑인들은 고용, 승진기회, 매장이나 주택의 임대, 은행 대출이자 등에서 비슷한 조건을 가진 백인들과 비교해서 더 불리한 입장에 처해 있다. 오늘날의 이러한 차별은 겉으로 명백하게 드러나는 것이라기보다 과거의 차별의 결과로 나타난 흑인 집단의 부정적인 이미지가 개인에게 재현되는 것이다.

예컨대 관련 연구에서 밝히듯 은행의 대출이자가 유사한 신용도를 가진 사람들 중 상대적으로 흑인에게 더 높게 적용되는 것은 전체적으로 흑인 집단의 신용도가 낮은 것이 흑인 개인의 대출이자 결정에 부정적으로 영향을 미쳤기 때문이다(Bocian et al., 2006). 이와 마찬가지로 고용이나 승진의 기회가 흑인에게 불리하게 작용하는 것도 흑인은 게으르고 나태하며 리더가 갖추어야 할 성품을 가지지 못하다는 흑인전체 집단에 대한 편견이 흑인 개인에게 부여되었기 때문이다.

은행이 신용도가 높은 고객에게 저리의 대출을 해주는 것이 당연하다. 회사로서도 회사 발전에 가장 적합한 사람을 선발하고, 회사의 운명을 맡길 제대로 된 리더를 가지는 것이 무엇보다 중요하다. 은행이나 회사의 이익을 무시하고 인종 차별로 인해 더 좋지 않은 결정을 하는 것을 원하지 않을 것이다. 그러므로 은행이나 회사는 이익을 실현하기 위한 가장 합리적인 결정을 하길 당연히 원한다. 그런데 흑인의 경우 과거에서의 차별의 결과와 그 결과에 바탕을 둔 현재의 편견과 고정관념이 하나의 사회적 사실로 받아들여져 개인에게 불리하게 적용되는 합리적 차별을 받게 된다. 결국 과거 차별의 결과 그리고 현재의 노동시장의 관행이 합쳐져서 흑인에게 총체적 차별의 결과로 나타난다.

흑인에게 부여되는 총체적 차별이 고용시장에서 어떻게 작용하는지에 대해서 페이저(Pager)의 실험은 보다 구체적이고 뚜렷하게 보여준다(Pager, 2003). 페이저의 실험은 이러하다. 위스콘신(Wisconsin)주 밀워키(Milwaukee)시에 있는 회사들 중 특별한 경력과 능력이 필요하지 않은 고등학교 이상 졸업자를 찾는다는 구직광고에 4명의 실험참가 대학생들이 응모하게 하였다. 실험참가 대학생들은 백인 두 사람과 흑인 두 사람으로 구성하고 모두 고등학교 졸업자 그리고 동일한 직업경력으로 설정하였다. 차이점이 있다면 백인과 흑인 참가자 두 사람 중에 한 사람은 18개월 동안 마약소지와 판매 혐의로 교도소에 다녀온 경험이 있는 것으로 한 것이다.

나중에 회사로부터 한번 보자고 연락이 온 비율을 보니 백인이면서 교도소 경험이 없는 사람이 34%로 가장 많은 연락을 받았고, 그 다음이 백인이면서 교도소 경험이 있는 사람이 17%, 흑인이면서 교도소 경험 없는 사람

이 14%, 가장 연락을 적게 받은 사람이 흑인이면서 교도소 경험이 있는 사람으로 단 5%만 연락을 받았다. 놀라운 사실은 백인이면서 교도소 경험이 있는 사람이 흑인이면서 교도소 경험이 없는 사람보다 더 많은 연락을 회사로부터 받았다는 것이다. 보통 교도소 경험은 구직을 하는데 있어서 큰 걸림돌로 작용한다. 그런데 백인의 특권은 그러한 장애물조차 능가할 정도로 뚜렷하게 미국 사회에 존재한다는 것을 페이저의 연구를 통해 알 수 있다.

반대로 흑인은 백인의 특권이 백인들에게 유리하게 작용하는 정도만큼 차별을 받을 수밖에 없다. 특히 과거의 좋지 않은 경력을 가지고 있는 흑인이 제대로 된 일자리를 갖는다는 것은 거의 불가능하다. 현재 미국의 교도소에 감금되어 있는 사람들 중 흑인의 비율이 38%에 이르고 있다는 생각을 하면 앞으로 이들이 사회로 나왔을 때 총체적 차별에 의해 어떠한 상황을 겪게 될지 쉽게 짐작할 수 있다(Federal Bureau of Prison 통계, 2016). 이러한 총체적 차별은 그 내용은 조금씩 다를 지라도 예로 들어 본 흑인뿐만 아니라 라티노와 아시아계 미국인을 포함한 소수인종/민족 집단 구성원 모두를 대상으로 부과되고 있다.

3) 제도적 차별(Institutional Discrimination)

일반적으로 인종적 차별은 소수자 집단의 개인에게 부과되는 것으로써 교육과 직업의 기회 등이 지배집단과 비교해서 차별에 의해 불평등하게 주어지는 것을 말한다. 그렇지만 차별을 개인적 차원에서만 다루는 것은 차별의 형식과 내용을 정확하게 밝혀내지 못하기 때문에 충분하지 않다. 차별은 순간적이고 일시적으로 드러나는 것이 아니라 역사적으로 또는 일정한 시간동안 축적되어져서 차별하는 사람과 차별을 받는 사람들의 개인 생애 전체를 통해서 서로에게 영향을 미친다. 그러므로 차별은 개인과 개인 사이에서만 일어나는 현상이 아니라, 역사적으로 사회구조의 다양한 제도 안에 녹아들어가 있어서 차별적인 제도가 소수집단 구성원들의 일상생활 속에서 보이게 또는 보이지 않게 작용한다. 특히 오늘날 미국에서는 개인과 개인 사이에 나타나는 직접적인 차별의 형태보다 다양한 제도와 사회구조 속에서 은밀하게 차별이 이루어지는 경향이 더 강하다. 차별의 기제는 다양한 사회구조와 제도 속에 역사적으로 녹아들어가 있기 때문에 일상적으로 사회의 여러 가지 제도가 돌아가는 것만으로도 특정 집단이나 개인의 권리가 박탈되거나 제한될 수 있는데 바로 이러한 차별을 제도적 차별(institutional discrimination)이라고 한다.

제도적 차별은 개인의 편견에 따른 차별과는 다르며, 지속되어 온 사회제도 속에 녹아 들어가 있는 불평등한 억압을 말한다. 이러한 차별은 노동시장, 교육, 사법정의, 의료서비스, 주택구입, 정부의 운영, 법과 관습 등의 제도 속에 다양한 형태로 존재한다. 예컨대 흑인이 노예에서 해방된 남북전쟁 이후에도 미국의 남부 여러 주에서 투표권은 상당한 정도의 인두세(poll tax)를 내거나 문자해독 테스트를 통과한 사람들에 한해서 주어졌다. 그런데 당시 인두세나 문맹자 투표금지 제도가 특정한 집단을 지칭하여 실시된 것은 아니었다. 그래서 무식하고 가난한 백인 노동자들도 투표권을 가지지 못하는 사람들이 많았다. 하지만 당시 흑인들은 대부분이 이러한 제한에 해당되었기 때문에 투표를 할 수 있는 흑인의 수는 아주 적었다. 그런데 이러한 제도는 백인에게도 동일하게 적용되었으므로 인종적인 차별을 근거로 해서 적극적으로 저항하기란 쉽지 않았다. 인두세나 문맹자 투표 금지제도는 당시 흑인의 권리 제한에 크게 영향을 끼쳤다. 그 결과 노예에서 해방된 흑인들이 사회적, 정치적 권력을 확보하지 못하고 지속적으로 하층집단에 머물 수밖에 없게 된 한 요인이 되었다.

　　제도적 차별은 명확하게 차별의 대상을 제도들 속에 드러낼 수도 있지만 미세하고 보이지 않는 형태로 존재하기 때문에 사회전체에 보다 용이하게 퍼져나간다. 몇 가지 구체적인 예를 들어보자(Healey, 2012; Schaefer, 2013). 일반적으로 객관적인 지능을 측정한다고 믿어지고 있는 IQ 검사는 백인 중산층 계급 아이들이 보다 쉽게 응답할 수 있는 문항으로 만들어졌다는 비판이 있다. 실제적으로 IQ 검사 결과는 백인아이들의 평균이 흑인들보다 훨씬 더 높게 나타난다. 만약 IQ 검사가 백인아이들에게 유리하게 만들어졌다면 IQ 검사에 바탕을 두고 흑인은 백인보다 지능이 떨어진다고 생각하는 사회적 믿음은 잘못된 것이다. 하지만 이러한 믿음은 흑인 집단 전체를 열등한 집단으로 낙인찍어 흑인들이 노동시장에서 백인과의 경쟁에서 불리하게 만든다.

　　같은 맥락에서 미국 공립학교에서 실시하는 적성검사가 백인 집단의 기준에 맞추어 만들어졌다는 비판이 있다. 그래서 상대적으로 백인 학생들은 학업적성검사에서 높은 점수를 받을 수 있는 반면, 흑인 학생들은 그러하지 못하다. 이 점수에 바탕을 두고 대학진학을 위한 수강과목을 결정해 왔다면, 겉으로 보기에는 모든 학생들에게 공정한 기준으로 적용되는 것 같아 보이지만, 흑인 학생은 대학진학에 더 불리할 수밖에 없다.

　　또 다른 예로 은행에서 신용등급을 평가하는 기준이 흑인들과 히스패닉들에게 상대적으로 불리하게 작용하여 그들은 사업을 시작하거나 운영하는 데 있어서 상대적인 어려움을 겪는다. 은행의 신용등급 기준 결정은 특정인종을 차별하거나 배제하기 위한 것이 아니다. 그러나 흑인들과 히스패닉은 상대적으로 낮은 경제적 자원을 가지고 있고, 신용등급 평가를 문제없이 통과할 신용 수준을 가지고 있지 않은 경우가 더 많다. 결과적으로 백인들 보다 높은 이자율이 흑인과 히스패닉에게 적용되어 사업을 시작하지 못하거나 경영에 어려움을 겪는다.

미국의 사법시스템에서도 제도적 차별이 곳곳에 배여 있다. 경찰부터 시작해서 판사까지 백인들이 가장 많은 자리를 차지하고 있다. 공정하고 민감하게 판단해야 할 사법시스템의 각 단계에서 백인들의 독점적 지위는 사법시스템 안에서 흑인이나 소수인종/민족들에게 불리하게 작용할 수 있다. 그것은 사법시스템 안에서 주요자리의 백인들이 흑인이나 소수인종에 대한 직접적인 편견이나 차별을 가한다는 의미가 아니다. 그것보다는 가난하고 척박한 지역에 살고 있는 흑인과 소수인종들의 문화와 일상생활을 백인들이 정확하게 이해하는 것이 어렵기 때문에 그들을 더 가혹하게 다룰 가능성이 높다는 것이다.

노동시장에서는 과거 마약거래 등을 해서 복역한 범죄 기록이 있는 사람들은 자동적으로 많은 직업군에서 배제된다. 이러한 채용 원칙은 인종적 구분 없이 모든 사람에게 동일하게 적용되어 공정하다고 생각되지만 흑인이나 히스패닉들에게는 불리하게 작용한다. 그들은 상대적으로 가난하고 어려운 환경에 어릴 때부터 처한 경우가 많다. 마약거래가 자신이 살고 있는 지역에서는 흔하게 하는 것이어서 별 생각 없이 한두 번 한 것이 단속되었을 때 그들은 마약사범으로 아주 중한 처벌을 받게 된다. 어릴 때의 작은 실수로 평생 제대로 된 직장을 얻을 수 있는 기회를 박탈당하는 셈이고, 이러한 일은 소수인종들에게 집중된다.

또 한편, 남부의 많은 주에서는 중범죄를 저지른 전과가 있는 사람에게는 비록 교도소에서 복역을 마쳤다하더라도 투표권을 영원히 박탈하는 법이 있다. 이 법 또한 특정 인종에게만 적용되는 법은 아니지만 흑인의 비율이 높은 남부의 주에서 이러한 법으로 인해 상당히 많은 수의 흑인들이 투표권을 행사하지 못한다. 한 예로, 2000년도 미국 대선에서 공화당 후보인 부시(George. W. Bush)와 민주당 후보인 고어(Al Gore)의 대결은 초 접전이었다. 플로리다 주의 선거 결과에 따라 대통령 당선자가 결정되게 되었는데 근소

한 차이로 부시가 이겨서 43대 대통령에 선출되었다. 그런데 그 표차가 2,000여 표 밖에 차이가 나지 않았고, 재검표에서 그 차이는 더 줄어들었다. 이 당시 플로리다 주에서 과거의 범죄기록으로 투표권을 행사하지 못한 흑인이 200,000명이 넘었다(Cooper, 2004). 대부분 흑인들은 민주당지지 성향을 가지고 있으므로 제도적 차별이 미국의 운명을 가르는 정치권의 향방을 바꾸어 놓았다고까지 말할 수 있다.

사회운동가인 카미컬(Stokely Carnichael)과 정치학자인 해밀턴(Charles Hamilton)은 이러한 제도적 차별에 바탕을 두고 나타나는 인종차별을 제도적 인종주의라고 일컬었다. 개인적 차별은 백인이 소수인종에게 가하는 명백한 차별 행위를 말하지만 제도적 인종주의는 소수 인종전체에게 집단적으로 그리고 겉으로 쉽게 드러나지 않는 방식으로 부과된다. 제도적인 인종차별의 존재를 사람들이 쉽게 인식하지 못하는 것이야 말로 제도적 인종주의가 지속으로 확산될 수 있도록 만드는 핵심적인 요인이다. 제도적 인종주의가 실행되는 영역에서는 차별의 가해자는 자신이 가한 차별을 쉽게 부인한다. 그리고 다른 사람들의 특권을 빼앗는 시도를 실제적으로 하지 않더라도 차별은 일어난다. 더 나아가 차별의 피해자도 자신이 차별을 받았는지 쉽게 깨닫지 못할 경우도 많다(Ture & Hamilton, 1992).

이같이 제도적 차별은 체계적으로 일어나고 눈에 쉽게 띄지 않는 경우가 많으며, 설사 발견한다 하더라도 차별에 저항하거나 대처하기가 쉽지 않다. 제도적 차별과 이에 따른 제도적 인종주의는 미국 사회와 제도 곳곳에 넓게 퍼져 있어 흑인, 라티노, 아시아계 등 소수인종들이 매일 견디며 살아갈 수밖에 없는 일상생활의 한 부분이 되고 말았다. 이러힌 것올 일컬어 "우드워크 인종주의(woodwork racism)"라고도 부른다(Feagin and McKinney, 2003). 백인들은 겪지 않는 일상생활에서의 크고 작은 인종차별에 대한 스트레스는 소수인종들에게는 만성이 되어 당장에는 큰 충격은 없을지라도 오랜 기간 동안 축적되어 쌓여서 결국에는 소수인종들의 삶을 황폐화 시킨다.

겉으로 보기에는 오늘날 미국 사회의 제도가 인종적으로 더 이상 차별 없이 중립적으로 모든 사람들에게 공정하게 적용되는 것 같이 보이고 실제적으로 그렇게 적용되고 있지만, 일상생활 속에서의 제도의 실행은 여전히 수많은 인종차별의 결과를 만들어 내고 있다. 미국사회에서 일어나는 대부분의 사회문제가 인종의 문제와 연결되어 있다는 것은 그래서 과장이 아니다.

7. 차별은 어떻게 발생하는가?

지금까지 차별의 다양한 형태와 미국 사회에서 실행되는 방식에 대해서 살펴보았다. 그렇다면 차별은 왜 일어나는가? 이 같은 근본적인 질문은 미국사회에 내재하고 있는 인종차별의 모습과 내용을 보다 구체적으로 알 수 있게 한다.

1) 노엘(Noel)의 가설

사회학자인 노엘(Donald Noel)은 서로 다른 두 집단 이상이 서로 접촉하는 상황이 되면 집단들 사이에서 자민족중심주의(ethnocentrism), 경쟁(competition), 그리고 권력의 차이(differential in power)가 작동한다고 설명한다. 그리고 이 세 요소가 작동하는 결과에 따라 집단 사이에 불평등이 나타난다고 주장하였다(Noel, 1968). 만약 세 가지 특징이 접촉상황에서 모두 발생한다면 지배집단과 종속집단이 발생하게 되고 여기서부터 종속집단에 대한 차별이 시작된다.

　　자민족중심주의란 다른 집단, 사회 또는 삶의 방식을 자신의 문화적 표준에 기준하여 판단하는 것을 말한다. 자민족중심주의가 없는 사회는 없다. 자민족중심주의는 공동체를 통합시키고 단합하게 하며 사회를 유지하기 위한 필수적인 요소라고 할 수 있다. 일상생활 속에서 국가, 사회, 공동체에 대한 자부심과 충성심, 희생정신과 협동의 많은 부분이 자민족중심주의에 터하고 있다. 이러한 중요성에도 불구하고 자민족중심주의가 과도하게 되면 공동체에 심각한 해를 끼칠 수 있다. 자민족중심주의에 기초하여 우리와는 다른 사람들이 구분되고 사회적 영역이 나누어진다. 그리고 우리가 아닌 다른 사람의 삶의 방식과 문화를 단순히 우리와 다른 것이 아니라 더 열등하고 저급한 것으로 취급하게 된다.

　　경쟁은 자원이 제한되어 있기 때문에 일어난다. 제한된 자원을 소유하기 위해 다투는 과정을 경쟁이라고 한다. 경쟁에서 이기기 위해서 항상 공정한 방식으로 다투는 것이 아니다. 경쟁 집단이나 개인에 대해서 부정적 편견을 퍼뜨리거나 적대적인 행위를 실행하여 자신이 자원을 취득하기 위해 모든 수단을 동원하는 일이 비일비재하다. 경쟁에서 이긴 집단은 지배집단이 되고 패배한 집단이 피지배집단 혹은 소수집단이 된다. 이러한 경쟁은 정치, 경제, 문화, 교육 등 사회의 모든 부분에서 매일 벌어지고 있는데, 경쟁이야말로 지배집단이 자신의 우월성을 유지하고 확립하기 위한 동기를 제공한다. 경쟁에서 자신의 우월성을 지키기 위해서 지배집단은 끊임없이 소수집단을 착취하고 통제하며, 지배하려고 하고 극단적으로는 제거하려고 시도한다.

　　두 집단 이상이 접촉하는 상황에서 나타나는 마지막 특징은 집단 사이에 권력의 차이가 존재한다는 것이다. 권력이란 다른 집단이나 사람들의 반대에도 불구하고 자신의 목표를 달성할 수 있는 능력이라고 할 수 있다. 집단의 권력은 세 가지 요인에 의해 결정된다. 첫째 다른 모든 조건이 동일하다면 수적으로 더 큰 집단이 더 큰 권력을 가진다. 둘째, 집단 안에서 구성원들이 훈련되고, 조직이 정비되고, 목적 달성을 위한 지도자들의 능력이 뛰어날수록 그 집단의 힘은 더 커진다. 셋째, 그 집단이 목적을 달성하기 위해 이용할 수 있는 토지, 재산, 돈과 같은 자원을 많이 갖고 있거나 그것을 쉽게 얻을 수 있는 집단일수록 권력은 더 크다. 물론 이 세 가지 요인들은 따로 독립적으로 존재하기 보다는 서로 밀접하게 연관되어 있다. 어쨌든 수적으로 더 많고, 잘 조직되었으며, 이용할 수 있는 자원을 더 많이 가진 집단의 권력은 더 크다. 이 집단들은 상대적으로 적은 수를 가지고 있고 덜 조직화되었으며, 적은 자원을 소유한 집단들에 대해서 자신의 의지를 관철시키기 위해 권력을 행사한다. 여기서 자신의 의지란 자신의 우월한 지위를 영속적으로 유지하기 위한 것을 의미한다.

두 집단 이상이 접촉하는 상황에서 자민족중심주의, 경쟁, 그리고 권력의 차이는 접촉상황의 형태를 결정하고 그럼으로써 불평등을 만들어 낸다. 자민족중심주의가 발현되면 집단들의 차이를 인식하게 되고 집단들 사이에 경계가 만들어지며 누가 지배할지가 결정된다. 경쟁은 제한된 자원에 대해서 자신의 몫을 최대한으로 챙기려하는 과정에서 발생해서 경쟁을 통해 지배집단이 소수집단을 통제하거나 자신의 힘으로 굴복시켜 자신의 우월성을 드러낸다. 권력의 차이는 지배집단이 경쟁에서 획득한 우월한 지위를 지속적으로 유지하도록 만든다. 다시 말하면, 자민족중심주의는 지배집단이 누구를 지배할지, 경쟁은 지배집단이 지배의 구조를 왜 유지해야 되는지, 그리고 권력은 지배집단의 의지를 소수집단에게 어떠한 방법으로 부여할지를 보여준다. 그러므로 노엘의 가설은 집단들의 다양한 접촉상황에서 소수자 집단이 형성되는 과정과 지배집단과의 관계가 어떻게 만들어져 가는지, 그리고 이를 통해 집단과 집단사이에 존재하는 차별의 구조와 형태를 구체적으로 파악할 수 있는 틀을 제공하고 있다.

2) 블라우너(Blauner)의 가설

사회학자인 블라우너(Robert Blauner)도 노엘과 같이 서로 다른 집단들 사이에 일어나는 접촉상황을 분석하였는데, 노엘과는 달리 지배집단과 소수집단과의 관계가 최초에 형성되는 방식에 따라 다르게 나타난다고 주장한다(Blauner, 1972). 그는 지배집단과 소수집단이 접촉하는 최초의 상황을 두 가지로 나누어 구분한다. 하나는 식민지에 의한 접촉상황이고 또 다른 하나는 이민에 의한 접촉상황이다. 그의 가설에 따르면, 식민지 상황에 의해 형성된 소수자 집단은 이민에 의해 형성된 소수집단들과 비교해서 더 많은 편견과 인종주의, 그리고 차별을 경험하게 된다. 더 나아가 이민에 의한 소수자집단보다 식민지에 의한 피지배 집단은 더 오랜 기간 동안 불평등한 지위에 처하며, 불평등한 지위를 극복하기가 더 힘들다는 것이다.

식민지 소수자집단(colonized minority groups)은 일반적으로 자신보다 군사적으로, 정치적으로 우월한 지배집단에 의해 정복되어 소수자집단으로 전락하게 된 것이다. 외부의 침입에 의한 식민지배가 자발적으로 이루어지는 경우는 거의 없으며 대부분 지배집단의 침입은 군사적, 정치적 권력이 동반된다. 이때 지배집단과 접촉한 상황에서 소수자들의 문화는 짓밟히고, 무력으로 억눌리며 철저하게 불평등한 지위로 떨어지게 된다. 최악의 상황은 소수자들이 노예로까지 전락하게 되는데, 이때는 소수자집단의 구성원들이 지배집단의 문화에 동화되는 것조차 허락되지 않는다. 따라서 소수자집단은 지배집단과 뚜렷하게 구별될 수밖에 없다. 특히 인종적 차이를 비롯하여 육체적인 특성이 지배집단과 다를 때에는 지배집단의 억압의 정도가 더 심해진다. 그러므로 식민지화 과정에서 소수집단이 되었을 때는 이민에 의한 소수자집단이 겪는 것 보다 더 많은 사회적 억압과 불평등을 경험하게 된다.

한편, 이민 소수자집단(immigrant minority groups)은 식민지 소수자집단과는 달리 지배집단이 있는 나라에 자발적으로 이주해 와서 소수자집단이 된 것이다. 그러므로 자신의 의지와는 상관없이 소수자집단으로 전락하게 된 식민지 소수자집단과는 지배집단과의 관계가 처음부터 다를 수밖에 없다. 이민자들은 본국에서 경제적 어려움, 정치적 억압이나 인권 탄압 등과 같은 좋지 않은 환경을 벗어나서 보다 나은 삶을 찾아 다른 나라로의 이주를 결정한 사람이 대부분이다. 따라서 그들이 소유하고 있는 자원은 제한적이므로 새로운 나라로 이주해 왔을 때 이주해 온 사회의 가장 열악한 자리에서 일하게 된다. 사회경제적 지위에서 가장 낮은 위치에 처하게 된 이민 소수자는 사회경제적 지위가 더 높은 지배집단 구성원에게 무시와 차별을 받기 쉽다. 그렇지만 이주하기 전 거주하던 나라에서 힘든 상황에 처해 있던 것보다는 새롭게 이주해 온 나라에서의 형편이 더 나을 수 있다. 그리고 적어도 어느 나라로 갈지, 어떤 도시에서 살지, 그리고 어떤 일을 할지 제한적이지만 선택할 수 있는 여지가 있기 때문에 식민지 소수자집단보다는 좀 더 나은 지위를 차지할 수 있다. 또한 이주한 지역에서 새로운 자원을 확보하기 위한 이민자 집단의 조직과 자원이 상대적으로 많고, 지배집단의 문화를 빠르게 받아들여 지배집단과 동등한 지위로 올라갈 수 있는 여지가 더 크다. 특히 이민자집단이 지배집단과 인종적으로 유사할 경우 지배집단과 소수자집단 사이의 경계는 빠르게 허물어진다.

　미국에서 식민지 소수자집단의 대표적인 예는 흑인과 원주민들이고, 이민 소수자집단의 전형적인 모습은 유럽계 이민자들이라고 할 수 있다. 흑인과 원주민들에 비해서 유럽계 백인 이주자들은 문화변용과 통합을 비교할 수 없을 정도로 적극적이고 신속하게 받아들일 수 있었다. 블라우너는 이와 같이 식민지 소수자집단과 이민자 소수자집단이 미국에 이주해서 백인 지배집단과 처음 접촉했을 때 만들어진 관계의 차이가 지속적으로 영향을 미쳐서 현재의 불평등과 차별의 결과를 가져왔다고 강조한다. 예컨대 사회적 불

평등을 가져오는 다양한 요인들이라고 할 수 있는 수입, 교육수준, 실업률 등에서 유럽계 이민자들의 후손들은 미국 전체의 평균과 크게 다름이 없다. 그러나 식민지 소수자집단에 속하는 흑인과 원주민들은 불평등의 정도를 알 수 있는 모든 측정치에서 전체 평균보다 훨씬 낮을 뿐만 아니라, 지배집단 문화와의 통합 정도도 더 떨어진다.

블라우너는 식민지 소수자집단과 이민 소수자집단을 양극단에 놓고 그 차이를 비교하면서 미국 사회의 소수자집단 중 이 두 집단의 형태에 전적으로 속하지 않고 두 집단의 특성을 함께 가지고 있으면서 두 집단의 중간 정도에 위치하고 있는 소수자집단이 존재한다고 제시하고 있다. 주로 아시아에서 이주해 온 사람들이 대표적으로 그 집단에 속한다. 이들은 식민지 소수자집단 보다는 더 많은 경제적, 문화적 자원을 가지고 이주하였고, 정착한 곳에서 더 많은 기회를 가질 수 있었다. 그리고 특히 경제적인 면에서 자신들이 가진 개인적 능력을 최대한 발휘하면서 지배집단의 문화를 적극적으로 수용해서 지배집단과 경제적인 자원에서는 거의 차이가 없을 정도까지 올라왔다. 그렇지만 백인 유럽이민자들과는 달리 지배집단과 인종적으로 뚜렷하게 구별되었고, 문화적인 거리도 더 멀었다. 아시아계 이주자들은 이러한 이유로 지배집단의 문화에 완전히 통합되지 못하였다. 아시아계 이주자들은 식민지 소수자집단 보다는 상대적으로 형편이 더 나을지라도 유럽계 백인 이주자들과 비교하면 더 많은 차별과 불평등을 경험하고 있다.

블라우너의 소수자집단의 이러한 유형화는 지배집단과 소수자집단의 관계를 파악하는데 큰 도움을 준다. 역사적으로 지배집단과 피지배집단의 관계에 기인하는 차별과 불평등의 경험이 소수자집단의 특징에 따라 어떻게 영향을 미치고 있는지에 대해서, 그리고 오늘날 소수자집단 별로 다르게 나타나는 차별과 불평등의 요인들과 결과를 살펴보는데 아주 유용한 사고의 틀을 제공하고 있다.

8. 합법적 분리(De Jure Segregation)

1) 짐 크로우 법(Jim Crow law)

　미국의 남북전쟁이 1865년 노예제도를 옹호했던 남부연맹의 패배로 끝난 후 오랫동안 흑인들을 억압하고 착취했던 노예제도가 사실상 폐지되었다. 남북전쟁 후 황폐해진 국가를 새롭게 건설하려는 재건시대(Reconstruction)가 노예의 해방과 인종적 평등이 이루어진 시대를 말하는 것은 아니었다. 남북전쟁에서 진 남부의 여러 주들은 흑인들이 노예에서 벗어나 자유인이 된다는 것에 많은 두려움이 있었다. 당시 북부지역은 상공업이 발달하였고 남부경제의 대부분은 면화사업을 중심으로 하는 농업경제였다. 산업화과정을 거치면서 북부지역의 상공업자들은 공장노동자가 필요했지만 남부지역의 대지주들은 면화농사를 지을 노예가 필수적이었다. 상공업자들은 필요한 노동력을 구하기 위해 노예를 해방시켜 값싼 임금 노동자로 고용하길 원했다. 그러나 남부의 대지주들은 노예제 폐지 전까지는 한 번 몸값을 주고 산 노예에게 임금을 줄 필요가 없었지만 노예제 폐지로 인해 임금을 주어야 하는 흑인들을 고용해야 하였기 때문에 큰 손해를 볼 수 밖에 없었다. 더구나 백인들은 자유인이 된 흑인들이 심리적으로 두려웠고, 또 그들이 백인 노동자계급과 경쟁하거나 같은 지위에서 생활하는 것을 받아들이기가 쉽지 않았다. 그래서 남부의 주들에서는 남북전쟁 후 사회의 혼란을 막고 질서를 유지한다는 명목으로 '흑인법(Black Codes)'을 제정하여 백인과 구분되는 흑인의 권리와 의무를 명시하고, 흑인들의 무기소유와 거래를 금지하는 한편, 술의 제조와 판매도 금지하며, 직업에서도 여러 제한을 두었다. 흑인법은 해방된 흑인의 자유를 제한하고 그들을 저임금 노동자로 살도록 몰아갔는데, 결국은 흑인을 '자유인이 된 노예'로 만들기 위한 것이었다.

　이러한 남부지역 주들의 시도에 대하여 북부지역이 중심이 된 연방의회는 1866년 수정헌법 제14조(Fourteenth Amendment)를 통과시켜 정당한 법적 절차를 거치지 않고 흑인의 생명, 재산, 자유를 박탈하지 못하도록 함으로써 흑인의 시민권을 보장하였다. 그러나 수정헌법 제14조에는 흑인의 참정권이 포함되지는 않았다. 인종이나 피부색, 과거의 노예여부가 투표권을 제한할 수 없다고 명시한 미국수정헌법 제15조가 1870년에 통과되자 흑인들은 비로소 참정권을 갖게 되었다. 당시 많은 흑인들은 투표자 등록을 하였고, 또 제법 높은 선출직에 당선된 흑인들도 생겨났다. 학교도 노예들에게 문호를 개방했고, 흑인들은 땅과 주택을 살 수 있게 되었으며, 개인 사업도 열 수 있게 되었다. 그런데 이러한 시기는 그리 오래 가지 않았다. 연방정부가 1880년대 남부에 파견했던 군대를 철수시키고, 당면한 여러 국가적인 문제로 남부지역에 대한 관리와 관심이 줄어들자 남부의 흑인들은 새로운 착취와 불평등의 상태로 빠르게 되돌아갔다(Healey, 2012: 182).

　남부지역에서 가장 강력한 권력을 가지고 있던 지배계급인 엘리트 대지주들은 노예제를 대체할 수 있는 새로운 사회시스템을 만들기 위해 많은 고민을 하였다. 노예제도를 합리화시키기 위해 사용했던 흑인들에 대한 편견과 인종주의는 오랜 기간 동안 남부지역의 문화적 전통으로 자리 잡았다. 그래서 노예해방 이후에도 흑인들에 대한 불평등과 착취는 남부지역에서는 아주 당연하고도 자연스러운 것이었다. 그들은 연방법에 위배되지 않으면서 노예제를 대체하는 새로운 제도를 고민하였는데 그 결과가 de jure segregation을 실시하는 것이었다. de jure는 라틴어로 '법에 의해서(according to law)' 또는 '법 안에서(in law)'라는 뜻으로 흑인과 백인의 분리를 합법적 제도 안에서 실시하는 것을 말한다.

　미국은 연방법 외에도 주법과 로컬 법(local laws)등이 따로 제정되어 있는데 미국인들의 일상생활은 대부분 주법과 로컬 법의 적용을 받는다. 미국 남부지역 11개 주는 1877년을 즈음하여 공공지역에서 흑인과 백인의 합법적 분리 실시를 주된 내용으로 하는 주법과 로컬 법을 제정하기 시작했다. 이 법은 남북전쟁 직후 남부지역에서 실시된 흑인법(Black Codes)의 연장선에 있는 법이었다. 이 법을 짐 크로우 법(Jim Crow law)이라고 하고 이 법에 기초한 제도를 짐 크로우 시스템(Jim Crow system)이라고 흔히들 부른다. 당시 백인 배우가 코미디에서 바보 같은 흑인을 연기하여 큰 인기를 모았는데, 극중 인물인 흑인의 이름이 짐 크로우였다. 백인들이 흑인들을 비하할 때 자주 사용하던 말이었다.

짐 크로우 법은 흑인을 지속적으로 차별하기 위해 만든 법으로 1965년까지 연방헌법에 위배되지 않고 실시되었다. 이 법의 골자는 모든 공공시설에서 백인과 유색인종은 분리되어 취급된다는 것이었다. 예컨대, 백인과 흑인이 같은 버스를 탈 수는 있지만 백인은 앞쪽 자리에 흑인은 뒤쪽 자리에 분리되어 승차하였다. 만약 흑인이나 유색인종이 백인의 자리에 앉을 경우 체포되어 재판에 넘겨졌다. 이러한 분리는 남부지역 사람들의 사회생활에 모두 적용되었다. 주거지를 비롯하여 직장, 가게, 식당, 공원, 극장, 스포츠 경기장, 버스, 기차 할 것 없이 모든 생활공간에서 흑인과 백인은 분리되었다.

그런데 이러한 차별법이 오랫동안 지속될 수 있었던 것은 미국 연방법원이 "플레시 대 퍼거슨 (Plessy v. Ferguson)" 재판을 통해 짐 크로우 법이 연방법에 저촉되지 않는다는 판결을 내린 것의 영향이 컸다(West's Encyclopedia of American Law, 2005). 플레시 대 퍼거슨 재판은 1890년 루이지애나 주에서 기차 등을 이용할 때 백인과 유색인종 분리법(the Separate Car Act)이 통과 된 후 이에 뉴올리언스(New Orleans)의 흑인과 혼혈인 그리고 백인들로 이루어진 시민단체(Comité des Citoyens-Committee of Citizens)가 이에 저항하는 것이 시발점이 되었다.

　이 단체는 혼혈 혈통을 가진 플레시(Homer Plessy)에게 기차를 이용하면서 새로운 차별법에 저항하도록 하였다. 플레시는 흑인 혈통이 1/8의 밖에 되지 않아 겉으로 보기에는 백인의 모습을 하고 있었지만, 당시 루이지애나 법에 의하면 그는 유색인종에 속하였다. 백인들만 이용할 수 있는 1등석 칸 표를 구입한 플레시는 승무원에게 자신의 혈통에 관해 알리고 백인 칸에 승차했다. 그러자 승무원은 플레시를 흑인 칸으로 옮기도록 하였다. 그러나 플레시가 거부하고 백인 칸에 그대로 머물자 기차에서 쫓겨나 체포되어 기소되었다. 이때 재판관인 퍼거슨은 루이지애나 주가 철도회사를 규제할 수 있는 권리가 있다고 판결함으로써 플레시는 벌금형에 처해지게 되었다. 플레시와 시민단체는 판결에 불복하여 항소하게 되었고 결국에는 연방법원의 판결을 받게 되었다. 이때 연방법원은 "분리되었지만 동등하다(separate but equal)"는 원칙 아래 있는 루이지애나의 인종 분리에 관한 법이 연방법을 위배하는 것은 아니라는 판결을 내리게 되었다(Groves, 1951). 1896년에 내려진 이 판결은 짐 크로우 법이 법적인 명분과 정당성을 가질 수 있게 되는 기초가 되었다.

　그런데 짐 크로우 시스템의 문제는 분리와 동등의 문제가 남자와 여자가 서로 다른 화장실을 동등하게 쓰는 것 같이 이루어지지 않았다는 것에 있다. 연방법원의 판결이 동등하다는 것에 방점이 더 있었다면, 짐 크로우 법을 실행한 남부의 주들에서는 분리를 더 강조했다. 따라서 흑인과 백인이 단순히 공간을 분리하여 사용하는 것이 아니라 흑인 전용 공간의 시설은 백인과 비교하여 아주 열악했으며 모든 면에서 불평등이 고착화되었다.

　흑인과 백인의 분리는 불평등의 싸이클을 만들었다. 흑인들은 미국의 주류 문화와 사회에서 배척되었고, 그럴수록 더 가난해 졌으며, 힘도 약해졌다. 하층계급으로 전락한 그들은 사회적 힘이 더 약해져서 저항의 능력을 상실하게 되면서 흑인들을 배척하는 불평등의 제도는 더 손쉽게 만들어지고 시행되었다. 예컨대 법정에서 손을 얹고 증인선서를 하는 성경도 백인과 흑인용을 구분해서 따로 사용하였고, 흑인과 백인이 함께 게임을 하면서 어울리는 것조차도 앨라배마 주(Alabama) 등에서는 불법이었다(Woodward, 1974: 118).

이러한 짐 크로우 법은 1955년 앨라배마 주 몽고메리(Montgomery)에서 흑인 여성 로자 팍스(Rosa Parks)의 상징적인 사건이후 흑인 민권운동이 본격적으로 불붙게 되자 그 효력에 심각한 타격을 받게 되었다. 로자 팍스는 퇴근길에 버스를 타게 된다. 그녀는 버스의 뒤쪽 흑인 자리 중 가장 앞자리에 앉아 있었다. 버스가 정류장을 몇 개 지나자 백인 승객들이 가득 찼고 그 중 몇 명은 자리가 없어서 서 있게 되었다. 이를 본 백인 버스기사가 흑인 전용자리를 알리는 안내판을 더 뒤쪽으로 옮기고 난 후 로자 팍스에게 백인에게 자리를 양보해 줄 것을 요청했다. 그러나 로자 팍스는 거부했다. 기사는 결국 경찰에 신고했고, 로자 팍스는 체포되었다.

이 사건은 흑인 민권 운동의 시작을 알리는 기폭제의 역할을 하였고 버스에서의 인종분리 좌석제는 폐지되었다. 성공적인 흑인 민권운동에 힘입어 1964년 인종, 민족, 여성과 출신 국가에 따른 차별을 금지한 시민권리법(Civil Right Acts)이 제정되고 그 이듬해 투표권에 관한 법이 제정되면서 결국 짐 크로우 법은 폐지되었다.

2) 짐 크로우 시스템과 흑인의 삶

남북전쟁이 1865년에 끝난 후 처음 1-2년간은 노예제도의 폐지에 따라 노예에서 해방된 흑인들은 자유인의 삶을 누리게 되었다. 그러나 남부지역에서 흑인들에게 이러한 자유의 시간은 그리 오래 가지 않았다. 앞서 살펴보았듯이 남부지역의 여러 주에서 흑인법과 짐 크로우 법이 잇달아 제정되

자 흑인들은 비자발적인 예속 상태로 떨어져 법적으로 노예는 아닐지라도 노예와 다름없는 삶으로 다시 돌아가게 된 것이다.

남부의 백인 지배집단들은 노예해방으로 그들에게 몰아닥친 노동력 부족의 문제를 소작제(sharecroping)를 통하여 해결하였다(Geschwender, 1978; Wilson, 1973). 노예제가 있을 때는 노예가 노동력이었기 때문에 대지주인 백인들이 직접 모든 것을 관리하였다. 그러나 대부분의 노동력을 상실한 대지주들은 직접 농사일을 관장하는 대신 자신의 땅을 다른 사람에게 빌려주고 수확기에 농산물이 시장에 팔리고 남은 이익을 나누는 방식인 소작제를 통하여 예전에 노예였던 흑인들의 노동력을 헐값에 이용할 수 있었다. 당시 흑인들이 해방은 되었지만 짐 크로우 시스템 안에서는 여전히 차별을 받아왔고, 과거 노예였던 상태에서 적합한 기술이나 능력을 갖추지 못했기 때문에 제대로 된 직업을 구할 기회를 갖지 못하였다. 결국 많은 흑인들이 예전 노예로서 농사짓는 일에는 익숙하므로 다시 농장으로 돌아갔는데, 토지와 자본도 없던 그들은 자연스럽게 소작농으로 전락할 수밖에 없었다.

아무것도 없었던 그들에게 백인 지주들은 살 수 있는 장소와 음식 그리고 옷 등을 제공했는데 그 비용을 수확 후 이익을 나눌 때 청구해서 받아내었다. 이익을 서로 나눌 때도 흑인에게 상당히 불평등한 비율로 나누었을 뿐만 아니라 흑인이 져야할 빚 등도 모두 계산해서 나누었기 때문에 실제로 흑인들이 가져갈 수 있는 이익은 아주 적을 수밖에 없었다. 게다가 회계장부 등을 백인 지주가 독점했으므로 흑인들을 속이는 일은 비일비재하였다. 이러한 불합리한 점들을 흑인들이 알면서도 짐 크로우 시스템 안에서 흑인들이 조직적으로 백인들에게 지항하는 것은 거의 불가능하였다. 백인 지주들의 부는 늘어가는 반면, 흑인들은 빚만 점점 커져서 채권자인 백인들에게 점점 예속될 수밖에 없었다. 이러한 상황에서 흑인들의 사회적 지위와 경제적 형편이 회복될 가능성은 희박했다.

짐 크로우 시스템이 실시되는 동안 북부지역보다는 한참이나 늦었지만 남부지역에도 산업화가 진행되고 있었다. 흑인 노동자들이 대부분 농업과 대지주의 집안 일을 돕는 하인으로서의 삶을 유지하였기 때문에 백인 노동자들은 산업화 과정에서 공장노동자로서 흑인들과의 경쟁을 피할 수 있었다. 직장에서의 일자리 분리도 가능해서 흑인노동자들은 적은 임금에 열악한 노동일에 집중하였고, 백인 노동자들은 상대적으로 고임금 일자리에서 일할 수 있었다. 산업화가 가져오는 새로운 일자리의 혜택은 백인들에게 거의 다 돌아갔다. 짐 크로우 시스템은 흑인들을 농업에 집중하여 종사하도록 몰아갔고 정치에서도 배제시켰으며 제대로 된 교육의 기회에서도 배제시켰다.

짐 크로우 시스템은 법적으로만 아니라 관습적으로 그리고 문화적으로 흑인들을 백인들에게 종속시켰다. 소위 말하는 인종에 따른 에티켓을 정교화 시켜서 흑인들이 따르게 하였다. 예를 들어 백인들에게는 "Mister"나 "Ma'am"과 같은 존칭을 이름 앞에 붙여서 부르게 하였지만, 흑인들은 그냥 이름만 불리거나, "Aunt"나 "Uncle"과 같이 편하고 쉬운 명칭으로 불렸다. 흑인들은 늘 겸손하고 공손한 태도를 백인 앞에서 취해야 하고, 모자를 벗어 예의를 표해야 했으며, 백인과 마주치면 눈도 아래로 깔아야 하였다. 이러한 예의가 흑인들이 지켜야할 기본 태도로 관습화되고 문화가 되어 누구든지 이러한 규칙을 깬 흑인들은 심하게 비난받거나 육체적인 폭력을 당하는 일이 비일비재 하였다. 한 통계에 따르면 불법적으로 흑인들이 1884년 이후 1900년에 이르기까지 죽음에까지 이를 심각한 폭력을 당한 일이 이틀에 한 번 꼴이 될 정도로 많았다고 한다(Franklin & Moss, 1994: 312; Hearley, 2012: 185). 흑인들을 체계적으로 종속된 지위로 몰아넣는 관습적인 차별은 백인들에게는 상대적인 이익을 가져다주었을 뿐만 아니라 이러한 체계가 일시적이 아니고 영속적으로 작용할 수 있도록 만들었다. 이 과정에

서 KKK(Ku Klux Klan)와 같은 조직적으로 흑인을 차별하는 집단들이 생겨나서 짐 크로우 시스템과 차별적 관습에 반발하거나 저항하는 사람에겐 누구든지 테러와 증오범죄를 일삼아 백인 우월주의를 지켜나가려는 시도를 하였다.

제3부 차별의 실제와 인종주의 극복

1. 이민과 차별

1) 최초의 미국인과 시민권 차별

미국은 이민자의 나라라고 흔히들 말하지만 미국 역사 속에서 최초로 이주해 온 사람들을 시작으로 1776년 미국의 독립혁명(American Revolution)을 통하여 영국으로부터 독립하여 국가를 건설할 당시에 이를 때까지 미국을 건립한 사람들을 미국인들은 개척자라고 부르길 좋아한다. 마치 백인들이 영국에서 이주해 왔을 때 아메리카 대륙에는 아무도 살고 있지 않았고, 허허 벌판을 개척하여 미국을 이룬 것 같은 느낌을 준다. 하지만 그 당시에 수많은 원주민들이 이미 아메리카 대륙에 터 잡고 오랫동안 살아 온 것은 주지의 사실이다. 어쨌든 미국인들은 미국이 건립된 후 미국으로 이주해 오는 사람들을 자신들과 분리했고, 신분과 권리에 제한을 두었다. 오늘날 미국의 백인 지배집단은 개척자의 후예로 자신들을 자랑스럽게 부를지언정 이민자의 후예라고 불리고 싶어 하지는 않는다.

스페인 사람들이 플로리다 주의 세인트오거스틴(St. Augustine)을 1565년에 그리고 영국인들이 버지니아 주의 제임스타운(Jamestown)을 1607년에 처음 건립한 이후 1700년대까지는 이민자의 수가 많지 않았고 대부분이 식민지 건설을 위해 잉글랜드에서 이주한 앵글로색슨계 영국인이었다. 이들의 대다수는 중하층 농민으로 새로운 땅에서의 경제적 기회를 위해서 이주하였다. 영국에서의 죄수들도 상당수 이주하였는데 미국으로 식민지 개척을 위해 이주할 경우 자유인으로 사면해주었기 때문이었다. 수적으로나, 정치, 사회적으로 가장 주된 세력으로 등장하게 된 앵글로색슨계 영국인들은 WASP(White Anglo-Saxon Protestant)으로 대변되는 그들의 문화를 미국의 주된 문화로 정착시켰다. 1790년 경 백인 인구는 3백만 정도 되었는데 영국 출신 사람들이 그중 60%를 차지하였다고 한다(Schaefer, 2013: 121). 그 이후 이민자들의 수가 급증함에 따라 영국계는 수적으로 그들을 능가할 수 없었지만 그럼에도 영국계 식민주의자들은 자신들이 만들어 놓은 기본적인 틀 안에서 주된 지위를 지속적으로 유지하였다. 국토를 개척할 인구가 절대적으로 부족했던 미국 건국초기에는 이민을 장려하였고, 5년 정도만 미국에 거주하면 시민권이 주어졌다.

미국이 1776년 건국되기 이전까지 유럽의 여러 나라에서 이주민들이 대거 유입되었는데 스코틀랜드계 아일랜드인(Scotch-Irish)과 독일계는 앵글로색슨계 영국인을 제외하고 이 시기에 유럽에서 건너온 가장 다수 집단이었다. 스코틀랜드계 아일랜드인은 당시 영국을 통치하던 왕인 제임스 1세가 아일랜드의 효과적인 정치적 지배를 위해 스코틀랜드인을 북아일랜드로 이주시키는 정책을 사용했는데 그때 스코틀랜드에서 북아일랜드로 이주한 사람들을 일컫는다. 이때 땅을 싼 값에 장기로 임대해주고 대부분이 개신교 장로교도인 스코틀랜드인에게 종교적 자유를 허락하는 등의 유인책으로 많은 스코틀랜드인들이 북아일랜드로 이주하였다. 그러나 북아일랜드의 척박한 환경 속에서 경제적으로 낙후된 생활을 유지하던 그들은 미국이라는 새로운 땅으로 대거 재이주를 하게 된다.

이 시기에 이주해 온 또 하나의 대규모 이주 집단은 독일 사람들이었다. 종교개혁의 발상지인 독일에서 이주한 사람들은 종교와 정치적 억압, 농사

지을 땅의 부족 및 경제적 어려움 등에 처해 있다가 새로운 삶과 땅을 찾아 나선 사람들이었다. 이들은 주로 중서부지역에 자리 잡고 농업을 중심으로 공동체를 형성하며 살아왔다. 그러나 비슷한 시기에 이주해 온 스코틀랜드계 아일랜드인 보다는 언어적, 문화적으로 앵글로색슨과의 차이가 훨씬 더 컸다. 앵글로색슨계는 독일 이주자들의 생활이 야만적이고 앵글로색슨 중심의 공동체에 반발한다는 이유 등으로 그들을 배척하였고 독일 이주자들은 첫 번째로 외국인 배척대상이 되었다. 그러나 시간이 지나면서 독일 이주자들은 영국출신들의 주류문화에 영향을 주고받으면서 동화되었고 미국의 주류 백인집단세력으로 등장하게 되었다.

스코틀랜드계 아일랜드인이나 독일인들은 이민 초기에는 다소 어려움이 있었지만 그럼에도 종교적으로 개신교도가 다수였고, 북서유럽출신에다가 백인들이어서 영국출신 앵글로색슨계와 종교적, 인종적, 문화적 유사성이 큰 집단이었다. 그런데 이 시기에 이들과는 완전히 이질적인 사람들이 미국으로 이주하게 되는데 흑인들이 바로 그들이다. 흑인들은 1600년대 초기부터 버지니아주 제임스타운에 본격적으로 노예로 수입되었다. 이후에 흑인들은 아프리카에서 대거 유입되었다. 그런데 그들의 이주는 자발적 이주가 아니라 노예로 잡혀져 온 강제적 비자발적 이주였다. 흑인은 미국으로 이주해 온 이주자들 중 유일하게 비자발적 이주를 한 집단이다. 흑인들의 대다수는 남부의 농장지역의 농장주들에게 팔려갔다. 1770년대 남부 주들에서 노예들이 차지하는 인구는 30%이상이 되는 곳이 많았고, 사우스캐롤라이나(South Carolina)주는 노예의 수가 전체인구의 절반이 넘었다.

흑인들의 수가 급증하자 특히 남부의 주에시는 흑인 노예들의 저항과 반란을 막기 위해 앞서 살펴보았듯이 흑인을 억압하는 다양한 법과 제도 그리고 관행을 만들었다. 흑인과 백인의 인종 간 결혼을 금지했으며, 자유로운 이동을 할 수 없게 하고, 흑인이 할 수 있는 직업을 규정함으로써 직업적 제한을 가했다. 더 나아가 백인인 노예의 주인이 노예의 생사여탈권을 가지는 곳도 있었고, 흑인은 사유재산을 소유하지도 못했으며, 교육을 받을 권리도 없었다. 백인에 대한 소송도 제기하지 못했고, 흑인들의 증언도 법정에서 받아들여지지 않았다. 물론 자유인 흑인으로 아무리 오랫동안 거주해도 시민권은 흑인에게 주어지지 않았다.

그렇다면 미국 건립 당시 최초의 헌법에 미국인은 누구라고 지칭되어 있을까? 결론부터 말하면 불명확하다. 그냥 "우리는 미합중국의 국민들(We the people of the United States)"이라고 명시되어 있을 뿐 국민(people)의 자격이 무엇인지 규정하는 명확한 내용은 명시되어 있지 않다(Foner, 2003). 단지 인간에 대한 두 범주가 규정되어 있을 뿐이었는데 하나는 원주민(Native Americans)이고 또 다른 하나는 "다른 사람들(other persons)"이었다. 다른 사람들이란 미국 아닌 다른 나라의 시민 또는 국민을 뜻하였다. 원주민과 다른 나라의 사람으로 규정된 사람들은 투표권이 없었으며, 공적인 자리에도 오르지 못했고, 의회에 진출하지도 못했다. 다시 말하면 미국 헌법에서 말하는 미국 시민이 가질 수 있는 특권을 전혀 누리지 못했다. 인디언이라고 불리던 원주민들의 인권이 당시 유린 되었던 것도 미국 헌법에서 보호해야 할 권리를 가진 사람들이 아니었기 때문이다. 이러한 사실 외에 미국 헌법에서 인종이나 성별의 차이에 따라 시민권에 대한 제한을 두는 규정은 존재하지 않았다.

그렇지만 미국 건립 후 세월이 지나는 동안 인종에 따른 시민권의 제한은 분명하게 존재하였는데 그것은 바로 초기 이민법에 의해서였다. 예컨대 1790년의 귀화법(The Naturalization Act of 1790)은 명확하게 인종을 미국 시민의 자격기준으로 삼고 있는데, 이때의 시민권의 기준은 "자유인인 백인(free white person)"으로 한정되었다. 미국 헌법에서 미국시민에 대한 규정은 1868년 수정헌법 제14조에서 미국 시민이란 "미국에서 태어나거나 귀화한

(naturalized) 모든 사람들"이라고 명시된 후에야 이루어졌다(Calavita, 2007). 다시 말하면 미국 시민은 미국에서 태어난 모든 사람, 그리고 미국에서 태어나지 않았지만 귀화한 사람들을 지칭한다. 이러한 법 개정에 따라 흑인 남자는 1870년에 투표권을 가지게 되었다. 그런데 인종을 불문하고 여성의 투표권은 그보다 한참 뒤인 1920년 수정헌법 제19조의 통과로 성별에 따른 시민권의 제한이 없어짐으로 인해서야 인정되었다.

미국에서 태어난 사람들은 모두 미국 시민이라고 헌법에서 인정한 것은 억압받던 흑인들이나 유색인종들에게는 그들과 그들의 자녀가 시민권을 가질 수 있게 되었다는 점에서 큰 의미를 가져다주었다. 그 이전에 노예들의 자녀는 미국에서 태어났다고 하더라도 시민권이 주어지지 않았고 1857년 드레드 스콧(the Dred Scott) 판결로 인해 그것이 합법화 되어있던 터였다. 그런데 문제는 귀화(Naturalization)에 있었다. 귀화란 외국인들에게 한 나라의 시민권을 부여하고 받아들이는 과정을 일컫는다. 그러므로 귀화는 이민자들에게 시민권을 부여하는 가장 중요한 방법이다. 그러나 미국 이민 역사 속에서 이민자들에 대한 시민권 부여는 인종과 출신국가 별로 차별이 뚜렷하게 드러난다.

2) 이민의 시기: 1820-1880년대

미국의 역사는 이민의 역사라고 해도 과언이 아니다. 현재 미국의 인구 중 인디언으로 불리어져 왔던 순수한 미국 원주민들이 거의 1% 수준에 머무르고 있다는 것을 생각하면, 오늘날 미국인들의 대부분은 이민자의 후예들이다. 그렇지만 콜럼버스 시기이전 백인들이 본격적으로 이주해 오기 전에는 아메리카 대륙에는 다양한 원주민 부족들이 자신들의 언어와 문화를 가지고 정착하고 있었다. 그렇지만 백인들의 눈에는 아메리카 대륙은 주인

없는 땅, 누구든지 개척하면 자신의 것이 될 수 있는 땅으로 보였다. 원주민들은 백인들에게 인권을 가진 사람으로 보이지 않았고 그래서 그들이 점유하고 있는 땅도 마찬가지였다.

역사적으로 원주민들의 수는 19세기 초까지 현저하게 줄어들었다. 그 이유는 백인들과의 전쟁에서 수많은 원주민들이 희생되거나 학살되었고, 백인들이 가져온 질병에 대한 면역이 제대로 되어 있지 않던 원주민들은 쉽게 목숨을 잃었다. 또한 가난과 기아에 허덕였고, 살고 있던 영토를 백인에게 빼앗기고 척박한 땅으로 강제로 이주되어 삶의 터전을 잃게 됨으로써 원주민들의 인구는 현저하게 줄어들게 되었다. 원주민들이 미국 시민권을 가질 수 있었던 것은 1924년이었으니 원주민들에 대한 백인들의 태도가 어떠했는지 알 수 있다(Foner, 2003).

인디언들을 몰아내고 동부 대서양 지역을 중심으로 비옥하고 풍요로운 땅을 초기 이민자들이 확보하게 되자 1820-1880년까지 19세기 중반 첫 번째로 대규모의 이민이 발생하였다. 이민이 실행되는 과정에서는 반드시 이민을 발생시키는 요인들이 있다. 이민자들이 자신의 나라를 떠나가게 하는 요인을 밀어내기 요인(push factor)이라고 하고 이민을 가고자 하는 나라에서 이민자를 오게 만드는 요인을 끌어당김 요인(pull factor)이라고 한다. 밀어내기 요인과 끌어당김 요인은 두 나라의 경제적, 정치적, 환경적, 종교적 요인 등 다양한 영역에서의 영향을 모두 포함한다. 그리고 이민자 한명이 이민을 하면 모국의 다른 이민자들을 지원하여 이민의 연결고리를 만들어 지속적인 이민이 이루어지는데 이러한 것을 체인 이민(chain immigration)이라고 한다. 실제적으로 이민자들에게도 누군가를 안다는 것이 정착 과정에도 상당히 도움이 되는 것은 사실이다.

당시 유럽은 농촌의 인클로저의 확산으로 인한 토지의 사유화로 공유지가 줄어들어 농사지을 땅이 줄어들게 되자 일자리를 잃은 농민들이 도시지

역으로 이주해 도시 빈민들의 인구가 급증하던 때였다. 동시에 산업혁명으로 인한 기술과 문명이 급격하게 발전하여 증기선이 발명되고 많은 사람들을 보다 싼 운임으로 빠르게 운송할 수 있게 되었다. 우편제도가 본격적으로 자리 잡기 시작하여 신대륙의 소식이 유럽에도 신속하게 전달되었다. 이민의 밀어내기 요인이 유럽의 좋지 않은 경제적 환경이라면 끌어당김 요인은 기술의 발전과 신대륙에서의 새로운 기회라고 할 수 있겠다. 이 당시 이러한 사회경제적 배경으로 말미암아 많은 유럽인들이 미국으로의 이주를 선택하게 되었다.

이 시기에 주로 이주해 온 사람들은 북서유럽인들이 대부분이었는데 이들 중 새롭게 등장한 뚜렷한 집단은 아일랜드인들이었다. 다른 북서유럽인들은 주로 서북부의 신도시 지역으로 이주하든지 아니면 농사를 짓거나 벌목업에 종사하는 등 비도시적 성격을 지니고 있었다. 그래서 동부 지역의 대도시를 장악하고 있던 앵글로색슨계가 중심이 된 지배집단과의 경쟁을 피할 수 있었다. 그러나 아일랜드인들은 주로 동부지역 항구도시나 시카고와 버펄로와 같은 운하가 있는 내륙 항구도시인 대도시 지역에 주로 자리 잡게 되면서 본격적인 차별의 대상이 된다. 아일랜드인들은 인종적으로 백인들이었고, 언어적으로도 영어를 사용하여 다른 북서유럽인들에 비해서 문화적으로 앵글로색슨계와 거리가 멀지 않았음에도 크게 차별을 받은 것은 다음과 같은 이유가 있기 때문이다.

첫째, 유럽대륙에서 영국과 아일랜드와의 사이가 좋지 않아서 영국 내에서 아일랜드인들은 큰 차별의 대상이 되었다. 따라서 영국계 앵글로색슨들이 아일랜드 이주자를 달가워 할 리가 없었다. 둘째, 이일랜드 이주자들의 종교는 카톨릭이었는데 이것은 한편으로 카톨릭의 억압으로부터 종교의 자유를 찾아서 온 지배집단인 프로테스탄트들에게는 배척의 대상이 될 수밖에 없었다. 셋째, 아일랜드인들의 이주가 대규모로 짧은 시간에 이루어져 기존의 미국사회가 그들을 수용하기에는 역부족이었다. 당시 통계를 보면 1820년에서 1860년 사이에 200백만 명 정도의 아일랜드인들이 이주하였는데 미국으로 이민 온 전체 이주자들의 30%가 넘는 수치이다. 특히 1840년대는 이민자의 절반이 바로 아일랜드인이었기 때문에 얼마나 많은 아일랜드인들이 미국으로 대거 유입되었는지 알 수 있다(Library of Congress 통계). 넷째, 대부분의 아일랜드 이주자들이 당시 아일랜드를 덮친 기근을 피해 이주해 왔기 때문에 가난하거나 병들고 교육 수준이 낮아 글을 읽지 못하거나 특별한 기술이 없는 농부나 노동자였다. 따라서 그들은 적절한 일자리를 찾기 어려웠기 때문에 술주정뱅이가 되거나 범죄자로 전락하는 경우가 많아서 기피의 대상이 될 수밖에 없었다. 당시 아일랜드인들에 대한 편견은 더럽고 폭력적이고 무식하면서 위험한 사람들로 비쳐진 것이었다. 마지막으로 기존의 백인 노동자들과 일자리를 경쟁하면서 값싼 노동력을 제공하는 아일랜드인들은 특히 백인 노동자들의 적대감의 대상이 되었다.

아일랜드인들과 비슷한 시기에 이주해 온 사람들로서 아일랜드인들 보다 더 제도적으로 그리고 법적으로 차별을 받은 이주자들은 중국인들이었다. 중국인들은 골드러쉬가 시작된 1840년대 이전에도 간간히 미국으로 들어왔지만 본격적으로 이주한 것은 골드러쉬 때였다. 이후 40년간 총 20만 명이 넘는 중국인들이 몰려 들어오게 된다(Schaefer, 2013). 중국인들이 이주하여 처음에는 캘리포니아 지역의 탄광 노동자로 많은 사람들이 일하였다. 그러나 외국인에 대한 차별법과 탄광 이익의 감소 등으로 어려움을 겪다가 1860년대 미국에서 대륙철도 건설이 시작되자 건설 노동자로 일하게 된다. 당시 두 개의 큰 철도 회사가 있었는데 하나는 유니언 퍼시픽(The Union Pacific)이었고 또 다른 하나는 센트럴 퍼시픽(Central Pacific)이었다. 유니언 퍼시픽에는 대부분의 노동자가 아일랜드인들이었고 반면, 센트럴 퍼시픽의 노동자의 90% 이상이 중국인들이었다(Schaefer, 2013). 철도건설 현장에서 중

국인들은 위험한 환경에서 일하면서도 저임금을 받았다. 게다가 대륙횡단 철도건설 사업이 1869년 종료되자 대부분의 중국인들은 일자리를 잃게 되었다.

제대로 된 일자리가 없는 중국인들은 도시로 몰려들기 시작했다. 샌프란시스코를 비롯하여 캘리포니아 주의 대도시에 그들은 공동체를 만들고 허드렛일 등을 도맡아하면서 세탁소 등과 같은 영세규모의 사업에 손대기 시작했다. 부지런하면서도 검소한 중국인들의 공동체는 점차 커져서 백인들의 눈에 쉽게 띌 만큼 성장하게 되자 이들에 대한 적개심도 커졌다. 특히 백인 노동자들은 낮은 임금조건에도 일해서 임금을 깎아내리는 역할을 하는 중국인 노동자들을 아주 싫어했다. 중국인에 대한 적개심은 전체로 퍼져나가기 시작해서 중국에 관련된 어떤 것이라도 혐오를 느끼는 현상인 자이노포비아(sinophobia-중국인 혐오증)와 그러한 사람을 일컫는 자이노포브(Sinophobe, 중국인 혐오자)라는 말이 생길 정도로 중국인에 대한 혐오가 사회적 현상이 되었고 정치화되기 시작했다.

이러한 중국인 혐오는 아일랜드인에게 가해졌던 것보다 더욱 심하였다. 중국인은 유럽인도 아니고, 백인도 아니었으며, 언어와 문화도 완전히 달랐고, 종교도 다르면서, 자신들만의 공동체를 뚜렷하게 이루고 있었을 뿐 아니라 백인 노동자들의 일자리 경쟁 상대였다. 말하자면 이방인이 가지는 적대적 특징을 중국인들은 모두 지니고 있었던 것이다. 당시 미국 땅에서 백인이 아닌 사람은 흑인이나 혼혈인, 그리고 원주민들이었는데 이들은 모두 노예이거나 그와 비슷한 처지에 있던 사람이 대부분이었다. 하지만 중국인은 백인이 아니면서 자유인으로 미국사회에 등장한 최초의 인종이었다. 그러므로 중국인이 백인이 아닌 동양인이라는 것이 이 모든 적개심의 원인을 하나로 만드는 촉매제임이 분명했다(Winant, 1994).

마침내 연방의회는 사회적 분위기에 따라 1882년 중국인 배척법(Chinese

Exclusion Act)를 통과시켰다. 이 법은 향후 중국인의 이민을 10년 동안 금지시키는 것이 주요 내용이었다. 그것뿐만이 아니라 중국인 이민자의 귀화를 금지하여 중국인들에게 시민권을 부여하지 않는 것이었다. 중국에 있는 배우자나 자녀들도 미국에 거주하는 아버지나 남편을 만날 수 없었다. 중국인들에 관해 허용된 것은 중국정부 인사나 교사, 관광객, 상인들이 일시적으로 미국을 방문하는 것이 전부였다. 중국인 배척법은 중국인들의 이주를 원천적으로 봉쇄하였다. 이 법이 제정된 후 10년이 지나 기한이 다되자 연방의회는 1892년 이 법을 10년 더 연장하였고 1902년이 되자 마침내는 영구적으로 중국인의 이민과 귀화를 금지하는 것으로 법을 개정하였다.

중국인들의 이민과 귀화금지는 1943년 매그너슨 법(Magnuson Act)이 통과되어 중국인 배척법이 폐지되기까지 지속되었다. 매그너슨 법 이후로도 중국인들은 1965년 이민법이 완전히 개정되기 전까지는 자산을 소유하거나 상업을 마음대로 할 수 없었다. 중국인 배척법은 미국 역사상 외국인의 이주에 대한 가장 강력한 차별법이자 특정 국가 인종 출신을 지정하여 이민을 억제한 유일한 이민법이었다.

중국인뿐만 아니라 비슷한 시기에 이주해 온 일본인도 배척의 대상에서 예외는 아니었다. 그러나 더 이상의 일본인들의 이민을 받아들이지 않는 대신 이미 미국에 이주해서 살고 있는 일본인에 대해서는 법적으로 차별하지 않는다는 내용으로 일본과 1908년 신사협정(gentlemen's agreement)을 통해 합의하였다. 일본인에 대한 적대감정은 그 이후로도 계속되었고 특히 2차 세계대전으로 일본과 전쟁을 시작하자 미국 내 일본인들을 수용소에 강제로 격리시키는 등 미국 내 일본인들을 억압하였다. 중국인이나 일본인이나 그들에 대한 차별의 요인은 다양하지만 그러한 차별의 조건들이 유럽인들과는 다른 동양인의 외모와 상이한 문화로 인해 여러 차별의 조건과 맞물려 동양인들에게 극대화 되었다.

3) 이민의 시기: 1880-1920년대

이민시기에서 1880년대에서 1920년대에 이르는 시기에 두 번째 이민의 큰 물결이 일어났다. 이전까지의 이민을 옛 이민시기(old immigration)라고 한다면 이 시기를 새 이민시기(new immigration)라고 부르기도 한다. 옛 이민시기가 주로 북서유럽의 이민자들로 이루어졌다면 새 이민시기는 남동유럽의 국가들에서 많은 사람들이 본격적인 이주를 시작했다. 유럽에 흩어져 있던 유태인을 포함하여 그리스, 이탈리아, 폴란드, 헝가리, 러시아 등지에서 온 이민자들이 그들이다. 이들의 문화는 이전에 이주해 온 북서유럽계 출신의 이주자들보다 앵글로색슨 중심의 지배문화와의 차이가 더 컸다. 따라서 이미 터 잡고 있던 지배집단은 새로운 이민 물결 속에 이주해 온 이민자들의 문화를 더 열등한 것으로 취급했다(Marger, 1992). 당시 정치적으로 또 경제적으로 남동유럽국가들의 처지는 좋지 않은 상태였지만 미국의 산업과 경제적 상황은 나쁘지 않아서 탄광이나 공장 등에서 비숙련 노동자들의 수요가 여전히 많았다. 이러한 밀어내기와 끌어당김 요인들로 인해서 남동유럽 국가의 많은 사람들이 보다 나은 경제적 기회를 위해 미국으로 이주를 결심하게 되었다.

그런데 새 이민시기의 이주자인 이들은 옛 이민시기의 이주자들과는 다른 점이 있다. 옛 이민자들은 미국으로의 이주가 새로운 땅을 소유하여 개척하고 새로운 삶을 시작하는 곳으로 여겼다. 그러나 새 이민자들은 미국을 자신들이 본국으로 돌아가서 보다 나은 삶을 살기 위해 돈을 버는 곳으로 여겼다. 실제로 이 시기의 이민자들 중 30%가 넘는 이수자늘이 본국이나 아니면 또 다른 나라로 다시 돌아갔다(Thistlewaite, 1991). 새 이민자들의 대부분은 돈을 벌기위해 왔기 때문에 대부분 도시지역에 정착하였는데 변변한 자본이나 기술이 없던 이들은 단순노동을 하거나 적절한 일자리를 찾지 못하는 경우가 많아서 도시 빈민으로 많은 사회문제를 발생시켰다. 또 한편, 새 이민자들의 종교는 카톨릭, 유태교, 그리스정교 등이 대부분이었다. 게다가 민족적 정서가 강한 새 이민자들은 민족 집단거주지(ethnic enclave)를 형성하고 집단적 유대를 강화하였다. 이러한 이들의 특징은 미국의 지배층인 앵글로색슨계 프로테스탄트(WASP)와 옛 이민자들이 새 이민자들을 미국의 정체성을 위협하는 존재로 여기게 만들었다. 이들은 미국 토착주의(nativism)에 기초하여 새 이민자들을 혐오하였고 이들에 대한 차별도 사회적으로 크게 발생하였다. 이러한 상황이 지속되자 1920년대 들어 이민을 통제하는 새로운 이민정책들이 만들어졌다.

4) 이민제한 정책: 1920-1960년대(The National Origin System)

남동유럽국가들에서 새로운 이민자들이 대거 몰려왔지만 당시 미국은 일차적인 개척이 마무리되어 가는 단계에서 새로운 개척지가 부족하였다. 그리고 주로 돈을 벌기 위해 미국으로 건너온 새 이민자들은 대부분 대도시에 자리 잡았다. 그러나 미국의 대도시들은 그들을 충분히 수용할 만한 사회경제적 토대를 갖추지 못한 상태였기 때문에 수많은 이민자들이 제대로 된 일자리를 잡지 못하고 도시의 빈민층으로 도심부 게토(ghetto)에서 거주하였다. 대도시지역의 많은 사회문제들이 이민자로 인해 발생하기 시작했으며 범죄율도 높아졌다. 그러자 미국은 본격적으로 이민을 통제하기 위한 정책을 만들어 적용하기 시작했다.

미국의 당시 이민정책은 "The National Origin System"에 기초하여 추진되었다. 본격적인 이민제한 법은 1921년부터 본격적으로 시행되었다. 긴급할당법(Emergency Quota Act)을 시행하여 전체 이민자수를 350,000명으로 설정하고 1910년 인구센서스 기준으로 현재 살고 있는 이민자들을 국가별로 나누

어 각 국가 당 이민자 전체 수의 3%로 이민자의 수를 제한하였다. 당시 미국에 살고 있던 인종과 민족의 분포기준으로 본다면 북서유럽인이 절대적으로 많았으므로 상대적으로 북서유럽인에게는 더 큰 할당이 되는 반면, 남동유럽이나 아시아를 포함한 그 외 지역의 경우 할당량이 적어 이민자의 절대적 수는 크게 감소할 수밖에 없었다. 결과적으로 당시 인구구조를 바탕으로 본다면 이민자 절대적 허용 수의 70%는 영국, 아일랜드 그리고 독일 이 세 나라 출신의 이민자들로 채워졌다.

이후 1924년에는 존슨-리드 법(Johnson-Reed Act)이라고도 불리는 새로운 이민법(Immigration Act of 1924)을 제정하여 기존의 할당비율을 3%에서 2%로 낮추었다. 그러나 기존의 할당이 미국 밖에서 태어난 이민자의 수를 바탕으로 할당 비율을 정한 반면, 새로운 이민법은 미국 안에서 태어난 사람들도 포함시켰기 때문에 기존 영국계와 독일계 아일랜드계 등 이민을 일찍 와서 세대를 거쳐 살고 있는 사람들도 할당에 포함되었다. 따라서 절대적 이민자의 수에서 북서유럽계 사람들의 비율은 상대적으로 더 올라간 반면, 그 외 사람들의 비율은 상대적으로 더 떨어지게 되었다. 게다가 아시아계의 귀화를 완전히 금지시켰다. 물론 중국인들의 귀화는 중국인 배척법에 의해 금지되고 있었지만 여기에 해당되지 않던 일본 사람이나 필리핀 사람들의 귀화 또한 금지시킨 것이다.

이러한 이민정책이 실시되자 이민자의 수는 현저히 줄기 시작했다. 1920년대 말 이민자의 수는 제1차 세계대전 이전의 4분의 1로 떨어지고 1930년대는 미국의 대공황과 맞물려 경제적 상황이 나빠지자 이민자의 수는 더욱 감소하였다. 특히 남동유럽출신이나 아시아계의 이민은 상대적으로 더 줄어들 수밖에 없었다. 그런데 이민정책이 의도한 바와는 달리 영국인들의 이민자수도 급격하게 줄어들었다. 왜냐하면 당시 영국은 산업혁명이후 경제가 새롭게 살아나기 시작하고 일자리가 늘고 안정되어 사회경제적 환경이 그리 나쁘지 않아서 다른 나라로 이주할 필요성이 그 만큼 사라졌기 때문이다. 다시 말하면 영국에서 이민의 밀어내기 요인이 크지 않았던 것이다.

따라서 영국인 이민자들은 그들에게 주어진 이민 할당을 모두 채울 수가 없었다. 하지만 남동유럽국가의 경우는 사정이 완전히 달라서 이민 오고자 하는 사람들에 비해 할당량은 턱없이 부족했다. 예컨대 영국인들에게 할당된 이민자수는 65,000명이었지만 대부분의 경우 이것을 채우지는 못했다. 하지만 이탈리아 이민자에게 주어진 할당량은 6,000명에 불과했지만 이민을 신청한 이탈리아 사람들은 200,000만 명에 달했으며, 그리스의 경우는 305명 할당량에 신청자는 100,000명이나 되었다(Schaefer, 2013: 127).

그렇다고 영국인이 채우지 못한 이민자 할당량이 다른 나라 사람들에게 돌아가는 것은 아니었다. 따라서 이민심사에서도 영국인은 전문기술의 여부나 교육수준 등에 상관없이 쉽게 이주할 수 있었다. 그렇지만 이탈리아나 그리스와 같이 등 할당량이 적고 이민 신청자가 많은 국가의 이민자에 대한 심사는 아주 까다롭게 진행되었다. 이 시기는 미국 이민의 암흑기라고 할 수 있다. 이민제한 정책은 대규모 이민으로 많은 사회문제를 만든 남동부유럽 출신 이민자를 제한하고, 아시아계 이민을 엄격히 금지하여 미국의 인종적, 문화적 동일성의 이상을 추구하고자 한 것이었다.

5) 새로운 이민법과 이민자의 구성변화: 1960-2000년대

이민 제한 정책인 1924년 이민법 시행이후 이민자의 수는 지속적으로 감소하였다. 제2차 세계대전을 전후로 하여 나치의 탄압을 피해 유럽에서 이주해온 이주자들 때문에 일시적으로 증가하긴 하지만, 전쟁이 끝난 후 대서양을 건너오는 유럽계 이민자들은 현저히 줄어들었다. 불안정하던 유럽이 점차 안정을 찾아가고 각 국가에서 전쟁 후 재건과 경제적 개발이 본격적

으로 시작되었기 때문에 유럽인들의 이민의 동기가 많이 사라졌다. 한편 미국은 대공황 이후 경제가 회복되고 세계대전이 끝난 후 새로운 산업의 부흥기를 맞이하여 산업노동력에 대한 요구가 점점 높아졌다. 또 한편, 국가별 이민 할당제는 이민의 기회에 있어서 인종과 민족을 차별하는 것이어서 지속적인 비난의 대상이 되어왔다. 특히 1960년대 미국 사회 전체에 걸쳐 일어난 시민권리운동(Civil Right Movement)은 차별적 이민법을 개정하는 촉매제의 역할을 하였다.

이에 1965년 새로운 이민법(The 1965 Immigration and Nationality Act-Hart Cellar Act)이 제정되었는데, 이 법안의 주요내용은 지금까지 국가별로 할당되었던 쿼터 시스템을 폐지하고 떨어진 가족들이 결합할 수 있도록 가족 초청에 이민의 우선순위를 두었다. 그리고 산업에 필요한 기술과 노동력을 가진 숙련된 노동자에게 우선적인 기회를 주는 것으로 이민 우선순위 카테고리가 조정되었다. 말하자면 가족의 재결합이라는 인권적인 측면과 노동시장의 요구를 충족한 경제적인 측면을 동시에 만족시키기 위한 것이었다.

새로운 이민법이 적용되자 이민이 증가하기 시작했고, 지금까지 할당제로 미국으로의 이민이 제한되었던 남동부유럽국가들 중 이탈리아, 그리스, 포르투갈 등 남부유럽에서의 이민자들의 수가 늘어나기 시작했다. 동유럽은 당시 냉전시기였고 공산권에 속한 국가들이 많았기 때문에 할당제의 폐지에도 불구하고 미국으로의 이주가 제한적이었다. 또 한편으로는 유럽이외의 국가인 필리핀, 인도, 한국, 멕시코 등 아시아와 라틴아메리카 지역에서의 이주가 급격하게 증가하였다. 베트남 전쟁과 캄보디아 내전으로 말미암아 많은 난민들이 발생하였는데 이들이 미국으로 이주한 시기도 여기에 속한다.

미국의 이민국 통계에 따르면, 1901-1940년까지 이주한 이민자의 비율 중 라틴아메리카 출신은 6%, 아시아인은 4%에 불과하다. 그러나 1980년대에 이르러서는 라틴아메리카 출신이 34%, 아시아인이 19%로 증가했고, 이때 유럽에서 온 이민자비율이 중남미와 같아졌다. 이후 2010년에 이르러서는 라틴아메리카 출신이 이민자 전체에서 44%를 차지하였고 아시아는 34%에 이르렀지만 유럽출신 이민자의 비율은 13%로 줄어들었다(Office of Immigration Statistics 2011). 최근의 통계에서는 라틴아메리카 이민자들의 비율은 감소하고 있는 반면 아시아 이민자들의 비율은 지속적으로 늘고 있음을 볼 수 있다. 2014년 이민국 통계에 따르면 합법적 이민자의 수는 여전히 멕시코가 134,052명으로 1위를 차지하고 있지만 인도(77,908명)와 중국(76,089명)을 합치면 153,997명으로 멕시코를 능가한다. 연이어 필리핀(49,996명), 베트남(30,283), 한국(20,423명) 등이 합법적 이민자 비율이 높은 아시아 국가들이다.

한편 인구센서스 조사통계에 따르면 미국 외에서 태어난 사람들의 분포가 1960년에는 라틴아메리카 10%, 아시아 4%, 유럽과 캐나다 합쳐서 84%이었다. 이민자 대부분이 백인이었다는 것을 알 수 있다. 하지만 2013년 통계에서는 멕시코(28%)를 포함한 라틴아메리카 출신이 52%를 차지하고 있고, 아시아가 26%이다. 반면 유럽과 캐나다를 합쳐서 14% 밖에 되지 않아 이민자들의 인종적 분포가 크게 변하였다는 것을 알 수 있다. 그리고 외국 태생의 절대적인 수도 1960년에는 970만 명 정도였는데 1990년에는 2,000만 명, 2000년에는 3,100만 명, 그리고 2013년에는 4,130만 명에 이르러 급격하게 이민자들의 수가 증가하고 있다는 것을 보여준다.

특히 아시아계의 이민자 비율은 점점 증가하고 있는 추세여서 퓨 리서치 센터(Pew Research Center)는 미국 이외 다른 지역에서 태어난 사람들의 비율에서 아시아 출신들이 2055년경에는 가장 큰 집단이 될 수 있을 것으로 예측하고 있다. 따라서 1965년 이민법 개정 이후의 이민은 그 이전 시기의 이민과는 전혀 다른 국가들로부터 이루어졌고, 미국 이민자들의 인구비율과

미국의 인구구조를 완전히 바꾸어 놓았다.

새로운 이민법은 이민에 관한 인종, 민족, 국가에 따른 차별을 원천적으로 제거했다는 점에서 의미가 있다. 이렇게 미국으로의 이주가 어느 정도 자유로워진 상태에서 정치적 경제적 어려움을 겪고 있던 라틴아메리카와 아시아국가 들의 많은 사람들이 개인적인 자유와 경제적 기회를 찾아 미국으로 이주하기 시작했다. 그리고 이러한 흐름이 새로운 이민의 물결로 나타난 것이다. 또한 1990년 소련이 붕괴하고 소련의 위성국이었던 동유럽과 아시아의 국가들이 공산주의 체제에서 벗어나 독립을 시작하자, 혼란한 정세 속에서 과거 공산주의 국가로부터의 이민자들도 여기에 가세했다.

이전의 이민자들이 주로 가난하고 기술이 없으며 교육수준이 낮은 사람들이었던 반면 1965년 이후에 이주해 온 이민자들은 다양한 계급의 사람들이 섞여 있었다. 교육을 받지 못하고 숙련된 기술이 없는 사람부터 높은 교육수준의 전문직 종사자들까지 다양하였다. 쿠바를 제외한 라틴아메리카 이민자들은 주로 본국에서 사회경제적으로 하층계급에 속한 농촌지역에서 생활하던 사람들이었다. 그러나 이민 후에는 도시지역에 자리 잡아 제대로 된 직장을 잡지 못하고 적응에 어려움이 많았다. 그러나 아시아 국가들에서 온 이민자들은 본국에서 근대적인 교육을 받은 사람들이 많았고 도시 근로자였으며 전문 직종에 취업할 수 있는 능력이 있는 사람들의 비율이 상대적으로 더 높았다.

이 시기 이주자들의 미국 내 정착지도 이전의 이민자들과는 다르다. 과거의 이주자들은 유럽계로서 대서양과 인접해 있는 동부해안에서부터 시작해서 중서부로 그리고 서부지역으로 진출해 나갔다. 그러니 이 시기의 이민자들은 태평양과 인접한 서부지역이나 멕시코와 경계가 있는 남서부 지역에, 그리고 대도시 지역에 주로 자리 잡았다. 캘리포니아, 뉴욕, 플로리다, 텍사스 주등이 이민자들이 주로 많이 거주하고 있는 지역들이다. 그리고 이 지역 안에서도 메트로폴리탄 중심도시에 거주하고 있는 비율이 43.3%나 된다. 미국 전체 인구 중 이 지역 거주자가 27%인 것과 비교하면 이민자들의 도시선호 정도를 알 수 있다. 마이애미, 로스앤젤레스, 샌프란시스코, 샌 호제(San Jose), 뉴욕 등과 같은 대도시들은 이민자들의 인구가 도시 전체 인구의 3분의 1이 넘을 정도이다.

또 한편, 1965년 이후에 이민 온 라틴아메리카와 아시아 출신들은 이전의 이민자집단들과 비교해서 지배계층인 영국계 이민자들과는 인종적 문화적 배경의 차이가 더 크다. 이러한 차이점은 문화의 다양성이나 다원주의의 측면에서는 긍정적인 효과를 가질 수 있지만, 사회적 통합에는 걸림돌이 되었다. 언어적 장벽이나 차이도 무시할 만한 것은 아니었다. 왜냐하면 좋은 직장을 잡기 위해서 영어 사용은 필수적으로 요구되었기 때문이다. 그러므로 유럽계 이민자들에 비해 미국의 지배문화에 이 시기의 이민자들이 쉽게 동화되기는 어려웠다. 그래서 나름의 민족 집단거주지(ethnic enclave)를 만들기 시작했고, 그것은 이민자들을 쉽게 미국 사회에 정착시키고 이민자 사회를 하나로 통합시키는 중요한 역할을 하게 된다. 그러나 동화되지 않은 이민자들과 공동체는 한편으로 백인 지배집단의 경계와 두려움의 대상이 되기도 하였다.

한편, 최근에 이민 온 이민자 집단일수록 이민자 집단들 간의 사회문화적 이질성이 더 크다. 라틴아메리카 출신의 이민자는 크게 멕시코 계와 그 외의 다양한 국가들로 나눌 수 있다. 비록 멕시칸이 라틴아메리카 이민자들의 절반 정도를 차지한다고 해도 나머지 라틴아메리카 국가들의 이민자들과는 문화적 배경이 다르다. 그리고 라틴아메리카에 속한 다른 국가들끼리도 정치적, 사회적, 문화적 배경이 크게 다르다.

아시아 국가들에서는 더 큰 차이가 난다. 브라질을 제외한 라틴아메리카 출신 이민자들은 스페인어를 사용하기 때문에 최소한 언어적 공통성이 있

다. 그러나 아시아 국가들은 언어적으로도 문화적으로, 그리고 인종과 민족적으로도 크게 다르다. 예컨대 인도와 한국, 중국과 이란의 문화는 유럽 국가들과의 문화적 차이보다 더 크다고 할 수 있다. 게다가 아시아계 이민자들과 라틴아메리카계 이민자들 또한 문화적으로 크게 다르다. 그러므로 이민자들 간의 통합과 유대의 정도는 상당히 약할 수밖에 없다.

이전의 백인 유럽계 중심의 이민자들은 상대적으로 수월하게 지배집단의 문화에 동화되거나 통합되어 언어적으로나 문화적으로 하나의 유럽계 백인 문화를 구축하였고, 이것이 미국의 지배문화가 되어 문화적으로 통합되어 있다. 따라서 백인들의 인구분포가 상대적으로 줄어들고 백인이 아닌 이민자들의 인구가 증가한다고 해도 권력이나 사회적 자원이 비백인 이민자 중심으로 쉽게 옮겨 갈 수 있는 것은 아니다.

그렇지만 20세기 후반까지 라틴아메리카와 아시아로 부터 단기간 엄청난 규모의 이민자가 발생했고, 전체 인구에서 차지하는 백인의 비율이 감소하는 추세는 미국 사회에 새로운 변화가 일어날 수 있음을 암시한다. 여전히 백인이 미국 전체 인구비율에서 다수를 차지하고 있지만 대도시 지역을 중심으로 백인 비율이 과반수가 안 되는 곳이 점점 많이 생기기 시작하고 있다. 흑인들은 그들이 주로 몰려 사는 대도시 지역에서 정치적 권력을 가지기 시작했으며, 공무원이나 공공영역으로의 진입 비율도 뚜렷하게 성장하고 있다. 흑인보다 인구가 더 많으면서도 라티노 밀집지역인 남서부 지역에서 조차 정치적, 경제적 두각을 나타내지 못했던 히스패닉들은 이제 본격적으로 결집하기 시작해서 현실 정치에서 더 이상 무시하지 못할 정도의 영향력을 가지고 있다. 아시아출신 이민자들은 특히 전문적인 분야로의 진출이 뚜렷하여 경제적인 입지가 점점 더 커지고 있는 중이다. 그러므로 이민자에 의해 세워진 미국이 새로운 이민자들에 의해 어떻게 변해갈지 지켜 볼 필요가 있다.

2. 이민으로 인한 이슈와 영향

1) 이민자 개인적 차원의 이슈

미국의 인종적 민족적 분포는 1965년 이민법 이후 보다 더 다양해졌다. 백인이 아닌 사람들의 인구가 지속적으로 증가하고 있고, 한편으로는 이들의 새로운 등장에 백인집단의 두려움도 커지고 있다. 사회의 다양한 영역에서 비백인 집단의 영향력과 권력은 인구의 증가에 비해 아직은 그리 크지 않지만 이민으로 인한 다양한 이슈들이 제기되고 있는 것 또한 사실이다.

먼저 이민자 개인의 특징에 관한 문제이다. 이민자들이 이주하기 전 본국에서의 사회경제적 지위는 그리 높지 않은 사람들이 대부분이다. 예를 들어 유럽 각 지역에 흩어져 살고 있다가 1965년 이민법 개정이후 대거 미국으로 이주한 유태인들은 자신들이 살던 국가에서 주변적인 지위에 있었고, 억압의 대상이었다. 자신들의 국가에서 살기 좋은 위치에서 잘 살고 있는 사람들이 환경과 문화가 낯선 곳으로 이민해 가는 일은 드물다. 물론 국가별 상황이 조금씩 다르기는 하다. 자신의 의지와 상관없이 이주할 수밖에 없었던 흑인, 베트남, 캄보디아, 쿠바 등의 난민은 예외적이다. 그렇지만 현재 가장 많은 이민자들이 이주를 하고 있는 멕시코를 비롯한 라틴아메리카 이주자들의 본국에서 사회적 지위는 대부분 중하층이다. 필리핀은 그것보다 좀 더 나아서 중산층 정도의 경제적 여유가 있는 사람들이 더 나은 삶을 위해 미국으로 이주한다. 최근 중국인들의 이주도 상당한 정도 재력이 있는 사람들이 포함되어 있다. 그렇지만 일반적으로 이민자들의 본국에서 사회경제적 지위는 그리 높지 않다.

그렇다고 해서 이민자들의 사회적 지위가 본국에서 최하층 빈민들은 아니다. 미국으로 합법적인 이민을 오기 위해서는 이민에 적절한 자격, 말하

자면, 투자를 하든지, 직업을 가지든지, 아니면 가족의 연고가 있든지 등과 같이 기본적인 사회경제적 자산을 소유하고 있어야만 되기 때문이다. 미국 이민국 통계에 따르면 2005년부터 2014년까지 보통 한 해에 100만 명 내외로 합법적으로 이민자들이 받아들여졌다. 이민 자격에 대한 비율도 매년 큰 차이가 없는데 2014년의 경우를 보면 가족초청과 관련한 이민이 전체 63.5%, 직업 관련이 15%, 난민이나 정치적인 요인들에 의한 경우가 13.7%, 이민 신청자 중 이민자 비율 아주 낮은 국가 출신들을 대상으로 추첨을 통해 배정된 다양성 이민이 5.3% 그리고 기타 2%를 차지하고 있다. 가족의 지원을 받을 수 있거나 직업을 가질 수 있는 정도의 최소한의 수준이 되는 이민자가 전체 중 78.5%나 된다. 말하자면 이민자의 대부분은 최소한의 사회적 자산을 가지고 있는 사람들이라고 할 수 있다.

그러나 이민자들이 미국으로 이주한 후 낯선 환경과 문화적 장벽을 이겨내고 새로운 삶을 영위하는 것이 쉬운 일만은 아니다. 본격적인 이민이 대거 시작된 1900년대 초에는 이민자들 중 35% 정도가 제대로 정착하지 못하고 본국으로 다시 돌아갔다고 한다(Wyman, 1993). 이민자 출신 국가에 따라 이러한 비율은 다르다. 하지만 최근의 미국 이민국 통계와 한국 외교통상부 통계를 비교해 보면, 이민자들 중 제법 경제적 수준이 괜찮다고 생각되는 한국인들도 2000년대 이후 매년 미국이민자의 10% 가량이 역이민으로 한국으로 돌아간다.

많은 사람들이 아메리칸 드림을 꿈꾸며 이민 오고 있고, 여전히 성공하는 사람들이 나타나고 있지만 성공의 비율은 점점 줄어들고 있으며 현실적으로는 미국 사회에서 주변적인 지위에 머물러 있는 사람들이 대부분이다. 그러므로 미국으로의 이민이 이민자 개인의 행복으로 바로 연결되는 것은 아니다.

그러나 한편으로 이민자들은 힘든 상황을 견디면서 이겨 나갈 수 있는 역량도 크다. 이민자들은 기회를 찾아 위험을 감수할 수 있는 결정을 내린 사람들이며, 적극적이며, 낙관적이고 모험지향적인 사람들일 가능성이 높기 때문이다. 이러한 이민자들의 특성이 한편으로는 물질적 성공으로 그들을 이끌어 가지만 그러한 특성이 개인주의적, 성공 지향적 삶으로 귀착되어 이민자들 간의 연대와 통합을 어렵게 만들기도 한다.

이민자들에게 가장 힘든 장벽은 미국 사회의 문화적 동화 요구이다. 미국에서 가장 강력한 문화적 동화 요구는 바로 영어 사용이다. 미국은 거대한 국토와 인구, 다양한 인종과 민족이 모여 사는 국가지만 드물게 언어적으로 통일된 국가이다. 영어를 제대로 하지 못하면 좋은 직장을 구할 수 없으며, 저임금 단순 노동의 일자리를 벗어 날 수 없다. 스페인어를 사용하는 라틴 아메리카 이민자들이 상당수이고, 관공서나 학교의 문서가 이들이 많이 거주하는 지역에서는 스페인어로 제공되기도 해서 영어위기론이 일부 미국인들에게서 제기 되기도 한다. 그렇지만 이들은 이민 2세가 되면 거의 영어사용자로 통합된다. 왜냐하면 미국에서 스페인어는 좋은 직업을 가질 수 있는 자산이 아니기 때문이다. 그만큼 미국의 언어적 동화요구 정도는 높다.

이민자들이 영어사용을 할 수 있느냐하는 것은 그들의 직업적 기회의 확장의 측면에서 아주 중요하다. 예들 들어 상대적으로 교육 수준이 높은 아시아계 중 영어구사 능력이 뛰어난 필리핀과 인도 출신 이민자들은 이민1세대부터 전문직이나 관공서, 회사 등 사무직에서 일할 수 있다. 하지만 그렇지 못한 한국, 중국인들은 교육수준이 높더라도 영어가 크게 필요치 않는 소규모 자영업이나 아니면 단순 노동력을 제공하는 일자리에 머무르는 경우가 많다. 이민자들의 학력수준도 낮고 경제적 자산도 없으면서 영어를 못하는 라틴 아메리카계 이민자들은 대부분 비숙련 노동자의 지위를 벗어나지 못한다.

이러한 언어장벽은 민족 집단주거지(ethnic enclave) 형성에도 영향을 미쳤

다. 영어를 잘하지 못하는 이민자들은 언어적 동화에 대한 스트레스를 피해 자신들만의 의사소통 공간이 필요했다. 자신들의 모국어로 마음껏 말하고, 필요한 물건을 사고 팔 수 있으며, 식당에도 갈 수 있는 공간은 그들에게 필수적이었다. 차이나타운, 코리아타운, 베트남타운, 멕시코타운 등 집단 주거지를 형성한 이민자들은 대부분 영어와 모국어의 언어적 거리가 멀어 영어사용이 힘든 이민자 집단들임을 알 수 있다. 하지만 상대적으로 영어사용이 수월해서 언어 소통의 스트레스가 적은 필리핀이나 인도 이민자들은 이민자들의 비율이 상당히 높음에도 불구하고 그들만의 민족 집단주거지를 적극적으로 형성할 필요가 없었다.

영어 사용에 대한 사회적 압력과 더불어 학교 교육을 통해 이민자들을 미국인화 시키려는 국가적 노력은 미국의 문화와 관습에 익숙하지 않은 사람들을 또 다른 측면에서 억압한다. 학교 교육을 통해 영어로 읽고 쓰고 계산하는 것 외에 미국적 가치를 강조하고 주입함으로써 이민 1.5세 또는 이민2세들을 미국인화 시킨다. 정직, 근면, 절제, 민주시민의 덕목, 미국에 대한 애국심 고취 등이 학교 교육을 통해 강조된다. 특히 미국 역사와 사회 교육을 통해 미국적 가치관과 관습을 반복적으로 교육시킴으로써 이민자나 그 자녀들이 출신 국가나 민족과는 상관없이 하나의 미국인이라는 상상의 공동체를 수용하도록 만든다. 그리고 자신도 그 일부로서 자부심을 가질 수 있도록 고취시킨다. 미국인의 기준이라고 설정해 놓은 틀을 넘어서는 행동이나 생활은 바람직하지 않은 것으로 취급하여 편견과 차별을 부과한다. 그래서 주어진 미국의 기준을 따를 수밖에 없도록 만들어 나간다. 이민자들에 대한 이러한 동화정색은 미국 이민징책의 핵심으로 지속적으로 자리 잡고 있다.

한편, 이민자들은 새로운 국가인 미국과 모국간의 관계에서 혼란을 느끼기도 한다. 미국에 대한 충성심과 애국심, 그리고 모국에 대한 충성심과 애국심 사이에서 각각의 가치가 공존할 수도 있지만, 특히 미국과 모국과의 정치적 관계가 좋지 않을 때 갈등을 겪는 이민자들이 나타날 수 있다. 이러한 갈등의 대부분은 이민1세가 가지는 것이 일반적이다. 이민2세 부터는 미국에 이미 상당부분 동화되어 자신이 속한 나라는 미국이고 자신이 살아갈 나라도 미국이라는 생각이 더 우세하게 나타난다. 그만큼 미국의 문화적 동화에 대한 정책과 압력은 강하다.

2) 이민자와 미국 인구

미국은 선진국에 속한 나라 중 거의 유일하게 인구가 지속적으로 증가하고 있는 나라이다. 그렇지만 미국의 출산율은 다른 선진국과 마찬가지로 지속적으로 감소하고 있다. 그러므로 미국의 인구가 증가하는 대부분의 요인은 많은 수의 이민자나 난민들을 해 마다 받아들이는데 있다. 지난 10년 동안 불법이민자를 제외한 합법적인 이민자의 수는 매년 100만 명이 넘는다. 특히 최근으로 올수록 출산율(fertility rate)이 떨어지고 있는 상황에서 인구의 증가가 이민에 의해 이루어지는 비중이 커지고 있다. 미국의 현재 인구가 지속적으로 유지되기 위해서는 출산율이 2.1명이 되어야 하지만 지속적으로 떨어지던 출산율이 약간 회복되었다고 하는 2013년에도 1.86명 정도에 머물고 있다. 미국의 질병통제예방센터(Centers of Disease Control and Prevention)의 통계를 보면 미국의 사망률이 큰 변동이 없거나 소폭 감소하고 있는 추세라는 것을 알 수 있는데, 그렇다면 인구의 증가는 순수 유입인구가 늘어난 것 때문이라고 할 수 있다. 더 나아가 이민자의 출산율은 기존 미국인들의 출산율보다 더 높기 때문에 미국 인구증가는 전적으로 이민에 의해 나타난 것이라고 해도 과장이 아니다.

인구증가에 대해서 어떤 사람들은 이민자로 인해 미국이 과밀화되고 있

다고 주장하기도 한다. 그리고 환경론자들 중에서 이민이 자연 자원의 고갈에 부정적인 역할을 한다고 말하는 사람도 있다(Kotkin, 2010). 그러나 이민자로 인한 인구과밀과 자원 고갈의 문제는 이민자의 정착이 특정 지역으로 몰리기 때문에 나타난 현상이다. 앞서 논의했듯이 최근의 이민자들은 주로 대도시 지역에 자리 잡는다. 특히 캘리포니아, 뉴욕 등의 대도시 과밀지역에 집중적으로 자리 잡기 때문에 이민자로 인한 인구 과밀과 자원고갈의 문제가 발생한다. 그러므로 이민자로 인한 과밀과 자원고갈의 문제는 미국 전체의 문제라기보다는 이민자가 특히 많은 남가주지역(Southern California)이나 메트로폴리탄 대도시에 국한된 문제라고 할 수 있다(Camarota & Jensnenus, 2009).

3) 이민자와 경제적 영향

이민자의 영향 특히 이민이 미국 경제에 미치는 영향에 대한 논쟁이 미국인들 안에서 또 학자들 사이에 적잖게 존재한다. 연구들의 결과는 다양하게 나타나고 있는데 그러한 이유는 각 연구들 마다 다른 분석 방법을 사용하였기 때문이다(Schaefer, 2013: 141). 예를 들어 어떤 연구는 이민자들 속에 난민을 포함하기도 하고, 다른 연구에서는 난민을 제외하기도 한다. 사회경제적 자원이 거의 없는 난민과 일반적인 합법적 이민자와는 여러 차이가 있다. 또 한편 어떤 연구에서는 사회복지와 같은 경제적인 부분에만 집중하는 연구들이 있는 반면, 또 다른 연구에서는 문화를 포함한 사회전반에 미치는 영향을 함께 다루기도 한다. 또한 이민자들이 몰려드는 특성 지역을 중심으로 분석하였느냐 아니면 미국 전체적인 영향을 분석하였느냐에 따라서도 그 결과는 다르게 나타난다.

하지만 전반적인 연구결과들에 따르면 이민자들은 이민 후 대체로 그 지역 사회에 잘 적응하고 지역 경제에 기여한다. 이민자들이 한꺼번에 짧은 시간 안에 몰려드는 지역에서는 단기간 동안에는 그 지역의 사회적 자원들을 소비하지만 장기적으로는 그 지역의 소비를 촉진시키고 새로운 사업들을 활성화하여 경제를 발전시키고, 세금을 납부함으로써 지방자치 재정에 기여한다(Zimmerman, 2008). 이러한 이민자들의 경제적 기여는 개인들이 처한 다양한 상황에 따라 다르게 나타나지만 이민자 집단들에 따라서도 조금씩 차이가 난다. 주로 아시아지역에서 이민 온 사람들이 가장 경제적으로 뚜렷한 기여를 하고 있으며, 그 다음이 유럽 이민자 그리고 라티노 이민자가 그 뒤를 잇는다(Farkas, 2003; Zimmerman, 2008).

또 한편으로는 이민자의 수가 가장 많은 라틴 아메리카계를 비롯하여 다수의 후진국이나 개발도상국의 이민자들이 자신들이 미국에서 번 돈의 일부를 본국으로 송금해서 미국의 국부를 유출시킨다는 지적이 있다. 실제로 그 송금액이 해마다 3조 달러나 된다고 한다. 그러나 이민자들이 미국에서 일하고 있다는 것 자체가 미국으로는 이익이고 그들이 미국에 기여하는 바를 무시하지는 못한다. 그리고 이민자들이 본국에 송금하는 돈은 대부분 가난한 나라의 이민자들에 해당하는 것인데, 그 나라에서는 그 돈이 경제에 상당히 큰 역할을 하고 있다. 결국 미국이 가난한 국가들에게 미국 정부의 재정적 감소 없이 원조하는 것과 같은 동일한 효과를 내는 것이라 할 수 있다. 세계 경제가 글로벌화로 인해 하나가 되어 가는 현실 속에서 가난한 국가들의 경제적 성장이 결국에는 미국의 이익으로 돌아올 가능성이 크다(Schaefer, 2013: 143).

이민자가 경제적으로 미국 사회에 끼치는 영향 중 가장 뚜렷한 문제는 저임금 비숙련 노동시장에서의 직업적인 경쟁이다. 미국 사회에서 단순 노동시장의 경쟁은 치열한 편이다. 그런데 이민자들의 유입은 이러한 경쟁을

더 힘들게 만들어 기존 미국 노동자의 반발을 쉽게 일으킨다. 주로 멕시코와 카리브해 연안에서 이주해 온 이민자들이 여기에 해당한다. 이들은 의류공장, 음식점, 청소용역 등 저임금 노동시장을 채워 저임금 노동집약산업을 받치는 중요한 노동력이 되었다. 그러나 저임금 노동 시장을 가장 많이 점유하고 있던 흑인들과 일자리를 경쟁하게 되자 흑인들은 이민자들이 흑인공동체의 희생을 발판삼아 성장하고 있다고 여기기 시작했다. 실제로도 저임금 노동직에 진출한 많은 이민자들은 임금을 떨어뜨리고, 낮은 임금에도 일하는 바람에 그것을 견디지 못하는 많은 흑인들이 일자리를 떠났다. 그렇지만 일자리를 떠난 흑인들이 그것보다 좀 더 나은 일자리를 제대로 구하지 못하는 경우가 많았다(Steinberg, 2005; Holzer, 2008). 이러한 패턴이 계속되자 흑인들의 삶이 더 어려워지고 이민자와 흑인들 간의 긴장과 갈등이 고조되었다.

흑인과 이민자 간의 갈등이 최고조가 되어 폭력사태로 나타난 대표적인 사건이 1992년 LA폭동이었다. 사실 LA폭동은 고속도로에서 과속으로 붙잡힌 흑인 로드니 킹(Rodney King)에 대한 경찰의 무자비한 폭력이 사건의 발단이었다. 재판 결과 폭력을 휘두른 경찰이 무죄로 판결나자 흑인 사회가 반발하고 나섰고, 백인과 흑인의 인종 갈등문제로 번져나갔다. 그러나 시위 도중 LA 백인 주거지역을 원천적으로 경찰이 봉쇄하자 시위대가 인근 한인타운(Koreatown)으로 진입하여 약탈을 하고, 한인들과 총격전을 하는 등 큰 소요사태로 번져서 LA 한인타운이 막대한 피해를 입게 되었다. 한국인 이민자들은 시위의 원인이 되는 실제 사건과는 전혀 관계가 없었고, 라티노 이민사와는 달리 흑인들과 저임금 일자리를 경쟁하는 위치에 있는 것도 아니었다. 그렇지만 인종적 소수자인 한인들이 크게 피해를 입게 된 것은 평소 한인과 흑인과의 관계가 썩 좋지 않았고 다른 이민자들과의 경쟁에서 받은 흑인들의 스트레스가 평소 좋지 않은 관계를 가지고 있던 한인들에게 폭발한 것이었다. 인종이나 민족의 갈등이 원인을 제공한 당사자에게만 일어나는 것이 아니라 그것과는 상관없는 다른 인종과 민족에게도 연쇄적이고 파상적으로 나타날 수 있다는 것을 이 사건은 잘 보여 준다. 폭력은 어떠한 경우에도 용납될 수 없는 것이지만 이민자들의 대거 유입이 흑인들의 경제생활을 더 어렵게 만든 것으로 그들이 큰 스트레스를 느낀 것만은 분명하다. 그러한 스트레스는 인종을 가릴 것 없이 저임금 비숙련 노동직에 있는 사람들 대부분에 해당되는 문제이다. 그러나 경쟁의 산물인 이민자로 인한 임금 하락과 생산비 절감 등으로 발생한 이익 대부분은 고용자와 가장 낮은 가격을 선호하는 소비자에게 돌아갔다.

이렇게 이민자들의 유입이 미국 노동시장에서 기존 노동자들의 실업률을 높일 수 있지만, 연구보고서들에 따르면, 그러한 새로운 노동자들의 유입에 지역 경제는 금방 적응하게 되어 10년 정도의 장기적 관점으로 보면 이민자들이 미국인들의 실업률을 더 이상 높이지 않는다고 한다. 대신에 저임금에 바탕을 둔 생산성 향상이 이익으로 돌아와 기존의 미국인 노동자들의 임금을 올리는 역할을 하고 있다(Giovanni, 2010). 그런데 이러한 현상은 미국 경제의 주기와 밀접하게 관련되어 있다. 미국 경제의 성장기에는 이민자들의 유입이 충분한 일자리를 만들어 내고 경제 활성화에 크게 도움이 되지만, 불황기에는 경제가 적절하고 신속하게 반응하지 못함으로 인해 이민자로 인한 부정적인 영향들이 두드러지게 나타나게 된다.

요약하자면, 이민으로 인해 지역과 국가 경제가 활성화 되지만, 또 한편으로는 사회복지 등 지역과 국가의 자원을 쓰게 된다. 중산층 이상의 계급에 속한 사람들은 이민자들로 인한 경제적 효과를 누리고 이민자 유입이 그들의 삶에 유리하게 작용할 수 있다. 그러나 흑인 다수를 포함한 하층계급에 속한 사람들에게는 이민자들로 인한 일자리 경쟁과 임금 하락으로 말미암아 그 영향이 부정적으로 작용하는 측면이 있는 것도 사실이다. 특히

이민자가 경제에 미치는 영향은 미국 경제의 주기와 밀접하게 관련되어 있다.

4) 불법이민자(Undocumented Immigrant)

이민에 대한 여러 논쟁 중 불법이민자에 대한 것이 가장 뜨겁다. 물론 불법이민자들이 미국으로 넘어 온 것은 자신들의 고국보다 더 나은 일자리를 찾을 수 있으리라는 희망 때문이다. 불법이민자(illegal or undocumented immigrant)란 미국 내에서 합법적인 서류 등록이 되어 있지 않는 상태로 거주하고 있는 사람들을 통칭해서 부르는 말이다. 얼마나 많은 불법이민자가 미국 내에 거주하고 있는지는 합법적인 서류 등이 없기 때문에 정확한 인원을 파악하기가 쉽지 않다. 따라서 여러 가지 다양한 자료에 바탕을 두고 추정할 수 있을 뿐이다. 퓨 리서치센터의 보고서에 따르면 미국의 불법이민자들의 수는 1990년에는 350만 명 정도였는데 가파르게 증가하여 2000년도에는 790만 명 그리고 2007년에는 1,220만 명이었다. 2008년에는 1990년 이후 처음으로 불법이민자가 감소하여 1,130만 명이 되었고 그 이후로 큰 변동 없이 1,120-1,150만 명 수준에서 유지되고 있다. 최근 2014년은 1,130만 명 수준이고 이것은 미국 전체인구의 3.5%에 이르는 수치이다(Krogstad & Passel, 2015). 그러므로 미국 내에서 불법이민자의 수는 적지 않다고 할 수 있다.

Krogstad와 Passel(2015)의 퓨 리서치센터 보고서는 최근 미국 불법이민자의 실태를 잘 정리해서 보여주고 있다. 그들의 보고서에 따르면 불법이민사 중 가장 많은 비율을 차지하는 이민자집단은 멕시코 출신으로서 전체 불법이민자 중 거의 절반(49%)을 차지하고 있다. 그러나 멕시코 출신의 불법이민자 수는 2007년 이후 감소하고 있는 추세인데 2007년에는 690만 명의 멕시칸 불법이민자가 거주하고 있었지만 점차 줄어들어 2014년에는 560만 명 정도이다. 그러므로 전체 불법이민자 수가 2007년을 정점으로 줄어들기 시작한 것은 멕시칸 불법이민자의 수가 감소한 것 때문이라고 추정해 볼 수 있다.

불법이민자들이 정착하고 거주하는 지역 또한 특정 지역에 몰려 있다. 캘리포니아, 텍사스, 플로리다, 뉴욕, 뉴저지와 일리노이 주 등 6개 주에 미국 전체 불법이민자들의 60%가 거주하고 있다. 이 주들은 태평양을 끼고 있거나 멕시코를 비롯한 라틴아메리카 국가들과 지리적으로 가까워서 이민자들의 수가 많은 지역이고, 미국의 대표적인 대도시들이 속해 있는 곳이다. 주 전체 인구 중 불법이민자들의 비율이 가장 높은 주는 도박과 관광의 중심지인 라스베이거스(Las Vegas)와 리노(Rinoh)를 포함하는 네바다 주로서 주 전체 인구의 8%가 불법이민자들이다.

유치원생부터 고등학생까지 미국의 학생들 중 2012년 기준으로 전체의 7% 정도가 적어도 한 명의 부모가 불법이민자이다. 이 비율은 불법이민자의 비율이 높은 네바다 주가 가장 높아서 네바다 주 학생들의 18%가 적어도 한 명의 불법이민자 부모를 두고 있다. 그 뒤를 캘리포니아(13%), 텍사스(13%), 애리조나(11%) 주가 잇고 있는데, 이 주들은 모두 멕시코 출신 불법이민자들이 많은 지역이다.

한편, 불법이민자들은 미국의 노동시장에서 무시하지 못할 정도의 기여를 하고 있다. 미국 전체 노동력의 5.1%가 불법이민자들에 의한 것이다. 예컨대 2012년 통계를 기준으로 하면 일하고 있거나 일자리를 찾고 있는 불법이민자의 수는 810만 명에 이른다. 특히 네바다(10%), 캘리포니아(9%), 텍사스(9%), 그리고 뉴저지(8%) 주가 노동시장에서 가장 높은 불법이민자 비율을 가지고 있다.

사실 불법이민자들은 미국 사회에 기여하는 바가 적지 않다. 그들이 사회

문제를 일으키기는 하지만 일반적인 미국인들과 비교하면 범죄를 비롯하여 여타 사회문제를 일으키는 경우는 더 적다. 경제적으로도 이들은 미국 경제의 가장 밑바닥에 해당되는 힘든 일들을 좋지 않은 환경에서 적은 임금을 받고 기꺼이 함으로써 서비스나 생산품의 원가를 절감하고, 그 이익을 미국 시민들이 누릴 수 있도록 한다.

불법이민자들은 일시적으로만 미국에 머물러 있는 것이 아니라 다른 합법적 이민자와 크게 다름이 없이 장기적으로 체류하면서 경제생활을 해 나가는 사람들이다. 따라서 미국 경제의 중요한 부분을 구성하고 있다. 예컨대 불법이민자들의 75%는 실제적으로 세금을 납부하고 있다. 그렇지만 그들 중 많은 사람들이 세금 환급 등을 신청하지 않거나 다양한 복지혜택을 지원하지 않음으로 해서 국가나 지역의 재정확보에 상당한 기여를 하고 있다. 한 통계에 따르면 이러한 방식으로 불법이민자들이 2006년 한 해 동안 90억 달러나 미국 재정에 기여했다고 한다(Lipman, 2008).

그렇지만 불법이민자들은 미국 내에서 사회적 문제가 발생할 때마다 여론의 희생양이 된다. 물론 이민자들 전체 집단도 마찬가지이지만 특히 불법이민자들에게 사회적 비난의 화살이 집중된다. 예컨대 미국의 경제사정이 나빠져 실업자가 증가하면 불법이민자가 합법적 미국인들의 일자를 뺏어서 그렇다고 비난한다. 불법이민자들을 마약판매나 테러리스트로 낙인을 찍는 경우도 많다. 사실 불법이민자들은 어느 날 갑자기 나타난 것이 아니라 미국 건국의 역사와 더불어 지속적으로 있어 왔으며 미국사회에 경제적으로 또 문화적으로 기여한 바가 적지 않다. 그러나 그러한 사실은 쉽게 무시당한다.

미국인들의 불법이민자에 대한 부정적인 여론에 힘입어 미국의 연방정부든 주정부든 불법이민자를 제한하고 통제하려는 노력은 지속적으로 계속되어왔다. 이민자들의 유입과 더불어 불법이민자의 수가 크게 증가한 2006년에는 전국적으로 이민과 관련된 고용, 법집행, 교육, 서류형식 등을 다룬 법안이 570개나 제안되었다(Rico, 2007). 법안으로 통과된 84개의 안건 대부분은 불법이민자들의 고용에 추가적인 제약을 가하고 사회복지 등의 혜택을 제한하는 것이었다.

불법이민자들을 제한하고 통제해 온 주요 정책이나 법안을 몇 가지 살펴보자. 연방의회는 거의 10년 동안의 논쟁 끝에 1986년 이민개혁과 통제에 관한 법안인 "The Immigration Reform and Control Act of 1986 (IRCA)"을 통과시켰다. 이 법안은 지금까지의 이민정책에 큰 변화를 준 것이었다. 이 법안의 내용은 크게 두 가지로 나눌 수 있는데 하나는 기존의 불법이민자를 사면하여 그들의 법적지위를 합법화시켜 주는 것이었고, 다른 하나는 앞으로 불법이민자가 더 생기지 않도록 통제를 강화하는 것이었다.

불법이민자들 중 1972년 1월 이전에서부터 1986년 당시까지 미국에 지속적으로 거주하면서 범죄 등의 기록이 없고 합법적인 일에 종사한 사람들을 대상으로 미국 역사와 정부에 대한 기초적인 지식이 있고 기본적인 영어를 구사할 수 있는 사람들에게 영주권을 신청할 수 있는 자격을 부여하였다. 그리고 1982년 1월 이전부터 거주했던 사람들은 임시체류 허가증을 신청할 수 있었는데 이것으로 나중에 영주권을 받을 수 있었다. 이렇게 해서 당시 합법적 지위를 가질 수 있었던 불법이민자의 수는 170만 명에 달했다(Simpson, 2009). 또한 농사철에 임시로 농사일을 위해 불법으로 건너 온 노동자들 중 1985년 5월에서 1986년 5월 사이에 60일 이상 일을 한 사람들에게 합법적 지위를 부여했는데 이들의 수가 130만 명에 이른다(Martin, 1994). 그러므로 이 법안에 의해 약 300만 명에 이르는 불법이민자들이 사면되어 합법적 지위를 가질 수 있었다.

그러나 한편으로 불법이민자를 앞으로 차단하려는 노력이 이 법안의 또 다른 핵심이다. 사업자가 불법이민자를 고용하고 있거나, 채용할 때에 고용

인의 아이디나 법적 체류조건을 적절하게 확인하지 않으면 사업자가 벌금형뿐만 아니라 교도소까지 갈 수 있는 처벌을 받도록 하였다. 사업장의 불법이민자 한 명당 최대 10,000달러의 벌금에 6개월 동안의 교도소 처벌을 할 수 있도록 하였으니 상당히 강력한 법이라고 할 수 있다.

 또 다른 하나는 미국과 멕시코와의 사이에 있는 국경 경비를 강화하는 것이었다. 멕시코와의 국경을 경비하는 국경경비대를 50% 증가하였고, 멕시코와의 국경에 장벽을 만들어 멕시코로부터 오는 불법이민자들을 줄이려는 노력을 하였다. 불법이민자 고용에 대한 법의 실제적인 집행은 법안 통과 후 수년 동안은 느슨하게 적용되었다. 그러다가 2007년 이민자의 수가 최고조에 도달하고 불법이민자의 수도 함께 늘어나자 2009년을 시작으로 사업자들에 대해서 구체적인 조사와 감사를 하여 불법으로 고용한 사업자들을 본격적으로 적발하기 시작했다. 예전에는 사업장을 급습하여 불법이민자를 직접 찾아냈지만, 새로운 단속방법은 사업자를 규제함으로써 책임을 사업자에게 부여해 불법이민자의 원천적인 고용을 차단하는 것이었다(Simpson, 2009). 이때 식당과 공장을 비롯하여 많은 곳에서 알게 모르게 일하던 불법이민자들이 대거 일자리에서 쫓겨나게 되었다. 이 법안의 적용이후 합법적 지위를 확보하지 못한 불법이민자들의 삶은 더 힘들어졌고, 적발될지도 모른다는 두려움에 더 깊이 숨어 지낼 수밖에 없었다. 일용 노동직을 제외한 대부분의 일자리는 사라지고 그나마 찾은 일자리에서의 임금과 노동환경은 더 나빠졌다.

 1986년 법안은 오랫동안 머물고 있는 불법이민자들에게 합법적 지위를 부여해서 정상적인 경제활동을 가능하게 하고, 세금도 제대로 걷을 수 있게 하는 한편, 불법이민자들로 인한 여러 사회문제를 줄이려는 정책적 시도였다. 그러나 또 다른 한편으로는 더 이상의 불법이민자가 생기지 않도록 차단하고 통제하고자 하는 노력이 함께 포함되어 있다. 그럼에도 불구하고 멕시코 출신을 중심으로 불법이민자들은 지속적으로 유입되었다. 그것은 불법이민자로 미국에서 최하층으로 살아가는 것이 자신들의 나라에서 척박한 삶을 사는 것보다 더 나을 것이라고 생각했기 때문이다.

미국 의회는 지속적으로 유입되고 있는 불법이민자들의 통제를 보다 강화하기 위해 1996년 불법이민 개혁과 이민자 책임에 관한 새로운 법안인 "Illegal Immigration Reform and Immigrant Responsibility Act"를 통과시켰다. 이 법안은 불법이민자의 이민을 돕거나, 불법이민을 알선해서 돈을 벌거나, 이민과 관련한 서류들을 위조 조작하는 행위를 하거나 도와준 사람들에 대한 형사처벌을 강화하는 것이었다. 연방정부의 이민에 대한 내부적인 제도와 통제를 강화했으며 이민자들의 취업과 관련한 조회와 확인과정을 보다 명확히 하여서 위반자에 대한 통제를 강화하였다. 그리고 불법이민자들이 복지제도의 혜택이나 정부의 보조 등을 받을 수 없도록 제한하였다. 또한 아주 사소한 범죄를 저질러 기소되더라도 불법이민자라면 추방할 수 있도록 하였으며, 불법적으로 미국에 180일 이상 365일 이하 머무른 사람들은 추후 미국으로의 입국을 3년 동안 금지하였다. 만약 365일을 넘어서 불법적으로 머물렀다면 향후 10년 동안 미국 입국을 금지시켰다. 게다가 불법적으로 거주하다 추방당해서 입국이 금지된 시기가 끝나지 않았음에도 다시 불법적으로 입국한 사람은 영원히 미국입국을 금지하였다. 불법이민자들에 대한 1996년 법안은 불법이민자들이 미국으로 넘어오는 가장 큰 이유라고 할 수 있는 일자리와 미국 정부로부터 받을 수 있는 혜택을 제한함으로써 미국으로의 불법 이민에 대한 열망을 낮추려는 시도라고 할 수 있다.

불법이민자에 대한 미국 사회의 제재 시도 중 가장 엄격한 것으로는 애리조나 주의 주법으로 2010년에 통과된 "Arizona S. B.(State Bill) 1070"이라고 할 수 있다. 애리조나 주는 주법으로 애리조나 주의 불법이민자를 통제하기 위한 법안을 만들었다. 이 법의 다음과 같은 내용은 불법이민자를 철저히

단속하고 적발해 내어 처벌하겠다는 의지가 담긴 것으로 불법이민자에 대한 적대감이 고스란히 담겨 있다. 첫째 경찰은 다른 어떠한 일로 억류되거나 구금된 사람들일지라도 이민자 지위를 확인할 수 있도록 하였다. 이전에는 불법이민자의 데이터베이스를 경찰이 마음대로 접근할 수 없었다. 그래서 불법이민자라도 심각한 범죄를 저지르지 않는 한 불법이민자의 지위로 인한 피해는 그리 크지 않았었다. 둘째, 경찰이 불법이민자라고 의심되는 사람들이라면 누구나 불심검문하거나 체포영장 없이 체포할 수 있도록 하였다. 미국에서 원래 경찰은 범죄에 관련한 일에만 관여를 한다. 이민자의 지위를 파악하거나 불법이민자들을 체포하는 일은 이민국이나 국경수비대 등에서 하는 일이다. 그러나 경찰이 스스로 판단하여 불법이민자로 생각되면 체포영장도 없이 독단적으로 할 수 있다는 것은 상당히 심각한 인권문제를 불러일으켰다. 셋째, 애리조나 주에 거주하는 사람은 자신의 이민지위를 확인할 수 있는 신분증이나 서류를 항상 가지고 다녀야 한다. 이것을 위반할 경우 범죄로 간주하여 형사처벌할 수 있도록 하였다. 미국 연방 이민법에도 이민자 지위를 확인할 수 있는 신분증이나 서류를 가지고 다닐 것을 권유하고 있지만, 그렇지 않다고 해서 그걸 범죄로 다루지는 않는다. 넷째, 합법적인 이민 서류를 가지지 않고 채용되거나 채용 신청하는 경우 그것을 범죄로 규정하고 불법이민자와 사업주를 형사처벌 하도록 하였다(Archibold, 2010).

애리조나의 SB 1070은 불법이민자뿐만 아니라 합법적 이민자들과 많은 미국인들의 큰 반발을 일으켰다. 반발의 가장 큰 이유는 이 법안이 연방법에 위배될 뿐만 아니라 미국인의 시민적 권리를 지나치게 제한한다는 것이었다. 미국 연방법무부는 SB 1070이 위헌이라고 애리조나 주를 제소하였다. 그 이유는 이미 연방법에 이민법이 적시되어 있는데 그것을 무시하고 주가 연방법에 위배되는 독자적인 주법으로 이민법을 만들 수 없다는 것이었다.

미국의 법 시스템은 크게 연방법(Federal Law)와 주법(State Law)으로 구성되어 있다. 대체로 국가 전체 시스템에 대한 것은 연방법으로 규정하고 있고, 그 외에는 각 주의 형편에 따라 주법을 제정한다. 그런데 연방법은 주법에 우선하여 적용되는 것이 원칙이다(supremacy clause). 이민이 국가 전체에 해당하는 중요한 문제이다 보니 이민법은 연방법에 속해져 있다. 예컨대 아무리 연방법으로 이민을 억제하려고 해도, 어떤 한 주에서 주법으로 무제한으로 이민자를 받아들인다면 연방법과는 상관없이 수많은 이민자들이 미국전체로 퍼지는 것은 시간문제이다. 그러므로 이민법은 연방법으로 전체 주에 동일하게 적용되게 되어 있는 것이다.

결국 미국 대법원에서 애리조나 주의 SB 1070은 주법으로 이민법을 개정하려는 것이기 때문에 위헌 판결을 받았다. 비록 애리조나 주의 SB 1070이 제대로 시행되지는 못했지만 여러 주들이 이와 유사한 불법이민자 통제법을 제정하기 위한 방안을 마련하고 있었다는 것을 감안한다면 불법이민자를 제한하기 위한 노력은 연방차원에서든 각 주의 차원에서든 끊임없이 진행되고 있다.

5) 미국 시민권의 획득

불법이민자든 합법적 이민자든 미국 사회에 이주한 사람들의 최종 목적은 미국 시민권을 획득하는 것이다. 미국 시민권의 획득은 두 가지 방법이 있다. 하나는 태어날 때부터 시민권을 가지고 있는 경우이고, 또 다른 하나는 태어나는 순간에는 미국 시민권이 없지만 태어 난 후에 시민권을 획득하는 경우이다. 후자를 귀화(naturalization)라고 부른다. 태어날 때부터 시민권을 가질 수 있는 사람은 미국 땅에서 태어났거나 미국 밖에서 태어났더라도 부모 중 한 명이상이 시민권자여서 그 자녀를 미국 시민으로 등록한 경

우이다. 그러므로 미국 국적은 속인주의와 속지주의 둘 다 택하고 있다. 반면에 귀화하여 시민권을 획득하는 경우는 사람마다 다양하다.

미국 시민권을 취득하기 위해서는 대부분의 경우 그린카드(green card)라고 불리는 영주권을 먼저 취득해야 한다. 영주권 취득은 이민자의 비자 종류에 따라 다양하게 적용되기 때문에 여기서는 생략한다. 미국 시민권은 이미 영주권을 취득하여 합법적으로 미국 체류가 가능한 사람들에 한해서 몇 가지 조건이 충족되어야 가능하다(U.S. Citizenship and Immigration Office). 첫째 나이가 만18세 이상이어야 한다. 둘째 영주권을 취득한 후 부터 미국 내에 지속적으로 5년 이상 거주하여야 한다. 다만 미국 시민권자의 배우자는 최소 거주기간이 3년이면 된다. 여기서 지속적으로 거주하여야 한다는 의미는 영주권 취득 후 6개월 이상 미국을 떠나 살게 되면 미국에 지속적으로 거주하겠다는 의사가 없는 것으로 간주하고 시민권 신청자격을 주지 않음을 말한다. 만약 6개월 이상 1년 미만으로 미국을 떠나 살았다면 그 사유가 명확하고 미국에 영주할 것이라는 것을 입증하면 가능할 수도 있지만 예외 사유가 있어야 하므로 쉽지 않다. 셋째, 최소 거주기간인 5년 동안(시민권 배우자는 3년) 최소한 절반 이상의 기간을 미국에 실거주하여야 한다. 미국을 떠나 6개월 내에서 오가며 살 수는 있지만 그렇더라도 최소한 2년 반 이상의 기간 동안은 미국에 실제로 거주한 기록이 있어야 한다. 그리고 시민권 신청 전 최소 90일 이상을 시민권을 신청한 주에서 지속적으로 거주해야 한다. 넷째, 시민권 신청에 문제가 되는 범죄 기록이 없어야 하며 도덕적으로 문제가 없음을 보여야 한다. 다섯째, 미국 헌법을 준수한다고 선서할 수 있어야 한다. 마지막으로 영어로 읽고, 쓰고, 말할 수 있어야 하며, 일반적으로 사람들이 사용하는 언어적 표현 등을 이해할 수 있으며 영어시험을 통과해야 한다. 그리고 미국 정부와 역사에 관한 시험도 통과해야 한다. 단 영어와 역사시험은 나이가 많고 거주기간 요건을 충족하면 기준에 따라 면제할 수 있다.

미국 이민국에서 예시로 제시해 놓은 시민권 시험 문제들 중 몇 가지를 제시하면 다음과 같다.

* **다음 중 미국의 인디언 부족의 이름을 하나 고르시오.**
* 성조기의 13개의 줄은 무엇을 의미하는가?
* 군대의 최고 명령자는 누구인가?
* 독립선언문은 무엇을 위한 것인가?
* 미국에서 가장 길이가 긴 강의 이름은?
* 사법부 중 가장 상위의 법원을 무엇이라 부르는가?
* 미국에 노예로 잡혀서 온 집단은?
* 대통령 선거에 투표할 수 있는 연령은?
* 연방하원의원은 몇 년 만에 선거하는가?
* 미국 건국의 아버지는 누구인가?
* 독립선언문은 누가 작성하였는가?

영어와 미국의 정부와 역사에 관한 시험은 미국인으로 살아가기 위한 기본적인 지식과 미국인으로 통합되어 살 수 있을지를 최종적으로 확인하는 것이다. 여기에다 미국인으로 귀화하려면 신청비를 내야 하는데 2016년 기준으로 680달러이다. 신청비가 1998년에 95달러에 불과한 것을 감안하면 얼마나 많이 올랐는지 알 수 있다. 그리고 신청비는 시민권을 받지 못한다고 해도 돌려받을 수 없다. 왜냐하면 시민권 심사과정에 드는 비용이기 때문에 그 결과와는 상관없이 부과되는 것이다. 타임(Time)지에 따르면 2013년 4월에 시민권을 받은 사람이 모두 65,000명 정도인데 시민권을 거부당한 사람들도 8,000명에 이른다.

　귀화 시민권 신청비가 이렇게 많이 오른 것은 두 가지 이유가 있다. 하나는 실제적인 이유이고 또 다른 하나는 정치적인 이유이다(Steinmetz, 2013). 실제적인 이유는 이민국의 운영비 90%가 바로 신청비로 운영되기 때문인데 여기에는 직원들의 임금을 비롯하여 이민국의 유지에 들어가는 모든 예산이 포함된다. 이민국도 미국 정부기관인데 다른 정부기관과 마찬가지로 일반 국민들의 세금으로 유지하면 된다고 생각할 수 있다. 그렇지만 여기에서 정치적인 문제가 발생한다. 미국인들이 이민자들이 미국 시민권을 취득하는 것에 세금이 쓰이는 것을 원하지 않는다는 것이다. 미국 시민권 취득은 신청자에게만 그 혜택이 돌아가는 것이기 때문에 수혜자가 그 비용을 내는 것이 당연하다는 이유도 있다. 그러나 그렇다고 하더라도 시민권 신청자의 대부분은 이미 영주권자들이고 그들은 미국 시민들과 다름없이 세금을 내면서 살아온 사람들이다. 그리고 수혜자에 대한 주장도 자신이 수혜를 받기 때문에 그 절차와 비용을 다 내야 하는 것은 아니다. 예컨대 사회복지 혜택을 받는 사람들이 복지혜택을 받기 위해 필요한 절차 비용을 다 내지는 않는다. 그러므로 이러한 주장은 다분히 정치적이다. 오히려 시민권 신청비용을 높임으로써 가난한 사람들이 미국시민이 되는 것을 막으려 한다는 것이 더 설득력 있다.

　높은 미국 시민권 신청비용뿐만 아니라 신청자에게 부과되는 영어 시험 등도 신청자들에게 큰 부담으로 작용한다. 퓨 리서치센터의 2012년 서베이 자료는 이를 뒷받침한다. 라티노 영주권자들 중 시민권 신청 자격이 되면서도 시민권 신청을 하지 않는 사람들에게 왜 신청을 하지 않는지에 대해 물었나. 조사대상자 중 26%가 영어를 못하거나 영어시험을 통과하지 못할 것 같아서와 같은 개인적 제약 때문이라고 대답해서 가장 비율이 높았다. 재정적인 문제와 행정적인 제약 때문에 라고 대답한 것이 18%를 차지해서 세 번째로 높은 비율이었다(Steinmetz, 2013). 그러므로 시민권을 취득하기 위한 시험이나 조건이 시민권의 취득여부와 상관없이 지불해야 하는 비싼 비용과 더불어 신청자들에 부담스럽게 작용하고 있다는 것을 알 수 있다.

그럼 영주권을 가지고 미국에서 사는 것과 시민권을 취득하는 것과는 어떻게 다른가? 시민권을 획득하면 어떠한 권리를 더 많이 가질 수 있는가? 미국의 이민국 자료를 바탕으로 시민권 획득의 이점에 대해 살펴보자. 첫째, 가장 큰 다른 점이 연방선거에 투표할 수 있다는 것이다. 영주권자는 시민권자와 달리 국적이 미국인이 아니라 자신의 고국이다. 그러므로 영주권자는 미국인에게 부여되는 투표권이 제한된다. 둘째, 시민권이 요구되는 선출직이나 정부기관의 고위직, 법 집행과 관련된 기관 등에는 시민권자만 출마하거나 일할 수 있다. 셋째, 미국여권을 소지할 수 있으며 영주권자와 달리 여행기간의 제한이 없다. 영주권자는 최소 1년에 6개월 동안은 미국에 지속적으로 체류해야 영주권이 유지된다. 그렇지 않을 경우 해당 허가서를 받아서 출국해야 한다. 넷째, 시민권자는 주와 연방정부의 시민권자만을 위한 혜택을 받을 수 있다. 다섯째, 배심원에 참가할 수 있다. 미국은 배심원제에 의해 사법기관이 운영된다. 배심원의 참석은 권리이자 국민의 의무이기도 하다. 여섯째, 외국에서 태어난 자녀에게 미국 시민권을 바로 부여할 수 있을 뿐만 아니라 시민권자가 아닌 가족들을 초청할 때 영주권자보다 더 빨리 과정이 진행되고 가족의 범위도 더 넓힐 수 있다.

귀화하여 시민권을 얻게 되면 미국인으로 가질 수 있는 모든 권리와 의무를 가진다고 할 수 있다. 영주권자가 시민권자가 되면 국적이 두 개 또는 그 이상이 될 수 있는데 미국은 복수국적을 완전히 허용하고 있지는 않지만 금지도 하지 않는다. 말하자면 대부분의 미국인들이 복수국적을 가지는 것이 허용되나, 정부나 군대의 고위직, 국가안보와 관련된 특정 직업 등의 경우 복수국적은 허용되지 않는다. 영주권자는 시민권자만이 가지는 특별한 권리와 의무 이외의 거의 모든 권리와 의무를 누릴 수 있다. 그러나 분명한

차이점은 영주권자는 미국 국적을 가진 사람이 아니라는 것이다. 한편, 나중에 귀화하여 시민권을 가지게 된 사람과 태어날 때부터 시민권을 가지고 있는 사람은 권리와 의무에 있어서 차이가 전혀 없다. 그렇지만 단 하나의 예외조항이 있는데 그것은 귀화한 시민권자는 미국의 대통령이 될 수 없다는 것이다.

6) 이민과 범죄의 관계

이민자가 사회경제적으로 어떠한 영향을 끼치든 상관없이 대부분의 사회에서는 이민자들에 대한 기존 국민들의 시선은 달가운 것이 아니다. 그래서 이민자들을 하나의 필요악으로 여기곤 했다. 그러한 이유는 이민자들이 안정적인 사회의 질서를 무너뜨리고 사회문제를 발생시키며, 기존 국민들의 안위를 위협하는 존재로 간주되기 때문이다. 이민자들로 인한 가장 심각한 사회문제 중 하나는 이민자들이 범죄를 증가시켜 사회를 불안하게 만든다는 것이다. 이민자가 들어오면 기존 공동체의 이질성이 커지고 공동체내에 보이지 않는 질서인 비공식적인 통제를 약화시켜 범죄가 더 늘어나게 된다는 것이 일반적인 믿음이다(Shaw & McKay, 1942). 더구나 이민자들은 가난하여 주로 빈민지역에 정착하기 때문에 그들에게 더 많은 범죄의 기회가 노출되어 있을 수도 있다(Cloward & Ohlin, 1960). 또 한편, 이민자들은 일상에서든 노동시장에서든 사회적 유대가 상대적으로 약하기 때문에 일탈과 범죄로부터 자신을 통제할 수 있는 조건이 결핍되어 더 쉽게 범죄를 저지를 수 있다고 생각되기도 한다(Hirschi, 1969). 이러한 논리와 연구들은 타당하게 받아 들여졌고 이민자들이 사회통합의 측면에서는 부정적인 역할을 하고 있다는 것은 상당히 설득력 있게 들린다. 그러나 최근 미국의 경우 이민자들과 범죄와의 관계는 새롭게 조명되고 있다. 김정규와 신동준은 그 이유들에 대해서 최근의 연구들을 분석하여 설명하고 있는데, 그들이 제시하고 있는 내용을 중심으로 미국에서 이민과 범죄와의 관계가 어떻게 설명되고 있는지 살펴보자(김정규 · 신동준, 2011).

미국은 1990년에서 2000년 사이가 역사상 가장 많은 이민자들이 발생한 시기이다. 약 1300만 명의 이민자들이 이 시기에 유입되었다. 다양한 계층과 계급적 특성을 이민자들이 가지고 있다고 해도 가장 많은 사람들은 하층 노동자 계층이었다. 만약 앞서 말한 주장들이 옳다면 이 시기에 이민자들이 일으키는 범죄율도 함께 높아져야 한다. 그러나 정반대로 이민자들의 범죄율은 1990년대 초기부터 눈에 띄게 줄기 시작했다. 예컨대 1999년 살인 범죄율은 100,000명당 6명 수준이었는데 1970년에서 1990년 사이 살인범죄율은 100,000명당 8-10명 정도였다. 폭행은 2,000년도에 100,000명당 500건으로 1990년의 1,000건에서 절반이 줄었고, 강도에 대한 피해는 더 많이 줄어 100,000명당 200건으로 1990년 100,000명당 600건 발생한 것에 비하면 절반이 훨씬 넘어 줄었다(Wadsworth, 2010).

그럼 이민자가 증가했음에도 왜 범죄율이 감소했을까? 이 질문과 관련해서 다양한 연구들이 진행되었는데 그중 몇 가지를 간추려 보면, 미국 형사정책의 엄격화에 따른 구금율의 증가와 새로운 경찰의 전략, 인구구조에서 범죄를 가장 많이 저지르는 연령대인 젊은 연령대의 감소, 마약시장의 안정, 더 엄격해진 총기정책, 지속된 경제적 성장, 그리고 낙태의 합법화로 인한 잠재적 범죄자 감소 등이 있다 (Blumstein & Wallman, 2000; Conklin, 2003; Levitt & Donohue, 2001; Useem & Piehl, 2008; Whitemute, 2000; Zimring, 2007).

이러한 설명들 가운데 미국의 범죄사회학자인 샘슨(Sampson)이 2006년 뉴욕 타임즈(New York Times)에 기고한 글에서 미국의 다양성과 이민의 증가야 말로 범죄율 감소의 가장 중요한 요인이라고 주장한 것은 파격적이어서

이민과 범죄와의 관계에 대해 새롭게 관심을 모으는 계기가 되었다 (Sampson, 2006). 그의 주장에 따르면 새롭게 이주한 이민자들은 이민 온지 오래된 3세대 미국인보다 폭력범죄를 45% 덜 저지른다. 특히 이민자들이 많이 모여살고 있는 공동체에서는 폭력범죄가 더 적고 백인이든 흑인이든 그 지역에 사는 사람들도 더 낮은 폭력 범죄율을 나타낸다는 것이다. 따라서 전체 범죄율을 감소시키는데 이민자 공동체가 기여하고 있다는 것이 그의 주장의 핵심이다.

샘슨의 이러한 주장은 이민과 범죄에 관한 자신의 연구뿐만 아니라 여러 학자들의 새로운 연구들의 결과에 바탕을 두고 있다. 샘슨은 미국의 시카고 지역에 관한 연구에서 이민이 개인적 차원과 지역공동체의 차원 모두에서 범죄를 낮추고 있다는 것을 발견하였다(Sampson et al. 2005). 특히 마르티네즈(Martinez)와 그의 동료학자들은 라티노 이민자들을 대상으로 이들이 집중적으로 살고 있는 지역에서의 폭력범죄 특히 살인범죄에 대한 범죄율과 범죄피해자 조사 등을 바탕으로 연구를 수행하였다(Lee & Martinez, 2002; Lee, Martinez, & Rosenfeld, 2001; Martinez, 2002; Martinez & Lee, 2000). 그 결과 최근에 이민 온 라티노 이민자들이 열악한 환경에서 살고 있지만 살인과 폭력범죄율 그리고 피해자비율이 더 낮게 나타났다. 특히 이민자 밀집지역은 살인범죄율이 다른 지역보다 더 낮게 나타나 이민과 범죄와의 뚜렷한 연관성은 없다는 것이다.

이러한 특징은 2000년도 센서스와 FBI 공식범죄통계자료(Uniform Crime Report)로 분석한 연구에서도 나타났다. 메트로폴리탄 지역에서 외국에서 태어난 사람들의 경우 그렇지 않은 사람들에 비해 인구의 경제적 특징들을 함께 고려한 후에도 범죄율이 낮았고, 오히려 이민자들이 메트로폴리탄 지역의 범죄를 감소시키는 역할을 한다는 것이 발견되었다(Reid et al., 2005). 이민과 범죄와의 관계를 살펴보기 위한 종단적 연구에서도 미국의 메트로폴리탄 지역에서 이민이 늘면 범죄는 줄고, 이민이 줄면 폭력범죄는 늘어왔다는 것이 밝혀져 이민과 범죄의 변화가 정반대라는 것을 보여주고 있다(Stowell et al., 2009). 그러므로 이러한 연구들의 결과는 다양성과 이민의 증가가 최근 미국의 범죄율 감소의 주된 원인이라는 주장을 지지하고 있다. 더구나 이민자의 지위가 합법적이냐 불법적이냐 하는 것은 전혀 상관이 없었다(Hickman & Suttorp, 2008; Olson et al., 2009).

이민과 범죄와의 관계에 있어서 이민자들의 인종별 민족별 차이도 없었다. 캘리포니아 주의 라티노들에 관한 연구에서는 이민자들의 집중도가 라티노들의 폭력관련 범죄율에 직접적인 영향을 미치지 않을 뿐만 아니라 특히 강도 범죄율은 라티노 이민자 밀집지역이 더 낮은 것으로 나타났다(Feldmeyer, 2009). 그리고 백인, 흑인, 라티노 집단으로 나누어 살인범죄율을 비교한 연구에서는 이민자들이 집중적으로 모여 사는 지역의 살인범죄율이 다른 지역에 비해 높게 나타나지 않았고 라티노의 살인범죄율도 마찬가지였다. 오히려 이민자 집중 지역에서의 백인과 흑인들의 살인범죄율은 더 낮은 것으로 나타났다(Feldmeyer & Steffensmeier, 2009).

그렇다면 이민이 범죄를 증가시킬 수 있다는 일반적인 믿음은 도대체 어떻게 된 것인가? 미국의 대표적인 사회학자인 서덜랜드(Sutherland)는 이미 오래 전 범죄와 이민과의 관련성을 비판하였다. 그의 주장에 따르면 이민이 범죄와 관련이 되어 있다면 그것은 이민 때문이 아니라 미국 문화의 특성 때문이라는 것이다. 그는 아이러니하게도 이민자가 미국 사회에 적응을 잘 할수록 범죄자가 될 확률이 더 높다는 점을 부각시킨다. 그 증거로 어릴 때 이민 온 사람들일수록, 그리고 이민 온지 오래되어 세대가 거듭될수록 범죄율이 더 높으며, 미국에 이민 온 사람들의 범죄율이 본국에 남아있는 사람들보다 더 높다는 것을 제시하였다. 결국 범죄의 책임은 이민자 자체에 있는 것이 아니라 미국 문화와 사회 자체에 있다는 것이다. 해이건(Hagan)과

그의 동료 연구자들은 서덜랜드의 이러한 주장에 바탕을 두고 청소년 비행에 대하여 이민시기, 인종과 민족의 차이 등을 고려하여 비교 분석을 시도하였다(Hagan et al., 2008). 그들의 연구에 따르면, 아시아나 아프리카, 중동 등의 아버지를 가진 청소년들 보다 영국계나 유럽계 아버지를 가진 청소년들의 비행 비율이 더 높게 나타났다. 그리고 처음 이민 온 1세대의 비행 비율이 가장 낮았고, 1.5세대, 2세대, 3세대 이상 미국 토박이로 자리 잡은 사람들 순으로 그 비율이 점점 높아졌다. 민족 집단 별로 비교하거나 비행의 종류별로 나누어 살펴보아도 같은 결과를 얻었다. 따라서 일탈과 범죄의 정도가 상대적으로 높은 미국의 문화적 특성에 이민자들이 동화 또는 문화적으로 변용되었다는 서덜랜드의 주장은 지지되었다. 그러므로 이민자를 범죄자로 취급하는 이민자의 범죄화(criminalization of immigrants)는 이민자는 범죄자라는 일반적인 편견과 정치적으로 이민자를 범죄자로 희생양 삼아 책임회피하려는 기존 권력집단과 지배계층의 시도 등에 의한 결과로 나타났다는 것이 미국에서의 최근 담론이라고 할 수 있다.

7) 이민과 범죄: 미국의 특수성

미국과 마찬가지로 서구 유럽의 국가들에서도 1990년대 이민이 많았다. 이민자의 수는 평균적으로 한해에 1,650,000명 정도로 미국을 능가할 정도였다. 이렇게 많은 수의 이민자가 발생한 것은 유럽 통합으로 EU안에서 자유롭게 이주할 수 있는 여건이 마련되었을 뿐만 아니라 EU에 속하지 않은 나라에서 EU 국가로의 이민자의 수도 크게 증가한 것에 기인한다. 그 결과 사회통제는 약화되었고 이민과 범죄와의 관계에 대해서 관심도 크게 고조되었다. 그러나 미국과는 달리 서구유럽국가들의 최근 이민과 범죄에 대한 연구결과는 이민자 비율의 정도와 큰 관계없이 각 나라마다 처한 상황에 따라 범죄율이 다르게 나타났다(Solivetti, 2010). 특히 미국과는 달리 어떠한 국가들에서는 이민이 범죄문제를 더 많이 촉발시키는 요인이라는 점이 발견되었다. 그렇다면 서구 유럽과는 달리 이민과 범죄의 문제에 있어서 미국은 어떠한 특수성이 있는지 살펴볼 필요가 있다(김정규 · 신동준, 2011).

쇼와 맥케이(Shaw와 McKay)의 사회해체이론에 따르면 지역의 이민자 비율이 높으면 그 지역의 범죄율 또한 높아지는데 그것은 이민자가 범죄를 많이 저지르는 특성을 가지고 있기 때문이 아니라 이민자들 때문에 생기는 민족적 복잡성과 이질성이 공동체의 조직과 조직 내의 비공식적 통제를 약화시키기 때문이다(Shaw & McKay, 1942).

하지만 최근 미국의 이민자의 유입과 이민공동체의 형성은 사회해체이론이 주된 연구대상으로 삼았던 1920-40년대의 사회 그리고 이민자의 모습과는 많이 다르다. 최근 이민자들은 주로 라티노들과 아시아인들로 구성되어 있는데 이들은 예전의 이민자가 그랬던 것처럼 대거 유입되어 이민자들의 공동체를 짧은 시간에 막 형성하는 것이 아니다. 이들은 오래전부터 시간을 두고 점진적으로 만들어진 민족공동체로 편입되어 민족공동체가 이미 구축해 놓은 사회 속으로 자연스럽게 들어갔다. 따라서 민족공동체가 이민자의 정착을 돕고 적응하게 만드는 방어적 기제를 적절하게 하고 있다. 그래서 라티노들의 공동체나 중국인들의 차이나타운과도 같은 아시아인들의 민족공동체는 위협의 대상이 아니라 문화적 다양성의 상징으로 받아들여졌다. 반면 서구유럽에서 이민자나 외국인 거주자의 범죄비율이 증가하는 나라들은 스페인과 이탈리아 등과 같이 최근에 급격한 이민자들의 유입이 있었던 나라들이다. 이들 나라들은 이민자들의 공동체가 존재하지 않거나 최근에야 형성이 막 시작되고 있는 수준이다. 미국의 1920-40년대의 모습처럼 이민자들을 적절하게 수용할 수 있는 사회의 제반적인 여건이 부족한 상태이기 때문에 이민자로 인한 사회문제가 더 크게 나타나고 있다.

또 한편 클로워드와 올린(Cloward와 Ohlin)의 차별기회이론에 따르면, 이민자들은 주로 빈민지역에 정착하게 되는데 이 지역에는 범죄의 기회가 상대적으로 더 많기 때문에 이민자들의 범죄율이 높을 수 있다는 것이다. 미국에서 대부분 범죄 조직이 민족 공동체를 바탕으로 형성되기는 한다. 그렇지만 동시에 이민자 공동체가 범죄의 기회를 제공하기 보다는 일할 수 있는 기회를 제공하는 경우가 더 많다(Lee & Martinez, 2002). 따라서 이민자들의 새로운 유입은 이민자 공동체를 활성화시키고 재생시킨다.

예컨대 미국의 대도시 중 대체로 안전한 도시는 이민자들이 가장 집중되어 있는 도시들이라고 할 수 있다. 지속적으로 범죄율이 낮은 대도시에 속하는 엘 파소(El Paso)나 샌디에이고는 이민자들이 많은 멕시코와 경계를 하고 있는 도시이다. 게다가 뉴욕과 로스앤젤레스의 범죄율이 급격하게 떨어진 것은 이민자들이 이들 도시에 급증하게 된 시기와 일치한다. 반면 범죄율이 높은 도시들은 이민자들의 유입이 상대적으로 크게 일어나지 않은 도시들이다. 최근 살인범죄율이 높아진 볼티모어, 필라델피아, 뉴어크(Newark), 보스턴 등의 도시들이 그 예라고 할 수 있다(Lee & Martinez, 2009). 이민자들의 유입으로 인해 도시의 정체된 인구가 늘어나고, 새로운 일자리가 만들어지며 이것이 그 도시의 경제적 성장을 가져오게 한다. 따라서 미국의 경우 이민자들의 범죄가 적은 것은 이민자들이 범죄의 기회에 더 많이 노출되어 있다하더라도 그것을 능가하는 합법적인 기회가 그것을 상쇄하기 때문이다. 그렇지만 서구유럽의 경우 이러한 요건이 적절하게 갖추어지지 않은 나라가 많다.

더 나아가 미국과 서구 유럽은 이민의 패턴과 이민자 유입에 대한 정책, 그리고 경제적, 정치적 환경이 크게 다르기 때문에 이민과 범죄와의 관계 또한 다를 수밖에 없다. 보다 구체적으로 그 차이점을 살펴보자(김정규·신동준, 2011). 첫째, 미국과 서구 유럽은 이민자의 특성이 다르다. 범죄를 저지르기 위해 이민을 가는 사람들은 없다. 보다 나은 삶을 찾아 이민을 떠난다. 그리고 이민자들은 그 사회에서 가장 힘이 없는 존재들이고 낯선 환경에 처해 있다. 이러한 이민자들의 특징은 그들이 마냥 쉽게 범죄를 저지르는 위치에 있지 않다는 것을 보여준다. 그런데 이러한 이민자들의 특징이 이민자들을 받아들이는 이민제도에 따라 차이가 나타날 수 있다. 미국은 이민자를 받아들일 때 일정한 자격요건을 갖춘 사람들을 검증하여 합법적 이민자로 받아들인다. 자격요건이란 직업이 있든지, 직업을 가질 능력이 있든지, 투자를 할 수 있는 돈이 있든지, 미국 내 가족이 있어서 미국사회에 쉽게 정착할 수 있는 사람 등을 말한다. 이민자들이 쉽게 범죄의 기회를 잡지 않는 것은 바로 이러한 자산을 조금이라도 가지고 있기 때문이다. 그러나 유럽의 경우 EU의 출범과 더불어 이주를 원하는 사람은 누구든지 EU 안의 다른 나라로 옮겨 살 수 있는 환경이 조성되어 있어 각 나라에서 적절한 이민자들의 자격 검증을 하는 것이 쉽지 않다. 따라서 이민자들의 개인적 자산이나 사회적 자산이 미국과 비교해서 유럽은 현저히 낮을 수 있음을 추측케 한다.

둘째, 미국은 이민자의 숫자를 조절하고 통제할 수 있는 여력이 유럽보다 크다. 적절한 이민자의 수는 지역공동체뿐만 아니라 국가의 수용 능력과 밀접하게 관련되어 있다. 이민자의 유입을 전적으로 막지는 못하지만 이민 속도의 완급을 조절함으로써 이민자로 인한 경제구조의 변화 등에 지역과 국가가 유연하게 대처할 수 있다. 이러한 면에서 서구 유럽의 국가들은 미국보다 취약하다.

셋째, 미국의 경제구조는 고용과 해고가 유럽보다 상대적으로 자유롭다. 따라서 저숙련 이민 노동자들에 대한 일자리가 탄력적으로 운용될 수 있는 여지가 강하다(Logan et al., 1994). 대부분의 이민자들은 저숙련 노동자들이다. 노동의 유연성이 높다는 것은 이민자들을 쉽게 수용할 수 있다는 것을

의미 한다. 고용과 해고가 상대적으로 자유롭다는 것이야 말로 미국 경제의 고용 안정성을 가져오는 기본적인 바탕이다. 이민자들이 비록 해고 되었다고 할지라도 실제적으로 재고용 될 수 있는 기회가 많고, 또 새로운 직장을 찾을 수 있을 것이라는 기대도 크기 때문에 일시적인 어려움을 견뎌낼 수 있는 여지가 크다. 가난한 라티노 공동체이지만 폭력범죄의 발생률이 낮은 것은 이민자들의 고용률이 기대치 보다 높기 때문이라는 경험적 연구 결과가 이러한 주장을 뒷받침 한다(Martinez, 2002). 그러나 유럽의 경우 노동의 유연성이 미국에 비해 현저히 떨어지기 때문에 이민자들이 일자리를 찾기가 쉽지 않고, 일자리를 잃었을 때 더 비관적인 태도를 가질 수 있어서 범죄에 연루되기가 쉽다.

넷째, 미국은 다양한 민족 공동체가 대도시 중심으로 활발하게 존재하고 있다. 따라서 이민자들은 새로운 환경의 적응과정에서 받을 수 있는 스트레스를 공동체 안에서 해소할 수 있는 여지가 크다. 또한 민족 공동체는 비숙련 이민 노동자들의 일자리를 제공함으로써 가난과 사회적 불평등에서 오는 이민자들의 긴장들을 줄이는 완충 역할을 제공한다(Wadsworth & Kublin, 2007). 그러나 유럽의 경우 민족 공동체가 형성되어 있다고 할지라도 유대의 정도나 결속의 정도는 미국에 비해 현저히 낮고 이민자 공동체가 일자리를 창출하여 이민자들을 수용할 수 있는 여력이 거의 없는 경우가 대부분이다.

다섯째, 미국은 이민자들에 대한 편견이 유럽에 비해 상대적으로 적다. 이민의 역사가 곧 미국의 역사라고 배워온 미국인들은 이민의 전통에 아주 익숙하다. 이민자들이 급격하게 유입되었던 1920년대에 있었던 이민자들에 대한 그러한 정도의 편견이 오늘날 미국인들에게는 있지 않다. 그리고 다양한 인종과 민족으로 이루어진 미국 사회 내에서 이민자들의 민족 공동체를 억압하거나 차별할 수 있는 또 다른 민족 공동체가 존재하지 않는다. 백인

집단이 인종적으로 지배집단이라고 해도 다양한 민족으로 이루어져 있으며 그 통합력도 크지 않다. 반면 유럽은 미국과는 달리 주된 집단이 민족적 공동체로 형성이 되어 있는 경우가 많고 통합력도 강하기 때문에 외부로부터 온 이민자가 기존의 질서와 공동체를 위협한다고 느끼는 정도가 더 크다. 이것은 이민자에 대한 편견과 차별도 상대적으로 더 클 수 있다는 것을 의미한다. 따라서 이민자들이 느끼는 긴장의 정도도 더 클 뿐만 아니라 새로운 사회에 적응하는 정도도 더 떨어질 수 있다.

결국 미국이든 유럽이든 이민자들이 기존 사회와 문화에 적응할 수 있는 사회적 여건이 잘 갖추어졌는지, 그리고 기존 국민들이 이민자들에 대한 편견과 차별의 정도가 어떠한 지에 따라 이민자들의 범죄수준도 영향을 받는다고 할 수 있다.

3. 교육과 차별

1) 교육에서의 제도적 차별

미국은 오랫동안 인종에 따라 교육적 기회가 차별적으로 주어졌던 역사가 있다. 물론 가장 처음으로 교육에 대한 차별을 받았던 것은 노예로 끌려온 흑인이다. 흑인이 노예에서 해방된 후에도 지속적으로 분리정책에 의해 차별받아왔다. 멕시칸, 일본인, 중국인들과도 같이 이민자들도 예외는 아니었다. 소수이민자들은 교육적 권리를 위해 법적 투쟁을 하였는데, 대표적인 것인 1885년 Tape v. Hurley 재판이다. 이 재판의 판결에 의해 캘리포니아 주의 중국인 이민자의 아이들도 공립학교에 들어갈 수가 있었다. 그러나 1896년 유명한 Plessy v. Furguson의 판결에 의해 "분리되었지만 동등하다"는

원칙이 법적으로 인정되고 나서 공적인 학교교육에서도 인종적 분리정책이 정당화되었고 지속적으로 시행되었다. 예컨대 1927년 미시시피 주에서 거주하던 중국계 미국인 딸이 백인들만 다니는 학교로부터 입학을 거부당하자 아버지가 소송을 제기했는데(Lum v. Rice), 법원은 Plessy 판결을 들어 입학 거부 할 수 있다고 판결하였다(Soo, 2006).

이렇게 지속되던 교육에서의 인종분리 정책은 1925년 Romo v. Laird 판결 이후 변화되기 시작하였다. 이 재판은 4명의 아이를 둔 멕시칸 미국인 로모(Romo)와 애리조나 주 템피(Tempe)시의 교육구(school district) 사이에 일어난 일이다. 로모는 분리정책에 의해 자신의 아이들이 다니는 학교의 교사들과 다른 학교 교사들의 자질과 능력이 확연히 차이가 난다고 하면서 자신의 아이들을 다른 학교로 전학할 수 있게 해 달라고 요청하였다. 그의 요청을 교육구가 받아들이지 않자 소송을 제기한 것이다. 재판관은 로모의 아이들이 다니는 학교 교사의 자질과 능력이 상대적으로 떨어진다는 것을 인정하고 아이들을 같은 교육구의 다른 학교로 전학할 수 있도록 허가하였다(DiMaria, 2007).

연이어 캘리포니아 주 법원에서 멕시칸 미국인 아이들을 영어능력 부족과 같은 학습 능력을 바탕으로 교육구가 학생들을 분리하는 것은 불법이라고 판결하게 된다. 그리고 1930년에는 멕시칸 미국인 아이들을 교육구 안의 백인학교에도 들어갈 수 있도록 허용해서 백인 학생과 함께 교육을 받을 수 있도록 하였다(Alvarez v. Lemon Grove School District). 이러한 판결들이 진행되는 중에서도 지속적인 분리교육은 진행되었고, 이에 대한 재판들도 연이어졌다. 마침내 1954년 Brown v. Board of Education 재판에서 "분리되었지만 동등하다"는 Plessy 법안이 헌법에 위배되는 것으로 판결남으로써 교육에서의 인종에 따른 분리교육도 원천적으로 금지되었다. 그리고 최종적으로 1964년 시민권리법(the Civil Rights Acts of 1964)에 의해 모든 공적인 영역에서 인종에 따라 분리하는 것이 금지됨으로써 교육에 대한 법적 제도적 차별은 사라지게 되었다.

2) 학교의 인종적 분리

인종, 민족에 따른 분리교육의 문제는 분리하지만 동등한 교육을 실시한다는 것이 원천적으로 불가능하기 때문에 일어난다. 분리해서 교육하게 되면 교육의 질과 내용, 그리고 교육적 환경에서 차이가 날 수밖에 없다. 현재에도 소수인종 학생들이 대부분인 학교는 백인 학생들이 대부분인 학교보다 교육의 질과 수준이 낮다. 그리고 이것은 바로 학생들의 학습능력과 성취결과의 차이로 이어진다. 연방 교육평가기관인 NAEP(the federal National Assessment of Educational Progress)의 2007년 조사 자료에 따르면, 흑인과 백인학생 4학년과 8학년의 수학과 읽기 능력을 비교하였더니 백인학생이 흑인학생들보다 모든 평가 부문에서 확연히 뛰어났다. 이러한 결과는 대학생들에게도 마찬가지로 나타났다. 대학에 입학한 백인과 흑인 운동선수의 학업능력을 조사했더니 흑인 학생들의 대학 학업성적이 동료 백인 학생들보다 더 낮았다. 그리고 고등학교 성적에 기초해서 대학의 성적을 추정해 본 것보다도 흑인학생들은 실제적으로 더 낮은 학점을 받았다. 이것은 흑인학생들이 백인학생들에 비해 학업이 훨씬 덜 준비된 상태로 대학에 들어온다는 것을 의미한다(Shulman & Bowen, 2001).

흑인과 백인의 학업성취 능력의 차이는 분리된 학교교육이 미쳤을 가능성이 크다. 흑인들은 백인보다 분리된 학교에 다니는 비율이 더 높기 때문이다. 분리되어 소수인종이 많은 학교들은 재정적 상태가 열악한 경우가 대부분이다. 그리고 인종적으로 분리된 학교에는 가난한 학생이 더 많고 학생들의 학업성적도 더 낮다. 학생들의 졸업률도 더 낮으며 학생들이 선택할

수 있는 과목의 수도 제한적이다. 경험이 많은 교사가 부족하고, 학부모들의 교육에의 참여도 떨어진다. 말하자면 교육을 위해서는 좋지 않은 환경을 다 포함하고 있다.

오늘날 미국에서는 법이나 제도를 통하여 학교를 인위적으로 인종이나 민족에 따라 분리하여 학생들을 교육시킬 수가 없다. 그럼에도 불구하고 미국의 학교는 여전히 분리되어있다. 그럼 왜 미국의 학교가 인종적으로 분리되어 있는가? 그것은 무엇보다도 1970년대 본격적으로 시작된 백인 중산층들의 탈도시화 현상과 밀접하게 연결되어 있다. 그 당시 많은 백인들이 복잡한 도시를 떠나 교외지역으로 이주하기 시작했고, 도시지역에는 흑인을 비롯한 소수인종들만이 대부분 남아있게 되었다. 미국의 공립학교는 거주지를 중심으로 배정되기 때문에 공립학교도 사회경제적 계급에 따라, 그리고 인종에 따라 학생들이 나누어지게 되었다. 백인들이 새롭게 이주하는 교외지역 학교에는 대부분 학생들이 백인들이었던 반면, 도시지역 기존의 학교에서 백인 학생들은 하나둘씩 빠져나가 흑인을 비롯한 소수인종 학생들만 남게 되었다. 더구나 법적으로 분리교육이 금지되고 백인들만 있던 학교에 소수인종들이 하나 둘씩 들어오게 되자, 편견을 가진 백인들의 교외지역으로의 탈출은 가속화되었다. 그 결과 미국의 대도시 주변의 공립학교들은 법과 제도의 개선과는 관계없이 다시 인종적으로 분리되기 시작했다.

다시 분리된 공립학교들의 가장 큰 문제는 지역에 따른 재정적인 예산의 차이라고 할 수 있다. 공립학교 예산은 연방정부와 주정부에서 어느 정도 책임지고 있지만, 지방자치제가 활성화된 미국에서 교육구가 속한 지역주민이 낸 교육세에 의존하는 바가 크다. 미국에서 주택을 가지고 있는 모든 사람은 주택가격을 기준으로 재산세와 교육세를 내게 되어있다. 교육세는 자녀 유무와는 상관없이 내야한다. 재산세보다 교육세를 더 많이 내야하는 곳도 많다. 그러므로 주택가격이 높은 부자동네일수록 교육세를 더 많이 걷을 수 있고, 그 지역의 공립학교 예산도 더 풍족하게 된다.

 백인들이 이주한 교외지역의 공립학교는 풍부한 예산으로 능력 있고 경험 많은 교사를 채용할 수 있고, 학급당 적은 학생 수를 유지할 수 있으며, 더 많고 다양한 과목을 개설할 수 있고, 다양한 클럽활동 등 수업 후 학생들의 활동에 더 많은 지원을 할 수 있으며, 가장 최신의 교육 자료를 사용하여 좋은 학교 시설에서 교육할 수 있다. 도시지역에 남은 소수인종 학생들이 대부분인 학교는 교외지역 백인학생들 학교보다 정반대의 조건과 환경에 처하게 된다.

 미국 교육부의 2004년 자료에 따르면, 저소득층 학생이 75%를 넘는 학교에서는 그렇지 않은 학교보다 영어와 과학과목에서 자격증을 소지 하지 않은 강사나 자신의 전공분야가 아닌 과목을 가르치는 교사가 3배나 더 많았다고 한다(Orfield & Lee, 2005). 같은 해 플로리다 주에서 시행된 표준시험의 결과는 인종적으로 분리된 학교교육이 학생들의 성취에 어떠한 영향을 미치는지 보여준다. 이 조사에 의하면, 소수인종이 대부분인 학교에 다니는 흑인학생들의 테스트 통과 비율이 현저하게 낮았다. 이러한 결과에 대해 연구자들은 인종적으로 분리된 학교들이 맞닥뜨리고 있는 문제는 단순히 재정확보나 직원이나 교사의 보강으로 해결될 일이 아니라 다양한 인종들이 함께 하는 학습 환경과 그에 맞는 재정확보가 동시에 이루어져야 한다고 주장한다(Borman et al., 2004). 그리고 인종적으로 다양한 교육환경은 백인, 흑인, 라티노, 아시아계 등 모든 인종들의 학생들에게 유익하다는 것을 연구자들은 함께 밝히고 있다.

 소수집단들 중 가장 심하게 분리되어 있는 집단은 라티노 학생들이다. 이들은 인종적으로도 분리되어 있을 뿐만 아니라 경제적으로, 그리고 언어적으로도 분리되어 있다. 경제적으로 분리되어 있는 것은 가난한 지역에 집중적으로 라티노들이 모여살기 때문이다. 언어적으로 분리되어 있는 것은 영

어를 잘하지 못하는 학생들이 스페인어로 교육을 받거나 스페인어를 사용하는 학생들하고만 함께 있어 영어를 배울 기회가 없다는 것을 말한다. 라티노 학생들의 75%가 소수인종 학생들이 더 많은 학교에 다니고 있으며, 그 소수인종들 중 대다수는 라티노 학생들이다. 특히 영어를 처음 배우기 시작하는 라티노 학생들이 다니는 학교는 재학생 중 라티노 학생이 평균 65%나 되어서 영어를 말하는 친구를 사귀기가 힘들 정도이다. 따라서 그들은 영어 학습에 큰 어려움을 겪는다(Orfied et al., 2003).

인종과 민족 집단 별로 학교 교육의 분리된 정도를 파악하려면 전체 인구에서 인종별 구조와 비교해 보면 보다 뚜렷해진다. 앞서 살펴보았듯이 2014년 기준으로 히스패닉이 아닌 백인이 68%, 라티노가 18%, 흑인이 12%, 아시아계가 6%, 원주민이 1% 정도의 비율이다. 2000년 인구센서스에서는 백인이 69%, 라티노가 13%, 흑인이 12%, 기타가 6%였다. 만약 다양한 인종적 특성을 지닌 학교가 있다면 최소한 미국 인구 전체의 인종적 분포와 비슷하게 학생들이 구성되어 있어야 할 것이다. 그러므로 2000년 이후 15년 정도의 인구분포를 기준으로 하면 백인이 68-69%, 흑인이 12% 내외, 그리고 라티노가 13-18%, 아시아계가 3-6%, 원주민이 1-2% 정도를 차지하면 된다. 그러나 실제 학교 환경은 이와는 거리가 멀다. 앞서 살펴보았듯이 평균적으로 라티노 학생들은 라티노 학생들이 60-70% 이상 재학하는 학교에 다니고 있었다. 라티노의 전체 인구비율이 13-16% 사이인 것을 감안하면 그 차이가 얼마나 큰지 알 수 있다.

라티노보다는 덜 분리되어 있을지라도 다른 인종들의 결과도 인종적 다양성과는 거리가 멀다(Orfield, 2005). 통계를 짐깐 살펴보면, 대부분의 흑인 학생은 흑인학생들이 50% 이상 재학하고 있는 학교에 다니고 있다. 그러나 흑인 인구 비율은 12%에 불과하다. 한편 대부분의 백인 학생들은 백인 학생들의 비율이 78%나 되는 학교에 다니고 있다. 백인 인구 비율인 68-69%

보다 더 높은 수치이다. 그러므로 흑인은 흑인학교, 백인은 백인학교에 다닌다는 말이 과장은 아니다.

원주민 학생들도 정도의 차이는 있지만 마찬가지이다. 전체 인구에서 차지하는 원주민 비율은 1% 정도에 불과하다. 그래서 일반적으로 다른 인종 학생들이 주로 다니는 학교에서 원주민 학생들의 비율은 거의 1% 정도에 머문다. 하지만 평균적으로 원주민 학생들이 주로 다니는 학교는 원주민 학생들의 비율이 36%나 된다. 그런데 아시아계 학생은 유일하게 이러한 인종적 분리에서 예외적인 경우이다. 그들은 인종적으로 가장 다양한 구성을 가진 학교에 다니고 있다. 평균적으로 아시아계 학생들은 백인이 45%, 흑인이 12%, 라티노가 20%, 그리고 같은 아시아계가 22% 정도가 되는 학교에 다니고 있다. 아시아계가 전체 인구에서 5-6%를 차지하고 있으므로 아시아계 학생들이 다니는 학교에 같은 인종 학생들의 비율이 상대적으로 높긴 하다. 그렇지만, 아시아계 외의 다른 인종집단의 비율도 다양하게 구성되어 있다.

이러한 학교의 인종분포 비율을 보면 미국의 학교가 인종별 민족별로 여전히 분리되어 있음을 알 수 있다. 분리된 학교교육은 교육 자체도 문제이지만, 학생들이 성장하면서 다양한 인종과 민족적 배경을 가진 학생들과 사귀지 못하고 자라는 것이 더 심각한 문제로 나타난다. 학교 밖의 사회를 나오면 다양한 인종의 사람들이 함께 모여 살아가지만, 학생들이 배우고 성장하는 학교 안은 전혀 다른 세상이다. 그러므로 인종이 서로 다른 학생들이 친구가 되는 것은 그리 쉬운 일이 아니다.

보통 청소년들이 친구를 선택할 때 자신과 비슷한 특성을 지니고 있는 동질성을 중요하게 생각한다. 자신과 태도, 행동방식, 취미 등이 비슷한 사람과 사귀는 경향이 강하다. 그런데 인종적으로 분리된 학교 환경에서 동질성을 넘어 다른 인종의 학생을 사귀는 것은 결코 쉽지 않다. 비록 어느 정도 인종적 다양성이 존재하는 학교에서도 청소년들의 친구 사귐은 같은 인

종인 경우가 대부분이다. 왜냐하면 내적인 동질성보다는 외적인 동질성이 우선적으로 더 쉽게 다가오기 때문이다. 그러므로 백인 학생이 흑인 학생을 친구로 사귀려면 흑인 학생들이 대다수인 학교에 백인 학생이 다니지 않으면 거의 불가능할지도 모른다. 물론 그 반대도 마찬가지이다.

따라서 백인은 백인 친구, 라티노는 라티노, 흑인은 흑인 친구만 사귀다가 이들이 고등학교를 졸업하고 대학생이 되어서야 인종적 배경이 다른 친구들을 제대로 만날 수 있는 기회가 생긴다. 하지만 고등학교 때까지 인종 간의 교류가 없이 책으로, 그리고 말로만 인종적 다양성을 배워 온 사람들이 친구의 사귐에 있어서 인종적 장벽을 금방 넘기가 쉽지 않다. 소비패턴과 생활방식 그리고 문화가 유사한 청소년들이 한 동네에 같이 살면서 인종적으로 분리된 학교에서 같은 인종의 학생들과 교육을 받는다. 이것이야말로 다양한 인종과 민족이 함께 모여 살고 있는 미국에서 끼리끼리의 인종적 문화를 고착시키는데 가장 큰 역할을 하고 있다.

3) 대학교육과 인종적 불평등

미국 사회에서 개인의 성공과 그 사람의 계급적 지위를 결정하는 가장 중요한 요소 중 하나를 들라고 한다면 그건 고등교육이다. 물론 고등교육이라 함은 대학이상의 교육을 일컫는다. 이러한 대학교육에서 인종과 민족에 따른 차이와 불평등이 뚜렷하게 존재한다. 물론 대학교육은 고등학교까지의 교육의 연장선상에 있기 때문에 그 이전의 교육환경과 조건이 중요하게 영향을 미친다. 고등학교까지 상대적으로 열악한 교육시스템 속에 있었던 인종적 소수자집단은 대학교육 이상의 고등교육에서도 상대적인 열세에 놓여 있을 수밖에 없다. 과거의 축적된 불평등의 역사는 오늘날 인종적 소수자들의 교육수준에 뚜렷한 영향을 미쳤다. 하지만 과거로 역사를 거슬러 올라갈 수만은 없기 때문에 교육에서의 불평등이 여전히 현재에도 지속되고 있는지, 아니면 점차 개선되어 가고 있는지를 살펴보는 것이 중요하다.

우선 대학에 입학하기 전까지 의무교육인 고등학교 졸업자부터 인종별 차이가 있는지 살펴보자. 미국 교육부의 통계에 따르면, 2013-2014학년도 기준으로 공립고등학교를 졸업한 학생들의 미국전체 비율은 역사이래로 가장 높은 82%를 기록하였다. 1995-1996학년도가 졸업률이 71%였고 2005-2006학년도의 졸업률은 73%였다. 졸업률의 추이는 최근 들어 조금씩 높아지다가 2014년도에 최고치를 기록하였다.

이 수치는 다른 선진국들과 비교할 때 높지도 않지만 그렇게 낮은 것도 아니다. 한 조사에 따르면 고등학교 졸업을 한 사람과 그렇지 않은 사람의 평생 임금의 격차는 $200,000나 된다. 대학학위를 가지고 있는 사람과 그렇지 않은 사람과는 평생 동안 $1,000,000 정도 차이가 난다고 한다(Cheeseman Day & Newburger, 2002). 미국 사회에서 교육수준이 사회경제적 지위에 얼마나 크게 영향을 미치고 있는지 알 수 있다.

미국 전체 고등학교 졸업률이 그리 낮지 않다 해도 인종에 따라서 그리고 지역에 따라서 상당한 정도의 차이가 있다. 미국 교육부의 2013-2014학년도 자료를 기준으로 보면, 아시아계의 졸업률이 가장 높은 89%이고 그 다음이 백인으로 87%를 기록하고 있다. 그렇지만 라티노는 76%에 머물고 있고 흑인은 73%, 원주민은 가장 낮은 70%이다. 아시아계와 백인은 평균이 넘지만 흑인, 라티노 그리고 원주민은 평균 아래 머물고 있다. 이들 중 라티노의 졸업률은 최근 가장 크게 증가하였다. 2006년에는 61.4%를 기록하였는데 10년도 채 안 되는 기간 동안 졸업률이 15%나 증가하였다.

지역적으로도 라티노와 흑인들의 인구가 많은 주는 졸업률이 낮은 반면, 백인의 인구 비율이 높은 주들은 대체로 졸업률이 높았다. 예를 들어 백인들의 인구비율이 높은 중서부 지방에 속하는 네브라스카 주(90%)와 아이오

와 주는(91%) 고등학교 졸업률이 가장 높은 주이다. 반면, 흑인들이 도심에 많이 사는 미국의 수도인 워싱턴 DC는 고등학교 졸업률이 최저로 61%를 기록하고 있고 흑인인구 비율이 높은 남부지역의 루이지애나(75%)와 조지아 주(73%)도 마찬가지로 졸업률이 가장 낮은 주에 속했다. 라티노들이 많이 살고 있는 네바다(70%)와 뉴멕시코 주(69%)도 낮은 졸업률을 보였고 원주민들이 많이 거주하는 알래스카 주도 71%에 머물렀다.

이러한 고등학교 졸업률에서의 인종적 차이는 대학이상의 고등교육에 영향을 미칠 수밖에 없다. 미국 학생들이 고등학교를 졸업하고 대학에 진학하는 비율은 2014년 기준으로 67.1%이다. 이 수치는 최근 10년 동안 큰 변동이 없다. 그러나 1980년대에는 50%대에 머물렀고 1990년대에 이르러서 60%대에 처음으로 진입하였다. 따라서 시간을 두고 점진적으로 증가해 왔지만 최근에 이르러서는 변화의 정도가 줄어들었다. 그럼 인종별로 대학 진학률이 어떻게 다른지 살펴보자.

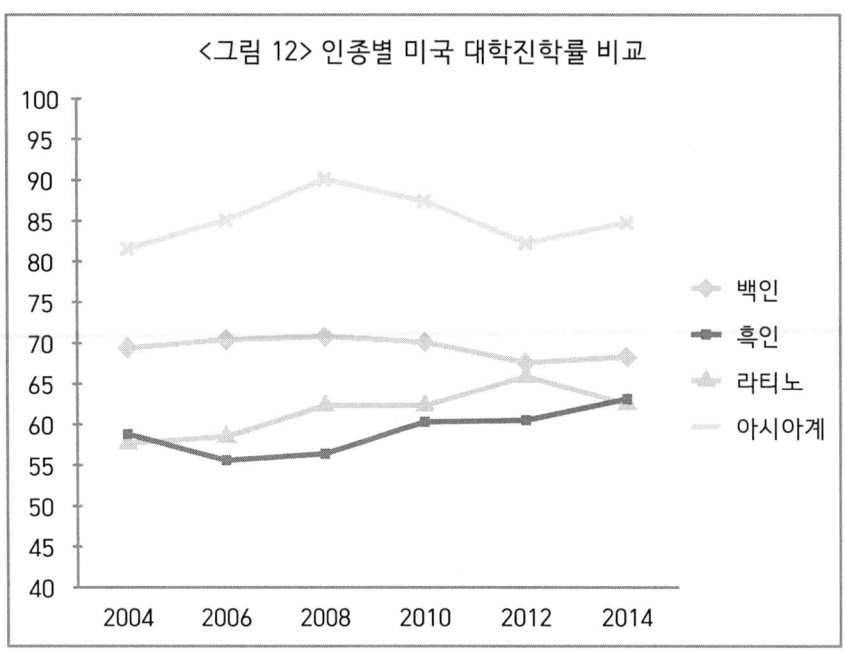

<그림 12>는 2004년부터 2014년까지 10년에 걸쳐서 16-24세에 해당하는 나이의 고등학교 졸업자가 졸업 후 대학에 바로 진학한 비율을 인종별로 비교해 놓은 것이다. 그래프를 보면 2014년 기준으로 아시아계가 84.8%로 단연코 가장 높다. 말하자면 고등학교를 졸업한 아시아계 학생들의 84.8%가 대학에 진학했다는 것을 의미한다. 그 다음이 백인으로 68.3%, 그 뒤로 흑인이 63.1%, 라티노가 흑인과 거의 차이 없는 62.5%이다. 대학진학률은 아시아계를 제외하면 백인, 흑인, 라티노의 차이가 크지 않다. 그리고 그래프에서 볼 수 있듯이 2005년부터 10년 동안 흑인과 라티노의 진학률이 점점 높아져서 인종 간의 격차가 지속적으로 줄어들고 있음을 볼 수 있다. 더 이전부터 시작하면 인종 간의 격차는 더 현저하게 줄어든 것을 알 수 있다. 예컨대 1990년만 하더라도 백인의 진학률이 63.0%, 흑인이 48.9% 그리고 라티노가 52.5%여서 인종간의 격차가 꽤 있다. 최근 10년 동안 라티노가 흑인

보다 진학률이 조금 더 높았지만 최근 라티노는 약간 감소하고 흑인의 진학률은 지속적으로 증가해서 2014년에는 거의 대동소이하다. 그러므로 대학 진학률에 있어서 인종 간의 격차는 아시아계를 제외하고는 최근에는 큰 차이가 나지 않는다고 볼 수 있다. 아시아계는 모든 인종집단을 훨씬 상회하는 독보적인 대학 진학률을 나타내고 있다.

그럼 대학 진학률이 인종별로 크게 차이가 없기 때문에 가까운 미래에 인종 간의 사회경제적 지위의 차이도 줄어들 것이라고 예측할 수 있는가? 결론부터 먼저 말하면, 그렇지 않다. 왜냐하면 진학률에서는 아시아계를 제외하고 인종 별로 별 차이가 없었지만, 대학을 졸업하여 학위를 받는 비율에서는 인종 별로 여전히 차이가 크기 때문이다. 다시 말하면, 백인이나 아시아계 학생들에 비해 흑인과 라티노 학생들이 대학을 중도에 그만 두는 비율이 더 높다는 것이다. 최근의 인구조사에 따르면, 2013년 25세에서 29세인 사람들 중 백인들의 40%가 학사학위를 가지고 있었다. 그러나 흑인은 20%, 학사 학위를 가진 라티노는 15%에 머무르고 있다. 아시아계는 가장 높은 58%였다. 흑인과 라티노의 학사 학위를 가진 사람들의 비율은 백인의 절반 정도이거나 그 아래에 머물고 있으며 그 차이는 최근에도 크게 줄어들지 않고 있다(Casselman, 2014).

퓨 리서치센터의 보고서는 인종과 민족에 따라 고등학교 졸업부터 대학 입학 그리고 대학 졸업자의 비율이 어떻게 차이가 나는지 잘 보여주고 있다(Krogstad and Fry, 2014). 〈그림 13〉은 2011-2012학년도에 고등학교 졸업한 사람들의 인종적 비율, 그리고 2012년에 18-24세에 해당하는 사람들의 인종적 비율, 마지막으로 25-29세에 이르는 사람들의 학사 학위를 빋은 사람들의 비율을 나타내고 있다. 전체 고등학교 졸업자 중 백인이 59%, 라티노가 18%, 흑인이 16%, 그리고 아시아계가 16%를 차지하고 있다. 앞서 〈그림12〉에서도 살펴 본바와 같이 대학진학자들의 비율은 졸업율과 크게 차이가 나지 않는다. 백인이 1% 줄어든 58%, 라티노는 1%가 높아진 19%, 흑인은 2%가 줄어든 14%, 아시아계는 1%가 늘어난 7%이다. 그러나 대학을 졸업하고 학사학위를 받은 사람들의 비율을 살펴보면 뚜렷한 차이가 나타난다. 백인이 전체 학사 학위자 중 69%를 차지하여 대학 진학률보다 11%가 더 높고, 아시아계도 11%를 차지하여 4%가 더 높아진 반면, 흑인과 라티노는 모두 9%를 차지하여서 라티노는 10%, 흑인은 5%가 더 적다.

물론 이 통계수치는 전체에 대한 상대적 비율이기 때문에 라티노와 흑인 학생들의 대학졸업자의 수가 줄어들고 있다는 것을 의미하는 것은 아니다. 예컨대 2년제 이상의 대학졸업자의 비율을 보면 흑인들은 2007년에는 전체 흑인들의 28%였지만 2015년에는 33%로 늘어났다. 라티노도 19%에서 23%로 늘어났다. 하지만 백인들은 41%에서 47%로 늘어나서 증가폭이 상대적으로 더 크다(Klonder, 2016). 그러므로 전체에서 흑인과 라티노 대학졸업자가 차지하는 비율은 상대적으로는 줄어드는 셈이다. 이러한 결과를 종합하면, 고등학교 졸업률과 대학진학률에서는 인종 간의 격차는 줄어들어 큰 차이가 나타나지 않지만, 라티노와 흑인은 대학을 중도에 그만두는 사람들이 상대적으로 더 많고 따라서 대학졸업자의 비율에서 인종 간의 격차가 여전히 존재하고 있음을 보여준다. 결국 이것은 인종/민족 별로 임금의 격차로 나타나게 되고 더 나아가서는 인종/민족 간 사회경제적 지위의 차이로 이어진다.

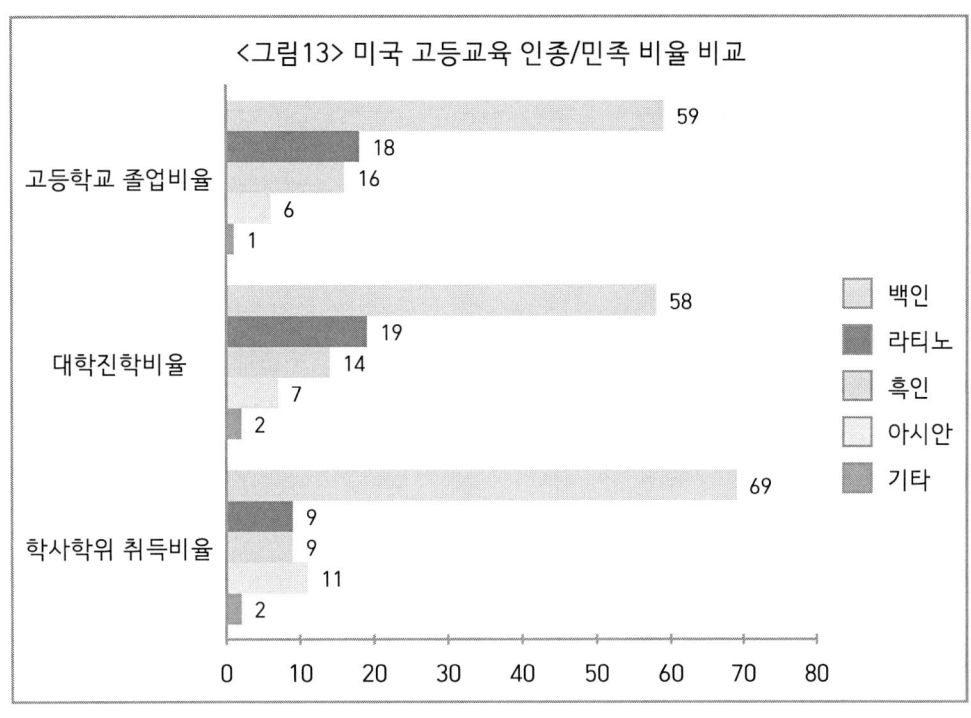

<그림13> 미국 고등교육 인종/민족 비율 비교

4) 흑인과 라티노의 대학졸업자의 비율: 계급이냐 인종이냐

흑인과 라티노 학생들의 대학졸업률이 낮은 주요한 이유 중 하나는 재정적인 문제이다. 실제로 미국대학의 수업료는 평균적으로 세계에서 가장 높다. 따라서 경제적으로 하층계급이 많은 라티노와 흑인학생들이 수업료를 감당하기가 쉽지 않다. 물론 경제적인 부담이 상대적으로 적은 주립학교들이 미국에는 상당히 많다. 그러나 대부분의 주에서 주립대학에 제공하는 예산은 점점 줄어들고 있는 형편이다. 특히 2008년 미국의 재정위기 이후 주의 지원이 급감하자 주립대학은 평균 28%정도 수업료를 인상하였다. 주립대학의 수업료는 지속적으로 상승하고 있고, 가난한 학생들이 대학교육을 마치는 것은 점점 어려워지고 있는 형편이다(Kolodner, 2016).

이민은 또 다른 이유가 될 수 있다. 새롭게 이민 온 사람들이 많은 캘리포니아 주는 이민자 중 가장 높은 비율을 차지하는 라티노(17%)와 백인(51%)의 차이가 34%에 이른다. 새롭게 이민 온 사람들의 사회경제적 자산은 적을 수밖에 없고 따라서 이민자의 비율이 높은 지역에서 고등교육의 격차는 더 커질 수밖에 없다. 그렇지만 한편으로는 캘리포니아 주에서 이민자가 아닌 흑인(33%)과 백인(51%)의 격차도 18%에 이르러 이민 자체만이 그 이유가 될 수는 없다는 것을 보여준다(Kolodner, 2016). 그것은 흑인이 이민자는 아니지만 백인과의 경제적인 차이가 크게 나기 때문일 것이다. 그래서 많은 사람들은 미국의 고등교육의 문제는 인종적인 문제라기보다는 경제적인 문제가 더 크게 작용하고 있다고 주장하기도 한다. 다시 말하면, 고등교육의 문제는 인종보다 경제적 수입에 따른 계급적인 차이에 있다는 것이다.

그래서 대학들이 인종과 다양성의 문제보다 사회경제적 수준을 고려하는 것에 보다 더 신경 써야 한다고 주장한다. 실제 자료도 이러한 주장을 지지하고 있는데 대학진학률을 살펴보았을 때 가족 수입의 차이에 따른 대학진학률의 차이가 인종적 차이에서 오는 차이보다 더 크다는 것을 볼 수 있다. 미국의 교육통계자료(National Center for Education Statistics)에 따르면, 2014년 기준으로 부잣집 출신 학생들의 대학진학률은 81%나 되지만, 중간계층 학생은 64%를 차지해서 그 차이는 17%에 이른다. 그리고 수입이 가장 적은 가난한 가족의 아이들의 진학률은 52%에 머물러서 부잣집 아이들 보다는 29%가 그리고 중간계층 아이들보다는 12%나 대학진학률이 낮다. 그러나 한편으로 같은 해 백인들의 진학률은 약 68%이고 흑인이 63%, 라티노가 62%여서 대학진학률에서 크게 차이가 나지 않는다. 말하자면 대학진학률에 있어서 계급 간의 격차가 인종 간의 격차를 훨씬 뛰어넘는다.

하지만, 이러한 차이는 대학졸업자의 비율을 살펴보면 달라진다. 대학졸

업자 비율에서도 물론 수입에 따른 계급적인 차이가 있다. 그렇지만 인종적인 차이가 계급적인 차이를 능가한다. 미국 교육부의 자료를 기초로 한 조사에서 2003-2004학년도에 고등학교를 졸업하여 대학에 입학 한 학생들 중 가난한 학생들에게 지급되는 학자금 보조인 Pell grant와 연방정부 학자금을 받은 학생들 중 47%가 6년 안에 대학을 졸업하였다. 이 비율은 같은 기간 흑인과 라티노의 졸업률보다 더 높다(Casselman, 2014). 예컨대 2008년 국립교육통계센터 조사 자료에 따르면(National Center for Education Statistics), 같은 시기에 흑인이 4년제 주립대학을 6년 안에 졸업하는 비율이 39%이고 라티노는 46% 정도이다. 다시 말하면 계급적으로 가난한 학생들이 인종적 소수자들 보다 6년 안에 대학을 졸업하는 비율이 더 높다. 물론 대학졸업비율은 학생들이 다니는 학교, 부모들의 결혼상태, 학생들의 학업 능력 등을 비롯한 다양한 이유들에 의해 영향을 받지만, 분명한 것은 졸업률에 있어서 계급의 차이가 인종적 차이를 전부 설명하고 있는 것은 아니라는 것이다.

또 다른 한편, 라티노와 흑인 학생들은 대학을 다니기는 하지만 백인들과 비교해서 유명하고 입학 경쟁률이 높은 좋은 대학에 다니는 비율이 떨어진다. 2011년을 기준으로 백인들은 61%, 그리고 흑인은 56%, 라티노는 46%가 4년제 대학에 다니고 있다. 이들 중 백인들의 19%가 엘리트 연구중심대학에 재학하고 있는 반면, 흑인은 9%, 라티노는 16%만 그렇다. 보다 덜 경쟁적인 대학에 다니는 학생들일수록 대학졸업률이 떨어지는 경향이 있다. 실제로 엘리트 연구중심대학에 다니는 학생들은 입학경쟁이 덜 치열한 학교에 다니는 학생들 보다 6년 안에 졸업하는 학생들 비율이 50%나 더 높다고 한다. 이와 너불어 인종적 소수집단 학생들은 파트타임으로 대학을 다니는 비율도 더 높은데, 파트 타임으로 대학을 다니는 학생들이 8년 안에 졸업하는 비율이 25%도 안 된다. 마지막으로 대학학위를 가지고 있는 학생들이라 할지라도 인종별로 차이가 있는데 대학학위를 가지고 있는 흑인들은 같은 학위를 가지고 있는 백인들보다 실업률이 더 높을 뿐만 아니라, 평균적인 수입도 더 적다(Casselman, 2014).

이러한 결과를 바탕으로 하면, 교육에 있어서 계급적 차이는 분명히 존재한다고 말할 수 있다. 경제적 계급이 높을수록 좋은 교육을 받고 그것이 다시 높은 경제적 수입과 연결되어 세대가 거듭되면서 계급이 재생산된다. 인종과 계급의 문제는 아주 밀접하게 관련되어 있다. 역사적으로 누적된 차별과 이민에 따른 불리한 조건 등으로 인해 인종적 소수집단은 지배계급인 백인들보다 대체로 낮은 경제적인 지위에 처해 있다. 따라서 계급적 차이에서 오는 결과가 인종적 차이에서 오는 것으로 잘못 오해할 여지는 있다. 그렇지만 여러 가지 증거를 바탕으로 하면 계급적 차이는 분명히 존재하지만, 그것으로는 설명할 수 없는 인종적인 차이 또한 뚜렷하다는 것을 알 수 있다.

5) 대학교육에서의 아시아계 차별

교육에서 계급과 인종의 차이가 결코 같지 않다는 것을 가장 뚜렷하게 보여주는 것이 아시아계이다. 아시아계는 흑인과 라티노가 보여주는 결과와는 정반대로 인종적 차이를 보여주고 있다. 앞서 살펴본 자료를 보면 아시아계는 다른 소수인종들 뿐만이 아니라 지배집단인 백인들 보다 고등학교 졸업률을 포함하여 대학입학률과 졸업률까지 교육에 관련된 모든 수치가 월등하게 뛰어나다. 이러한 특징은 계급으로는 교육을 제대로 설명할 수 없다는 것을 여실히 보여주는 것이다.

아시아계도 다른 인종들과 마찬가지로 차별의 역사를 가지고 있고, 인종차별의 직접적인 대상이 되기도 하였다. 그리고 최근의 이민자들 중 라티노 다음으로 많다. 일반적으로 이민자들의 경제적인 수준이 지배계층 보다 못

하다는 것은 아시아계도 예외는 아니다. 그러므로 아시아인들이 뛰어난 교육적 성과를 보이는 것은 계급적으로 설명이 불가능하다. 물론 아시아계 안에서 경제적 수준에 따라 학생들의 성취와 교육적 지표가 다를 수 있다. 그렇지만 다른 인종과의 차이는 그것만으로 설명할 수는 없다. 백인들을 포함하여 다른 인종들과는 독특하게 다른 아시아인들만의 문화적 특성, 말하자면 교육에 더 많이 투자하는 인종적 집단의 특성을 고려하지 않으면 안 되는 것이다(Lee and Zhou, 2015).

아시아인들의 교육적 성취와 지표가 뛰어나기 때문에 아시아인들은 미국의 교육시스템에서 별다른 차별을 받지 않는 것인가? 그렇지 않다는 것이 정답이다. 아시아인들은 그들이 미국 교육시스템의 가장 큰 피해자라고 주장한다. 그 이유는 미국의 많은 유명대학에서는 미국 사회의 인종적 차별적 구조를 해소하기 위한 "소수자 우대정책(Affirmative Action)"[17]을 실시하여, 흑인과 라티노 학생들에게 일정 정도 입학 우대정책을 실시하고 있다. 그러나 아시아계 학생들에게는 전혀 적용되고 있지 않다. 아시아계가 소수인종이지만 이러한 우대정책에서 제외된 것은 라티노와 흑인에 비해 뛰어난 아시아계 대학지원자가 많을 뿐 아니라, 정책적으로 지원해 주지 않아도 대학에서의 아시아계의 비율이 전체 인구에서 차지하는 아시아계 비율보다 훨씬 높기 때문이다. 말하자면, 일부러 우대해 주지 않아도 잘하고 있다는 것이다. 하지만 아시아계는 이 정책이 사회적 소수자인 아시아계에 대한 정당한 조치가 아니라 아시아계 학생들을 경쟁에서 불리하게 만드는 차별적 제도라고 반발하고 있다.

특히 최고의 엘리트 대학이라고 할 수 있는 소위 아이비(Ivy) 학교들은 재학생들의 인종적 다양성을 이유로 아시아계 학생들의 입학을 제한하고 있다고 아시안 아메리칸 교육연합은 주장한다. 그리고 실제로 하버드(Harvard),

---

[17] 이 제도에 대한 보다 자세한 내용은 뒤에서 살펴볼 것이다.

예일(Yale), 브라운(Brown), 다트머스(Dartmouth) 등의 대학을 상대로 소송을 제기하기도 하였다. 고등학교 성적, SAT와 ACT 등의 시험성적, 각종 수학, 과학 경진대회 등과 같은 곳에서 발휘하는 실력과 음악과 미술활동 등 과외활동을 종합해 볼 때 아시아계 학생들은 능력에 비해 아이비리그 대학교에 입학할 확률이 다른 인종보다 뚜렷하게 떨어진다는 것은 다 아는 사실이다. 입학성적이 훨씬 높은 아시아계 학생들은 합격하지 못한 반면, 그 보다 더 낮은 라티노, 흑인 학생들뿐만 아니라 백인학생들까지 입학허가를 받는 일이 허다하다. 엘리트 대학에서 아시아계 학생들은 다른 학생들과 경쟁하는 것이 아니라 아시아계 학생들과 경쟁하게 되어 입학성적이 월등하게 좋더라도 합격하지 못하는 아시아계 학생들이 속출한다. 실제로 아시아계는 미국 전체 인구에서 5-6%만 차지하지만 명문 사립대학들의 아시아계 학생 비율은 12-16%를 상회하고 있다. 만약 인종적 다양성을 이유로 아시아계 학생들을 제한하지 않고 실력대로 뽑는다면 그 비율은 훨씬 더 많이 올라갈 것이다.

이코노미스트 지(誌)는 한 연구를 인용하여 아시아계 학생들이 유명 사립대학에 입학하려면 백인보다 SAT 시험 성적이 140점이 높아야 하고, 흑인보다는 310점을 더 많이 받아야 한다고 쓰고 있다. 인종적인 고려를 전혀 하지 않는 캘리포니아의 유명 주립대학들의 평균적인 아시아계 학생들의 비율은 30-40%에 이른다. 캘리포니아 주가 아시아계 인구가 가장 많기 때문에 아시아계 비율이 높기도 하지만 2015년 아시아계 인구가 캘리포니아 인구의 13% 정도라는 것을 감안해도 아시아계 학생들의 비율은 상당히 높다. 최고 수준의 대학인 캘리포니아 버클리 캠퍼스(University of California, Berkeley)의 경우 2014년 아시아계가 40%가 넘었다. 최고 수준의 사립 공과대학인 캘리포니아 공대(California Institute of Technology)의 경우도 아시아계가 40%가 넘는다. 그렇지만 동부의 아이비리그에 속하는 사립대학들은

1990년부터 2015년까지 학교마다 조금씩 차이가 있지만 아시아계 학생들의 비율이 지속적으로 10% 대 중후반에 머물고 있다. 이 대학들이 입학정책에서 명확하게 아시아계에 대한 할당을 지정하고 있는 것은 아니지만 입학고려 사항에 인종적인 것을 포함하여 다양한 사항을 고려한다고 밝히고 있어 논란의 여지는 여전히 많다. 그래서 이 학교들을 대상으로 하는 아시아계 교육 사회단체들의 항의와 소송이 여전히 진행되고 있는 중이다.

한편 교육문제에 관한 소수인종들 간의 갈등도 발생하고 있다. 캘리포니아에서 아시아계 학생들이 유명대학에 대거 입학할 수 있게 된 것은 1996년 캘리포니아에서 인종에 따른 우대정책이 철폐된 것에 힘입은 바가 크다. 그 이후 캘리포니아 유명 주립대학에서의 아시아계 학생들이 현저하게 늘어나기 시작한 것이다. 반면 상대적으로 우대정책의 혜택을 보았던 흑인과 라티노의 입학률은 그 만큼 낮아지게 되었다. 그러자 라티노의 정치적 권력이 막강한 캘리포니아 의회에서 민주당이 2014년 우대정책을 다시 시행할 수 있도록 하는 법안을 발의하였다. 이에 아시아계 단체와 주민들은 크게 반발하였고, 그 결과 법안이 철회되었다. 고등교육은 미국사회에서 경제적 성공의 토대이기 때문에 인종과 민족의 문제와 결합하여 아주 민감하게 다루어지고 있으며 특히 아시아계를 중심으로 부당함에 대한 소송과 저항이 지속적으로 진행되고 있다.

4. 인종과 경제적 불평등

1) 재산(wealth)과 수입(income)의 인종 간 불평등

경제적 불평등이란 사회에서 어느 한 집단의 수입과 축적된 재산이 또 다른 집단의 그것과 의미 있는 차이가 나는 상태를 말한다. 재산이란 축적된 상품과 돈, 주식, 땅, 건물 등 사람들이 가진 모든 물질적인 자산을 말한다. 수입이란 월급이나 연봉과 같은 임금 등 개인의 노동력을 제공해서 얻거나 그 외의 다양한 수단을 이용하여 얻게 되는 금전적 소득을 말한다. 미국사회에서 경제적인 불평등은 인종/민족 집단에 따라 뚜렷하게 나누어진다.

〈그림 14〉는 가구의 재산 중간치가 인종 별로 어떻게 차이가 나는지를 살펴 본 것인데, 백인과 흑인 그리고 백인과 라티노 가구의 재산 중간 값을 2013년 달러의 가치로 환산하여 각각 비교한 것이다. 먼저 백인과 흑인의 차이를 살펴보면, 1983년 백인 가구의 재산 중간 값은 흑인가구 보다 8배나 더 많았다. 1989년에는 백인과 흑인의 차이가 17배나 되어서 최고치를 기록하였다가 떨어져서 2004년까지는 6-7배 차이로 안정적이었다. 그러나 그 이후부터 서브프라임 모기지 사태로 대변되는 미국의 재정위기가 시작된 2007년까지 그 차이는 커지기 시작해서 10배의 차이가 났다. 이때 백인가구의 재산의 중간 값은 $192,500이었고, 흑인가구의 중간 값은 $19,200이었다. 2007년에서 2010년까지 재정위기를 지나면서 차이는 잠시 줄어들었다가 백인과 흑인의 재산차이는 다시 커지기 시작했다. 2013년 백인가구의 재산 중간 값은 $141,900인 반면 흑인들은 $11,000에 불과하여서 백인은 흑인보다 평균적으로 13배나 더 재산이 많다.

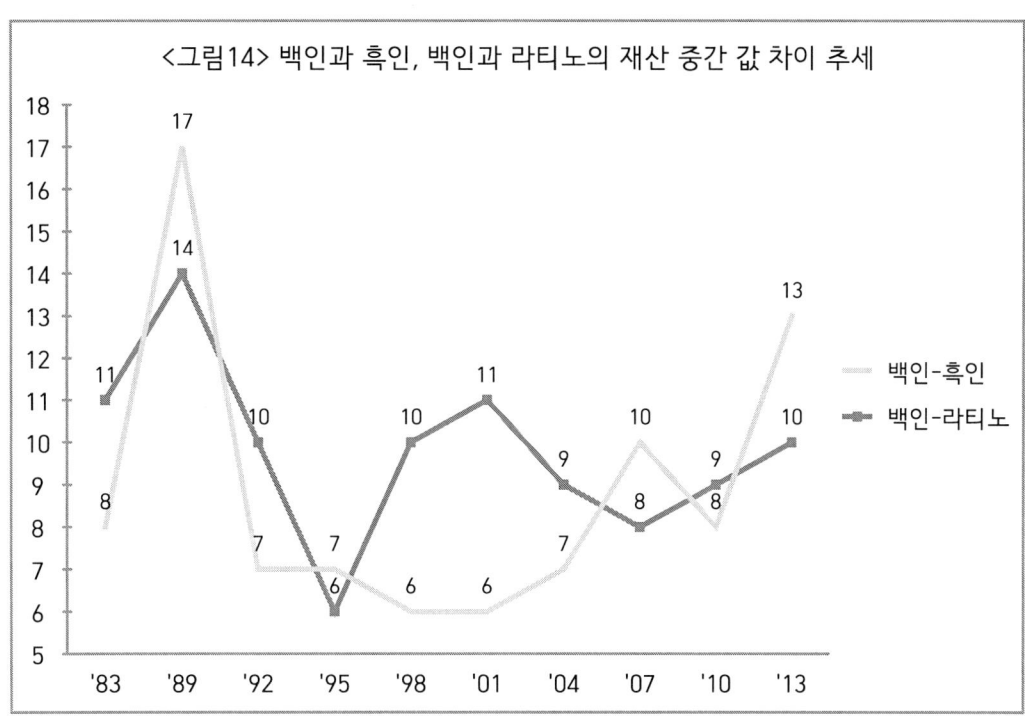

<그림14> 백인과 흑인, 백인과 라티노의 재산 중간 값 차이 추세

한편, 백인과 라티노의 재산 차이를 살펴보면, 1983년에는 백인이 라티노보다 11배 정도 더 재산이 많았는데 1989년에는 그 차이가 14배로 뛰었다. 그러나 백인과 흑인의 차이보다는 더 작았다. 그러다 1995년까지는 급격하게 차이가 적어지기 시작해서 6배까지 줄어들었다. 그러나 2000년대가 시작할 때 까지 다시 그 차이는 커지기 시작해서 2001년에는 11배로 늘어났다가 미국의 재정위기가 시작된 2007년에는 8배로 줄어들었다. 이때 라티노 가구의 재산 중간 값은 $23,600이었다. 그런데 서브프라임 모기지 사태를 지나면서 백인과의 차이가 다시 기지기 시작해서 2013년에는 라티노 재산의 중간 값이 $13,700으로 백인가구와의 차이가 10배로 다시 커지기 시작했다.

흑인과 라티노의 백인과의 재산 차이를 비교해 놓은 그래프를 다시 한

번 살펴보면 1995년 까지는 흑인과 라티노의 그래프가 유사하게 변화하고 있다. 그러나 1995년 이후부터 2005년까지의 시기에는 라티노-백인의 재산 차이가 흑인-백인의 재산 차이보다 더 크게 나타났다. 말하자면 이 시기는 흑인이 라티노보다 경제적으로 조금 더 나았고 경제적 불평등도 상대적으로 적었다는 것을 알 수 있다. 그러나 2007년 미국이 경제위기를 지나면서 그래프의 방향은 바뀌어 라티노-백인의 차이가 흑인-백인의 차이보다 더 적어지기 시작했다. 다시 말하면 라티노의 경제적 상황이 흑인보다는 더 나아지기 시작했다는 것이다. 그러나 경제위기 후 라티노와 흑인 모두 백인과의 재산 차이가 더 커지고 있는 추세이고 그 정도는 흑인이 훨씬 더 심하다. 말하자면 경제위기의 여파가 상대적으로 가난한 소수인종들에게 더 심각한 영향을 끼친 것이다. 특히 백인과 흑인 사이의 경제적 불평등의 차이가 점점 커지고 있다는 것은 최근 일어나고 있는 백인과 흑인의 인종갈등의 문제와 무관하지 않다.

한편, 수입이 많은 부자들끼리 비교해도 인종별로 차이가 여전히 나타난다. 2009년의 한 연구에 따르면, 연봉이 $120,000이 넘는 사람들을 대상으로 은퇴를 위해 얼마나 많은 돈을 저축해 놓았는지를 인종별로 비교해 보니, 백인은 $223,000, 아시아계는 $161,000, 흑인은 $154,000 그리고 라티노는 $150,000이었다고 한다. 같은 수입을 가진 부자들을 비교하였을 때도 라티노의 노후 준비가 가장 부족하고, 그 다음이 흑인, 그리고 백인이 가장 노후를 잘 대비했다. 더 나아가 백인 아이들은 커서 어른이 되었을 때 부모보다 수입이 더 많을 확률이 흑인 아이들보다 더 높을 뿐만 아니라 계급 상승 확률도 더 높다고 한다(Schaffer, 2013: 97). 이러한 증거들은 재산과 수입에 기초한 백인과 소수인종의 경제적 불평등이 여전히 크게 존재하고 있으며 최근 들어 불평등의 정도가 더 커지고 있다는 것을 잘 보여주고 있다.

한편 수입의 인종별 차이도 뚜렷하다. 〈그림 15〉는 약 50년 동안 미국인

들의 수입의 중간 값을 인종별로 나누어 변화 추세를 비교해 놓은 것이다. 전체적으로 보면 2007년 서브프라임 모기지 사태로 인한 미국의 재정위기 때까지 미국인들의 수입은 점진적으로 증가하는 모양을 보인다. 물론 그 동안 있었던 경제적 침체기 이후에는 수입이 감소했다가 일정 시간이 지나면 다시 증가하는 모양새를 갖추고 있고 다른 모든 인종집단들도 전체적인 그래프의 모양은 크게 차이가 나지 않는다. 2007년과 2008년 미국에서 시작된 세계적인 경제위기 이후 최근까지 미국인들의 수입은 지속적으로 감소추세이고 그 감소의 폭도 크다. 따라서 경제위기 이후 미국에서 경제적 불평등의 문제와 관련해서 일어나는 국민들의 저항 등이 활발한 것은 미국인들의 수입 감소가 지속적으로 진행되는 반면 그것을 회복할 수 있는 기대와 희망이 아직 뚜렷하게 나타나지 않기 때문이다. 2014년에 기록된 미국인들의 수입의 중간 값은 $53,657이다.

모든 인종집단 중 수입의 가장 낮은 것은 흑인이다. 50여년의 기간 동안 지속적으로 가장 적은 경제적 수입을 올렸다. 2014년 흑인들의 수입 중간 값은 $35,398로 아시아인들의 절반에도 못 미친다. 그 다음으로 낮은 집단은 히스패닉 집단이다. 히스패닉 수입은 흑인보다는 조금 높은 수준이지만 전체 평균에는 한참 못 미친다. 특히 1990년대 초중반 다른 인종집단과 비교해서 히스패닉의 수입이 상대적으로 더 많이 감소했고 1995년에는 흑인과 거의 차이가 없을 정도로 떨어졌다. 이 시기에 라티노의 수입이 감소한 것은 이민자의 새로운 유입 때문일 가능성이 크다. 이 시기는 라티노가 미국으로 가장 활발하게 이주해 오던 시기와 겹친다. 새로운 이민자들의 경제적 자원은 세안적일 수밖에 없기 때문에 라티노 집단 진체의 수입 중긴 값을 떨어뜨렸을 수 있다. 2014년 라티노 수입의 중간 값은 $42,491이다.

〈그림 15〉 인종과 민족에 따른 가구의 중간 값 변화 추세

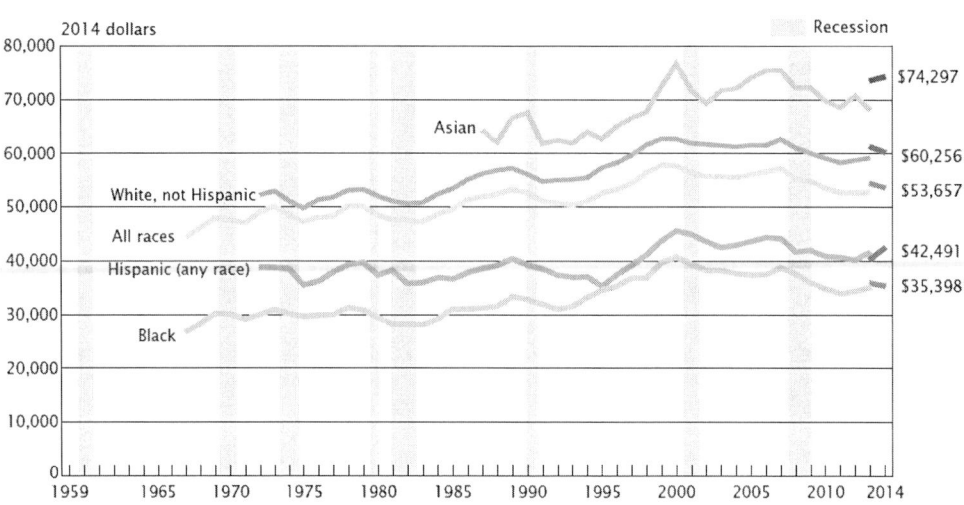

출처: U.S. Census Bureau, Current Population Survey
1968 to 2015 Annual Social and Economic Supplements

백인집단의 수입은 미국 전체 집단의 그래프 모양과 거의 유사하다. 그것은 백인의 수가 가장 많기 때문에 전체 집단에서 차지하는 비율이 높아서 그렇다. 백인은 라티노보다 1년 동안 $18,000, 그리고 흑인 보다는 $25,000 정도를 더 많이 번다. 2014년 백인 수입 중간 값은 $60,256이다.

마지막으로 아시아계는 2014년 1년 동안 $74,297을 벌어서 어떤 인종집단보다 수입이 많았다. 지배집단이라고 할 수 있는 백인보다 약 $14,000이나 더 많다. 더구나 통계가 나오기 시작한 이후부터 줄 곳 가장 수입이 높은 집단으로 자리매김하고 있다. 그런데 흥미로운 점은 아시아계는 경제적 위기가 있을 때 마다 가장 크게 수입이 줄어드는 경향을 보이고 있다는 것이다. 1990년 짧은 기간의 경제침체에도 아시아인들의 수입은 다른 인종집단과 비교해서 더 급격하게 줄어들었고, IT 산업 등의 버블이 꺼져서 나타난 2000년대 초의 경제위기에도 확연하게 수입이 줄어들었다. 그리고 2007년

이후 경제위기 때도 크게 수입이 감소하였다. 아시아인들의 수입이 다른 인종들과 비교해서 경제적 위기에 민감하게 반응하는 가장 큰 요인은 아시아인들의 직업 때문에 그럴 가능성이 크다. 아시아인들이 주로 몸담고 있는 업종은 중소규모 자영업이다. 식당, 세탁소, 청소업체, 정원관리, 잡화점 등과 같은 자영업은 경기가 침체되어 소비가 줄어들기 시작하면 가장 먼저 그 영향을 받는다.

그럼에도 불구하고 아시아인들이 백인보다 수입이 훨씬 더 많은 것은 아시아인들의 교육적 자산 때문에 그러하다. 앞서 살펴보았듯이 아시아인들의 교육수준은 모든 인종집단 중 월등하고, 대학교육을 포함한 고등교육에서는 더욱 그렇다. 높은 수준의 교육을 받은 많은 아시아인들이 의사, 변호사, 회계사 등과 같은 임금이 높은 전문직으로 진출한다. 그리고 아시아인들은 STEM(Science, Technology, Engineering, Math)으로 대변되는 과목을 전공하는 비율이 가장 높고 학교 졸업 후에도 STEM과 연관된 직종은 보수가 상당히 높기 때문에 당연히 아시아인들의 수입은 높을 수밖에 없다. 물론 모든 아시아집단의 수입이 높은 것은 아니다. 라오스나 캄보디아 이민자들은 아시아인 집단 중 가장 경제적으로 어려운 집단이다. 그렇지만 중국, 인도, 한국, 일본, 필리핀, 베트남 등 주요 이민자집단들은 대체로 비슷한 모습을 띠고 있으며 경제적 수입도 높다.

2) 교육수준, 경제적 불평등 그리고 인종별 차이

미국에서 교육수준이 사회경제적 지위(socioeconomic status)에 미치는 영향이 크다는 것은 이미 교육에 관한 차별을 논의한 장에서 언급하였다. 흑인의 경제적 수준이 낮은 것은 흑인의 교육수준이 가장 낮은 것과 밀접한 연관이 있다. 반면 아시아계가 경제적 수준이 높은 것 또한 그들의 높은 교육수준이 크게 영향을 미치고 있기 때문이다. 그렇다면 인종적인 차이에서 사회경제적 지위가 결정되는 것 보다 교육수준에 의해 결정되는 것이 더 크므로 교육수준에 따른 경제적 불평등은 존재하지만, 인종자체의 차이에 따른 경제적 불평등은 존재하지 않는 것인가?

<표 3> 동일한 교육수준에 따른 인종별 가구수입 중간 값 비교

	백인가족	흑인가족	라티노가족	아시아인가족
전체	70,328	40,439	41,053	77,201
고등학교 미졸업	28,947	22,944	29,394	35,971
고등학교 졸업	52,312	32,838	40,502	50,330
대학 준학사	72,581	47,079	57,337	75,840
학사	95,388	71,952	69,144	94,302
석사	110,246	91,351	95,294	113,511
전문학위 및 박사	140,120	124,616	147,248	130,927

출처: Schaefer, Richard. 2013. p.93 재인용(2010년 수입기준 US 달러)

경제적 불평등에 있어서 교육의 영향력을 제외하기 위해 교육수준을 통제한 후 인종별로 수입을 비교해 보면 교육수준의 영향이 배제된 인종별 수입의 차이를 알 수 있다. 교육수준을 통제한다는 것은 비교 대상들의 교육수준을 같게 하여 교육으로 인한 효과를 제외시킨다는 의미이다. <표 3>은 2010년 가족의 수입 중간 값을 교육수준이 같은 사람들끼리 인종 별로 나누어 서로 비교해 놓은 것이다. 전체를 보면, 아시아인 가족 수입의 중간 값이 $77,201로써 가장 높다. 그리고 백인가족이 $70,328로 큰 차이가 없이 뒤를 잇는다. 그 다음이 라티노 가족으로 수입이 $41,053이고 백인과 거의 $30,000 차이가 난다. 가장 수입이 낮은 가족은 흑인으로 $40,439을 기록하

고 있는데 라티노와 그리 큰 차이는 나지 않는다. 말하자면 아시아인과 백인들이 상층을 차지하고 있고, 라티노와 흑인이 하층계급을 이루고 있는 형태로써 집단 간의 경제적 차이가 아주 뚜렷하다. 이러한 경제적 차이는 앞서 살펴보았듯이 인종 집단 간 교육수준의 차이와 동일하다. 따라서 경제적 불평등에서 인종별 수입의 차이는 교육수준의 차이로 쉽게 결론 낼 수도 있다.

그렇지만 교육수준이 같은 사람들끼리 인종별로 비교해 본 결과 또 다른 이야기꺼리가 생긴다. 먼저 고등학교도 졸업하지 못한 사람들을 살펴보면 아시아인 가족이 $35,971로써 다른 인종보다 월등히 높다. 그 다음이 라티노, 백인, 흑인 순이다. 라티노와 백인의 차이는 크지 않지만, 가장 높은 아시아인과 두 번째인 라티노 가족 간의 차이가 $6,000인데 제법 큰 차이이다. 반대로 백인과 가장 수입이 낮은 흑인의 차이도 약 $6,000정도가 된다. 교육수준이 가장 낮은 사람들끼리의 비교에서도 아시아인 가족의 수입은 현저하게 높은 반면, 흑인은 뚜렷하게 낮았다. 이러한 결과는 교육수준이 인종별 수입의 격차를 설명하지 못하는 부분이 있다는 것을 보여주는 것이다.

고등학교 졸업자를 비교했을 때는 백인이 $52,312를 벌어 가장 높은 수입을 올렸으며, 그 다음 아시아인 그리고 흑인은 $32,838을 벌어 수입이 가장 낮았다. 전문대학 등의 준학사 자격증 소지자들 중에는 아시아인이 가장 수입이 높았고 그 다음이 백인, 흑인은 가장 낮았다. 학사학위자는 백인의 수입이 가장 높고, 그 다음이 아시아인이었다. 그 다음이 흑인이었고 라티노의 수입이 가장 낮았다. 석사학위자는 백인과 아시아인, 그리고 라디노와 흑인의 순서가 바뀌어서 아시아인이 제일 높고 그 다음이 백인, 라티노, 흑인 순이다. 전문학위 및 박사학위자 등 최고학력자들은 조금 다른 형태를 띠는데 라티노가 가장 높고, 그 다음이 백인 그리고 아시아인이 뒤를 잇는다. 그렇지만 흑인은 최고학력자들 중에서도 가장 낮은 수입을 올렸다.

〈표 3〉에서 나타난 결과를 통해 미국 사회의 경제적 불평등에 관한 중요한 몇 가지 사항을 추론해 볼 수 있다. 첫째, 미국사회에서 경제적 불평등은 교육수준과 밀접한 관련이 있다. 모든 인종집단에서 교육수준이 높아질수록 수입도 더불어 증가하였다. 예외는 없었다. 둘째, 교육수준이 경제적 수입과 밀접한 관련이 있다 해도 인종적인 차이를 전부 설명할 수 있는 것은 아니다. 예컨대 전문대학을 졸업한 흑인($47,079)은 그보다 학력이 낮은 고졸 출신 백인($52,312)과 아시아인($50,330)들 보다 수입이 더 적었다. 그리고 학사학위를 가진 흑인($71,952)과 라티노($69,144)는 준학사학위를 가진 백인과 아시아인들보다 수입이 더 적었다. 또한 석사학위를 가진 흑인과 라티노도 학사학위만을 가진 백인들보다 수입이 적었다. 이러한 결과는 경제적 불평등이 전적으로 교육수준에 의해서만 결정되는 것이 아니라 인종적 특성이 지니는 영향력도 무시하지 못한다는 것을 말한다.

셋째, 백인과 아시아인 가족에 비교해서 같은 학력을 가졌더라도 흑인과 라티노의 수입이 더 적고, 특히 흑인은 동일한 학력을 가졌더라도 가장 수입이 낮다. 그리고 수입의 격차가 백인과 아시아인은 크게 차이가 나지 않지만 이 두 집단과 흑인과 라티노 두 집단은 의미 있는 수입의 차이가 있다. 흑인은 더 뚜렷한 차이를 보이고 있다. 같은 교육수준을 가지고 있지만 라티노와 흑인의 수입이 더 떨어지는 것은 교육의 질의 차이 때문이다. 교육에 관한 장에서 이미 살펴보았듯이 라티노와 흑인은 대학에 다니더라도 백인이나 아시아인보다 경쟁력이 떨어지는 학교에 다니는 비율이 훨씬 더 높다. 그리고 6년 안에 졸업하는 비율도 더 낮고, 재학 중 파트타임 일을 하는 비율도 더 높다. 고등학교 때도 상대적으로 좋지 않은 교육적 환경에서 교육을 받는다. 이러한 사실은 학교를 졸업 후 직장을 구하는 것에도 영향을 미치게 되고 그것은 수입과도 직결된다.

　넷째, 인종간의 수입의 격차가 교육수준이 높아짐에 따라 줄어들기는 하지만 과거의 인종적 차별이 현재에도 여전히 영향을 미치고 있다. 세금을 가장 많이 내는 다수집단인 백인은 흑인이나 라티노의 교육환경을 백인수준으로 향상시키기 위해서 재정 투입하는 것을 꺼린다. 그러한 의도가 백인들에게 설사 없다 해도 인종에 따른 분리거주는 지역에 따라 완전히 다른 교육환경을 만들어 내는 것이 사실이다. 따라서 과거의 경제적 불평등이 현재에도 여전히 지속적으로 영향을 미친다. 특히 흑인들에게 가해진 과거의 차별은 악순환의 고리가 되어 여전히 작동하고 있다.

　다섯째, 〈표 3〉에서 흥미로운 발견 중의 하나는 최고학력수준에서 라티노의 수입이 백인과 아시아인을 누르고 가장 높다는 것이다. 여러 가지 이유가 작용할 수 있겠으나 여기서 추론해 볼 수 있는 바는 최고학력수준에 오른 라티노 출신들은 개인적 능력의 탁월함도 있었고 인종적 차별의 희생자도 되지 않았다는 점이다. 전반적으로 라티노에게 주어진 교육적 환경은 좋지 않다. 그러나 좋지 않은 환경을 뛰어넘어 최고 수준의 교육까지 받을 수 있었던 라티노는 개인적인 능력과 노력이 특출한 사람들이라고 할 수 있다. 그리고 라티노는 인종적으로 백인에 속하는 사람들의 수도 상당히 많기 때문에 인종적 차별도 크게 문제되지 않는다. 이것은 흑인과 아시아인들이 갖지 못한 점이다. 따라서 이러한 조건이 합쳐진 경우 최고학력수준을 가진 라티노라면 성공할 확률이 그 만큼 더 높을 수 있다.

　마지막으로 가장 최근의 이민자집단이면서 인종적 소수자인 아시아인들의 경제적 수입이 다른 소수인종집단보다 현저히 높을 뿐만 아니라 전체적으로 백인들보다도 더 높은 것은 아시아인들이 백인보다 더 많은 교육적 자산을 가진 것에 힘입은 바가 크다.

　그러나 〈표 3〉에서 교육수준에 따른 아시아인들의 수입에 대해서 두 가지 점을 발견할 수 있는데, 하나는 고졸미만인 학력수준이 제일 낮은 집단에서 아시아인들의 수입이 가장 높다는 것이다. 다른 하나는 반대로 교육수준이 높은 학사 학위소지자들에서 백인보다 수입이 더 적고, 전문직 학위나 박사학위 이상의 최고 높은 교육수준에서도 라티노와 백인 다음으로 세 번째에 머물고 있다는 것이다.

이러한 점은 아시아인들의 인종적 특성과 아시아인들에 대한 사회적 차별이 동시에 작용한 결과이다. 연구에 따르면 아시아인들은 다른 인종들 보다 더 열심히 노력하는 특성이 있다(The Economist, 2015). 아시아인들이 다른 인종보다 학업성적이 좋은 이유도 다른 인종의 학생들 보다 노력을 더 많이 한다는 것이 가장 주요한 이유이다. 만약 아시아인들의 인종적 문화자산이 그렇다면 교육수준과 관계없이 아시아인들은 더 많이 노력할 것이고 교육수준이 가장 낮은 사람도 예외는 아닐 것이다. 이러한 성실성의 문화적 자산이 교육수준이 가장 낮은 사람들 중에서 아시아인들이 더 많은 수입을 올리게 된 비결이라고 할 수 있다. 더구나 아시아인들은 다른 인종들보다 아메리칸드림에 대한 믿음이 상대적으로 더 크기 때문에 노력하면 성공할 수 있다는 인식이 더 강하게 작용했을 수도 있다.

또 다른 한편 고학력자들 중 아시아인들의 수입이 상대적으로 높지 않은 것은 교육수준이 어느 수준까지는 수입에 영향을 미치지만 일정 수준을 넘어가면 교육이외의 다른 요소들의 영향력이 커지게 되고 인종적 특성이 미치는 영향도 다시 커지게 된다는 것이다. 다시 말하면 어느 수준의 사회경제적 지위에 오르기까지는 교육수준이 중요한 역할을 해도 한 단계 더 높은 최상위의 사회경제적 지위에 오르기 위해서는 교육수준 이외에 인종적인 요소도 영향을 미칠 수 있다는 것이다. 고학력의 아시아인 수입이 같은 학력수준의 라티노 그리고 백인과 다른 점도 바로 이러한 이유 탓이다.

3) 아시아계는 모범적 소수자(model minority)인가?

지금까지 살펴 본 자료를 보면 아시아계 미국인들은 경제적으로 가장 성공한 소수집단이라고 할 수 있다. 백인들보다 평균적인 재산과 경제적인 수입이 더 많으며, 교육수준도 더 뛰어나다. 그래서 아시아계 미국인들은 "모범적 소수자(model minority)"라고 흔히 불린다. 한편으로 보면 아시아계 이민자들은 다른 소수인종들과 마찬가지로 인종차별의 역사를 경험했으면서도 어려움을 딛고 일어나 경제적으로 성공했다. 아시아인들은 백인들과 인종적 마찰과 갈등도 가장 적으며, 정치적인 문제도 일으키지 않고, 폭력범죄 비율도 가장 낮다. 현재 아시아계의 사회경제적 지위로 보았을 때 그들은 소수자로서 더 이상 불리한 환경에 놓여있지 않으며, 경제적, 정치적으로도 지배집단에 종속 되어있지 않은 듯이 보인다.

그렇지만 이러한 점에도 불구하고 아시아계는 여전히 사회적 편견과 차별, 그리고 경제적 불평등의 대상이 되고 있는 것 또한 사실이다. 연구에 따르면 아시아계 대학생들은 주위로부터 원래부터 공부에 문제가 없는 뛰어난 학생들로 인식되어서 그들이 필요한 도움을 요구할 때 그것이 간과되는 경우가 많다. 또한 아시아계 대학생들은 많지만 아시아계 교수나 직원은 상대적으로 적어서 문화적으로 그들을 이해하거나 상담해 줄 사람들이 아주 부족하다. 그래서 아시아계 학생들이 겪는 긴장과 소외감은 의외로 상당히 크다(Ohuma, 1991; Teranishi, 2010). 아시아계 학생들에게 붙여지는 편견이 하나의 억압으로 작용하여 바람직한 진로를 찾는데 어려움을 주기도 한다(Kibria, 2002). 예컨대 아시아인들은 모두 수학천재라고 하거나, 운동보나 공부만 하는 사람, 모범생 등의 인식이 아시아계 학생들이 다양한 방면으로 진출할 수 있는 능력을 제한하거나 진로에 대한 적절한 도움을 받을 수 없게 만들기도 한다.

아시아인들의 성공의 이면에 높은 교육적 성취가 있었음을 부정할 수 없다. 그러나 <그림 16>에서 본 바와 같이 최고의 교육수준을 받은 아시아인들은 같은 교육수준의 백인이나 라티노보다도 적은 수입을 올리고 있다. 그러한 이면에는 앞서 논의한 바와 같이 인종적인 차별이 작용할 수 있다. 전문직에서 어느 수준까지는 아시아인들이 올라갈 수 있으나 더 높은 최고의 지위에 오른 아시아인들의 수는 상대적으로 많지 않다. 아시아계 미국인은 리더십이 부족하다거나 의사소통 능력이 떨어진다는 것과 같은 이유로 회사에서나 전문 직종에서 최고의 위치에 오르는 것이 보이지 않게 제한되기 때문이다. 아시아계에게 적용되는 이러한 장벽을 흔히 "대나무 천장(bamboo ceiling)"이라고 부른다.

예컨대 2000년 인구센서스에서 아시아인들의 인구는 4.8%에 이르지만 미국 회사의 최고 사장직에 오르는 아시아인들은 전체의 0.3%에 불과하고, 이사진에 있는 경우도 1% 미만이다. 학력수준이 가장 높은 아시아계이지만 대학교수 비율은 2% 밖에 되지 않는다(Hyun, 2005). 2007년 미국의 500개 대기업의 최고 이사진에도 아시아계는 1.5%밖에 되지 않는다(Committee of 100, 2009). 아시아계 미국인들이 가장 많이 진출한다는 실리콘밸리(Silicon Valley)의 회사들에서도 아시아계가 기술직에는 27%나 되지만 그보다 높은 매니저 정도의 위치에는 19%만이 아시아계이고 회사의 가장 높은 위치인 실무이사직에는 14% 밖에 되지 않는다. 즉 위로 갈수록 아시아계의 비율이 점점 줄어들어 대나무 천장의 효과가 나타나고 있음을 알 수 있다(The Economist, 2015).

반면, 아시아계 미국인들은 소규모 자영업에서 주로 두각을 나타낸다. 소규모 자영업을 통해 높은 수익을 얻는 아시아계 미국인들이 많이 있지만 문제는 노동시간이 너무 길다는 것이다. 1인 자영업자도 많고 종업원을 고용 한다하더라도 사장인 자신도 노동에 직접적인 참여를 하는 자영업이 대

부분을 차지한다. 식당, 세탁소, 잡화점, 모텔, 주유소 등과 같은 업종은 모두 노동시간이 긴 업종들이다. 따라서 단위 노동시간당 버는 수익은 상당히 낮을 수밖에 없다. 또한 사업체가 소규모이다 보니 수입과는 별도로 대기업이 제공하는 수준의 의료, 복지 같은 혜택을 받지도 못한다. 그러므로 백인과 같은 수입을 얻는다고 할지라도 아시아계들의 삶의 질은 상대적으로 떨어질 수밖에 없다.

또 한편, 학력수준이 아주 높은 아시아계가 같은 학력수준의 라티노나 백인보다 수입이 적은 것은 미국에 처음 도착하는 아시아계 이민자들의 학력이 전반적으로 높기 때문이다. 아시아계 이민자들은 라티노 등 다른 이민자들과 비교해서 고학력 이민자들이 많다. 그렇지만 언어적 소통의 어려움, 문화적 적응의 문제, 그리고 외국대학의 학위를 미국 기업에서 제대로 인정해 주지 않는 등의 이유로 동일한 학력을 가진 미국 내 대학의 졸업자와 비교해서 좋은 직장에 취업하기도 어렵다. 취업한다 해도 직장 내에서 승진이 더 어렵고, 취업하는 업종의 제한도 많다. 따라서 고학력 아시아계 이민자들이 소규모 자영업이나 비숙련 노동직에서 일하는 경우도 적지 않다. 이러한 특징들이 학력수준에 따른 전체 아시아인들의 평균수입의 통계에 영향을 미칠 수 있다.

아시아인들의 경우 1.5세나 2세들이 교육적인 자산을 발판삼아 전문직 등으로 진출하여 고수익을 누리는 계층이 있는 반면, 새로운 이민자들이나 교육수준이 높지 않은 아시아인들은 영세 사업자나 비숙련 노동자로 하층계급을 차지하고 있는 사람들도 많다. 그래서 아시아인들의 경제적인 수준은 양분화 되어 있는 경향이 강하다. 그렇다고 학력수준이 높고 경제적으로도 성공한 아시아계 1.5세나 2세, 3세 등이 아무런 문제없이 살아가고 있는 것은 아니다. 그들이 겪는 가장 큰 문제는 정체성의 문제이다.

그들은 미국에서 태어나거나 어릴 때부터 성장해서 언어적 소통의 문제가 없으며, 학력수준도 뛰어나다. 미국사회에 동화되는 능력도 뛰어나서 배우고, 생각하고, 느끼고, 행동하는 모든 것이 백인과 크게 다름이 없다. 오로지 아메리칸 드림의 경제적인 성공을 추구하며 살아오는 동안 백인의 생각과 행동, 백인의 문화를 닮으려고 노력했다. 그러는 중에 자신의 인종적 전통 그리고 민족적 유산과의 관계는 단절되었다. 그렇지만 어느 순간엔가 자신의 정체성에 질문을 던지는 때를 맞이하게 된다. 왜냐하면 아시아인들이 활동하는 주된 무대는 바로 백인 아메리카(White America)이기 때문이다. 아시아인들은 자신들이 백인과 다름없고 그들을 능가할 수 있다고 믿고 있었지만 대나무 천장을 경험할 수도 있고, 백인과의 인적 네트워크를 구성하는 중에서 어려움을 겪을 수도 있다. 그들은 더 이상 그들이 백인과 같지 않다는 것을 깨닫게 된다. 아시아계 미국인들은 속된 말로 "바나나(banana)"라고 조롱받기도 한다. 바나나의 속이 하얀 것과 같이 아시아인들의 생각과 사고방식, 태도 등은 백인과 같지만, 바나나의 겉은 노란 것처럼 아시아인들의 외모와 피부색은 황색으로 백인과 구별될 수밖에 없다는 것을 빗댄 것이다. 그러나 흑인들처럼 그들을 아시아인이라고 하나로 묶어주는 사회적 연대의 틀은 아직도 미약하다.

아시아계 미국인들이 이처럼 보이는 혹은 보이지 않는 차별을 받게 되는 가장 큰 이유는 그들의 정치적 영향력이 상대적으로 작기 때문이다. 아시아인들이 왜 경제적 성공에 걸 맞는 정치적 영향력을 가지지 못했는지 구체적인 요인들을 살펴보자(Diggles, 2015). 첫째, 아시아계 미국인들은 투표와 같은 정치적 행위에 참여하는 비율이 모든 인종 집단들 중 가장 적다. 예를 들어 2012년 대통령 선거에 아시아계는 47%만 투표에 참가했지만 흑인은 66%, 백인은 64%, 그리고 라티노는 48%가 투표에 참가했다. 투표권자 등록 비율도 가장 적어서 아시아계는 56%만 등록했지만 백인과 흑인은 각각 73%, 그리고 라티노는 59%가 투표권자 등록을 하였다. 이렇게 투표에 아시

아계 미국인들의 참여가 저조한 것은 무엇보다 아시아인들의 이민의 역사가 짧고, 최근에 이민 온 사람들의 비율이 높기 때문이다. 현재 아시아계 미국인들의 74%가 외국에서 태어난 1세대 이민자들이다.

둘째, 미국의 양대 정당인 민주당과 공화당 이 두 정당 모두 아시아계 투표권자를 대상으로 하는 공약을 하거나 정책을 만들어 수행하는 경우가 거의 없다. 물론 그 이유는 아시아계 미국인들의 인구가 5% 정도에 불과하여 전체 투표결과에 크게 영향을 미치지 않기 때문이다.

셋째, 아시아계 미국인들은 정치적인 단체나 집단을 형성하는 비율이 떨어지고 정당에 가입하는 사람들의 수도 적다. 특히 아시아인들은 정치적으로 독립적인 생각을 갖고 있는 사람들이 많아서 어느 한 정당을 지속적으로 지지하는 비율이 낮다.

넷째, 아시아계 미국인들은 정치적 신념을 결정하는 이념적 성향이 뚜렷하지 않다. 다시 말하면, 이념적 성향이 진보냐 보수이냐 하는 것이 불분명하다는 것이다. 2008년에 실시된 미국 아시안 아메리칸 서베이(National Asian American Survey, 2008)에 따르면, 아시아계는 21%가 자신의 정치적 이념이 진보에 속한다고 대답했고, 15%는 보수에 속한다고 대답했다. 하지만 33%는 중도였고 31%는 어디에도 속하지 않는다고 대답했다. 전체의 64%가 정치적 이념이 불분명한 것이다. 따라서 아시아계는 정치적 이념이 어느 한 쪽에 속하지 않으면서 미국 정당 어디에도 뚜렷하게 어필하고 있지 않다.

다섯째, "아시안 아메리칸"이라는 소수집단의 구분이 단일집단을 일컫는 것이 아니다. 아시아계 미국인의 집단은 최소 19개 이상의 아시아국가 출신들로 이루어져 있다. 물론 그 중에서 인도, 중국, 필리핀, 베트남, 일본, 한국 등이 대부분을 차지하고 있지만 이러한 나라들도 모두 문화와 전통이 달라서 "아시안 아메리칸"이라는 이름아래 단일한 정치세력으로 연합되기가 쉽지 않다. 흑인은 출신지와 관계없이 "아프리카계 미국인(African American)"

이라는 이름아래 강력한 연대를 자랑한다. 라티노는 아시아계 미국인처럼 다양한 국가와 민족 출신들로 이루어져 있지만, 전체 인구도 많을 뿐 아니라 멕시코계가 라티노 인구 전체의 60%가 넘는다. 그렇기 때문에 멕시코계의 유대만으로도 막강한 힘을 발휘할 수 있다. 그러나 아시아계는 전체 인구도 적고 그마저도 여러 민족 집단으로 나누어져서 정치적 연대를 만들어 내기가 쉽지 않다.

이러한 어려움이 아시아계에는 있지만 최근 들어 아시아계 미국인들의 정치적 참여는 점점 늘어가고 있는 추세이다. 특히 인도 출신들의 정치적 영향력이 눈에 띄게 커져가고 있고, 중국계의 정치적 단체 결성과 참여도 늘어나고 있다. 아시아계는 미국 전체적으로는 인구가 많지 않지만, 특정지역에 집중적으로 거주하는 경우가 많아 그 지역을 중심으로 정치적 영향력을 넓혀 나가고 있다. 그리고 출신국가와 민족을 넘어 "아시안 아메리칸"이라는 이름아래 공동의 이익을 추구하기 위한 정치적 연대도 강화되고 있는 추세이다(Wong, 2011). 정치적 힘을 기르지 않고 개인적 성공의 추구만으로는 편견과 차별의 굴레에서 벗어날 수 없다는 것을 아시아계 미국인들도 깨닫기 시작하였다.

4) 주택구입과 주거지 분리

재산과 수입, 그리고 사회경제적 지위는 어느 지역에 거주할 지, 어떠한 집을 살지 하는 것과 연결된다. 그리고 주택은 보통 사람들의 가장 큰 재산이기도 하다. 미국인들은 주택구입을 대부분 은행의 융자를 통해 하고 있다. 주택 가격이 일시에 돈을 모두 지불하기에는 너무나 높기 때문에 대부분 미국인들은 모기지(mortgage)라고 하는 융자를 통해 주택을 구입한다. 보통 10년, 20년 혹은 30년 동안 이자와 원금을 함께 은행에 값아 나가야 한

다. 그래서 집을 구입할 때 은행에서 돈을 충분히 대출할 수 있느냐, 또 대출했을 때 모기지 금리(mortgage rate)가 어느 정도이냐 하는 것이 주택구입에 있어서 매우 중요하다. 또한 전체 주택 가격 모두를 대출해서 주택을 구입할 수는 없기 때문에 일정 금액을 주택구입시 지불할 수 있는 경제적 여력이 있어야 한다. 이것을 다운페이(down payment)라고 부른다. 예컨대 가격이 $300,000인 주택이 있다고 하자. 다운페이를 20% 해야 한다면 $60,000은 주택 구입 시점에 은행에 우선 지불하고, 나머지 $240,000에 대해서 20년이든 30년이든 정한 기간에 따라 원금과 이자를 매달 은행에 갚아나가야 한다.

그런데 문제는 모기지 금리와 다운페이 하한선이 주택구입 자금을 융자해 주는 은행에 의해 결정된다는 것이다. 물론 은행이 이러한 결정을 하는 가장 기본적인 자료는 크레딧(credit)이라고 부르는 개인의 재정적인 신용도이다. 재정 신용도가 높은 사람들은 은행이 더 좋은 조건으로 돈을 융자해 주고 신용도가 낮은 사람들에게는 융자조건이 더 나쁠 수밖에 없다. 사실 재정 신용도가 높은 사람은 돈이 많은 부자일 가능성이 높고, 반대로 신용도가 낮은 사람은 가난한 사람일 가능성이 더 높다. 가난한 사람이 부자보다 돈을 융자해야 할 필요성이 더 높지만, 은행은 돈이 필요한 사람에게는 더 인색하게, 돈이 많은 사람에게는 더 관대하게 대한다.

미국에는 크레딧 점수가 높은 부자들을 위한 모기지 융자시스템과 중산층과 그 이하의 사람들을 위한 융자시스템이 따로 나누어져 있다. 신용이 가장 좋은 사람들을 위한 것이 프라임 모기지(prime mortgage)라고 불리는 A-Paper 융자이고, 여기에 미치지 못하는 사람들을 위한 Alt-A(Alternative A-Paper) 모기지 융자가 있다. 그리고 이 두 가지에도 미치지 못하는 신용이 가장 낮은 사람들을 위한 서브프라임 모기지(subprime mortgage)가 있다. 개인들의 신용도는 흔히 FICO(Fair Issac Corpoation) 점수라는 신용평가회사에서 제공하는 신용도 점수를 기준으로 하는데, 개인의 다양한 금융거래 자료를 바탕으로 산출된다. 보통 서브프라임 대출은 프라임 대출보다 금리가 2-4% 정도가 더 높은 것이 일반적이다.

미국과 세계 경제에 2000년대 중반 크게 영향을 미친 경제위기는 바로 미국의 서브프라임 모기지론의 문제 때문에 일어났다. 당시 미국 주택 가격이 급격하게 올라가자 모기지론 회사들이 경쟁적으로 주택융자를 해주었는데, 이때 미국의 저금리에 힘입어 서브프라임 등급에 해당하는 융자도 함께 늘었다. 그런데 주택가격의 거품이 꺼지고 집값이 떨어짐과 동시에 금리를 관장하는 FRB(미국연방준비제도이사회)에서 1%대의 정책금리를 5.25%까지 대폭 인상하였다. 이 영향으로 주택대출금리도 크게 오를 수밖에 없었다. 이자부담이 가장 큰 사람들은 서브프라임 모기지 대출을 한 저소득층이었고, 이들이 높아진 이자와 원리금을 제대로 갚지 못해 연체율이 급등하자 돈을 빌려준 은행들이 큰 타격을 입게 되었다. 바로 이것이 주된 원인이 되어 미국뿐만 아니라 세계 전체가 금융위기를 맞게 되었다.

어찌됐던 저소득층은 재정 신용도가 낮을 수밖에 없어서 높은 이자를 주고 주택대출을 할 수 밖에 없다. 그리고 가진 재산이 충분치 않음으로 다운페이도 많이 할 수 있는 처지는 못 된다. 그러므로 매월 원금과 이자를 갚아야 되는 액수도 더 크다. 똑같은 가격의 주택을 구입한다고 할지라도 부자와 가난한 자의 신용도 차이에 따른 대출이자가 다르기 때문에 총 지불해야 되는 돈은 차이가 날 수 밖에 없다. 부자는 더 적은 돈을 내고 주택을 구입할 수 있는 반면, 가난한 사람들은 오히려 더 많은 돈을 내야 주택을 구입할 수 있다. 그런데 문제는 이러한 부동산 시장에 인종적 선(racial line)이 뚜렷하게 드러난다는 것이다.

한 조사에 따르면 2005년을 기준으로 소수인종들은 백인들보다 대출시 고금리의 이자를 내는 비율이 더 높았다. 고금리 대출자의 52%는 흑인이었

고, 40%는 라티노였다. 말하자면 고금리 대출자의 대부분이 흑인과 라티노였다(Center for Responsible Lending, 2010). 그런데 이 통계는 비슷한 재정적 상황에 있는 사람들끼리 비교 한 것으로써 흑인과 라티노가 비슷한 재정적 상황에 있는 백인들보다 더 나쁜 조건으로 융자를 받는 사람들이 많다는 것을 의미하는 것이다. 다시 말하면, 주택 구입과정에서 개인의 재정적인 신용도 이외에 인종적인 요소가 고려되어 흑인과 라티노가 집을 구입하기 위한 비용을 충당하는데 차별 받고 있음을 보여주는 것이다.

이러한 사실은 다른 연구들에 의해서도 입증되고 있다. 한 연구에 의하면 개인의 나이, 라이프 사이클, 사회경제적 지위, 가족, 이민, 주택가격 그리고 모기지의 종류와 같은 요인들을 통제하고 난 후에도 흑인과 라티노의 주택자산은 백인보다 현저하게 낮았을 뿐만 아니라 대출과 주택 구입과정에서 상대적으로 적은 혜택을 받고 있는 것으로 나타났다(Krivo & Kaufman, 2004).

보스턴 연방준비은행(Boston Federal Reserve Bank)에서 실시한 조사 자료는 대출이 인종적 변수에 영향을 받는다는 사실을 더 뚜렷하게 보여준다. 대출에 영향을 미치는 38개의 다양한 요인들을 고려하였는데, 이러한 조건에 바탕을 두고 신용도가 비슷한 사람들을 비교해 보니 흑인들은 백인들보다 60%나 더 많이 주택대출을 거절당했다. 또 한편 루이빌(Louisville)에서 실시한 실험에서도 인종적 차이가 뚜렷이 발견되었다. 동일한 신용도와 재정적 조건을 갖춘 흑인과 백인을 은행에 보내어 비슷한 주택에 대해서 주택대출이 어떻게 되는지를 살펴보았다. 그 결과 백인들에 비해 흑인들은 대출 사전심사에서 너 적은 정보를 받았고, 대출 권유도 덜 받았으며, 시전심시에서 더 차별적인 대우를 받았다. 예컨대 흑인은 특정 융자프로그램에 대해서 현재의 수입과 신용도로는 자격이 되지 않는다는 조언을 들은 반면, 백인들은 같은 융자프로그램이 적합하니 지원하라는 권유를 더 많이 받았다는 것이다(Randall, 2008).

　이러한 차별에 대해서 흑인들은 통계적으로 대출금액을 제대로 갚지 못하는 비율이 높다거나 신용도가 떨어지기 때문에 백인들에 비해 더 높은 이자를 물리는 것이 당연하다고 말할 수도 있겠다. 그러나 전체적인 평균이 개인의 차별에 적용되어서는 안 된다. 개인의 능력으로 전체의 신용도를 바꿀 수도 없거니와 대출심사는 지극히 개인적인 차원에서 이루어지는 것이다. 따라서 특정 개인이 속한 집단의 전체적인 신용도가 나쁘다고 하여 그 개인이 전체집단과 동일하게 그럴 것이라고 가정하는 것은 합리적인 이유가 될 수 없다. 더구나 전체의 평균적인 특성으로 개인을 차별하는 것은 미국의 법에도 위반된다. 그렇지만 이러한 일들이 미국 곳곳에서 일어나고 있는 것이 현실이며, 주택시장에서도 마찬가지다.

　주택구입 과정에서의 흑인과 라티노에 대한 이러한 차별은 인종별 거주지 분리와 밀접하게 연결된다. 대부분의 미국 주택거주지는 다양한 크기와 가격의 주택이 한 동네에 함께 섞여 있지 않다. 크고 값비싼 주택만 있는 동네, 중간 정도의 주택이 있는 동네, 아니면 값싸고 작은 주택만 있는 동네와 같이 동네별, 지역별로 나누어져 있다. 같은 동네의 주택 값은 주택에 따라 조금씩 차이가 있지만 대체로 엇비슷하다. 그러므로 경제적 수준이 비슷한 사람들끼리 서로 모여 살고 있는 형태를 띠고 있다. 그렇기 때문에 재산과 수입이 현저하게 적은 흑인과 라티노들이 주택 가격이 비싼 백인들이 사는 동네에 함께 거주하는 것은 매우 드물다. 더구나 저소득층에 더욱 불리하게 적용되는 주택대출로 인해서 동일한 가격의 주택을 산다고 할지라도 고소득층 보다 더 비싼 가격에 주택을 사야한다. 대출심사 과정에서도 보이지 않는 인종적 차별을 받을 수 있다. 따라서 저소득층의 흑인과 라티노들이 대출을 통해 백인 동네의 주택을 구입하는 것은 백인들이 같은 지역의 동일한 주택을 구입하는 것보다 훨씬 더 어렵다.

　그러므로 흑인과 라티노, 그리고 백인의 거주지는 자연스럽게 분리될 수밖에 없다. 분리된 지역에서 주택가격이 비싼 백인 동네는 더 많은 세금을 내는 만큼 교육을 비롯한 환경이 더 좋고, 값싼 주택이 모여 있는 흑인이나 라티노 동네의 환경은 더 나쁠 수밖에 없다. 백인 동네에서 나고 자라고 교육받은 백인 아이들과 소수인종이 모여 사는 좋지 않은 환경에서 성장하고 교육받는 소수인종 아이들의 성취도는 다르다. 성공을 위한 기회가 소수인종 아이들에게는 결핍되고, 이들이 인종에 따른 경제적 불평등의 악순환의 고리를 탈피하는 것은 쉽지 않다.

5. 인종차별 그만하기와 인종주의 극복 노력

1) 흑인민권운동(Civil Rights Movement)

　인종차별 극복은 개인적인 노력만으로는 힘들다. 사회에 만연한 인종차별을 줄이기 위해서는 기존의 질서를 변화시킬 만한 사회적 힘과 노력이 있어야 한다. 미국 사회에서 그러한 역할을 담당한 행위자는 자발적 시민조직과 사법부를 포함한 연방정부라고 할 수 있다. 차별을 법적으로 금지시키는 것은 사법부와 연방정부가 해 온 일이지만, 그것을 가능하게 한 것은 자발적 시민조직의 활동과 저항 때문이라고 할 수 있다. 그러므로 이 둘은 아주 밀접하게 연결되어 있는 셈이다. 특히 흑인들을 중심으로 한 민권운동이 가장 큰 역할을 하였다. 노예해방 이후에도 계속된 제도적, 구조적 차별에 대항하여 흑인들은 지속적으로 저항해왔고, 그러한 축적된 저항들로 인하여 결국에는 차별을 없애는 법안이 만들어지고 통과된 것이다. 불합리한 차별의 개선은 차별에 대한 끊임없는 저항과 투쟁 없이는 불가능하다는 것을 미국의 인종차별 역사를 통해 알 수 있다. 시민의 저항과 권력에 대한 비판 없이 스스로 불합리하고 차별적인 제도를 개선해 온 정부나 권력은 세계 역사에서 찾아보기 힘들다.

파편화되어 진행되어 오던 흑인 민권운동이 전국적으로 확산 된 계기는 1955년 앨라배마 주에서 로자 파크스(Rosa Parks)가 버스에서 겪은 사건이었다. 이 사건에 대해서는 앞서 짐 크로우 법에 대한 논의에서 이미 다룬 바 있다. 앨라배마 주는 로자 파크스에게 14달러의 벌금을 물렸는데 이 액수는 당시 흑인들의 경제사정을 감안하면 상당한 것이었다. 이 판결에 분노한 흑인들은 몽고메리에서 버스 보이콧 운동을 시작했는데 그 규모는 점차 커져 갔다. 상황이 점점 심각해지자 버스 보이콧 운동을 주도한 흑인들을 체포하고 참가자의 보험이나 운전면허를 박탈하는 등 탄압이 계속되었으며, 이 운동을 주도 한 마틴 루터 킹 목사도 체포되었다. 그럼에도 계속된 운동으로 말미암아 흑인이 승객의 대다수인 몽고메리 시의 버스 회사들은 막대한 손실을 입게 되었다. 이러한 저항을 바탕으로 흑인 민권운동가들은 연방대법원에 흑인과 백인의 자리를 버스에서 분리하는 것은 위헌이라는 청구를 하게 되었다. 결국 1956년에 연방대법원은 버스의 흑백분리가 위헌이라는 판결을 내리게 되었다. 앨라배마 주도 크게 손실을 입은 버스회사의 압력에 의해 버스에서의 인종분리법을 폐지하게 된다. 이 사건을 발단으로 흑인민권운동은 전국적으로 번져나가기 시작하였다.

이후 흑인민권운동은 다양한 형태로 전개되어 갔다. 대표적인 것 중 하나는 아칸소 주 리틀 락(Little Rock)에서 일어난 흑인학생들의 백인학생 학교 입학 사건이다(Karen, 2009). 당시 Brown v. Topeka 판결에 따라 흑인과 백인 학생들이 함께 공부할 수 있도록 된 이후에도 대부분의 흑인 학생들은 흑인학교에 다닐 수밖에 없었다. 이러한 차별을 깨기 위해 흑인민권운동을 이끌던 단체인 전미유색인연합은(National Association for the Advancement of

Colored People)은 흑인학생 9명을 백인학생만 다니는 고등학교(Little Rock Central High School)에 입학할 수 있도록 도왔다. 학교에서의 흑백의 차별을 깨기 위한 과감한 시도였다. 당시 법적으로는 큰 문제가 없었으므로 리틀락 교육위원회는 흑백통합교육을 시행하게 되었다. 물론 9명의 학생도 입학이 허가되었다.

그러자 백인우월주의자들은 거세게 저항했고, 당시 주지사도 흑백통합교육에 반대해서 주 방위군까지 동원해 흑인학생들의 등교를 차단했다. 이에 NAACP는 아칸소 주를 연방항소법원에 고소하였고 항소법원은 흑백통합교육의 시행은 문제가 없다는 판결을 내리게 된다. 주지사가 판결에 불복하여 이들의 등교를 지속적으로 거부하자 아이젠하워 대통령은 연방군을 보내 흑인학생들을 보호하고 학교를 다닐 수 있도록 조치하였다. 흑인학생들은 학교를 다니는 동안 많은 차별을 겪었지만 결국 백인 학교에서 첫 번째 흑인 졸업자가 나오게 된다. 이 사건은 이후 미국 학교교육에서 흑인과 백인의 통합교육에 큰 영향을 미치게 되었다.

이 사건이후에도 다양한 흑인들의 저항 운동이 이어졌는데 백인전용식당에 흑인들이 들어가 음식을 주문하거나 식당에 자리를 차지하고 앉아 있는 싯인(Sit-in)운동이나 흑인과 백인이 함께 버스를 타고 흑인차별이 심한 남부지역을 순회하는 프리덤 라이더(freedom rider) 운동 등이 대표적이다. 이러한 저항운동에 참여하는 흑인들은 백인들로부터 심각한 억압과 폭력을 당하기도 하였다. 흑인 저항운동이 거세지고, 이에 백인인종주의자들의 억압이 심해지자 흑인들의 저항세력을 한 곳으로 집중시켜 흑인들의 저항 의지를 모을 필요가 있었다.

흑인지도자들은 미국의 수도인 워싱턴 DC에 흑인민권운동을 위한 대행진을 계획하였고 수많은 흑인들과 이에 동조한 백인들이 함께 링컨 동상 앞에 집결하였는데 그 인원이 20만 명이 넘었다고 한다. 그때 대표적인 흑인

지도자 중 한사람인 마틴 루터 킹 주니어(Martin Luther King Jr.) 목사는 미국 전체뿐만 아니라 전 세계적으로 이 집회가 방송되는 가운데 그 유명한 "나에게는 꿈이 있습니다(I have a dream)."라는 연설을 하게 된다.

"나에게는 꿈이 있습니다. 언젠가 이 나라가 박차고 일어나 진정한 의미의 국가 이념을 제대로 실천할 것이라는 꿈, 모든 인간은 평등하게 태어났다는 진리를 명백한 진실로 우리 모두가 받아들이는 그러한 날이 오리라는 꿈입니다." 라고 외친 그의 연설은 지금까지 흑인들과 억압받는 소수자들의 마음속에 깊은 울림으로 남아있다.

이렇게 흑인 민권운동은 점점 힘을 얻어갔고 드디어 남부지역 흑인들은 그들에게 제한된 투표권을 확보하기 위한 투쟁의 일환으로 1965년 앨라배마 주 셀마(Selma)에서 몽고메리(Montgomery)까지 대행진을 시도 하였다. 셀마는 남북전쟁 때 남부군이 마지막까지 저항한 도시로 인종차별이 심한 도시였고, 몽고메리는 버스 보이콧 저항으로 상징화된 도시였다. 사실 흑인남성의 투표권은 노예해방이후 1870년에 헌법 개정에 의해 부여되었다. 그러나 흑인들이 많은 남부의 대다수 지역에서는 투표세를 내게 해서 가난한 흑인들이 투표하지 못하게 하였고, 문맹자에게 투표권을 주지 않아 문맹자 비율이 높은 흑인들의 투표권을 제한하는 등 다양한 방법으로 흑인의 투표를 막아왔다. 말하자면 미국의 헌법에 보장된 투표권을 남부의 주들에서는 다양한 주법과 규칙 등을 만들어 흑인들의 참정권을 제한해 왔던 것이다. 여기에 저항하기 위하여 셀마에서 몽고메리까지 대행진을 계획한 것이었다.

행진은 비폭력적이고 평화적으로 진행되었지만 경찰이 폭력적으로 시위대를 진압하여 많은 흑인 참가자들이 부상을 입고 결국에는 사망하는 일까지 생겼다. 이 여파는 전국의 흑인들을 분노하게 만들었고 전국적인 시위로 번져나갈 태세였다. 시위대와 경찰관 사이에 일어나는 폭력사태가 심각해지자 존슨 대통령은 연방군을 보내 시위대를 보호하여 마틴 루터 킹 목사가

이끈 시위대는 몽고메리에 무사히 도착하게 된다. 셀마-몽고메리 대행진에 힘입어 존스 대통령은 1965년 연방 투표권법을 통과시킨다. 이 법의 주요 내용은 흑인들에게 투표권을 부여한 미국수정헌법 제15조에 반해서 주와 지방 정부가 선거자격을 제한하거나, 투표에 필요한 추가적인 관행이나 절차를 요구할 수 없도록 금지시킨 것이다. 그래서 흑인의 투표권을 제한하는 주와 지방의 법안과 규칙을 모두 무효화시켰다. 만약 주나 지방이 선거법을 변경하려면 연방 법무부나 연방법원의 사전 승인을 받아야만 하도록 하였다. 이 법안으로 오랫동안 흑인들을 차별하고 제한했던 법안들이 사라지게 되었고 마침내 흑인들은 제대로 된 참정권을 되찾을 수 있었다.

흑인 민권운동이 결실을 맺게 된 것은 구조적 차별에 대항한 흑인들의 지속적인 저항이 바탕이 되었지만, 민권운동이 국민적인 호응을 얻게 만든 것은 당시 미국의 시대적 상황이었다(Healey, 2012). 1960년대는 미국 사회에서 커다란 역사적 전환기였다. 제1차와 제2차 세계대전을 겪으면서 힘을 비축하기 시작한 미국은 유럽의 다른 국가들과는 달리 본토는 전쟁의 영향을 전혀 받지 않았다. 모든 공장과 산업체는 전쟁의 피해 없이 돌아갈 수 있었고 전쟁 후 찾아온 세계 경제의 재건 시기를 발판으로 미국의 경제는 괄목할 만한 성장을 하게 된다. 과학기술도 급속하게 발달하여 미국식 자본주의는 본격적으로 꽃피게 되어 풍요가 본격적으로 시작된 시기이기도 하다. 도시화와 산업화가 진행됨에 따라 흑인과 백인의 분리를 명시한 짐 크로우 법의 적용도 약화되기 시작했다. 경제적 번성기는 자신의 몫을 요구하는 소수인종의 저항에 지배집단이 더 관대할 수 있는 기본적인 바탕을 제공했다. 또한 흑인들도 경제적으로 번성기를 통해 경제적 정치적 자산을 늘릴 수 있었다. 그래서 교회를 중심으로 단결해 나갈 수 있었고, 흑인들을 위한 여러 조직이나 단체를 만들어 미국사회에서 자신들의 영역을 확장시킬 수 있었다.

그러나 한편으로 자본주의 발전의 그늘도 함께 하여서 자본주의 생활방식에 염증을 일으키거나, 지속적인 발전에 대한 피로감, 강요되는 미국식 가치관에 대한 거부, 자본주의에 반대되는 사회주의 좌파운동, 기존세대와 젊은 세대 간의 가치관의 갈등, 그리고 미국 정치지도자들과 정부에 대한 불신 등도 함께 싹트기 시작했다. 여기에다 베트남 전쟁에 미국이 참전하게 됨으로써 명분 없는 전쟁에 대한 청년들의 반전운동과 대규모시위, 그리고 기성세대의 성적 억압과 도덕적 관습에 대한 저항 등 다양한 요소들이 함께 시너지 효과를 내어 반문화운동으로 미국 전역에 번지기 시작했다. 반문화 운동이 강조한 자유와 인권, 휴머니즘과 평등이라는 기치는 소수자에 대한 억압과 차별을 제도화해온 미국의 질서에도 도전하는 것이었다. 반문화 운동은 이후 미국사회가 그때까지 추구해 왔던 것과는 다른 방향으로 나갈 수 있게 한 중요한 동기를 제공하였다. 흑인 민권운동도 마찬가지로 자유, 평등, 공정함과도 같은 미국의 전통적인 가치의 회복을 주창하는 것이어서 진보적인 백인집단, 유태인, 학생 등의 동조를 얻어 낼 수 있었고, 시너지 효과를 보게 되었다.

또한, 당시 본격적으로 영향력을 떨치기 시작한 매스미디어의 역할도 무시할 수가 없다. 신문과 방송에서 흑인들에 대한 탄압과 폭력이 가감 없이 기사화되고 방송되었다. 매스미디어를 통한 소식은 미국 전체 흑인들을 규합하고 연대하게 만드는데 큰 역할을 하였을 뿐만 아니라, 진보적인 백인집단들도 흑인 민권운동에 동조하게 만들었다. 그래서 미국의 전통적인 도덕적 가치에 반하는 짐 크로우 법을 포함한 인종에 대한 편견과 차별의 부당함을 미국인들이 다시 한 번 깨달을 수 있는 계기를 제공하였다. 이러한 역사적 시기와 사회적 환경의 변화는 흑인 민권운동이 결실을 볼 수 있게 한 중요한 동력이었다.

2) 시민권리법(Civil Rights Act of 1964)

1950년대 중반부터 본격적으로 시작된 흑인민권운동과 1960년대 반문화운동 등의 시대 상황 속에서 개인의 자유와 평등이라는 미국의 건국이념이 제대로 시행되고 있는지에 대한 끊임없는 질문과 도전이 일어났다. 이러한 시대적 분위기에서 태어난 것이 바로 1964년 시민권리법(Civil Rights Act)이다. 시민권리법은 인종, 피부색, 성별, 장애, 나이 등 모든 차별에 대해서 법적으로 명시하여서 효과적으로 차별을 제한하는 내용을 담고 있는 미국 최초의 법이다. 시민권리법의 시작을 거슬러 올라가면 1961년 케네디 대통령이 행정명령(Executive Order) 10925를 공포하면서이다. 대통령 산하에 고용평등위원회(President's Commision on Equal Employment)를 두고 연방정부가 실시하는 모든 계약과 고용에서 인종, 신념, 피부색, 출신 국가를 따지지 말 것을 명시하였다. 그러나 이 명령은 연방정부에만 해당되는 것이어서 주정부나 개인 기업에는 동일한 명령이 적용되지는 않았다. 하지만 이 명령은 그 당시의 사회적 상황아래에서는 상당한 진전이었다.

케네디 대통령은 이를 바탕으로 시민권리법을 계획하였으나 임기 중 총격으로 숨지면서 전적으로 실시하지는 못하였다. 그러나 후임 존슨 대통령은 케네디 대통령 때 추진하였던 정책을 완성시켜 시민권리법을 1964년에 통과시키게 된다. 이 법안에 대해서 거센 반대가 있었기 때문에 법안이 통과되는 과정이 순탄한 것은 아니었다. 특히 짐 크로우법이 실시되고 있던 남부지역에서의 반대가 심하였다. 하원 표결결과 남부 공화당은 전원 반대하였고, 남부의 민주당 의원도 93%나 반대하였다. 상원에서노 남부 공화당은 전원 반대 하였고, 남부 민주당은 1명을 빼고 모두 반대하였다. 표결결과는 남부지역의 반대가 얼마나 거셌는지 보여준다. 그럼에도 법은 가까스로 통과되었고 그 결과 미국역사상 노예해방이후 소수인종의 인권 신장과 관련된 가장 의미 있는 법안으로 현재까지 강력한 영향력을 미치고 있다.

시민권리법의 내용 중 가장 중요한 사항은 고용기회평등위원회(EEOC: Equal Employment Opportunity Commission)를 지속적인 기구로 설치하여 공기업뿐만 아니라 사기업체와 직장에서의 고용 차별을 금지시킨 것이다. 이 위원회는 고용주가 차별을 하였다는 내용이 제기되면 그것을 조사하여 그 결과에 따라 사법부에 처리를 맡기는 막강한 권한이 있었다. 미국에서 사업을 하는 종업원 25명 이상의 사업체 그리고 대부분의 고용중개업체와 노조가 이 법의 적용대상에 포함되었다. 그리고 1972년에는 법안의 개정을 통해 종업원 15명이상의 모든 업체로 법의 적용이 강화되었다. 시민권리법은 시민생활의 공공영역에서 발생하는 차별 또한 모두 금지하였다. 호텔과 모텔, 식당, 주유소, 놀이공원을 포함하여 운동경기장, 수영장 등 시민들이 함께 사용하는 시설에 대해서 그 운영주체가 누구인지를 막론하고 모든 차별이 금지되었다. 그리고 연방정부의 지원을 받는 기관과 프로그램, 예컨대 병원, 대학, 도로건설 프로젝트 등에 있어서도 차별이 금지되었다.

시민권리법이 미국사회에 존재하는 다양한 차별을 금지하고 획기적 전기를 마련하였지만 그렇다고 모든 차별이 하루아침에 사라진 것은 아니었다. 앞서 살펴본 바와 같이 보이지 않은 곳에서의 지속적인 차별은 현재도 계속되고 있다. 보이지 않는 차별은 주로 개인과 개인 사이의 네트워크를 통해서 인종적으로 또는 성별로 일어난다. 특히 멤버십으로 유지되거나 사회 클럽 등과 같은 친목조직 등은 법의 적용 대상에서 제외되어 공공연한 차별이 일어나고 있다. 예를 들어 어떤 골프 클럽은 백인이외의 인종이나 여성을 회원으로 받지 않는 경우도 있는데, 성별 차별은 남성만 회원으로 한다는 것과 같이 규정으로 명시해 놓는 경우도 있지만, 인종적 차별은 직접적으로 명시하기보다는 회원 자격의 다른 규칙들에 의해 보이지 않게 행해진다.

대표적인 사례는 회원이 되려면 기존 회원의 추천을 받아야 한다는 조항이다. 기존 회원의 추천 없이 회원이 될 수 없으므로 기존 회원이 전부 백인인 경우 백인 아닌 다른 사람이 추천에 의해 새로운 회원이 되는 것은 거의 불가능하다. 많은 사회클럽들도 이러한 규정을 가지고 있어서 의도적 혹은 의도적이지 않더라도 사회클럽 등의 조직에서 인종적 차별이 일어난다. 기업의 고용에 있어서도 이러한 보이지 않는 네트워크가 작용한다. 대부분의 괜찮은 일자리는 추천서를 요구하는 경우가 많다. 추천서는 개인적인 친분이나 네트워크 없이 받을 수 있는 것은 아니다. 그러므로 추천서를 써 줄 주요한 위치에 있는 사람들이 백인들이 대부분이기 때문에 상대적으로 백인들은 소수인종들보다 좋은 추천을 받을 확률이 더 높고, 고용과정에서 유리한 입장에 처할 가능성이 더 크다. 그리고 이러한 방식은 반복적으로 일어나서 고용과 승진과정에서 보이지 않은 인종적 차별이 지속되는 경향이 있다.

3) 소수자 우대정책(Affirmative Action)

미국의 소수자 우대정책은 일자리, 승진, 교육기회 등에서 여성을 포함한 소수자 집단 구성원들에게 행해진 차별을 해소하고 지난 역사 동안 제도적인 차별이 가져온 불평등한 관계를 개선해서 모든 사람이 공평하고 동일한 출발점을 가질 수 있도록 한 조치이다. 1961년 케네디 대통령이 고용 차별을 금지한 대통령 행정명령(Executive Order) 제10925호와 잇따른 시민권리법은 소수자 우대정책이 시작된 발판이다. 미국의 소수자 우대정책인 Affirmative Action은 소수자를 위한 '적극적 조치', '적극적 차별수정정책', '적극적 평등실현조치' 또는 '차별철폐조치' 등과 같이 다양한 우리말로 번역되어 사용된다. 문자 그대로 해석하면 '긍정적인 행위'를 의미하는데 적극적으로 소수자들의 불평등을 개선하기 위한 정책이라는 것을 뜻한다. 결과적으로 소수자들을 우대해서 평등하게 만들어 나간다는 것이 이 정책의 기본취지이고 이것과 구별되는 또 다른 소수자 우대정책은 존재하지 않으므로 이 책에서는 그냥 소수자 우대정책으로 사용하기로 한다.

소수자 우대정책은 인종적 소수자에게만 해당되는 것이 아니라 여성도 함께 포함된다. 그러므로 미국에서 소수자 우대정책의 가장 큰 수혜자는 소수인종이면서도 여성이라고 할 수 있다. 소수자 우대정책은 여성과 소수자들에 대해서 지속적으로 행해진 제도적 차별을 없애는 것을 주된 목표로 삼았다. 그 주된 내용을 살펴보면 다음과 같다(Schaefer, 2013).

첫째, 백인 남성이 유리한 조건을 가지고 있는 신장과 체중 등과 같은 신체적 조건을 그것이 꼭 필요한 직종이 아님에도 불구하고 고용 규정으로 적용하여 여성이나 소수자를 차별하는 것.

둘째, 백인남성 대부분이 자리를 차지하고 있는 일자리에서 나중에 고용된 여성이나 소수자들이 연공서열법(seniority rule)에 의해 더 쉽게 일자리를 잃을 수 있는 것. 연공서열법은 일자리에서 해고될 때 가장 최근에 고용된 사람부터 해고되는 것을 말한다. 먼저 고용된 사람일수록 일의 숙련도가 높고, 현 직장에 기여한 바가 더 크기 때문에 회사의 상황이 나빠져 직원을 해고해야 할 경우 이러한 규칙을 적용하였다. 그런데 지금까지 백인남성이 대부분이었던 일자리에서 이러한 법을 적용할 경우 해고자는 보다 늦게 일자리에 진입하게 된 여성과 소수인종들이 대부분 피해를 볼 수밖에 없다.

셋째, 직장에서 휴직에 관한 정책 때문에 그리고 파트타임 노동자들에게 불이익을 주는 정책 때문에 가정과 직장의 일을 동시에 해야 하고, 파트타임으로 직장 일을 할 수 밖에 없는 여성들이 피해를 입는 일.

넷째, 직장에서 영어를 써야만 한다는 규칙. 어떤 직장에서는 업무와 관련이 없을 때에도 직장에서 영어를 써야 만 한다는 규칙이 있는데 직장 내

영어 원칙 규정은 영어가 모국어가 아닌 사람들에게 고용과 승진에서 차별을 가져올 수 있기 때문이다.

다섯째, 성공적인 업무와는 직접적인 관계가 없지만 문화적으로 또 교육적으로 백인 중산층이나 백인 남성의 가치관이 중심이 된 표준적인 시험을 보게 하는 것.

여섯째, 의과대학이나 법과대학에서 대부분이 백인인 부자와 영향력 있는 동문들의 아이들의 입학을 선호하는 것.

마지막으로 은행이나 융자기관이 소수자집단이 모여 사는 지역에 대해서 모기지 대출을 막거나 제약을 두는 것 등이다.

이러한 제도적 차별을 집중적으로 감시하고 소수자들이 제약이나 차별을 받지 않도록 적극적으로 시정하는 조치가 바로 소수자 우대정책의 핵심적인 내용이다. 소수자 우대정책의 적극적인 실천을 위해서 기술적으로 쓰여진 대표적인 방법은 할당(quota)과 점수제였다. 할당제는 소수자들의 고용이나 승진 등에서 있어서 일정한 비율을 소수자들을 위해 배정하는 것을 말한다. 예컨대 신입사원을 뽑을 때 소수인종 20% 이상을 뽑아야 한다든지, 직장 내 여성 또는 장애인이 몇 %이상 되어야 한다든지 하는 것이 할당제에 들어간다. 이와 비슷한 점수제는 소수자들에게 일정 점수를 추가로 부여하는 것이다. 예를 들어 소수인종이나 여성에게 일괄적으로 일정 점수를 부여해 상대적으로 유리한 입장에 설 수 있도록 만드는 것이다. 이러한 할당이나 점수제를 엄격하게 도입하지 않더라도 소수인종 또는 여성우대와도 같은 것을 명시함으로써 광범위한 우대를 받을 수 있도록 하는 방법 등이 수로 사용 되었다.

이렇게 적극적인 조치가 필요했던 것은 무엇보다도 기존의 차별을 시정하고 평등한 사회를 실현하기 위한 것이었다. 그런데 현재의 차별을 시정하기 위해서는 지금 당장의 차별 개선 노력도 필요하지만 과거에서부터 지속적으로 진행되어 온 차별의 효과를 개선해야 할 필요도 있었다. 그러기 위해서 소수자가 과거의 차별을 극복할 수 있도록 일정정도의 우대를 함으로써 균형을 이룰 수 있게 만든다는 것이다. 이렇게 해서 보다 평등한 사회가 되면 자연스럽게 사회의 다양성이 증대된다.

미국 사회는 다양한 인종과 민족이 모여살고 있는 다양성의 사회이고 점점 더 그렇게 되어가고 있다. 그렇다면 다양성에서 오는 긍정적인 이익을 극대화하는 것이 미국사회의 발전을 위해서 필수불가결하다. 동시에 그것은 미국이 피해갈 수 있는 것도 아니다. 소수자 우대정책은 바로 그러한 목표를 달성하기 위한 좋은 도구의 역할을 하였다. 더 나아가 흑인이나 라티노 등 소수집단의 우수한 인력을 확보해서 부족한 전문직 인력을 채울 수 있었다.

과거의 차별과 그것으로 인한 좋지 않은 환경의 영향으로 소수인종 집단의 뛰어난 인재들이 자신의 능력을 펼치지 못하는 경우가 대부분이었다. 소수자 우대정책을 통해 그들에게 기회를 부여함으로써 미국 사회에 필요한 인재로 성장시킬 수 있는 여건을 마련하려는 것도 중요한 정책적 목표였다.

그러나 무엇보다도 소수자우대정책은 미국의 다수집단이자 지배집단인 백인들의 가치관과 태도에 변화를 일으켰다. 백인들이 타문화를 인정하고 차이를 극복하는 것을 넘어 교육, 고용, 기업, 경영 등 일상세계에서 지금까지는 당연하게만 여겼던 백인우월주의를 벗어나게 하는 것이었다. 소수자를 차별할 수 없는 것은 물론이고 소수자에게 혜택을 주는 정책은 모든 부분에서 헤게모니를 잡고 있던 백인들에게 적지 않은 충격을 주었다.

4) 역차별과 백인들의 도전

소수자 우대정책의 시행이 순탄하지만은 않았다. 소수자를 우대해 주는

만큼 소수자가 아닌 사람들은 혜택을 받지 못한다. 소수자 우대정책으로 인해 피해를 가장 많이 본다고 생각하는 사람들은 백인이다. 백인들은 오래 전 흑인들이 주장하던 바와 다름없이 소수자 우대정책은 제도적으로 백인을 차별하는 것이라고 주장한다. 백인이라는 이유로 상대적인 차별을 받을 수 있다는 것이다. 그리고 설사 소수자들이 과거에 백인들에게 차별받았다 하더라도 보상을 하는 과정에서 과거의 차별과 아무런 관계없는 선량한 현재의 백인들이 그 피해를 감당해야 한다는 것이다. 이러한 주장을 바탕으로 소수자 우대정책에 대한 법적인 소송을 비롯한 도전들이 시작되었다.

지금까지도 영향력을 미치고 있는 주요 법적 논쟁들을 몇 가지 살펴보자(Schaefer, 2013). 가장 대표적인 법적 논쟁은 1978년의 박키(Bakke) 케이스이다(Regent of the University of California v. Bakke). 문제의 발단은 앨런 박키(Allan Bakke)라는 백인 학생이 데이비스 소재 캘리포니아 대학(University of California, Davis) 의과대학에 인종에 대한 할당제로 인해 입학이 거부된 사건이었다. 당시 UC Davis 의과대학은 100명의 입학정원 중 소수인종을 위해서 16명을 할당해 놓았다. 박키는 자신의 성적이 입학에 충분했음에도 불구하고 입학할당제로 인해 입학하지 못하였다고 소송을 제기하였다. 당시 대법관들은 5대 4로 박키의 손을 들어 주었는데 인종적 민족적 구분을 하는 것이 이에 대한 모든 차별을 금지하는 시민권리법의 위반임과 동시에 어떠한 민족적 인종적 구별도 합당하지 않다는 것이 다수의견의 중심내용이었다. 물론 반대의견은 소수자 우대정책의 정당성을 인정하는 것이었다. 특히 대학이 고정된 할당을 소수자집단 학생들을 위해 정해 놓는 것은 학교가 박키 개인의 헌법적 권리를 침해하는 것이라고 보았다. 그러나 대학이 입시정책에서 입학을 결정하는 여러 요인들 중 인종을 고려하는 것 자체는 헌법에 위배되지 않는다고 판결하였다. 그러므로 이 판결은 대학들이 소수자 우대정책으로 고정된 할당제를 사용할 수 없도록 제한하였지만 한편으로는 고정된 할당제만 아니면 대학들이 인종적 요소를 입학정책에서 사용할 수는 있다고 인정함으로써 입시정책에서 탄력적으로 인종적 고려를 할 수 있는 여지를 주게 되었다.

대법원은 1996년 텍사스 대학(University of Texas)의 법과대학에서 시행하고 있었던 흑인과 라티노 학생들을 위한 입학 우대정책도 헌법에 위배된다고 판결하였는데, 이 판결로 텍사스 주는 물론이고 루이지애나와 미시시피 주는 대학의 입학정책에서 인종을 고려하는 것을 완전 금지하게 된다. 그러나 대법원은 2003년 미시간 대학(University of Michigan)의 법과대학 입학기준에 관해서 제기된 소송에서는 입학을 결정하는 여러 기준들 중 인종을 하나의 요건으로 고려하는 것은 학교가 가진 권리라고 판결하였다. 그러나 학부의 입학기준 중 소수인종에게 일정한 점수를 일괄적으로 부여하는 것은 금지하였다.

최근으로 오면서 점점 소수자 우대정책의 시행에 회의적인 의견들이 힘을 얻고 있다. 이들의 주장은 소수자 우대정책을 폐지하고 인종과 민족을 전혀 고려하지 않는 컬러 블라인드 정책을 시행하자는 것이다. 그러나 문제는 다른 요건들은 그대로 놔 둔 채 인종적인 요소만 고려하지 않는다고 인종적 평등의 문제가 해결되지 않는다는 데 있다.

예컨대 미국의 대표적인 엘리트 대학인 아이비리그에 속한 학교들은 레거시(legacy)라는 기준을 대학입학요건 중 하나로 적용한다. 레거시란 한마디로 입학지원 학생들의 부모나 가까운 친척이 지원학교의 동문이면 입학에 유리하게 작용한다는 것이다. 물론 대학의 입장에서는 지원자들이 비슷한 실력이면 동문들의 자녀를 입학시키는 것이 애교심 높은 학생들을 선발하는 방법이 될 수 있다. 그리고 그들이 졸업 후 학교에 기여가 더 클 수 있기 때문에 그러한 학생들을 선호하는 것은 당연하다. 그러나 문제는 지금까지의 동문들이 대부분 백인들이라는 것에 있다. 한 조사에 따르면 하버드

대학(Havard University)의 경우 지원한 하버드 대학 동문의 자녀들은 40%가 입학허가를 받았고, 그들 대부분은 백인이었다. 반면 레가시가 없는 학생들은 11%만이 입학허가를 받았다고 한다. 그러나 미국 최고의 공대 중 하나인 캘리포니아 공대(California Institute of Technology)는 입학정책에 레가시 기준이 없는데 지원한 동문의 자녀들 중 단 1.5%만 입학허가를 받았다(Kahlenber, 2010; Shaefer, 2012). 그러므로 인종차별의 원인이 되는 다른 기준들이 여전히 존재하는 상태에서 컬러 블라인드 정책이 인종적인 문제를 해결할 수 있다는 것은 섣부른 판단이라고 할 수 있다.

하지만 소수자 우대정책을 제한적인 상태에서만 인정하려는 경향은 점점 더 커졌다. 대표적인 것이 Adarand Constructors Inc. v. Pena 판결이다. 이 사건은 콜로라도 주에서 연방 고속도로의 철제 보호막을 공급하는 계약에서 탈락한 백인소유 건설회사인 Adarand가 소수계가 소유한 기업에 계약이 돌아가자 제소한 재판이다. 원청업자는 소수계가 소유한 기업에게 하청을 줄 경우 재정적 인센티브를 받을 수 있는 연방규정에 의거하여 소수계 기업에게 하청을 준 것이다. 법원은 소수자 우대정책의 사용을 긴밀한 필요가 있을 때에만 적용해야 한다고 판결하였다. 말하자면, 이 정책을 사용하지 않으면 정부의 이익에 기여하지 못하거나 심각한 차별이 발생할 가능성이 있을 때와 같이 꼭 필요한 경우에만 소수자 우대정책을 적용해야 한다는 것이었다. 그렇지만 이 사건은 그러한 경우에 해당되지 않는다고 판결한 것이다.

소수자 우대정책에 대한 폐지 노력은 지속적으로 진행되었다. 미국 전역에 큰 영향을 끼신 것은 소수인종들이 가장 많이 살고 있는 캘리포니아 주의 1996년 주민투표였다. 캘리포니아 시민권리발의(California Civil Rights Initiative, Proposition 209)안이 주민투표에 부쳐졌는데, 대학, 고용, 승진, 정부계약 등 모든 영역에서 성별이나 소수자를 고려하는 것을 금지하도록 캘리포니아 주법을 수정하는 것이었다. 주민들 54%가 찬성하여 캘리포니아에서 소수자 우대정책이 실질적으로 폐지되었다. 이 결과를 근거로 캘리포니아 대학 시스템(UC System)은 소수자 우대정책을 입학정책에서 폐지하였고, 텍사스, 플로리다, 워싱턴 주까지 소수자 우대정책을 폐지하거나 수정하는데 영향을 미쳤다. 2006년에는 미시간 주민들도 미시간 주의 모든 주립대학의 입학정책에서 소수자 우대정책을 폐지하자는 안건에 58% 찬성을 던짐으로써 미시간 주의 모든 주립대학은 더 이상 인종을 입학기준의 고려사항으로 사용할 수 없게 되었다.

한편, 2009년 코네티컷 주 뉴 헤이븐(New Haven)시에서 소방관들에 의해 제기된 Ricci v. DeStefano 소송은 소수자 우대정책이 평등한 권리를 침해한다는 판결을 이끌어 내었다. 뉴 헤이븐 소방서는 승진 시험을 실시하였는데, 그 시험을 통과한 사람 대부분이 백인 소방관들이었다. 승진자 속에 흑인들이 포함되지 않자 시에서는 승진한 소방관들의 인종적 불균형과 추후 발생할 수 있는 인종적 차별을 고려하여 시험자체를 무효화 하였다. 이에 반발한 소방관들이 시민권리법에 보장된 인종 평등의 원칙을 들어 시험의 무효화를 취소하라는 요구를 한 것이다. 이에 법원은 승진 시험의 결과를 그대로 인정하여 실시하더라도 시가 주장한 소수인종 차별이 일어날 수 있다는 충분하고도 뚜렷한 증거가 없기 때문에 시험 결과를 그대로 인정해야 한다고 판결하였다.

소수자 우대정책에 대한 도전은 미국 도처에서 점점 힘을 얻고 있다. 이 정책의 가장 큰 수혜자는 흑인을 비롯한 라티노 등 소수인종들이지만, 미국의 소수집단들이 모두 이 정책에 동의하는 것은 아니다. 특히 아시아계 미국인들은 인구비율에 비해 대학의 진학률이나 취업률이 높고 경제적인 형편도 더 좋기 때문에 이 제도의 혜택을 제대로 받을 수 없었다. 오히려 이 제도 때문에 아시아인들은 역차별을 받고 있다고 생각한다. 그러한 증거로

1996년 폐지된 캘리포니아 주의 소수자 우대정책을 부활시키기 위해 2014년 민주당소속 주 의회 상원의원인 히스패닉계 에르난데스 의원이 SCA 5 법안을 발의한 것에 대한 저항이다. 이 법안은 라티노들의 대학입학을 보다 유리하게 만들려는 시도였는데, 소수자 우대정책이 실시된다면 상대적으로 큰 피해를 입을 수 있다고 생각한 아시아계의 강한 반발을 가져왔다. 법안은 폐기되었지만 소수자 우대정책이 소수인종들 사이에서도 자신들의 처한 상황에 따라 지지하는 정도가 다르다는 것을 알 수 있다.

소수자 우대정책에 관한 논쟁은 여전히 치열하게 지속되고 있지만 미국 사회의 전반적인 보수화의 흐름은 이 정책을 축소하는 방향으로 나가고 있다. 논쟁의 가장 중요한 핵심은 과연 소수자 우대정책이 소수자가 아닌 사람들을 역차별하고 있느냐 하는 것이고, 소수자 우대정책이 사회적 불평등을 해결하는데 중요한 영향력을 미치느냐 하는 것이다. 연구들에 따르면 소수자 우대정책이 소수인종과 여성들의 취업과 수입증대에 긍정적인 영향을 미치고 있다고 밝히고 있다(Reskin, 1998; Badgett & Hartmann, 1995). 그리고 소수자 우대정책으로 인해 능력이 뛰어난 사람들이 결코 배제되는 것은 아니라고 주장한다. 그러나 소수자 우대정책이 사회적 불평등을 완화시키기 위한 목적은 상실한 채 단지 역차별을 일으키는 할당제로 전락했다고 주장한 연구도 있다(Lewin, 2006; Mack, 1996).

일반적인 미국인들의 의견도 다양하게 나누어진다. 2010년에 실시한 조사에서 고용하거나 승진하는데 있어서 흑인 우대를 지지하느냐고 물어보았는데 백인들의 12%만이 지지한다고 대답하였다. 그런데 그것을 지지하지 않는 흑인들도 과반수가 넘어서 흑인이라고 무조긴 소수자 우대정책을 지지하지는 않는다는 것을 알 수 있다(National Opinion Research Council, 1972-2010). 그런데 또 다른 연구에서는 백인들이 고정된 할당제나 점수제는 반대하지만 직업훈련, 교육, 고용 등에 있어서 소수인종들에게 기회를 확대시켜 주는 것에는 지지하였다(Wilson, 2009: 139).

소수자 우대정책이 지금까지 흑인을 비롯한 소수자들의 성공을 위한 발판의 역할을 제대로 수행했는지, 아니면 그러한 정책이 없었더라도 성공한 많은 소수자나 흑인들이 그대로 성공했을지는 명확하게 알 수 없다. 그러나 공평한 경쟁의 장을 마련하는 것은 중요하다. 현재의 경쟁체제가 공평하다고 여겨지지 않는 한 소수자 우대정책은 어떤 형태로든 존재해야 한다고 한편으로 주장할 수 있다. 그러나 인류의 역사상 한 번이라도 모든 것이 공평한 경쟁의 장이 있었느냐고 반문할 수도 있다. 소수자 우대정책의 혜택을 입지 않고도 능력 있는 많은 소수자들이 경쟁력 있는 학교나 기업에 들어가서 능력을 펼칠 수 있다. 그럼에도 불구하고 소수자 우대정책이 존재하는 한 그들이 소수자 우대정책으로 인해 상대적인 혜택을 받았다는 편견을 받게 되고 그들의 능력을 제대로 인정받지 못할 가능성도 여전히 존재한다. 그러므로 진정한 평등 사회가 되려면 소수인종들이 피해주의적 사고방식을 버리고 불리한 환경을 스스로의 노력과 능력으로 뚫고 일어설 필요가 있다고 주장할 수도 있다. 반면, 그렇게 되기에는 지금의 불평등 상황이 너무 크기 때문에 그 차이를 우선적으로 줄일 수 있는 정책이 필요하다고 반론을 펼칠 수도 있다.

소수자 우대정책을 놓고는 이렇게 다양한 주장들이 오갈 수 있다. 그러나 분명한 것은 소수자 우대정책은 태생적인 딜레마를 가지고 있다는 것이다. 인종적 차별과 구분을 없애는 것이 소수자 우대정책의 기본적인 목표이지만 그 목표를 달성하기 위한 소수자 우대정책의 실시를 위해서는 반드시 인종적 구분을 해야 한다는 것이다. 그래서 소수자 우대정책은 상황에 따라 언제든 변화될 가능성을 내포하고 있다.

5) 인종주의의 극복 노력

인종주의를 어떻게 극복할 것인가 하는 것은 미국사회가 맞닥뜨리고 있는 가장 중요한 과제 중 하나이다. 그러나 인종주의의 극복은 소수자들의 저항, 제도의 개선, 법률의 개정 등으로 상당한 진전을 이루었다. 이제는 제도적으로 또는 법적으로 명백한 인종차별은 더 이상 존재하지 않는다. 그렇지만 여전히 미국 사회 안에는 역사적으로 깊이 내재해 온 인종주의의 뿌리가 뽑히지 않고 있는 것 또한 사실이다. 특히 최근 두드러진 흑인과 백인 경찰과의 갈등은 오랫동안 해 묵었던 인종갈등이 오늘날에도 여전히 강력하게 발휘되고 있음을 그대로 보여준다. 그러나 그 방식은 예전처럼 백인이 흑인을 일방적으로 차별하는 것과는 달리 보다 교묘하고 복잡한 형태로 진행되고 있다.

흑인들은 백인 경찰의 과도한 진압이 왜 흑인들에게만 집중되느냐고 따진다. 반면 백인 경찰은 흑인 개인에 대한 차별이 아니라고 말한다. 사실 백인이나 다른 소수인종들에 비해서 흑인 용의자를 향한 경찰의 대처와 반응은 더 과격한 것이 사실이다. 그렇지만 경찰의 변명은 흑인들이 통계적으로 가장 범죄율이 높고 폭력적이기 때문에 그러한 대응을 할 수 밖에 없다는 것이다. 경찰의 변명은 논리적으로 살펴보았을 때는 모순이다. 왜냐하면 전체의 특성으로 개인의 특성을 설명하는 생태학적 오류를 범하고 있기 때문이다. 흑인들의 범죄율이나 폭력성이 높다고 해도 지금 맞닥뜨린 용의자가 범죄를 하였는지 아니면 폭력성이 더 높은지 와는 관계가 없다. 그렇지만 한편으로 경찰이 전체적인 통계나 경향성의 파악 없이 사선에 내서하는 것은 사실상 어렵다. 경찰들은 흑인은 더 폭력적이라고 믿고 있다. 그래서 더 과격하게 대응한다. 그들이 가지고 있는 자료가 말해주고 있기 때문이다. 그러므로 경찰은 자신들이 가진 인종적 프로파일링에 따라 행동하게 되고 선량한 흑인 개인들은 동료 흑인들의 집단적 통계의 결과로 그 피해자가 된다. 새로운 인종주의는 바로 이렇게 복잡한 모습을 띠고 있다. 누구의 잘못이라고 딱히 말할 수 없지만 인종주의는 발생하고 피해자는 생기게 되는 것이다.

인종주의를 극복하기 위하여 어떠한 노력을 해야 하는지에 대한 논의는 끊임없이 진행되고 있다. 그러한 노력의 최종 목표는 더 이상 인종주의가 옳지 않고 제대로 된 것이 아니라는 새로운 가치관을 미국사회에 굳게 세우는 일이다. 그러기 위해서 시행되어야할 중요한 제안을 살펴보면 다음과 같다.

무엇보다 먼저, 교육은 인종주의를 극복하기 위한 중요한 도구로 사용될 수 있다. 반인종주의적 교육이야말로 반인종주의 사회로 나가기 위한 첫 단추이다. 반인종주의 교육은 컬러 블라인드에 관한 교육이 아니라 미국 사회에서 백인 중심으로 공고화된 인종적 계급과 특권을 바르게 바라볼 수 있도록 하는 것이다. 그래서 반인종주의 교육을 강조하는 사람들은 학생들이 무엇이 문제인지를 스스로 파악하고 그것을 조금이라도 더 해결하기 위해 머리를 맞댈 수 있게 만드는 교육을 기획하고 실행해야 한다고 입을 모은다(Thomson, 1997).

그 다음으로는 미국 정신을 되살려 놓는 노력이 공동체에서 시작되어야 함을 주장한다. 특히 모든 인간은 동등하게 태어났다는 미국의 신조를 지킬 의무를 백인들이 버리지 않아야 한다는 것이다. 지배계층인 백인이 공동체 안에서의 노력하지 않으면 인종주의를 멈추게 할 수가 없다. 과거의 인종차별 문제를 마냥 덮어놓거나 감정적으로 흥분하거나 좌절하고 있을 것이 아니라, 그것에 관해 제대로 된 토론과 대화가 시작되고 지속적으로 진행되어야 함을 강조한다. 그리고 이를 위해 공동체 안에서 강력한 리더십을 확보하는 것이 중요하다고 주장한다(Knight, 2000).

　　마지막으로 개인적 차원에서 인종주의에 대해서 저항하고 도전해야 함을 강조한다. 1971년 설립된 The Southern Poverty Law Center(SPLC)는 개인적 차원에서 인종주의에 대항하는 10가지 방법을 제안하고 있다(Schaefer, 2013: 74-75). 첫째, 행동하라. 인종적인 차별을 당할 때 참고 가만히 있지 말고, 거부하고, 싫은 감정을 드러내는 등 차별을 알리고 문제해결을 위해 행동하라는 것이다. 둘째, 연대하라. 친구나 동료들에게 알리고, 비슷한 생각을 가진 사람들과 모임을 만들고 다양한 사람들이 함께 어울려 연대할 수 있는 조직을 구성하여 대항할 수 있는 힘을 키워야 한다. 셋째, 피해자를 지지하라. 차별이나 증오범죄 등의 피해자가 있으면 그들을 위로하고 격려해야 하고, 친구들 중 피해자가 있으면 알려야 한다. 넷째, 숙제를 하라. 만약 증오범죄가 저질러졌다고 생각된다면, 그것에 대해 자료를 수집하고, 조사하고, 전문가의 도움을 받는 등 의심스러운 증오범죄나 차별행위에 대해서 문서화하여야 한다. 다섯째, 대안을 찾으라. 만약 인종주의자 집단이 그들의 기치를 선전하는 행진을 한다면 거기에 참석하여 반대하는 행동을 하는 것보다 그들의 잘못된 주장에 반론을 펼칠 수 있는 다른 대안을 찾는 것이 더 현명하다는 것이다. 여섯째, 크게 소리치라. 증오집단을 발견하거나 인종주의적인 심한 농담을 접하게 될 때 소리 내어 잘못됨을 알리라는 것이다. 일곱째, 로비 리더를 찾으라. 정책입안자, 공동체 지도자, 기업의 사장, 언론사 중역 등을 찾아 인종주의에 반대할 수 있도록 설득하여야 한다. 여덟째, 장기적으로 보아라. 다양성과 화합 등을 추구하는 연중 모임이나 행사 등에 참석하거나 그것을 조직하고 모르는 사람에게도 기꺼이 다가갈 필요가 있나. 아홉째, 관용을 가르치라. 편견은 학습에 의해 이루어지는데 부모의 교사들은 교육 커리큘럼의 내용에 영향을 줄 수 있다. 다양성 교육을 통해 다른 사람을 이해할 수 있도록 할 필요가 있다. 마지막 열 번째, 더 깊게 파라. 사회적 불평등, 이민, 차별 등 사람들을 서로 나누는 이슈에 대해 편견과 고정관념이 자신 안에 어떤 방식으로 존재하고 있는지 깊이 파고들 필요가 있다. 그래서 무슨 일이 일어나고 있고, 어떻게 행동하는 것이 바른지 제대로 찾을 수 있어야 한다.

인종주의를 극복하기 위해 이렇게 교육의 영역에서, 공동체 내에서, 그리고 개인적인 노력이 동시에 이루어져야 한다. 그러나 이러한 노력들은 쉽게 할 수 있는 것도 아니고, 또 노력의 결과가 즉각적으로 얻어지는 것도 아니므로 자민족중심주의 그리고 편견과 차별에 저항할 수 있는 능력과 힘을 꾸준히 축적하고 실천해 나가는 것이 중요하다.

6) 새로운 인종으로서의 미국인

다양한 이민자로 이루어진 사회가 지니고 있는 중요한 과제 중 하나는 사회를 어떻게 통합시키느냐 하는 것이다. 미국이 지금까지 취해 온 중점적인 방법은 미국 문화에 이민자를 동화시키는 것이었다. 국민을 하나로 통합시키기 위해서 모든 나라들은 예외 없이 정도의 차이는 있지만 동화정책을 추구하였다. 미국도 예외는 아니어서 다양성의 가치를 인정하고 추구하고는 있지만 한편으로는 이민자를 "미국인화(Americanization)"해서 국가적 통합을 유지하려는 강력한 노력을 해 왔다. 미국인화란 이민자들을 백인중심의 이상과 가치체계에 동화시키는 과정이다. 그리고 교육시스템은 정책 수행을 위해 중요한 도구로 사용되었다. 앞서 살펴본 바와 같이 인종주의를 극복하기 위한 다양한 시도와 노력들이 진행되고 있지만, 이러한 백인 중심의 미국 주류사회를 변화시키기에는 여전히 어려움이 많은 것 또한 사실이다.

그럼에도 불구하고 다양한 인종과 민족이 어울려 살고 있는 미국에서 이상적인 미국인은 어떠한 사람인가하고 질문을 던진다면, 아마도 성별, 인종별, 출신국가별 정체성을 존중하여 각 문화의 독자성과 독특성을 인정할 수

있는 있는 사람, 그리고 그것을 초월하여 다양한 정체성이 서로 녹아들어가 어우러져서 새로운 정체성이 만들어진 사람이라고 대답할 수 있을 것이다. 이렇게 만들어진 미국인은 바로 멜팅 팟(melting pot)이라는 비유로 대변된다 (김정규, 2010). 하지만 모든 것이 한꺼번에 녹아서 전혀 다른 새로운 것이 되어 나타나는 멜팅 팟의 메타포(metaphor)는 미국 이민 초기 역사에서는 잠깐 나타날 수 있었지만, 그 이후에는 하나의 이데올로기의 형태로만 존재해 온 것이 사실이다.

미국은 이민의 초기 산업화 단계에서는 필요한 노동력을 확보하기 위해 개방적인 이민정책을 실시하였고 이민자들은 영국계를 비롯하여 유럽 국가들에서 이주해 온 백인들이 대부분이었다. 영국계가 중심이 되어 제도를 확립하고 국가적 기틀을 다졌지만 유럽지역에서 온 백인 이민자들도 그에 못지않은 큰 역할을 하였다. 그들은 문화적으로 또 언어적로도 큰 어려움 없이 쉽게 극복할 수 있었고 주류 문화 속에 녹아들어갈 수 있었다. 영국계, 독일계, 스코틀랜드계 아일랜드인, 스칸디나비아인들과 아일랜드인까지 함께 섞여 서로 영향을 주고받으며 점차 백인집단이라는 거대한 인종집단을 만들어 나갔다. 따라서 멜팅 팟 메타포는 쉽게 사회적으로 받아들여졌으며, 이때 형성된 백인집단은 유럽인들과는 다른 새로운 미국인이었다고 할 수 있다.

그러나 그 이후 유럽지역 외의 다양한 지역에서 이민자들의 유입이 급증하고 문화적, 종교적, 언어적으로 그리고 인종적으로 다른 사람들로 채워지기 시작했다. 다양한 문화적 배경을 가진 새로운 이민자들은 멜팅 팟으로 함께 녹아서 융합 될 수는 없있다. 이때부디 본격적으로 미국 문화와 정통성을 지키기 위한 노력이 시작된다. 제도와 법을 이용한 차별과 사회적 편견이 본격적으로 시작되어 시민권의 제한에 이르기까지 이 과정의 핵심에 바로 멜팅 팟 메타포가 존재했다.

그러나 차별과 편견, 그리고 문화적 적응의 어려움을 겪은 새로운 이민자들은 민족 집단주거지(ethnic enclave)를 만들어 나갔고 그 속에서 자신들만의 독특한 문화 공간을 만듦으로써 문화적으로 또 공간적으로 분리되기 시작했다. 새로운 이민자들에게 멜팅 팟 메타포는 쉽게 받아들일 수 없는 것이었다. 그렇지만 백인 주류집단은 미국인의 정체성을 지키고 사회적 통합을 한다는 명분으로 멜팅 팟 정책을 지속적으로 강요하였다. 말하자면 멜팅 팟 정책은 그 원래 의도와는 달리 유럽계 백인문화 중심으로 소수집단의 문화가 녹아들어가는 통합 이데올로기의 역할을 수행하게 된 것이다. 이것은 결과적으로 이민자들의 문화적 전통을 없애고 백인중심 미국인들의 신념과 태도, 행동방식 등을 주입시키는 것이었다.

그러나 멜팅 팟 시도가 모든 영역에서 실패한 것은 아니었다. 적어도 문화적 영역에서는 일정정도 나름의 성과가 있었다(김정규, 2010). 관습과 의례는 신념이나 태도와 관련된 것이어서 쉽게 녹아들어가지 못했다. 그러나 음식이나 의복은 빠른 시간 내에 미국식으로 녹아들어 갔다. 이민자들의 고국에서의 의상은 아주 다양했지만 대부분 이민자들은 간편한 진과 티셔츠, 일상에서의 격식 없는 의상 등 미국식 복장 문화에 쉽게 녹아들어갔다. 음식의 멜팅 팟 현상은 더욱 다양하게 나타났다. 각 나라의 음식이 고유의 특성을 지니고 있지만 본 고장의 것과는 다른 미국식 독특함으로 다시 태어났다. 이탈리아 음식인 피자와 파스타는 시카고 식 피자, 뉴욕식 피자 등과 같이 미국식 피자가 되었고, 파스타도 뉴올리언즈식 또는 케이준식 등 미국식으로 바뀐 메뉴가 대중화되었다. 일본 음식인 스시도 캘리포니아롤과 같은 미국식으로 바뀌었다. 중국음식 또한 중국본토와는 달리 미국식 중국음식 등이 등장하여 크게 퍼졌다. 프랑스, 독일, 그리스, 폴란드 등 유럽 각 나라의 음식은 물론이고 멕시코 음식들까지 미국인의 일상적인 음식으로 자리 잡고 미국화 되었다. 음식문화의 미국화는 그것이 진정한 의미의 멜팅

팟은 아니더라도 강제가 아니라 서로 자발적으로 녹아들어가 기존의 것과 다른 새로운 미국식을 만들어 냈다는 측면에서 의미가 있다.

하지만 여러 인종과 민족이 생물학적으로 섞여서 새로운 미국인을 만들어 내느냐는 것은 또 다른 문제이다. 앞서 언급하였듯이 초기 이민자인 유럽계 백인들은 사실상 다양한 민족이 서로 섞여 멜팅 팟 현상이 일어났다. 백인들 안에서 이제 더 이상 영국계, 스코틀랜드계, 독일계, 아일랜드계, 이탈리아계, 폴란드계 등을 구분하거나 분리해내는 것은 점점 더 어려워지고 또 그렇게 할 의미도 크게 없어졌다. 왜냐하면 유럽계 백인들은 문화적으로나 생물학적으로 섞여서 백인집단이라는 하나의 거대한 새로운 집단으로 탈바꿈하였기 때문이다. 그들의 민족별 정체성은 점점 약해져 이제는 상징적으로만 자신의 민족적 배경을 이용하거나, 전통을 기억하기 위한 향수 정도로만 간직되는 형태로 남아있을 뿐이다(Gans, 1979). 그러나 한편으로는 백인의 인종적 정체성을 새로 세우기 시작했고, 그 가치에 맞지 않는 사람들을 억압하고 차별하기 시작했다.

나중에 이민 온 히스패닉과 아시아계 소수민족들도 최근 들어 인종 간의 결혼 비율이 높아지기 시작해서 생물학적 융합의 가능성이 높아지고 있다. 그러나 흑인은 예외적으로 인종적으로 고립된 섬과 같은데, 다른 인종들의 인종 간 결혼 비율은 25-30%에 이르지만 흑인의 경우는 5-10%에 머무르고 있다. 전반적으로 미국이 생물학적으로 인종 간의 결혼을 통해 새로운 인종이 생겨나는 비율이 높아지고 있다고 할지라도 흑인의 존재는 쉽게 녹아들어갈 수 없는 독특성을 가지고 있다. 비록 미국 전체에서 인종 간의 결혼을 통해 새로운 인종이 생긴다고 할지라도 그 속도는 그렇게 빠르지 않으며, 생물학적 멜팅 팟은 유럽계 백인들에게만 제한적으로 적용된다고 할 수 있다.

그럼에도 불구하고 새로운 미국인의 창조를 위한 멜팅 팟 메타포는 여전히 중요하게 강조되고 있다. 하지만 진정한 의미의 멜팅 팟, 말하자면 모든 것이 동등하게 녹아들어가 또 다른 새로운 것이 나타나는 것으로서의 멜팅 팟은 하나의 이상으로만 남아있을 뿐이다. 실제적으로는 다양한 인종과 민족의 문화를 백인중심의 지배 문화 속에 녹여 동화시키려는 방식으로만 존재했다. 하지만 이러한 노력은 이제 벽에 부딪혀서 한계에 다다랐다. 한계를 뛰어넘기 위해 새롭게 등장한 것이 다양성의 가치이다. 다양한 것은 아름답고, 다양한 것은 좋은 것이며, 다양한 것은 더 큰 힘을 가지고 있고, 다양함이야말로 개인적인 능력을 마음껏 펼칠 수 있는 미국의 표상으로 등장한 것이다. 새로운 미국인은 다양성의 힘으로 뭉친 미국인으로 규정되기 시작하였다.

그러나 다양성을 추구하는 새로운 이념틀 안에서도 미국인들 개인과 집단이 모두 동일한 가치를 가지고 있는 것은 아니다. 다양성의 추구는 미국식 다원주의 안에서 규정되고 그 안에서 순응할 때만 인정된다. 앞서 소수집단과 지배집단의 관계를 논의 한 장에서 미국식 다원주의를 '문화적 다원주의', '구조적 다원주의' 그리고 '문화변용이 없는 통합' 이 세 가지 형태로 구분한 바 있다. 문화적 다원주의는 소수자 집단들이 자신의 문화적 정체성을 유지하면서 더 큰 사회 속에서 살아가는 것을 말한다. 구조적 다원주의는 완전하게 통합은 되지 않아서 사회적 네트워크나 공간적으로는 분리되어 있지만 문화적으로는 변용되어 동화된 것을 말하였다. 그리고 문화변용이 없는 통합은 문화적으로 변용도 되지 않았고 통합되지도 않았지만 미국식 자본주의의 경제적 원칙은 완전히 받아들이는 것을 말한다. 미국식 다원주의의 세 가지 틀 안에서 공통적으로 적용되는 것은 다원주의의 추구가 모든 인종과 민족이 동등한 가치로 취급되는 것이 아니라는 것이다. 그것은 다수집단의 큰 틀 안에서 존재하는 제한적인 다원주의 그리고 문화적 위계가 있어 차등성을 띤 다양성을 의미한다. 다양성의 추구는 미국 전체 집단

의 이익에 부합하는 경우에 한해서만 바람직한 것으로 인정된다.

최근 이민 패턴을 볼 때 라티노와 아시아계의 대거 유입으로 인종구조의 변화가 크게 일어나고 있다. 그리고 앞으로 그 변화의 속도는 더 빠르게 진행될 것이다. 법과 제도로 명시된 인종차별은 더 이상 존재하지 않는다. 과거에는 있었던 인종적 거부감과 편견도 많이 사라졌다. 공적인 자리에서 백인이든 소수인종이든 인종적 편견이나 차별을 드러내면 사회적 비난을 크게 받을 각오를 해야 한다. 미국의 인종구조의 변화는 다양성에 바탕을 둔 새로운 미국인의 모습을 만들어 낼 수 있다. 그러나 그렇다하더라도 라티노 또는 아시아계가 새로운 미국인의 표상으로 부각될 수 있는 것은 아니다. 물론 흑인이나 백인도 이제 더 이상 대표적인 미국인으로 인종적으로 나타날 수 없을 것이다. 미국의 인종 구성이 보다 다양화 되었을 때 인종적 긴장과 화합은 동시에 일어난다. 지금까지 지배집단이었던 백인들은 문화적 다양성에 더 익숙해지겠지만 한편으로는 자신들의 지위를 지키거나 혹은 피해 받지 않기 위해 더 민감하게 반응하여 인종적 긴장이 더 커질 수 있다. 또한 쉽게 눈에 띄지 않고, 보다 교묘한 방식으로 인종주의가 진행될 것이다.

그러므로 다양성 가치의 추구는 개인적인 노력만으로 추구할 수 있는 것이 아니다. 적어도 인종문제에서는 그렇다. 다양성의 추구는 집단적 다양성의 추구이어야 한다. 인종별, 민족별로 그 집단이 가지는 고유의 다양성을 집단적으로 추구하여야만 개인의 다양성도 인정받을 수 있다. 권력을 가지지 않은 소수집단의 다양성은 쉽게 무시될 수밖에 없다. 새로운 미국인은 이러한 다양성의 각축장 안에서 태어난다. 다양성의 경쟁이 어떤 식으로 진행될지는 불확실하지만 분명한 것은 그 경쟁이 미국적 가치의 추구라는 규칙 안에서 진행된다는 것이다. 모든 인간은 평등하게 태어났으며, 생명과 자유와 행복을 추구할 권리가 있다는 건국이념이야 말로 미국과 미국인들의 존재 가치이다. 이것은 집단적 가치임과 동시에 개인적 권리의 추구이다. 이 가치는 백인이든 흑인이든 라티노든 아시아인이든 모든 미국인이 동의하는 것이고, 갓 이민 온 사람들도 금방 이 가치를 내 세운다. 이 가치를 지킨다는 명분으로 수많은 미국인들이 셀 수도 없는 싸움터에서 목숨을 바쳐왔다. 이러한 권리를 강조하는 미국인의 정체성은 한발 더 나아가 스스로를 부양할 수 있고 국가와 공동체에 기여할 수 있는 개인적인 능력을 갖춘 자에 한정된다. 그러므로 새로운 인종 미국인의 모델은 다양성의 가치와 미국의 이념 그리고 개인적 독립성과 능력을 함께 추구하는 자로 새롭게 빚어진다.

< 참고문헌 >

김정규. 2010. "미국, 캐나다, 호주의 다문화주의 비교연구", 「사회이론」37 (봄/여름 통권): 159~200.

김정규 · 신동준. 2011. "이민사회와 범죄: 쟁점과 전망",「사회이론」39(봄/여름 통권): 113-158.

호네트, 악셀. 2011. 인정투쟁: 사회적 갈등의 도덕적 형식론. 문성훈, 이현재 역. 사월의 책.

Adorno, T. W., E. Frenkel-Brunswik, D. Levinson, and R. Sanford. 1950. *The Authoritarian Personality*. New York: Wiley.

Ajinkya Julie. 2011. "What Diversity Teaches Us: The Importance of America's Endangered Diversity Education Program" Center for American Progress, July 27.
http://www.americanprogress.org/issues/race/news/2011/07/27/9939/what-diversity-teaches-us/

Archibold, R. 2010. "Arizona Enacts Stringent Law on Immigration.", The New York Times. April 23.
http://www.nytimes.com/2010/04/24/us/politics/24immig.html.

Bamshad, Michael J. and Steve E. Olson. 2003. "Does Race Exist?", Scientific American(December): 78-85.

Belanger, Christian. 2015. "How many hate crimes are there in the United States each year?" *Politifact,* June 25th.
http://www.politifact.com/truth-o-meter/statements/2015/jun/25/cornell-william-brooks/how-many-hate-crimes-are-there-united-states-2/

Blauner, Robert. 1972. *Racial Opression in America*. New York: Harper & Row.

Blumstein, Alfred, and Joel Wallman. 2000. "Disaggregating the Violence Trends." In Alfred Blumstein and Joel Wallman(ed.). *The Crime Drop in America. New York: Cambridge University Press.*

Bocian, D. G., S. E. Keith and L. Wei. 2006. *Unfair Lending: The Effect of Race and Ethnicity on the Price of Subprime Mortgages.* Oakland, CA: Center for Responsible Lending.

Bonacich, Edna. 1972. "A Theory of Ethnic Antagonism: The Split Labor Market." *American Sociological Review*, 37: 547-559.

Bonacich, Edna and John Modell. 1980. *The Economic Basis of Ethnic Solidarity: Small Business in the Japanese American Community.* Berkeley: University of California Press.

Bonilla-Silva, Eduardo. 2006. *Racism without Racists* (2nd ed.). Lanham, MD: Rowman & Littlefield.

Borman, K., M. McNulty, T. Eitle, D. Michael, D. Eitle,....et al. 2004. "Accountability in a Postdesegretation Era: The Continuing Significance of Racial Segregation in Florida's Schools." *American Educational Research Journal.* 41(3): 605-631.

Casselman, Ben. 2014. "Race Gap Narrows in College Enrollment, But Not in Graduation." *FiveThirtyEight*
http://fivethirtyeight.com/features/race-gap-narrows-in-college-enrollment-but-not-in-graduation/

Clark, K. B. and M. P. Clark. 1947. "Emotional Factors in Racial Identification and Preference in Negro Children." In T. M. Newcomb and E. L. Hartley (Ed.), *Readings in Social Psychology.* New York: Holt.

Calavita, Kitty. 2007. "Immigration Law, Race, and Identity." *Annual Reviews of Law and Social Science* 3: 1-20.

Camarota, Stevens and Karen Jensnenus. 2009. *A Shifting Tide: Recent Trends in the Illegal Immigrant Population.* Washington DC: Center for Immigration Studies.

Center for Responsible Lending. 2010. *A National Tragedy: HMDA Data Highlight Home Ownership Setbacks for African American and Latinos.* Center for Responsible Lending Brief.

Cloward, Richard, and Lloyd Ohlin. 1960. *Delinquency and Opportunity: A Theory of Delinquent Gangs.* New York: Free Press.

Colodner, Meredith. 2016. "College degree gap grows wider between whites, blacks and Latinos." Hechinger Report.
http://hechingerreport.org/25368-2/

Committee of 100. 2009. *Still the "Other? Public Attitudes toward Chinese and Asian Americans."* New York: Committee of 100.

Conklin, John E. 2003. *Why Crime Rates Fell.* Boston, MA: Pearson Education, Inc.

Cooper, Mary H. 2004. *Voting Rights. CQ Researcher* 14 (October 29): 901-924.

DeMaria, F. 2007. "Road to Brown v. Board of Education Partially Paved by Hispanics." *The Hispanic Outlook in Higher Education.* 18(5): 32-34.

Diggles, Michell, 2015. "The Untapped Political Power of Asian Americans." (January 8), *Thirdway.*
http://www.thirdway.org/report/the-untapped-political-power-of-asian-americans

Du Bois, W.E.B. 1963. *Black Reconstruction in America: An Essay Toward a History of the Part Which Black Folk Played in the Attempt to Reconstruct Democracy in America, 1860–1880.* Russell & Russell.

Farkas, Steve. 2003. *What Immigrants Say about Life in the United States.* Washington, DC: Migration Policy Institute.

Farley, J. E. 2009. *Majority-Minority Relations,* 6th ed. Upper Saddle River, NJ: Prentice Hall. 36-40.

Feldmyer, Ben, and Darrell Steffensmeier. 2009. "Immigration Effects on Homicide Offending For Total and Race/Ethnicity-Disaggregated Populations(White, Black, and Latino)." *Homicide Studies* 13(3): 211~226.

Foner, E. 2003. "Race and Citizenship." *Socialism and Democracy* 17(1): 161.

Gans, Herbert. 1979. "Symbolic Ethnicity: The Future of Ethnic Groups and Cultures in America", *Ethnic and Racial Studies*, Vol. 2(1): 1-20.

Gates Jr., Henry L. 2009. *In Search of Our Roots: How 19 Extraordinary African Americans Reclaimed Their Past*, New York: Crown Publishing. 20-21.

Geschwender, James A. 1978. *Racial Stratification in America.* Dubuque, IA: William C. Brown.

Giovanni, P. 2010. *The Impact of Immigrants in Recession and Economic Expansion.* Washington, DC: Migration Policy Institute.

Gordon, Milton M. 1964. *Assimilation in American Life: The Role of Race, Religion and National Origins.* New York: Oxford University Press.

Groves, Harry E. 1951. "Separate but Equal--The Doctrine of Plessy v. Ferguson." *Phylon* 12 (1): 66-72.

Hagan, John, Ron Levi, and Ronit Dinovitzer. 2008. "The Symbolic Violence of the Crime-Immigration Nexus: Migrant Mythologies in the Americas." *Criminology & Public Policy* 7(1): 95~112.

Hawks, John. 2008. "How African Are You? What genealogical testing can't tell you.", *Washington Post.* Retrieved 2010-06-26.

Healey, Joseph F. 2011. *Race, Ethnicity, Gender, and Class: The Sociological of Group Conflict and Change.* 5th Ed. Pine Forge Press.

Healey, Joseph F. 2012. *Race, Ethnicity, Gender, and Class: The Sociological of Group Conflict and Change.* 6th Ed. Sage.

Hickman, Laura J., and Marika J. Suttorp. 2008. "Are Deportable Aliens a Unique Threat to Public Safety? Comparing the Recidivism of Deportable and Non-Deportable Aliens." *Criminology & Public Policy* 7: 59~82.

Hirschi, Travis. 1969. *Causes of Delinquency.* Berkeley: University of California Press.

Holden, Michael. 1998. *The Baltimore Sun*, (Aug. 2) http://articles.baltimoresun.com/1998-08-02/news/1998214018_1_white-privilege -jensen-black-privilege

Holzer, Harry. 2008. *The Effects of Immigratio on the Employment Outcomes of Black Americans. Testimony before the U.S. Commission on Civil Rights.*

http://www.urban.org/publications/901159.html.

Hyun, Jane. 2005. *Breaking the Bamboo Ceiling: Career Strategies for Asians.* New York: Harper Business.

Jensen, R. 2005. *The Heart of Whiteness: Confronting Race, Racism and White Privilege.* San Francisco: City Lights.

Kahlenberg, Richard. 2010. "10 Myths about Legacy Preference in College Admissions." *Chronicle of Higher Education*(October, 1): A23-A25.

Karen, Anderson. 2009. Little Rock: Race and Resistance at Central High School. Princeton, NJ: Princeton University Press.

Kibria, Nazli. 2002. *Becoming Asian American: Second-Generation Chinese and Korean American Identities.* Baltimore, MD: Johns Hopkins University.

Kinloch, Graham C. 1974. *The Dynamics of Race Relations: A Sociological Analysis.* New York: McGraw-Hill.

Kirchner, Lauren. 2015. "Don't Believe the FBI's Most Recent Hate Crime Statistics". *Pacific Standard*, Jan. 15.
http://www.psmag.com/politics-and-law/hate-crime-trends-hard-track-98345.

Krogstad, Jens and Richard Fry. 2014. "More Hispanics, blacks enrolling in college, but lag in bachelor's degrees." (April 24.) *FactTank,* Pew Research Center.
http://www.pewresearch.org/fact-tank/2014/04/24/more-hispanics-blacks-enrolling-in-college-but-lag-in-bachelors-degrees/

Knight, B. 2000. "Undoing Racism." *Nation's Cities Weekly*(January 10), 23(1), 2

Krivo, Lauren J. and Robert L. Kaufman. 2004. "Housing and Wealth Inequality: Racial-Ethnic Differences in Home Equity in the United States." *Demography,* Vol. 41, No. 3. (Aug., 2004), pp. 585-605.

Kotkin, Joel. 2010. "Ready Set Grow." *Smithsonian*(July/August): 61-73.

Lee, Jennifer and Min Zhou. 2015. *The Asian American Achievement Paradox.* Russell Sage Foundation. New York.

Lee, Matthew, T. and Ramiro Martinez, Jr., 2009. "Immigration Reduces Crime: An Emerging Scholarly Consensus." In William F. McDonald(ed.). *Immigration, Crime and Justice*, *Sociology of Crime, Law and Deviance* (13): 3~16, JAI Press.

Lee, Matthew, T. and Ramiro Martinez, Jr. 2002. "Social Disorganization Revisited: Mapping the Recent Immigration and Black Homicide Relationship in Northern Miami." *Sociological Focus* 35: 365~382.

Lee, Matthew, T. and Richard Rosenfeld. 2001. "Does Immigration Increase Homicide? Negative Evidence from Three Border Cities." *The Sociological Quarterly* 42: 559~580.

Levitt, Steven, and John J. Donohue Ⅲ. 2001. "The Impact of Legalized Abortion on Crime." *Quarterly Journal of Economics* 116(2): 379~420.

Lewin, Amanda. 2004. "What Group? Studying Whites and Whiteness in the Era of Color-Blindness." *Sociological Theory* 22(December): 623-646.

Lewontin, Richard. 2005. "The Fallacy of Racial Medicine", *Genewatch* 18: 5-7, 17.

Library of Congress. "Irish-Catholic Immigration to America." https://www.loc.gov/teachers/classroommaterials/presentationsandactivities/presentations/immigration/irish2.html

Lichtblau, Eric. 2005. "Profiling Report Leads to a Clash and a Demotion." *New York Times* (August 24): A1, A9.

Lipman, Francine. 2008. *The Undocumented Immigrant Tax: Enriching Americans from Sea to Shining Sea.* Chapman University Law Research Paper no.2008.

Logan, John R., Richard D. Alba, and Thomas L. McNulty. 1994. "Ethnic Economies in Metropolitan Regions: Miami and Beyond." *Social Forces* 72: 691~724.

Logan, John R. and Brian J. Stults. 2011. *The Persistence of Segregation in the Metropolis: New Findings from the 2010 Census*, http://www.s4.brown.edu/us2010

Mack, Raymond. 1996. "Whose Affirmative Action?" *Society* 33 (March-April): 41-43.

Malhotra, Nei and Yotam Margalit. 2009. "State of the Nation: Anti-Semitism and the Economic Crisis." *Boston Review* (May/June). http://boston-review.net/BR34.3/malhotra_margalit.php.

Marcus, Jon. 2005. "Despite Efforts to Increase Them, University Graduation Rates Fall" Hechinger Report. http://hechingerreport.org/despite-efforts-to-increase-them-university-graduation-rates-fall/

Martinez, Ramiro, Jr. 2002. *Latino Homocide: Immigration, Violence and Community*. New York: Routledge Press.

Martinez, Ramiro, Jr. and Matthew T. Lee. 2000. "On Immigration and Crime." In G. LaFree(ed.). *Criminal Justice 2000: The Changing Nature of Crime*, 1: 485~524.

Manning, Robert D. 1995. Multiculturalism in the United States: Clashing Concepts, Changing Demographics, and Competing Cultures. *International Journal of Group Tensions*(Summer): 117-168.

Marger, M. 1992. *Race and Ethnic Relations: American and Global Perspectives*. Belmont, CA: Wadsworth.

Martin, Philip L. 1994. "Good intentions gone awry: IRCA and U.S. agriculture." *The Annals of the Academy of Political and Social Science,* Vol 534(July): 44-57.

McIntosh, P. 1988. "White Privilege and Male Privilege: A Personal Account of Coming to See Correspondences Through Work in Women's Studies." *Independent School*(Winter, 1990 ed.)

McIntosh, P. 2009. "White Privilege: An Account to Spend." The Saint Paul Foundation.

Merton, Robert K. 1976. *Sociological Ambivalence and Other Essays*. New York: Free Press.

Newman, William M. 1973. American Pluralism: A Study of Minority Groups and Social Theory, New York: Harper & Row.

Noel, Donald. 1968. "A Theory of the Origin of Ethnic Stratification." *Social Problems* 16: 157-172.

Olson, Christa P., Minna K. Laurikkala, Lin Huff-Corsine, and Jay Corzine. 2009. "Immigration and Violent Crime: Citizenship Status and Social Disorganization." *Homicide Studies* 13(3): 227~241.

Omi, Winant and Howard Winant. 1994. *Racial Formation in the United States*, 2nd ed. New York: Routledge.

O'Neil, Maggie. 2008. "Authoritarian Personality." 119-121 in vol.1, *Encyclopedia of Race, Ethnicity, and Society,* Richard T. Schaffer (Ed.), Thousand Oaks, CA: Sage.

Ohnuma, Keiko. 1991. "Study Finds Asians Unhappy at CSU." *Asian Week* 12 (August 8): 5.

Orfield, G. and C. Lee. 2005. *Why Segregation is Matters: Poverty and Educational Inequality.* Cambridge, MA: Harvard Civil Right Projects.

Pager, Devah. 2003. "The Mark of Criminal." *American Journal of Sociology,* 108: 937-975.

Orfield, G., E. D. Frenkenberg and C. Lee. 2003. "The Resurgence of School Segregation." *Educational Leadership.* December 2002/January 2003: 16-20.

Painter, Neil I. 2015. "What is Whiteness?", Sundays Review Opinion, *The New York Times*, June 20,
http://www.nytimes.com/2015/06/21/opinion/sunday/what-is-whiteness.html?_r=0

Passel, Jeffrey S. and D'vera Cohn. 2008. *U. S. Population Projections: 2005-2050*, Pew Research Center.

Passel, Jeffrey S., D'vera Cohn and Gonzalez Barrera. 2012. *Net Migration from Mexico Falls to Zero—and Perhaps Less,* Pew Research Center.
http://www.pewhispanic.org/2012/04/23/net-migration-from-mexico-falls-to-zero-and-perhaps-less/

Portes, Alejandro, and Robert Manning. 1986. "The Immigrant Enclave: Theory and Empirical Examples." In Susan Olzak & Joanne Nagel(Eds.) *Competitive Ethnic Relations* (pp.47-68). New York: Academy Press.

Pettigrew, Thomas. 1980. "Prejudice." In Stephan Thernstrom, Ann Orlov, and Oscar Handlin(Eds.), *Harvard Encyclopedia of American Ethnic Groups*, Cambridge, MA: Harvard University Press: 820-829.

Pettigrew, Thomas. 1998. "Intergroup Contact Theory." *Annual Review of Psychology* 49: 65-85.

Quillian, Lincoln, 2006. "New Approaches to Understanding Racial Prejudice and Discrimination." *Annual Review of Sociology* 32: 299-328.

Randall, Vernellia. 2008. "Hosing Inequality." *2008 Presidential Election, Race and Racism, Speaking Truth to Power!*
http://academic.udayton.edu/race/2008electionandracism/raceandracism/Racial_Inequality/Inequality01.htm

Reich, Michael. 1986. "The Political Economic Effects of Racism." In Richard Edwards, Michael Reich and Thomas Weisskopf (Eds.), *The Capitalism System: A Radical Analysis of American Society* (3rd eds., 381-388), Englewood Cliffs, NJ: Prentice Hall.

Reid, Lesley Williams, Harald E. Weis, Robert M. Adelman, and Charles Jaret. 2005. "The Immigration-Crime Relationship: Evidence Across U.S. Metropolitan Areas." *Social Science Research* 34(4): 757~780.

Rico, R. 2007. "Immigration Was Key in 2006 State Legislation and Ballot Measures.", *Immigrants' Rights Update,* 21(2), March 29.

Ridgeway, Greg. 2007. *Analysis of Racial Disparities in the New York Police Department's Stop, Question, and Frisk Pictures.* Santa Monica, CA: Rand.

Rothman, Joshua D. 2003, *Notorious in the Neighborhood: Sex and Families Across the Color Line in Virginia, 1787-1861*, Chapel Hill, NC: University of North Carolina.

Ryan, Williams. 1976. Blaming the Victim, rev. ed. New York: Random House.

Saad, Lydia. 2006. "Anti-Muslim sentiments Fairly Commonplace." *The Gallup Poll* (August 10).

Sampson, Robert J. 2006. "Open Doors Don't Invite Criminals: Is Increased Immigration Behind the Drop in Crime?" *New York Times*

March 11:A27.

Sampson, Robert, Jeffrey Morenoff, and Stephen Raudenbush. 2005. "Social Anatomy of Racial and Ethnic Disparities in Violence." *American Journal of Public Health* 95: 224~232.

Schaefer, Richard T. 2013. *Race and Ethnicity in the United States.* 7th ed. Pearson.

Schaefer, Richard T. 1996. "Education and Prejudice: Unraveling the Relationship", *Sociological Quarterly* 37: 1-16.

Scott, Mona. 2012, *Think Race and Ethnicity*, Pearson.

Sears, David, and P. J. Henry. 2003. "The Origins of Modern Racism." *Journal of Personality and Social Psychology* 85: 259-275.

Sherif, Muzafer. 1958. "Superordinate Goals in the Reduction of Intergroup Conflict." *American journal of Sociology*, 349-356.

Shaw, Clifford R., and Henry D. McKay. 1969(1942). *Juvenile Delinquency and Urban Areas.* Chicago, IL: University of Chicago Press.

Sherif, M., O. J. Harvey, B. J. White, W. R. Hood & C. W. Sherif. 1961. *Intergroup Conflict and Cooperation: The Robbers Cave experiment* Vol. 10. Norman, OK: University Book Exchange.

Simson, Cam. 2009. "Obama Hones Immgration Policy." *Wall Street Journal*(July 29): A6.

Solivetti, Luigi M. 2010. *Immigration, Social Integration and Crime: A Cross-National Approach.* New York: Routledge.

Soo, J. D. 2006. "Chinese Americans Overlooked in Public Education." *Asian Week.* August 18-24, 2(52), 13.

Steinberg, Stephen. 2005. "Immigration African Americans, and Race Discourse." *New Popitics* (Winter): 10.

Steinmetz, Katy. 2013. "Explainer: Why It Costs Immigrants $680 to Apply for Naturalization." *Time.* July 9.
http://swampland.time.com/2013/07/09/explainer-why-it-costs-immigrants-680-to-apply-for-naturalization/

Stowell, J., S. Messner, K. McGeever, and L. Raffalovich. 2009. "Immigration and the Recent Violence Crime Drop in the

United States: A Pooled, Cross-Sectional Time-Series Analysis of Metropolitan Areas." *Criminology* 47(3): 889~928.

Shulman, J. L. and W. G. Bowen. 2001. The Game of Life; College Sports and Education. Princeton, N.J.: Princeton University Press.

Taylor, Jared and Glayde Whitney. 2002. "Racial Profiling: Is There an Empirical Basis?" *Mankind Quarterly,* 42: 285-313.

Tappan, M. B., 2006. "Reframing Internalized Oppression and Internalized Domination: From the Psychological to the Sociocultural." *Teachers College Record,* 108(10), p.2115-2144.

Terashishi, Robert. 2010. *Asians in the Ivory Tower: Dilemmas of Racial Inequality in American Higher Education.* New York: Teachers College Press.

The Economist. 2015. "Asian-Americans: The Model Minority is Losing Patience." Oct. 3rd.
http://www.economist.com/news/briefing/21669595-asian-americans-are-united-states-most-successful-minority-they-are-complaining-ever

Thistlewaite, E. 1991. Migration from Europe Overseas in the Nineteenth and Twentieth Centuries. Urbana, IL: University of Illinois Press.

Thomson, A. 1997. "For Anti-Racist Education." *Curriculum Inquiry*, 27. 9-44.

Tomaskovic-Devey, Donald and Patricia Warren. 2009. "Explaining and Eliminating Racial Profiling." *Contexts* 8(Spring): 34-39.

Ture, Kwame and Charles Hamilton. 1992. *Black Power: The Politics of Liberation.* New York: Vintage Books.

Useem, Bert, and Anne M. Piehl. 2008. *The Challenge of Mass Incarceration.* New York: Cambridge University Press.

Wadsworth, Tim. 2010. "Is Immigration Resposible for the Crime Drop? An Assessment of the Influence of Immigration on Changes in Violent Crime Between 1990 and 2000." *Social Science Quarterly* 91(2): 531~553.

Wadsworth, Tim, and Charis E. Kublin. 2007. "Hispanic Suicide in U.S. Metropolitan Areas: Examining the Effects of Economic Disadvantage, Immigration, and Cultural Assimilation." *American Journal of Sociology* 112(6): 1848~1885.

Wagley, Charles, and Marvin Harris. 1958. *Minorities in the New World: Six Case Studies*. New York: Columbia University Press.

West's Encyclopedia of American Law, 2005.
http://www.encyclopedia.com/topic/ Plessy_v_Ferguson.aspx.

Wilson, William J. 1973. *Power, Racism and Privilege: Race Relations in Theoretical and Sociohistorical Perspectives*. New York: Free Press.

Winant, Howard. 1994. *Racial Conditions: Politics, Theory, Comparisons*. Minneapolis, MN: University of Minnesota Press.

Wintemute, Garen. 2000. "Guns and Gun Violence." In Afred Blumstein and Joel Wallman (ed.). *The Crime Drop in America*. New York: Cambridge University Press.

Wise, T. 2008a. *White Like Me: Reflection on Race from a Privilege Son*. Blooklyn, NY: Soft Scull Press.

Wise, T. 2008b. "Default Position: Reflections on the Brain-Rotting Properties of Privilege." *Speaking Treason Fluently: Anti-Racist Reflections from an Angry White Male*. Brooklyn, NY: Soft Scull Press.

Withrow, Brian L. 2006. *Racial Profiling: From Rhetoric to Reason. Upper Saddle River,* NJ: Prentice Hall.

Wong, J., S. K. Ramakrishnan, T. Lee and J. Junn. 2011. *Asian American Political Participation: Emerging Constituents and Their Political Identities*. Russell Sage Foundation.

Wyman, Mark. 1993. *Round-Trip to America. The Immigration Return to Europe. 1830-1930.* Ithaca, NY: Cornell University Press.

Zimmerman, Seth. 2008. *Immigration and Economic Mobility*. Washington, DC: Economic Mobility Project.

Zimring, Franklin. 2007. *The Great American Crime Decline*. New York: Oxford University Press.

<그림의 출처>

<그림 1> http://www.pewresearch.org/fact-tank/2014/03/14/u-s-census-looking-at-big-changes-in-how-it-asks-about-race-and-ethnicity/인구센서스 자료

<그림 2> The U.S. Census Bureau's March 2015 Current Population Survey (CPS: Annual Social and Economic Supplement)
U. S. Population Projections: 2005-2050 (Passel & Cohn), Pew Research Center 자료 재구성

<그림 3> The U.S. Census Bureau's March 2015 Current Population Survey (CPS: Annual Social and Economic Supplement). U.S. Population Projections: 2005-2050 (Passel & Cohn), Pew Research Center 자료 분석.

<그림 4> Ajinkya(2011) What Diversity Teaches Us: The Importance of America's Endangered Diversity Education Program, Center for American Progress.
https://www.americanprogress.org/issues/race/news/2011/07/27/9939/what-diverysit-teaches-us/

<그림 5> http://kff.org/other/state-indicator/distribution-by-raceethnicity/#map

<그림 6> http://kff.org/other/state-indicator/distribution-by-raceethnicity/#map

<그림 7> http://kff.org/other/state-indicator/distribution-by-raceethnicity/#map

<그림 8> http://kff.org/other/state-indicator/distribution-by-raceethnicity/#map

<그림 9> The Persistence of Segregation in the Metropolis: New Findings from the 2010 Census (Logan & Stults, 2011) 자료 재구성

<그림 10> Pew Research Center Report 2010

<그림 11> The Federal Bureau of Investigation(FBI)
https://www.fbi.gov/about-us/cjis/ucr/hate-crime/2014/topic-pages/incidentsandensoffes_final

<그림 12> National Center for Education Statistics 통계자료
http://nces.ed.gov/programs/digest/d15/tables/dt15_302.20.asp

<그림 13> 출처: Krogstad and Fry(2014). 퓨 리서치센터 보고서 재구성

<그림 14> 출처: Kochhar and Fry. 2014. *Wealth inequality has widened along racial, ethnic lines since end of Great Recession.* Pew Research Center 자료 재구성.
*Median net worth of households, in 2013 dollars 기준
http://www.pewresearch.org/fact tank/2014/12/12/racial-wealth-gaps-great-recession/

<그림 15> 출처: U.S. Census Bureau, Current Population Survey
1968 to 2015 Annual Social and Economic Supplements

미국의 인종과 민족 : 갈등과 변화

저　 자 | 김병규 著

발 행 처 | 에듀컨텐츠휴피아
발 행 인 | 李 相 烈
발 행 일 | 초판 1쇄 • 2016년 6월 22일

출판등록 | 제22-682호 (2002년 1월 9일)
주　 소 | 서울 광진구 자양로 30길 79
전　 화 | (02) 443-6366
팩　 스 | (02) 443-6376
e-mail | huepia@daum.net

만든사람들 | 기획・김수아 / 책임편집・김아름 이지원 / 디자인・김미나 / 영업・이순우
편집보・김다슬 변요정
정　 가 | 18,000원
I S B N | 978-89-6356-185-1 (93940)

Copyright© 2016. 저자, 에듀컨텐츠휴피아

● 본 책자의 부분 혹은 전체를 에듀컨텐츠휴피아의 허락
　없이 복사, 복제, 전재하는 것은 저작권법에 저촉됩니다.